dictionnaire de la
civilisation
égyptienne

dictionnaire de la

civilisation
égyptienne

Guy Rachet

1 - 26945

56098-4

RÉFÉRENCES
Larousse

17, RUE DU MONTPARNASSE - 75298 PARIS CEDEX 06

Responsable de la collection
Emmanuel de Waresquiel

Conseil éditorial
Marie-Pascale Widemann

Correction-révision
Bernard Dauphin
Hugues Gerhards

Mise en page
Gudrun Fricke

Fabrication
Michel Paré

Avant-propos

Dans ce dictionnaire, l'auteur a tenté de donner une vue d'ensemble succincte de la civilisation égyptienne depuis ses origines jusqu'à la Basse Époque. La période grecque en est exclue, car les Ptolémées remanièrent les anciennes institutions pharaoniques et, avec eux, on se trouve devant une forme nouvelle de culture qui appartient, par bien des aspects, l'hellénisme. Sans doute, sous les Ptolémées et les empereurs romains auxquels les fonctionnaires égyptiens vont composer une titulature vide de sens réel, les Égyptiens exécuteront encore de grandes œuvres architecturales dans la tradition pharaonique; la langue ancienne, devenue le démotique, doté d'une écriture propre, persistera jusqu'à la fin de l'Antiquité classique; la langue écrite en caractères empruntés à l'alphabet grec subsistera chez les Coptes, et les fellahs conservent encore des traditions et des coutumes qui remontent aux époques pharaoniques. C'est pourquoi certains articles débordent le cadre essentiel de la civilisation égyptienne et de ses créations originales. En fait, après deux millénaires d'éclat, celle-ci s'éteint avec la fin du Nouvel Empire, malgré les renaissances, fugitives et artificielles, de la période saïte et la continuation des traditions indigènes jusqu'à l'établissement de la dynastie gréco-macédonienne des Lagides. C'est donc incidemment que nous avons parlé des Ptolémées; et nous avons cru inutile de donner des détails sur la période d'occupation romaine où l'Égypte, propriété personnelle de l'empereur, n'était plus qu'une riche province de l'immense empire, son grenier à blé.

Quand à la chronologie, sans cesse remise en question par l'avancement des travaux historiques, nous avons adopté dans son ensemble la datation donnée par la Cambridge Ancient History, à laquelle nous avons parfois apporté quelques menues modifications.

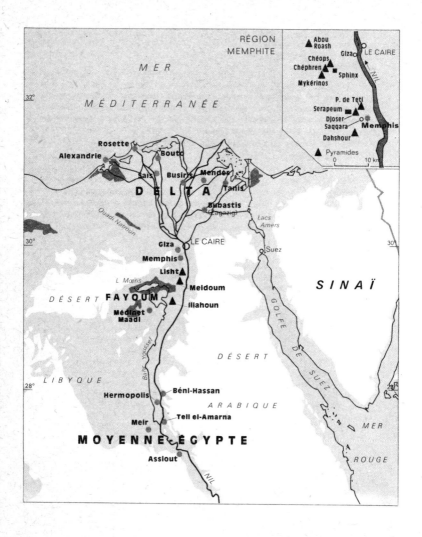

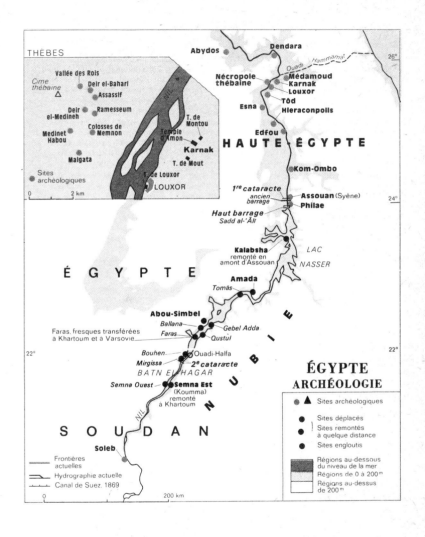

THÈBES

Vallée des Rois
Cime thébaine △
Deir el-Bahari
Assassif
Deir el-Medineh
Ramesseum
Medinet Habou
Colosses de Memnon
Malgata
Temple d'Amon
T. de Montou
Karnak
T. de Mout
T. de Louxor
LOUXOR

Sites archéologiques

0   2 km

Abydos
Dendara
Ouadi Hammamat

Nécropole thébaine
Médamoud
Karnak
Louxor
Esna
Tôd
Hieraconpolis

Edfou

HAUTE-ÉGYPTE

Kom-Ombo

1re cataracte
ancien barrage
Assouan (Syène)
Philae

Haut barrage
Sadd al-'Âlî

Kalabsha
remonté en amont d'Assouan

LAC
NASSER

ÉGYPTE

Amada
Tomâs

Abou-Simbel
Ballana
Faras, fresques transférées à Khartoum et à Varsovie
Faras
Gebel Adda
Qustûl

Bouhen
Ouadi-Halfa
Mirgissa
2e cataracte
BATN EL HAGAR
Semna Ouest
Semna Est
(Koumma)
remonté à Khartoum

N U B I E

SOUDAN

Soleb

Nil

ÉGYPTE
ARCHÉOLOGIE

● ▲ Sites archéologiques

● Sites déplacés
● Sites remontés à quelque distance
● Sites engloutis

Régions au-dessous du niveau de la mer
Régions de 0 à 200 m
Régions au-dessus de 200 m

Frontières actuelles
Hydrographie actuelle
Canal de Suez. 1869

0   200 km

26°
24°
22°
22°

Chronologie générale

Périodes	Événements historiques	Événements culturels
Néolithique (env. 5000-4000)	Fixation des clans et installation dans des villages : naissance de l'urbanisme.	Néolithique A et B du Fayoum. Mérimdien dans le Delta. Tasien dans le Sud.
Énéolithique ou prédynastique (env. 4000-3300)	Fédération des clans. Formation d'un royaume du Delta et d'un royaume de Haute-Égypte, avec Bouto et Hiérakonpolis pour capitales.	Badarien dans le Sud. Amratien ou nagadien ancien. Gerzéen ou nagadien récent. Influence asiatique à la suite d'une invasion.
Période préthinite ou protohistorique (3300-3100)	Unification de l'Égypte par les rois d'Hiérakonpolis (roi-scorpion et Narmer).	Apparition de l'écriture. Palettes et têtes de massue. Perfection de la technique des vases de pierre.
Période thinite (3100-2686)	Aha, premier roi de la Iʳᵉ dynastie. Capitale de l'Égypte à This. Hotepsekhemoui fonde la IIᵉ dynastie. Retour au culte de Seth sous Peribsen. Khasekhemoui concilie les cultes de Seth et d'Horus.	Nécropoles d'Abydos et de Saqqara. Premier traité d'anatomie, attribué au roi Djer. Architecture de brique. Utilisation généralisée du cuivre. Premières statues royales. Continuation de la technique des vases de pierre.
Ancien Empire memphite (2686-2181)	Djeser fonde la IIIᵉ dynastie. Conquête de la basse Nubie. Guerres en Libye. Snefrou fonde la IVᵉ dynastie. Expéditions maritimes à Byblos. Chéops, Chéphren, Mykérinos. Ouserkaf fonde la Vᵉ dynastie. Capitale à Abousir. Triomphe de Rê. Expéditions dans le Pount. VIᵉ dynastie. Décadence du pouvoir centralisé. Guerre contre les Bédouins du Sinaï.	Pyramides à degrés de Saqqara. Emploi de la pierre dans l'architecture funéraire. Pyramides de Dahchour et de Meldoum. Idéalisme dans l'art. Pyramide de Giseh. Pyramide d'Abousir. Construction de temples solaires. Enseignements de Ptahhotep. Textes des pyramides. Les nomarques se font ensevelir sur leurs terres.
Première période intermédiaire (2181-2060)	Révolution sociale. Invasion asiatique. Morcellement de l'autorité. Dynastes à Memphis, Hérakléopolis. Coptos et Thèbes en rivalité.	Pillage des pyramides et destruction des statues royales. Décadence de l'art. Apparition de la littérature pessimiste. Chant du harpiste.

Périodes	Événements historiques	Événements culturels
Moyen Empire thébain (2060-1786)	Triomphe de la XIᵉ dynastie thébaine. Mentouhotep Iᵉʳ refait l'unité de l'Égypte. Amménémès fonde la XIIᵉ dynastie. Les Amménémès et les Sésostris soumettent la noblesse féodale. Conquête de la Nubie. Expéditions dans le Pount. Exploitation minière. Forte influence en Canaan. Mise en valeur du Fayoum	Tombes des Antef en Thébaïde. Temple funéraire de Mentouhotep à Deir el-Bahari. Triomphe des doctrines osiriennes. Texte des sarcophages. Réalisme de la statuaire. Âge classique de la littérature : enseignements, contes. Perfection de l'orfèvrerie. Pyramides de la région du Fayoum.
Deuxième période intermédiaire (1786-1567)	Époque de décadence de l'autorité centrale. Invasion des Hyksos. XVᵉ-XVIᵉ dynastie. La XVIIᵉ dynastie thébaine mène la guerre contre les Hyksos.	Déclin culturel. Introduction du cheval et du char. Développement de l'industrie du bronze. Scarabées hyksos.
Nouvel Empire thébain (1567-1085)	Ahmôsis Iᵉʳ fonde la XVIIIᵉ dynastie. Après avoir chassé les Hyksos, contitution d'un État impérialisé et socialisé par les Aménophis et les Thoutmôsis. Thoutmôsis III étend l'Empire égyptien de l'Euphrate au Nil Bleu. Réforme religieuse d'Aménophis IV, qui conduit à la décadence. Redressement avec Horemheb. Ramsès Iᵉʳ fonde la XIXᵉ dynastie. Guerre de Séthi et de Ramsès II contre les Hittites. Bataille de Kadesh. Traité égypto-hittite entre Ramsès II et Hattousil III. Mineptah bat les Lybiens à Pert-Irt. Période d'anarchie. Sethnakht fonde la XXᵉ dynastie. Victoires de Ramsès III contre les Peuples de la mer. Dernier éclat de la puissance égyptienne.	Renaissance culturelle. Magnificence des arts. Nécropole de la vallée des Rois. Développement de la littérature laïque et funéraire. Apparition de la poésie amoureuse. Expédition d'Hatshepsout dans le Pount. Construction des temples thébains. Aménophium. Fondation d'Akhetaton. Art réaliste amarnien. Lois d'Horemheb. Grande activité architecturale de Séthi Iᵉʳ et des Ramsès. Salle hypostyle de Karnak. Temples d'Abou-Simbel. Ramesseum. L'art cherche le colossal et tombe dans la froideur. Œuvre de restauration de Ramsès III. Construction du temple de Médinet Habou. Expédition armée vers le Pount. Violation des tombes royales thébaines.

Périodes	Événements historiques	Événements culturels
Nouvel Empire thébain (1567-1085)	Conspiration contre Ramsès III. Décomposition de l'État égyptien sous les derniers Ramessides.	
Troisième période intermédiaire (1085-730)	Hérihor, grand prêtre d'Amon, règne à Thèbes. Période des rois-prêtres. Dynastie tanite dans le Delta. Sheshonq fonde la XXIe dynastie. Les mercenaires libyens sont maîtres de l'Égypte. Campagnes de Sheshonq en Palestine. Bubastis et Tanis, capitales de l'Égypte. Montée de Saïs.	Triomphe du clergé d'Amon. Mesures de protection des hypogées royaux contre les pillards. Achèvement du temple de Khonsou. Développement de la métallurgie. Le travail du bronze atteint sa perfection. Sagesse d'Aménémopé. Lois de Tefnakht et Bocchoris.
Basse Époque (730-330)	XXVe dynastie nubienne. Occupation du Delta par les Assyriens. Pillage de Thèbes. Les rois saïtes chassent les Assyriens et s'appuient sur les mercenaires grecs. Développement du commerce. Néchao construit une flotte. Interventions en Asie. Occupation perse (525). Amyrtée (XXVIIIe dynastie) chasse les Perses. Courte période d'indépendance. Seconde occupation perse.	Début d'une renaissance culturelle. Naissance du démotique. Retour au classicisme de l'Ancien Empire. Lois d'Amasis. Formation de la littérature démotique. Premiers contrats démotiques. Activité monumentale d'Achoris.
Époque grecque (330-30)	Alexandre conquiert l'Égypte. Les Ptolémées refont une nouvelle Égypte indépendante. Renouveau de la puissance politique. Extension en Asie et en Nubie.	Fondation d'Alexandrie. Développement de la littérature démotique. Construction des temples d'Edfou, Dendérah, Kom Ombo, Philæ.

Chronologie des dynasties

Nous adoptons ici les dates retenues par les auteurs de la *Cambridge Ancient History* pour ce qui concerne les hautes époques avec parfois quelques modifications, et les dates habituelles pour la Basse Époque. Le nom d'Horus, nom royal inséré dans un cartouche, est celui des monuments égyptiens. Le nom personnel se retrouve souvent sur les listes dynastiques égyptiennes trouvées à Abydos*, dans le temple de Séthi, à Saqqara*, et données dans le papyrus de Turin. le nom grec, dans les listes concernant les trois premières dynasties, est celui des listes de Manéthon*. Les dates des règnes, aux hautes époques, sont approximatives. Lors des premières dynasties, on a, pour les différents rois, un certain nombre d'années de durées de règnes que je précise, lorsqu'elles sont connues.

Époque thinite

Ire dynastie (v. 3100-2890)

Nom d'Horus	Nom personnel	Nom grec	Règne
Narmer		Ménès	v. 3100
Aha	Iti (Atoti)	Athotis	
Djer	Iti (Atoti)	Athotis	47 ans
Djet	Iterty	Kenkénès	
Den (ou Oudimou)	Khasty	Ousaphais	55-60 ans
Anedjib (Adjib)	Merpebia	Miébis	7 ans
Sémerkhet	Irynetjer	Sémempsès	8 ans
Qaa (ou Ka)	Baouneter	Oubienthis	25 ans

IIe dynastie (v. 2890-2686)

Hotepsékhemoui	Hotep	Boéthos	
Nebrê (ou Rêneb)	Noubnéfer	Kékhôos	
Nétérimou (Nynetjer)	Banétérou	Binothris	45-47 ans
Peribsen	Ouadjnas	Tlas	
Khasékhem	Néferkarê	Chérès	21 ans (?)
Khasékhemoui	Néfersokar	Néferchérès	17 ans

Ancien Empire (Memphite)

IIIe dynastie (v. 2686-2613)

Nom d'Horus	Nom personnel	Nom grec	Règne
Sanakht	Nebka	Toureis (?)	19 ans
Netjerierkhet	Djéser (ou Zozer)	Nécheréphès	19 ans
Sekhemkhet	Djéser Téti	Mésochris	6 ans
Khaba	Sedjès (?)	Souphis	6 ans
	Néferka	Achès	
	Hou (ou Houni)	Kerphérès	24 ans

IVe dynastie (v. 2613-2498)

Nom égyptien	Nom grec	Manéthon	Règne
Snéfrou		Sôris	24 ans
Koufou	Chéops	Souphis	23 ans

Rêdjedef	Didoufri	Ratoisès	8 ans
Khaefrê	Chéphren	Souphis	25 ans (?)
Baoufrê (?)		Bichérès	
Menkaourê	Mykérinos	Menchérès	28 ans (?)
Shepseskaf		Séberchérès	4 ans
Dedefptah (?)		Thamphtis	2 ans

V^e dynastie héliopolitaine (v. 2498-2345)

Ouserkaf		Ouserchérès	7 ans
Sahourê		Sephrès	14 ans
Néferirkarê Kakaï		Néphercherès	10 ans
Shepseskarê Isi		Siophès	7 ans
Néferefrê		Chérès	7 ans (?)
Niouserrê Ini		Rathourès	31 ans
Menkaouhor Akaouhor		Menchérès	8 ans
Djedkarê Izezi		Tanchérès	39 ans
Ounas		Onnos	30 ans

VIe dynastie (v. 2345-2181)

Téti		Othoès	12 ans
Ouserkarê			1 an (?)
Mérirê Pépi		Phio(p)s	49 ans
Mérenrê Antyemsaf (I)		Méthousouphis	14 ans
Néferkarê Pépi II		Phiops	94 ans
Mérenrê Antyemsaf (II)		Menthésouphis	1 an
Menkarê	Nitocris	Nitocris	2 ans (?)

Première période intermédiaire

Elle comprend les VIIe, VIIIe, IXe et X^e dynasties, et le début de la XIe dynastie.

VIIe dynastie (v. 2181-2173)

La réalité de cette dynastie est discutée. On possède cependant une liste de neuf personnages censés avoir régné en ces quelques années : Néferkarê (le jeune), Néferkarê Neby, Djedkarê Shemaï, Néferkarê Khendou, Mérienhor Néferkamin, Nykarê, Néferkarê Tereru, Néferkahor.

VIIIe dynastie (v. 2173-2160)

Nom personnel	Nom d'Horus	Années et mois de règne	
Ouadjkarê Pepisonbe	Kha-baou (?)	4 + × années	
Néferkamin Anou		2 ans	1 mois
Kakarê Ibi		4 ans	2 mois
Néferkarê		2 ans	1 mois

Néferkaouhor Kapouibi	Netjerybaou	1 an	15 jours
Néferirkarê	Demedjibtoui		

Dynasties héracléopolitaines

(contemporaines en partie de la VIIIe dynastie et de la XIe dynastie thébaine)

IXe dynastie (v. 2160-2120)

Nom personnel	Nom d'Horus
Méribrê Khéti I	Achthoès I
Néferkarê Nebkaourê	
Khéti II	Achthoès II
Setout	

Xe dynastie (v. 2120-2060)

Nom personnel	Nom d'Horus	Règne	
Mérihathor			
Néferkarê			
Ouakharê Khéti III	Achthoès III	v. 2120-2095	
Mérikarê			v. 2095-2075
Nebkaourê Khéti (IV)			v. 2075-2060

Moyen empire thébain

Celui-ci ne débute, en réalité, qu'après l'unification de l'Égypte réalisée vers 2060 par Mentouhotep II.

XIe dynastie (v. 2133-1991)

Nom d'Horus	Nom personnel	Règne
Tep(y)a	Mentouhotep	2133-?
Séhertaoui	Antef I	?-2118
Ouahankh	Antef II	2117-2069
Nakhtnebtepnéfer	Antef III	2068-2061
Seankhibtaoui		
Neberyhedjet	Nebhepetrê Mentouhotep II	2060-2010
Seankhtouyef	Seankhkarê Mentouhotep III	2009-1998
Nebtaoui	Nebtaouirê Mentouhotep IV	1997-1911

XIIe dynastie (v. 1991-1786)

Nom égyptien	Nom grec	Règne
Séhétepibrê Amenemhat	Amménémès I	1991-1962
Khéperkarê Senousret (associé au trône)	Sésostris I	1971-1928
Nebkaourê Amenemhat (associé au trône)	Amménémès II	1929-1895
Khaképerrê Senousret (associé au trône)	Sésostris II	1897-1878

Khakaourê Senousret	Sésostris III	1878-1843
Nimaâtrê Amenemhat	Amménémès III	1842-1797
Makhérourê Amenemhat (associé au trône)	Amménémès IV	1798-1790
Sebekkarê Sebeknefrourê		1789-1786

Le premier empire thébain se termine en réalité à la fin de cette XIIe dynastie, quoique les pharaons de la XIIIe dynastie maintiennent un semblant d'unité. Les Hyksos constituent les XVe et XVIe dynasties. Les listes présentent de nombreuses lacunes (successions imprécises, temps de règnes souvent inconnus).

Deuxième période intermédiaire

XIIIe dynastie (v. 1786-1633)

On a recensé une trentaine de noms dont certains pourraient désigner le même personnage. On trouve parmi eux plusieurs Amenemhat, un Senousret, plusieurs Sébekhotep et Didoumès. Leur capitale demeure, en principe, Thèbes.

XIVe dynastie (v. 1786-1603)

Les chroniques donnent soixante-seize souverains qui auraient régné, au total, 184 ans. Leur capitale était à Xoïs, ville du Delta, dans les marais au nord-est de Saïs.

XVe dynastie (v. 1674-1567)

C'est la dynastie des « Grands Hyksos », dont la capitale était située à Avaris, à l'est du Delta.

Nom égyptien	Nom grec	Règne
Mayebrê Sheshi		3 ans (?)
Merouserrê Yakobher		8 ans
Seouserenrê Khyan		
Aouserrê Apopi	Apophis I	40 + x ans
Nebkhépeshrê Apopi	Apophis II	
Aaqenenrê Apopi	Apophis III	
Aasehrê Khamudy		

XVIe dynastie (v. 1684-1567)

Constituée par huit princes hyksos dont on ne connaît que les noms, elle semble avoir été vassale des Grands Hyksos.

XVIIe dynastie (1650-1567)

Cette dynastie de princes de Thèbes fut un moment vassale des Hyksos, avant que les derniers de ses princes ne se rendent indépendants et entreprennent une guerre de libération contre l'envahisseur asiatique.

Nom égyptien	Nom grec
Sékhemrê Ouahkha Rê-hotep	
Sékhemrê Ouepmaât Antef	
Sékhemrê Herouhermaât Antef	
Nebkhéperrê Antef	
Sékhemrê Ouadjkhaou Sébekemsaf	
Sékhemrê Sémentaoui Djehouti	
Senakhtenrê Taô (ou Taâ)	

Sékenenrê Taô (ou Taâ)	
Ouadjkheperrê Kamès	Kamôsis

Nouvel empire thébain

XVIIIᵉ dynastie (1567-1320)

Nom égyptien	Nom grec	Règne
Nebpehtirê Ahmès	Ahmôsis	1570-1546
Djeserkarê Amenhotep	Aménophis I	1546-1526
Aakhéperkarê Thoutmès	Thoutmôsis I	1525-1512
Aakhéperenrê Thoutmès	Thoutmôsis II	1512-1504
Makarê Hatshesout (sœur et épouse du précédent)		1503-1482
Menkhéperrê Thoutmès	Thoutmôsis III	1504-1450
Aakhéperourê Amenhotep	Aménophis II	1450-1425
Menkhéperourê Thouthmès	Thoutmôsis IV	1425-1405
Nebmarê Amenhotep	Aménophis III	1405-1367
Néferkhéperourê Amenhotep-Akhnaton	Aménophis IV	1379-1362
Smenkhkarê		1364-1362
Nebkhéperourê Toutankhamon		1361-1352
Khéperkhéperourê Ay		1352-1348
Djeserkhéperourê Horemheb		1348-1320

XIXᵉ dynastie (1320-1200)

Menpehtirê Ramsès I		1320-1318
Menmarê Séthi I	Séthos	1318-1304
Ousermarê Ramsès II		1304-1237
Baenrê Merneptah (ou Mineptah)		1236-1223
Menmarê Amenmès		1222-1217 (?)
Ouserkhéperourê Séthi II		1216-1210 (?)
Aakhenré Setepenrê Merneptah Siptah		
Sitrê-Meryetamon Taousret		1209-?
Iarsou		?-1200

XXᵉ dynastie (1200-1085)

Nom égyptien	Règne
Ouserkaourê Sethnakht	1200-1198
Ousermarê Meryamon Ramsès III	1198-1166
Ousermarê Sétepenamon Ramsès IV	1166-1160
Ousermarê Sékheperenrê Ramsès V	1160-1156
Nebmarê Meryamon Ramsès VI	1156-1148
Ousermarê Miamon Ramsès VII	1148-1147

Ousermarê Akhnamon Ramsès VIII	1147-1140
Néferkarê Sétepenrê Ramsès IX	1140-1121
Khépermarê Sétepenrê Ramsès X	1121-1113
Khépermarê Sétpenptah Ramsès XI	1113-1085

Troisième période intermédiaire

XXIᵉ dynastie tanite (1085-950)

Nom égyptien	Nom grec	Règne
Hedjkheperrê Sétepenrê Smendès		
Néferkarê Hikouast Aménémès		
Akheperrê Sétepenamon Psousennès		19 ans
Ousermarê Sétepenamon Aménemopé	Aménophthis	49 ans
Noutkheperrê Sétepenamon Siamon		17 ans
Titkheperourê Sétepenamon Psousennès II		

Grands prêtres de Thèbes (1085-950)

Hérihor
Piankhi
Pinedjem I
Masahert
Menkheperrê
Nesbenebded
Pinedjem II

XXIIᵉ dynastie libyenne (950-730) à Bubastis

Nom égyptien	Règne	Nom égyptien	Règne
Sheshonq	950-929	Osorkon I	929-893
Takélot I	893-870	Osorkon II	870-847
Sheshonq II	847-?	Takélot II	847-823
Sheshonq III	823-772	Pami	772-767
Sheshonq IV	767-730		

XXIIIᵉ dynastie libyenne (v. 817-730) à Tanis

Pédoubastis	v. 817-763	Sheshonq V	763-757
Osorkon III	757-748	Takélot III	748-?
Amonroud ?		Osorkon IV	?-730

Basse Époque

XXIVᵉ dynastie saïte (730-715)

Nom égyptien	Nom grec	Règne
Tefnakht		730-720
Bakenranef	Bocchoris	720-715

XXVᵉ dynastie nubienne (751-656)

Nom égyptien	Règne	Nom égyptien	Règne
Piankhi	751-716	Shabaka	716-701
Shabataka	701-690	Taharqa	690-664
Tanoutamon	664-656		

XXVIᵉ dynastie saïte (663-625)

Nom égyptien	Règne	Nom égyptien	Règne
Psammétique I	663-609	Néchao	609-594
Psammétique II	594-588	Apriès	588-568
Amasis	568-525	Psammétique III	525-?

XXVIIᵉ dynastie perse achéménide (525-404)

Nom égyptien	Règne	Nom égyptien	Règne
Cambyse	525-522	Darius I	522-485
Xerxès	485-464	Artaxerxès I	464-424
Darius II	424-404		

Sous le règne d'Artaxerxès, vers 440, Hérodote fit son voyage en Égypte.

XXVIIIᵉ dynastie (404-398)

Nom égyptien	Règne	Nom égyptien	Règne
Amyrthée	404-398		

XXIXᵉ dynastie (398-378)

Nom égyptien	Règne	Nom égyptien	Règne
Néphéritès I	398-392	Achoris	392-380
Psammouthis	380-379	Néphéritès II	379-378

XXXᵉ dynastie (378-341)

Nom égyptien	Règne	Nom égyptien	Règne
Nactanébo I	378-360	Téos	361-359
Nectanébo II	359-341		

Les Perses reconquièrent alors l'Égypte, mais ne forment pas une dynastie distincte.

Nom égyptien	Règne	Nom égyptien	Règne
Artaxerxès III Ochos	341-338	Arsès	338-335
Darius III Codoman	335-330		

En 330, Alexandre le Grand s'empare de l'Égypte et fonde Alexandrie. En 305 débute la dynastie des Lagides (v. la chronologie à cette entrée).

Abou Gorâb, site au sud-ouest du Caire, à la limite du désert occidental.

Dans cette partie de la nécropole* memphite, les rois de la Ve dynastie* avaient fait bâtir des temples* solaires. Nous savons par les inscriptions qu'il y en avait six. Parmi ceux-ci on a pu identifier celui d'Ouserkaf, mais le seul dont les ruines ont été fouillées est celui de Niouserrê. Le sanctuaire, construit sur le bord de la falaise, était enfermé dans une vaste enceinte pourvue d'une porte monumentale. Celle-ci était reliée à la vallée par une chaussée couverte partant d'un temple d'accueil entouré d'édifices et de maisons* d'habitation. L'aire circonscrite par l'enceinte rectangulaire de 99 x 75 m était pavée. Elle enfermait des magasins appuyés à la muraille nord, des constructions qui semblent avoir été des abattoirs, un autel* monumental sur lequel étaient offerts des sacrifices* d'animaux au dieu Rê*. Devant l'autel était bâti un haut socle pyramidal sur lequel se dressait un obélisque* bas et massif. Hors de l'enceinte, du côté sud, on a découvert une barque* solaire faite en briques, comme l'ensemble architectural.

Abou Roach, nécropole au nord du plateau de Gizeh.

Près de tombes des premières dynasties thinites*, Didoufri* s'est fait construire dans ce site une pyramide* de près de 105 m² à la base mais qui ne subsiste plus

que sur une hauteur d'une dizaine de mètres. Elle était pourvue d'un temple* funéraire et d'une chaussée longue de près de 1 500 m qui suit en partie un éperon rocheux aménagé ; c'est pour cela que cette chaussée, encore assez bien conservée, parvient au temple par le nord-est et non par l'est, selon l'orientation classique. Son parement était fait de calcaire. Les fouilles ont rendu des statues* en quartzite rose (souvent fragmentaires) dont une belle tête du roi et une statue du même souverain assis ; contre sa jambe, son épouse, la reine Khentetka, se tient agenouillée. Dans le voisinage ont été aussi retrouvés les restes d'une pyramide en brique, et le noyau d'une pyramide autour d'une excroissance rocheuse. Un puits, découvert au milieu du siècle dernier, renfermait un sarcophage en calcaire de facture grossière, sans inscriptions.

Abou-Simbel, site de Nubie à 280 km au sud d'Assouan.

Sur la rive gauche du Nil (→ **Hapy**), Ramsès* II fit bâtir deux temples* rupestres, creusés dans le grès de la falaise occidentale. Le grand temple était consacré à Rê Harakhti (« le Soleil qui paraît à l'horizon ») et à Amon*. Quatre statues colossales de Ramsès II sont taillées dans le roc de la façade et le spéos* est orienté de sorte que le soleil levant éclaire, à l'intérieur, les statues d'Amon, de Rê-Harakhti et celle de

Ramsès les 21 octobre et 19 février. On a voulu voir dans cette orientation un rapport avec une fête Sed* de Ramsès, commémorant l'identification du roi avec le soleil, et on a pensé que la chapelle de Rê-Harakhti aurait été un observatoire. Le spéos est d'un grand intérêt artistique, surtout par sa salle hypostyle*, sur une des parois de laquelle est représentée la bataille de Kadesh*.

Un petit temple situé au nord du grand temple était dédié à Hathor*, en l'honneur de Néfertari, épouse du roi. La façade est ornée de six statues colossales, disposées de part et d'autre de la porte et représentant la reine entre deux statues du souverain. Le spéos possède aussi une salle hypostyle dont les piliers sont à chapiteaux « hathoriques », alors que ceux du grand temple sont « osiriaques » (→ **colonnes**). Comme le projet de construction du haut barrage d'Assouan menaçait d'ensevelir sous les eaux ces deux sanctuaires, la République d'Égypte, à la suite de l'appel de l'Unesco, a adopté un projet suédois de sauvegarde : les deux monuments ont été détachés de la falaise où ils étaient creusés, puis découpés en tranches, et les 15 000 tonnes de blocs numérotés qu'ils représentent ont été élevés sur la terrasse supérieure, à 64 m au-dessus de leur niveau ancien pour y être reconstitués et conservés comme patrimoine de l'humanité.

Abousir, village voisin de Saqqara* qui a donné son nom à une nécropole* antique.

Sur les onze pyramides* qui furent élevées dans la nécropole memphite, il n'en subsiste que quatre, en bien mauvais état. Trois ont été identifiées avec certitude, appartenant aux rois de la Ve dynastie*. Celle de Sahourê, la mieux conservée, mesurait à la base plus de 77 m de côté sur une hauteur de 49 m. Elle n'atteint plus que 36 m. Celle de Niouserrê mesurait 81 m de côté avec une hauteur de 51, 5 m et celle de Néferirkarê 105 m et 70 m de haut. La quatrième, inachevée, semble avoir été celle de Néferefrê. Les temples* funéraires attachés à ces pyramides ont été détruits. Ils étaient ornés de beaux bas-reliefs dont il subsiste des fragments. Taillés dans un calcaire de Tourâh, ils ont été utilisés par les gens du pays pour faire de la chaux. Sur les 10 000 m² que couvraient les bas-reliefs du temple de Sahourê, il n'en subsiste que 150. Sur les fragments que nous pouvons encore voir, sont représentées des scènes de guerre, des chasses royales, une flotte partant vers les côtes de l'Asie. Comme dans les temples funéraires de ce type, celui de Sahourê était relié par une chaussée au temple d'accueil situé dans la vallée. Ce dernier était pourvu d'un portique formé par huit colonnes* monolithiques à chapiteaux palmiformes. Les parois du monument et de la chaussée étaient décorées de bas-reliefs représentant le pharaon triomphant de ses ennemis.

Parmi les tombes privées en forme de mastaba* la plus remarquable est celle de Ptahshepses, pourvue d'une cour carrée à portiques, de chambres funéraires, de chapelles à offrandes ; un puits ovale semble avoir contenu des barques* solaires. Dans les colonnes d'un portique on trouve le plus ancien exemple de chapiteaux lotiformes.

Abousir est aussi le nom de la ville gréco-égyptienne de Taposiris Magna, située près de la mer à une cinquantaine de kilomètres à l'ouest d'Alexandrie*. Sur une falaise dominant la grève subsistent les importantes ruines d'un temple inachevé d'époque ptolémaïque, dédié à Osiris*. Son enceinte carrée de 86 m de côté, construite en briques, reste en bon état ainsi que les deux corps du pylône*, dans lesquels sont aménagés des escaliers conduisant aux terrasses. Sur une colline voisine s'élève une tour d'époque romaine à base carrée et à corps octogonal, qui serait une réplique du phare d'Alexandrie ; tout alentour des ruines, souvent très arasées, de l'antique cité : thermes, palais, rue pavée, constructions souterraines voûtées, petit temple consacré à des cultes d'animaux, digue de l'ancien port, nécropoles (dont une d'animaux).

Abousir Bana. Nom moderne de l'antique Busiris*.

Abousir el-Meleq, site de Basse-Égypte.

Cette nécropole préhistorique, fouillée en 1905 par Georg Müller, est une des plus représentatives du nagadien*.

Abydos ou **Abdou,** site de Haute-Égypte au nord-ouest de Thèbes*.

Le site fut occupé de très bonne heure ; sur son territoire se trouvent le site d'El-Amrah (→ amratien) et des nécropoles* nagadiennes*. Avec les deux premières dynasties* thinites*, le village nagadien devient une cité où les souverains de l'Égypte* unifiée auront leurs tombes*, près desquelles se pressent celles des reines et des courtisans ; il est, par ailleurs, possible que les tombes royales n'aient été que des cénotaphes* et que les souverains thinites aient été ensevelis à Saqqara*. De nombreuses stèles* funéraires, qui apparaissent à cette époque en Égypte, y ont été découvertes, ainsi que les vestiges de plusieurs temples*. La divinité locale était alors un dieu funéraire, Khentamentiou, « le Premier des Occidentaux ». Sous la Ve dynastie, Osiris* paraît à Abydos et on commence à y venir en pèlerinage ; cependant, sous Téti, premier roi de la Ve dynastie, une charte* d'immunité protège les biens du dieu Khentamentiou ; ce n'est qu'au début de la XIe dynastie qu'Antef II*, s'étant rendu maître d'Abydos, en fera la cité d'Osiris, où auront lieu les célèbres mystères* du dieu ; celui-ci a alors complètement assimilé les caractères de l'antique Khentamentiou.

Sous la XIXe dynastie Abydos parvint à son apogée. Séthi* Ier y éleva un temple à son père Ramsès Ier* et se fit construire pour lui-même un magnifique temple funéraire dont il subsiste d'importantes ruines en partie restaurées et un cénotaphe. Le grand bâtisseur que fut son fils Ramsès II* ne manqua pas de s'y faire édifier un autre petit temple funéraire. Ces deux sanctuaires sont ornés de bas-reliefs représentatifs du classicisme du Nouvel Empire*. Avec ces temples, ces rois restaient fidèles à la tradition qui voulait qu'on eût à Abydos un cénotaphe ou au moins une stèle, près de la tombe d'Osiris, car la cité prétendait posséder la tête du dieu démembré. Le monument souterrain appelé cénotaphe est certainement un « osireion » dont la construction fut commencée par Séthi*, mais ne fut terminée que sous Mineptah*. On y accède par une galerie souterraine voûtée, de 32 m de long, dont les parois sont recouvertes sur le côté est par des textes extraits du *Livre des morts** et du côté ouest, du *Livre des Portes** (→ **Livres funéraires**). Elle est en correspondance avec un couloir d'une longueur de 80 m. Le sanctuaire proprement dit était censé représenter la colline primitive de la création émergeant du Noun*. Il semble que c'était en ce lieu souterrain qu'était conservée la relique (la tête) d'Osiris* et qu'on y célébrait ses mystères. Bien qu'ayant perdu tout son lustre à l'époque hellénique, Abydos restait toujours renommée pour son culte d'Osiris.

Abydos (tables d'), nom donné à deux listes royales provenant d'Abydos.

La première a été trouvée par l'archéologue A. Mariette dans le temple de Séthi* Ier en 1864 ; c'est une liste de soixante-seize rois, de Ménès* à Séthi 1er, qui occupe les parois d'un corridor du temple. La seconde, connue dès 1818 et transportée au British Museum, a été trouvée dans le temple de Ramsès II*. C'est une copie de la première, mais très mutilée, puisqu'elle ne conserve que vingt-neuf noms de rois ; elle fut cependant utilisée par Champollion pour poser les bases du classement des dynasties* dans son *Précis du système hiéroglyphique*.

administration. Dès l'origine, l'Égypte connaît un fonctionnariat très développé, dont le roi constitue le ciment. À l'époque thinite*, la survivance des deux États unifiés est encore sensible : on trouve de hauts fonctionnaires* dans chacune des deux capitales, Bouto*, au nord, et Hiérakonpolis*, au sud. L'administration du Delta* est mal connue, mais on rencontre en Haute-Égypte un collège, les Dix Grands de la Haute-Égypte, dont les membres possèdent des fonctions différentes, souvent purement nominales. La division en quarante-deux districts, ou nomes*, apparaît dès cette époque. Les dynasties* memphites réalisent la centralisation, qui place pratiquement tous les pouvoirs entre les mains du roi, devenu propriétaire du sol. Le vizir* reste le premier fonctionnaire, mais en général, il est pris dans la famille royale, parmi les descendants du souverain ; le roi choisit encore dans sa famille les hauts fonctionnaires, les juges, les prêtres*, les chefs militaires, les nomarques. Ces fonctions étant devenues héréditaires, ces parents royaux, dans la vaste et opulente Égypte de la Ve dynastie, commencent à constituer une noblesse, dont le caractère féodal se renforce aux périodes suivantes, au point qu'elle fait éclater le pouvoir centralisé lors de la première période* intermédiaire où se constituent sur les anciens nomes une poussière d'États féodaux.

Les souverains du Moyen-Empire* thébain rétablissent la puissance du pouvoir central après avoir réduit la noblesse féodale. Les clés de l'administration se trouvent à la cour du roi, et les gouverneurs des nomes sont des fonctionnaires royaux, cependant que la fonction reste héréditaire. Il semble qu'au début du Moyen-Empire l'Égypte ait été divisée en trois grands districts : le Delta *(Ouaret mehet)*, la Moyenne-Égypte *(Ouaret shemaou)* et la Haute-Égypte *(Ouaret tep shemaou)*. Les quatre premiers fonctionnaires de l'État sont : le vizir ; le chef des armées ; le chef des champs, chargé de l'agriculture* ; le scribe* des archives royales, dont la fonction peut s'assimiler à celle de ministre de l'Intérieur. Cependant, après le vizir, le plus important personnage est le Directeur du Sceau, chargé de la gestion du Trésor*.

L'administration financière continuera de jouer son rôle prépondérant au Nouvel Empire*, mais ce seront plusieurs scribes, directeurs du Trésor, qui remplaceront le fonctionnaire unique du Moyen-Empire. L'administration devient alors si complexe qu'après le roi ce sont trois personnages qui détiennent le pouvoir à la Cour : le vizir, le vice-roi de Nubie* et le Premier prophète* d'Amon*. Et ce dernier prend d'autant plus d'importance que c'est le conseil des dieux* qui sanctifie les décisions royales, et Amon qui leur confère toute sa force exécutoire. L'histoire intérieure du Nouvel-Empire sera en partie dominée par la lutte entre le pouvoir monarchique et le clergé d'Amon, combat dans lequel ce dernier emportera la victoire finale avec la XXIe dynastie des rois-prêtres*. Si la politique de conquêtes du Nouvel Empire crée une nouvelle administration provinciale en Nubie, elle rend nécessaire, par ailleurs, une administration décentralisée dans les provinces d'Asie. Les principautés vassales conservent leur autonomie, mais elles sont soumises à un lourd tribut* et, en temps de guerre, elles doivent entretenir les troupes égyptiennes stationnées sur leur territoire, tandis que les fils des princes asiatiques sont envoyés en Égypte pour y être élevés à la manière égyptienne, mais aussi pour servir d'otages. Il apparaît que l'administration égyptienne, fondée sur un fonctionnariat solidement structuré et complexe, a été la source de la richesse économique et de la puissance de la nation, qui a connu l'anarchie, la famine* et les invasions dès que le pouvoir central laissait s'affaiblir son autorité.

Admonitions d'un sage Égyptien.
Ce texte nous est connu par un papyrus du Nouvel Empire* (Papyrus de Leyde 344, daté de la XIXe dynastie), dont l'original remonte sans nul doute au début du Moyen Empire, voire plus haut, car il semble bien décrire l'état de l'Égypte pendant cette époque d'anarchie provoquée par la révolution populaire qui vit la fin de l'Ancien Empire*. Le vieux sage Ipouer, fidèle fonctionnaire du roi, s'adresse au pharaon, qui apparaît comme un vieillard hors du temps, ignorant les désastres de l'Égypte ; on a songé à Pépi* II, dernier roi de la VIe dynastie, qui mourut plus que centenaire. Ipouer brosse ainsi un tableau de la révolution en une suite de phrases frappantes et imagées, dont le réalisme révèle la chose vue, et qui débutent par : « Voyez [...], la terre est pleine de bandits, l'homme laboure avec son bouclier [...], le pauvre est devenu riche [...] les esclaves, leur cœur est joyeux [...], la terre est pleine de saleté et on ne voit plus de vêtements blancs [...]. On jette les morts dans le fleuve et le Nil est leur sépulture. Voyez, les nobles se lamentent, le pauvre se réjouit [...]. Voyez, le pays tourne comme la roue du potier [...], les cœurs sont pleins de violence. La peste sévit et on ne voit que sang et mort. L'or et les produits manquent pour les funérailles et ceux qui avaient des tombes gisent dans le désert [...]. » L'auteur évoque les nomes* détruits par les étrangers qui ont envahi l'Égypte. Les femmes esclaves portent les bijoux de leurs maîtresses qui travaillent la terre. Pis encore : les enfants des nobles sont écrasés contre les murs, les morts sont jetés hors de leurs tombes, ceux qui portent

des habits de lin fin sont frappés, etc. On a là un tableau saisissant d'une véritable révolution populaire soutenue par une invasion étrangère.

Le plus étrange, c'est que le roi ne sait rien de tout cela, ni les puissants, qui, d'ailleurs, fermaient peut-être volontairement les yeux. « Les forts dans le pays ignorent tout de l'état du peuple. Plus aucun fonctionnaire n'est en place [...]. On marche à la ruine. » → **périodes intermédiaires, révolution.**

adoratrices d'Amon → Amon

(adoratrices d').

agriculture.

L'agriculture était la grande richesse de l'Égypte, et le pouvoir central veillait soigneusement à l'entretien des canaux d'irrigation aussi bien qu'à l'engrangement des récoltes en prévision d'années moins favorables. Car si les crues du Nil (→ **Hapy**), qui apportaient limon et eau* nécessaires à la culture, rendaient aisé le travail du paysan*, le fleuve lui-même pouvait menacer les récoltes par une crue trop forte ou trop faible. D'autres calamités menaçaient encore les cultures : grêle, pluie de sauterelles, loriot et rollier qui picoraient les fruits des vergers. Dans une lettre* où il évoque la malheureuse condition du paysan, un scribe* complète ce tableau des calamités en parlant du ver, qui enlève la moitié des grains, de l'hippopotame, qui en dévore l'autre moitié, des souris, qui ravagent les champs, des moineaux et du bétail*, qui glanent ce qui subsiste.

Les céréales* représentaient la principale richesse agricole de l'Égypte, avec la culture du lin. Les arbres* fruitiers venaient spontanément ou étaient cultivés dans les vergers des grands domaines ou dans les jardins* particuliers. La vigne était aussi cultivée et le papyrus* poussait naturellement dans le Delta*. Les cultures maraîchères étaient aussi développées. Les plus anciens légumes connus étaient les oignons, les poireaux et l'ail ; les fèves, les lentilles, les pois et aussi les pois chiches se trouvaient communément dans les jardins, quoique les auteurs grecs* aient prétendu le contraire. Les laitues étaient aussi abondantes que les concombres, pastèques et melons.

Malgré les inconvénients cités, la culture était favorisée par la fécondité des limons composant la terre cultivable, et les crues du Nil. À l'automne, lorsque la baisse des eaux du Nil laissait la terre grasse et bourbeuse, on procédait aux semailles. Dès l'Ancien Empire*, les peintures de tombes nous montrent la charrue élémentaire, formée d'un soc en bois, deux mancherons, un long timon attaché aux cornes des bœufs par une traverse de bois, qui sera à peine perfectionnée au Nouvel Empire* et qu'utilisent encore les fellahs d'aujourd'hui. La terre est retournée avec une houe ou avec cette charrue dont un homme tient les manches tandis qu'un autre dirige les attelages (ce n'est qu'au Nouvel Empire que les bœufs ou les vaches seront parfois remplacés par des mulets) ; les inscriptions rapportent les paroles des paysans (comme sur nos modernes « bandes dessinées ») : « Appuie sur la charrue ! que ta main y pèse ! » et le piqueur commande ainsi les bœufs : « Tire fort ! Demi-tour ! » Derrière la charrue viennent les semeurs ; ils vont remplir leurs petits couffins à un grand tas, près duquel est assis le scribe*, qui note combien chacun a puisé de sacs. On lance ensuite une troupe de chèvres, de moutons ou de porcs, qui enfouissent le grain en le piétinant.

Lorsque, au printemps, le blé est mûr, on procède à la moisson. Avec des mouvements vifs, les moissonneurs, armés de faucilles courtes, coupent le blé haut vers l'épi ; le travail se fait au son de la flûte. Parfois un cri s'élève : « De la bière pour les moissonneurs ! » ; et la cruche passe de main en main et de bouche en bouche ; parfois, le maître du domaine vient sur son char voir les travailleurs. Le chef d'équipe les presse, mais on continue de lancer des plaisanteries et le « patron » est en général un bon maître (ou, en tout cas, il se montre tel pour la postérité !) ; les épis sont ensuite liés en gerbes et chargés sur des ânes, qui les emportent vers l'aire, située près du village ou près des greniers. Sur cet espace circulaire de terre battue, on répand les épis et on lance dessus la troupe d'ânes qui se chargent du dépiquage. La paille est recueillie avec des fourches et on en forme des meules, tandis que les femmes, les cheveux enfermés dans un bonnet, vannent le grain en le lançant en l'air, laissant le vent emporter la balle ; on termine en tamisant les grains pour les débarrasser de toute impureté, puis les scribes des greniers et le « jaugeur du grain » viennent comptabiliser la récolte avant que les sacs ne soient vidés dans les greniers à grains ; ceux-ci sont en général des silos, en forme de pain de sucre qu'on remplit par le haut, tandis que la petite porte, placée dans le bas et servant à tirer le grain, est soigneusement close. Sans doute devait-on porter au maître du domaine, ou au fonctionnaire chargé de la gestion de la terre royale, des poignées de blé pour qu'il juge de la beauté du grain.

Aha, premier roi de la Ire dynastie thinite*, régnant dans les environs de 3 000 av. J.-C.

Son nom, qui signifie « le Guerrier », est connu par les monuments, surtout par ceux d'Abydos* ; une tablette d'ivoire portant son nom a été trouvée dans la première tombe royale d'Abydos, qu'on lui a attribuée. Cependant, on a fouillé en 1938 à Saqqara* une tombe qui a rendu des empreintes des sceaux au nom d'Aha, ou plus précisément de l'« Horus Aha » (→ **titulature**). Comme la tradition faisait de Ménès* le premier roi des listes dynastiques, plusieurs hypothèses ont été émises sur les rapports entre ces deux personnages. Ce qu'on peut savoir d'Aha d'après ses monuments, c'est qu'il a régné sur une Égypte* unifiée : une tablette de Nagada (→ **nagadien**) à son nom représente une fête* de commémoration de la réunion du double pays. Il vainquit les Éthiopiens et soumit les Libyens, qu'on voit, sur des fragments de tablettes, lui apporter un tribut. Il était originaire de la Haute-Égypte, mais sa politique de conciliation avec la population soumise du Delta* lui fit épouser une princesse de cette région, Neithhotep, et élever un temple à Neith*, déesse de Saïs*, dans le Nord.

Ahmosis ou **Ahmès** (1570-1546 av. J.-C.), fondateur de la XVIIIe dynastie*.

Son prénom est Nebpehtira. Son père, Sekenenrê, était roi de Thèbes*, tandis que les Hyksos* régnaient dans le Delta* ; c'est lui, sans doute, qui entreprit la guerre* de libération contre les Hyksos, que continua son fils et successeur Kamès. Mais c'est Ahmôsis, frère et successeur de Kamès, qui termina cette guerre en prenant Avaris* et en chassant les Hyksos jusqu'en Canaan*, au-delà de la cité de Sharouhen, qu'il prit après trois années de siège. Ainsi Ahmôsis inaugura-t-il la XVIIIe dynastie, qui fut la première du Nouvel Empire*. Il étendit au sud les limites du nouvel État égyptien par trois campagnes successives en Nubie. Vers la fin de son règne, il fit une nouvelle campagne en Asie, jusqu'en Phénicie. Mais, avant de s'aventurer ainsi dans une nouvelle guerre asiatique, Ahmôsis avait prudemment affermi son pouvoir à l'intérieur de l'Égypte en se ralliant les peuples et les princes indigènes. Il conserva Thèbes comme capitale, restaura les sanctuaires, et son œuvre intérieure, bien qu'elle soit mal connue, fut sans doute considérable.

akh → âme.

Akhetaton → Amarna (Tell el-).

Akhnaton, fils d'Aménophis III*, il monta sur le trône sous le nom d'Aménophis (IV).

Sa mère Tiy, de modeste origine, avait du sang nubien. Mais on sait peu de chose de la vie et du règne de cet important pharaon. Ainsi discute-t-on pour savoir s'il a succédé à son père après la mort de ce dernier ou s'il y a eu une corégence. Il paraît difficile d'admettre la première théorie qui le fait monter sur le trône à douze ans, car on le voit aussitôt entreprendre la grande réforme religieuse atonienne qui s'impose avec force dès la quatrième année de son règne, où il quitte Thèbes* pour installer sa capitale en Moyenne-Égypte, à Akhetaton* ; il aurait alors eu à peine seize ans. Plus satisfaisante est l'hypothèse qui le fait monter sur le trône vers l'âge de dix-huit ans en corégence avec son père Aménophis III. Cette corégence aurait duré une dizaine d'années, le vieux roi, resté à Thèbes, vivant retiré dans son palais de Malgatta et laissant à son fils les rênes du gouvernement. Dans cette dernière hypothèse, on peut alors situer le règne d'Aménophis IV entre 1379/8 et 1362 (il est certain qu'il a régné dix-sept ans), et celui d'Aménophis III entre 1405 et

1367. On ignore quelles parts reviennent à ses parents et à son épouse Néfertiti* dans la révolution religieuse qu'il accomplit en imposant le culte d'Aton* à l'empire. Il semble cependant certain que c'est dans son tempérament rêveur et mystique qu'il faut chercher les causes essentielles de son comportement, quoiqu'il ne faille pas sous-estimer l'importance de l'exemple que lui donnaient les premiers essais encore timides de réforme atonienne de son père, ni sans doute les encouragements de Néfertiti.

Le clergé* d'Amon* fut peu à peu dépossédé de ses prérogatives et de ses biens et le nom d'Amon martelé dans les inscriptions. L'an IV de son règne, Aménophis changea son nom en celui d'Akhnaton (« Splendeur d'Aton »), quitta Thèbes, terre consacrée à Amon, pour s'installer dans une capitale nouvelle, sur une terre n'appartenant à aucun dieu. Cette cité fut dénommée Akhetaton et les fonctionnaires attachés au nouveau régime intégraient le nom d'Aton dans leur propre nom. Entièrement occupé à imposer son nouveau culte et à glorifier par des hymnes de sa composition son dieu aimé, Akhnaton délaissa les affaires de l'empire qui se désagrégea en peu de temps. Des révoltes, favorisées par les prêtres d'Amon, éclatèrent en Égypte même et l'on voit dans des représentations des gardes nubiens amener devant le roi des Égyptiens et des étrangers coupables de tentatives de sédition.

À l'extérieur, les Hittites* arrachèrent le Mitanni* à l'alliance égyptienne et fomentèrent des troubles en Syrie et en Phénicie. Ribaddi, roi de Byblos, implore en vain le secours du pharaon. Finalement son ennemi, le roi de Damas Azirou, s'empare de Byblos après en avoir assassiné le roi, puis, avec duplicité, se justifie auprès d'Akhnaton qui néglige de sévir. Les barbares Khabirou et Soutou s'emparent de Jérusalem dont le roi était vassal de l'Égypte et mettent fin à l'hégémonie du pharaon en Canaan*. Vers la fin de son règne, Akhnaton se brouilla avec Néfertiti et associa au trône un certain Smenkhkarê à qui il donna pour épouse sa fille aînée Méritaton. On ignore qui était ce Smenkhkarê ; certains ont voulu voir en lui un frère d'Akhnaton, ce qui paraît douteux. Bien qu'Akhnaton ait donné à son nouveau corégent la titula-ture de Néfertiti, celle-ci, qui s'était retirée dans le palais nord, semble avoir continué de régner de son côté. La raison de cette séparation nous demeure inconnue. On pense qu'elle était en partie causée par des divergences religieuses, mais là encore les opinions diffèrent. Pour certains auteurs Akhnaton désirait se réconcilier avec le clergé d'Amon contre l'avis de Néfertiti et il aurait envoyé à Thèbes, en ambassadeurs, son gendre et sa fille. Il paraît plus vraisemblable que ce soit le contraire et qu'Akhnaton se soit enfermé dans son palais afin de poursuivre sa politique religieuse, alors que Néfertiti, qui avait recueilli dans son palais le jeune Toutankhamon* (alors appelé Toutankhaton), engageait avec le clergé d'Amon des pourparlers aux fins d'un retour de l'administration* à Thèbes. On ne sait de quoi mourut Akhnaton ni comment disparut Smenkhkarê, qui devait être encore un tout jeune homme. Toutankhamon semble bien avoir succédé directement à Akhnaton, à Amarna.

Alexandrie, ville d'Égypte, sur la Méditerranée, entre le lac Maréotis et l'île de Pharos à laquelle elle fut rattachée par une large jetée, l'Heptastadion.

Lors de son passage en Égypte en 332-331 av. J.-C., Alexandre le Grand chargea Dinocratès, un architecte grec, d'élever en ce lieu une ville qui fût conçue sur un plan orthogonal, ou en damier, avec de larges avenues se coupant à angles droits. Dans son tracé la nouvelle cité engloba le vieux village égyptien de Rhakotis, qui constitua un quartier indigène. La ville ne commença à prendre de l'importance que lorsque Ptolémée fils de Lagos, fondateur de la dynastie des Lagides*, s'y installa et en fit la capitale de l'Égypte qu'il avait reçue en partage après la mort d'Alexandre en 323. Dès la première moitié du IIIe s. avant notre ère, sous les deux premiers Ptolémées, elle se couvre de magnifiques monuments et prend l'aspect qu'elle va conserver jusqu'à la fin de l'Antiquité, avec ses jardins et ses monuments de conception grecque : palais royal sur la mer, Musée et Bibliothèque, Sôma (tombeau d'Alexandre le Grand), Sérapeum (temple consacré au dieu gréco-égyptien Sérapis*), temple d'Isis*, marchés, théâtre et surtout le célèbre phare, tour élevée par Sostrate de Cnide sur l'île de Pharos qui a donné son nom à ce type de monument. Pendant près d'un millénaire, jusqu'à la conquête arabe en 641, Alexandrie demeure la capitale intellectuelle et spirituelle d'une partie du monde méditerranéen, après avoir été pendant les trois derniers siècles avant notre ère la capitale politique de l'Égypte hellénisée.

À partir de la fondation d'Alexandrie et de l'occupation grecque, l'Égypte va devenir une province de l'hellénisme et son administration, même si elle conserve certains aspects de l'ancienne administration pharaonique, sera fortement influencée par les conceptions grecques. Par ailleurs, la langue officielle devient le grec, même si l'ancien égyptien, sous sa forme démotique*, est encore parlé dans les milieux ruraux et si les prêtres conservent les antiques conceptions religieuses et couvrent toujours les temples* d'hiéroglyphes* de plus en plus chargés et enrichis de signes nouveaux. Même les temples, construits selon les modèles traditionnels, subissent des modifications de détail. C'est à cette époque qu'apparaissent les mammisi* comme monuments indépendants, que les chapiteaux des colonnes* se multiplient à l'infini dans leurs décors et s'alourdissent, que des murets sont construits dans les entre-colonnements. Les temples les mieux conservés de l'Égypte, ceux que les touristes admirent de nos jours, sont tous d'époque grecque : Dendérah*, Edfou*, Esneh*, Kôm Ombo*, Philæ*.

alliances. Ce n'est que tardivement que les pharaons* pratiquent sérieusement une politique d'alliance avec leurs voisins. Dès l'Ancien Empire* les Égyptiens sont en relations d'amitié avec les Phéniciens*, et plus particulièrement avec les princes de Byblos ; mais ce sont là des relations commerciales, qui n'ont guère l'apparence d'alliances de caractère politique. Au Moyen Empire*, l'Égypte continue d'exercer une influence en Phénicie, et on trouve des traces de liens de vasselage entre des princes phéniciens et Amménémès II*. Ce n'est cependant qu'au Nouvel Empire*, lorsque l'Égypte inaugure une politique suivie de conquêtes en Asie, que sa diplomatie utilise les rivalités entre rois asia-

tiques pour renforcer ses positions dans ces régions. Les conquêtes de Thoutmôsis III* en Asie* rendent son autorité indiscutée, et les puissants rois voisins, d'Assyrie*, de Babylone*, de Mitanni* et des Hittites*, recherchent son amitié. Sous le règne suivant, les Mitanniens réclament l'appui d'Aménophis II*, qui reçoit leurs tributs* et, peut-être, signe un traité* d'alliance. Cette alliance devient effective sous Thoutmôsis IV*, qui envoie au roi de Mitanni Artatâma des messagers pour demander en mariage* sa fille afin de mieux sceller leurs accords ; cette princesse mitannienne, appelée par les Égyptiens Moutemouïa, devient la mère d'Aménophis III*. Ce dernier poursuit la politique d'alliances de son père : il confirme l'alliance mitannienne — dirigée contre l'ambition hittite — en épousant Kiloughépa, fille du nouveau roi Soutarna, et, vers la fin de son règne, il demande à Dhousratta, fils de Soutarna, une nouvelle princesse mitannienne pour son harem, Tadoughépa. Par ailleurs, Aménophis III scelle par un semblable mariage une alliance avec Babylone. La disparition du Mitanni, absorbé par l'Assyrie, provoque le renversement de la diplomatie, et c'est avec les Hittites, ses anciens ennemis, que Ramsès II* signe, vers 1278 av. J.-C., un célèbre traité d'alliance.

Les invasions des Peuple de la Mer* et la décadence de l'Empire égyptien font cesser cette politique d'alliances pendant quelques siècles. Sheshonq* ne revient en Asie que pour rétablir le prestige de l'Égypte par la force. C'est ensuite contre l'Assyrie que sont dirigées les alliances de l'Égypte ; ainsi Osée, roi d'Israël, s'allie avec Tefnakht* contre Sargon II ; Ézéchias, roi de Juda, appelle Chabataka* à son secours contre Sennachérib ; Taharqa* cherche des alliances en Syrie et en Phénicie contre Assarhaddon. Ces alliances ne profitent guère aux Égyptiens, et l'aventure se termine par l'invasion de l'Égypte par Assarhaddon. La politique d'alliance de l'Égypte est constamment dirigée par les événements asiatiques, car son but est toujours de balancer la puissance d'un État dominateur ; ainsi, lorsque l'Assyrie se voit soudain menacée par les Mèdes et par les Babyloniens*, Psammétique Ier envoie des secours au roi d'Assyrie. Après l'invasion perse*, c'est avec les cités grecques que les pharaons* s'allient pour lutter contre l'ennemi commun : ainsi, Amyrtée s'allie avec Athènes ; Achoris noue des alliances avec Athènes et avec Évagoras de Chypre ; Téos recherche l'alliance de Sparte pendant ses deux années de règne (361-359 av. J.-C.). Ce sont enfin les Lagides* qui se révèlent les maîtres de cette diplomatie asiatico-méditerranéenne.

Amarna (Tell el-), nom moderne qui recouvre le site où Akhnaton* éleva sa nouvelle capitale, Akhetaton, « l'Horizon d'Aton* ».

Dans cet emplacement, situé entre Thèbes* et Memphis*, les hautes falaises arabiques qui serrent la rive droite du Nil s'écartent du fleuve pour former un hémicycle de 12 km de longueur : c'est là que, en l'an IV de son règne, Akhnaton jeta les fondations de la cité qui, pendant une quinzaine d'années, sera la capitale de l'Empire égyptien. La ville fut élevée hâtivement en briques crues : quatre ans après, elle était déjà habitée. Nul plan d'urbanisme ne semble avoir dirigé le développement de la cité. Les fouilles ont rendu trois palais*, étagés du nord au sud le long du Nil. Au sud, Marou-Aton était un palais de plaisance, agrémenté d'un lac et de beaux jardins*. À l'extrémité nord, le « palais septentrional » paraît avoir été bâti pour satisfaire l'amour porté à la nature par la famille royale ; il possédait de vastes jardins, dont le roi semble avoir fait un parc zoologique, ainsi qu'un lac artificiel. C'est dans ce palais que se retira Néfertiti, après sa rupture avec Akhnaton. Au centre se trouvait le palais officiel, relié par un pont à la maison du roi, construite sur une éminence. Tout autour se pressaient les édifices publics : la salle du tribut* étranger, la maison du Pa-Nehesy, premier serviteur d'Aton, la maison* de vie, l'école des scribes* et surtout la « place de la correspondance* du pharaon* », où fut trouvée la fameuse correspondance* diplomatique.

Le grand temple* d'Aton occupait une place centrale, à côté des autres sanctuaires royaux, tous dédiés à Aton. Ce devait être le temple offert à la dévotion des peuples de l'Empire. Contrairement aux temples égyptiens traditionnels où l'on passe de la lumière à l'ombre profonde du saint des saints, le temple d'Aton offrait aux rayons du soleil ses cours à ciel ouvert jusqu'à l'autel* couvert d'offrandes.

Dans cette cité éphémère accoururent des artistes provinciaux, qui, sous l'inspiration du roi, créèrent cet art réaliste et naturaliste si exceptionnel dans cette Égypte* où une idéalisation et une recherche de l'âme* abandonnent souvent les formes extérieures à une sorte de hiératisme qu'on a pu taxer de rigide et de conventionnel. Lorsque Toutankhamon* quitta Akhetaton pour retourner à Thèbes, la cité fut dépouillée de ses richesses par ceux qui la quittaient. Elle fut bientôt laissée à l'abandon et recouverte par les sables du désert jusqu'à sa résurrection par les fouilles françaises, allemandes et surtout anglaises.

Amasis, roi de la XXVIe dynastie* saïte* (568-525 av. J.-C.).

Son origine est discutée, peut-être était-il apparenté à Apriès*. Ministre de ce dernier, il usurpa le trône. Il continua de favoriser les Grecs, selon la politique des rois saïtes. S'il supprima le camp des mercenaires de Daphnæ, sur la frontière orientale du Delta*, il les établit à Memphis* et concéda aux marchands grecs la ville de Naucratis*. Il noua des alliances avec Crésus, roi de Lydie, et avec Polycrate de Samos. Sous son règne pacifique, Amasis dota l'Égypte de monuments élégants ; il agrandit le temple de Neith* à Saïs, éleva à Memphis un sanctuaire d'Isis*, bâtit un temple* à Abydos* et un autre à Mendès*. Cependant, selon une tradition sans doute légendaire, Cambyse, roi des Perses*, lui ayant demandé sa fille en mariage*, il lui envoya la fille d'Apriès ; profondément blessé de cet affront, le Perse aurait alors marché sur l'Égypte, mais Amasis mourut avant l'invasion, laissant le trône à son fils, Psammétique III*.

Amdouat (Livre de l'). Le livre de ce qui est dans l'Au-delà (Amdouat) est le plus important des livres funéraires donnant une topographie de l'autre monde et, dans ce sens, il peut être rattaché à l'ancêtre de cette cartographie, le *Livre des Deux* chemins. Ses rédactions primitives datent du Nouvel Empire, il nous donne une carte du monde inférieur, partagé en 12 parties, correspondant chacune à une heure, reflet du monde des vivants, ou un fleuve traverse ces régions organisées comme les nomes*, ayant une capitale*, une divinité, et habitées par les dieux, des génies et les âmes des morts. Dans sa course nocturne, Rê* parcourt chacune de ces régions ; il y est, en général, appelé le « dieu grand » et, chaque fois qu'il parvient dans une nouvelle région, ce méticuleux traité nous en donne la longueur et la largeur, nous apprend les noms de la région et ceux des dieux qui l'habitent, etc. Des formules suivent pour aider l'âme dans ce voyage à la suite du soleil.

âme. Les textes égyptiens nous font connaître trois principes spirituels attachés à l'homme : l'*akh*, le *ba*, le *ka**. L'*akh* est une force spirituelle de caractère surnaturel. Il est représenté par l'ibis à aigrette, et le même signe hiéroglyphique* forme la racine du verbe « être bénéfique, efficace, glorieux ». Opposé au corps, qui appartient à la terre, l'*akh* appartient au ciel. Il est possible qu'aux hautes époques ce principe n'ait été propre qu'aux dieux* et aux rois en tant qu'êtres divins ; sous l'Ancien Empire*, le souverain défunt subissait le rite dit *sakh*, qui consistait à le spiritualiser, à en faire un *akh*, un esprit. L'*akh* est un principe qui, très rapidement, est devenu l'apanage du commun des mortels ; l'expression rejoindre son *akh*, pour signifier « mourir », laisserait penser que ce principe n'est pas intérieur à l'homme, mais qu'il est plutôt, comme son moi spirituel, situé dans un monde divin qu'on n'atteint qu'après la mort. Par ailleurs, *akh* représente des « esprits », démons* intermédiaires entre les dieux et les hommes.

Le *ba* est la notion qui pourrait le plus se rapprocher de notre conception de l'âme. Il est représenté par un oiseau (cigogne noire ?) et parfois, à partir de la XVIIIe dynastie, par un oiseau à tête humaine. Primitivement, le *ba* semble avoir été la faculté propre aux dieux de se mouvoir et de prendre des formes différentes. Une forme était attachée à chaque *ba*, qui la conférait à l'être qu'il animait : ainsi, les dieux possédaient plusieurs *ba*, selon les formes qu'ils pouvaient revêtir. Dans les représentations des tombes*, on voit le *ba* volant autour du

tombeau ou perché sur un arbre, ou se désaltérant dans un étang ; ainsi, au-delà de la tombe, le *ba* continuait de vivre sans son support corporel, mais en conservant bien les propriétés qu'il avait possédées lorsqu'il animait le corps qu'il caractérisait. Par d'autres aspects, le *ba* se révèle comme l'âme extérieure qui peut agir par sa force propre dans le monde matériel. Ce caractère apparaît dans le pluriel du mot, *baou*, qui signifie « puissance », mais une puissance qui agit hors des contingences spatiales, loin de l'être vivant dont elle est la manifestation. Pour le *ka*, v. ce mot.

Les livres funéraires*, à commencer par les *Textes des Pyramides**, mais aussi bien ceux des *Sarcophages** que le *Rituel de l'ouverture de la bouche* et le *Livre des morts**, mentionnent les âmes (ba) de Pe et Dep (ou de Bouto*), d'Héliopolis*, d'Hermopolis*, de Nekhen (Hiérakonpolis*). Le rituel de l'ouverture* de la bouche qui nomme les âmes d'Héliopolis, les dit « maîtresses de Ker-âha* » et en « maîtresses du Palais ». On a voulu voir (en particulier Sethe) dans ces *baou* les anciens rois de ces villes, à l'époque prédynastique, alors qu'elles étaient encore indépendantes. Sous cette forme se serait conservé le culte de ces anciens rois défunts, mais restés anonymes. Cette hypothèse historique est maintenant généralement abandonnée. Il s'agirait plutôt d'entités divines, de *numina* locaux, ou, pour reprendre une définition de Kees, des « groupes très anciens de divinités dont le nombre et la nature sont indéterminés ». Leur désignation est parfois précédée de l'hiéroglyphe désignant la divinité, *neter*. Par ailleurs, ces entités semblent comprendre de grandes divinités personnalisées. Ainsi dans les *Textes des Pyramides*, les âmes d'Héliopolis incluent les deux ennéades* et dans plusieurs formules (spell) des *Textes des Sarcophages*, ces diverses âmes sont associées, et même identifiées à certains grands dieux tels Thot*, Horus* (les âmes de Nekhen sont ses deux mains), Hapy*, Osiris*...

Aménémopé (Sagesse d') → sagesse.

Amenemhat → Amménémès.

Amenhotep → Aménophis.

Amenhotep, fils d'Hapou, architecte
favori d'Aménophis III*.

Il bâtit ou fit les plans de quelques-uns
des nombreux monuments dont le roi couvrit l'Égypte.

On lui doit, en particulier, le somptueux
palais* que le pharaon* avait décidé d'élever à l'orée du désert libyque, à l'ouest de
Thèbes*, près de l'actuel village de Malgatta (dont il ne subsiste que les bases de
quelques monuments, mais d'où ont été retirées de beaux fragments de fresques), et
surtout le temple* de Louqsor*, l'un des
chefs-d'œuvre de l'architecture* religieuse
du Nouvel Empire*.

L'unité de ce monument, plein d'élégance et de mesure, n'a pas trop souffert
des ajouts de Ramsès II* et on peut encore
en admirer les ruines majestueuses entre le
Nil et les modernes maisons arabes. L'immense estime dont jouissait ce vizir* architecte auprès de son maître est confirmée
par la faveur unique, qui lui fut accordée de
son vivant, de se construire un temple funéraire à Médinet Habou*, dont on a retrouvé
l'emplacement. À basse époque, il fut divinisé, et, sous les Ptolémées*, on creusa pour
lui, dans le temple de Deir el-Bahari*, une
chapelle où il fut honoré comme dieu guérisseur.

Aménophis, forme grecque du nom
égyptien Amenhotep, porté par quatre
rois de la XVIIIᵉ dynastie.

Aménophis Iᵉʳ (1546-1526 av. J.-C.), fils et
successeur d'Ahmôsis* (Ahmès) et d'Ahmôsis Néfertari, sa sœur. Poursuivant
l'œuvre de son père, il effectua une nouvelle campagne en Nubie et confia cette
marche à la surveillance du gouverneur de
Hiérakonpolis*, qui, chaque année, levait
militairement le tribut*. Il mena aussi une
guerre contre les Libyens révoltés, et il
semble qu'il ait porté ses armes en Asie,
son fils Thoutmôsis Iᵉʳ s'étant vanté, dès le
début de son règne, de posséder un empire
allant jusqu'à l'Euphrate.

Il embellit Thèbes* et éleva de nombreux
temples. Associé à sa mère, il reçut un culte
dans la nécropole thébaine jusqu'à la basse
époque. Sa tombe a été retrouvée au-dessus
de Drah Aboul Naga, et il ne reste plus que

les vestiges de sa chapelle funéraire, située
près de celle d'Ahmôsis Néfertari.

Aménophis II (1450-1425), fils et successeur de Thoutmôsis III*. Son père l'associa
au trône l'année qui précéda sa mort. D'un
caractère énergique, aimant la guerre et les
exercices violents, doué d'une vigueur exceptionnelle, au point qu'il se vantait d'être
le seul homme capable de courber son arc,
il sut se montrer digne de la lourde succession du grand Thoutmôsis III. La deuxième
année de son règne, une révolte éclata chez
les sujets asiatiques. À la tête de son armée,
le roi fit une campagne foudroyante.
Combattant lui-même au corps à corps, il
renversa une première armée ennemie à
Édom, en Palestine, traversa l'Oronte, alla
châtier les Bédouins* du désert, soulevés
par la tribu de Khatitana, et parvint sans
doute aux frontières du Mitanni*, puisque
les princes de cet État vinrent implorer du
pharaon le « souffle de vie ». Cette campagne fit une telle impression sur les Asiatiques qu'elle semble avoir suffi à les soumettre pendant tout le restant du règne.
Ayant ramené captifs sept princes syriens,
il en sacrifia six à Thèbes et alla pendre le
septième à Napata*, dans l'intention de
montrer sa puissance à ses sujets nubiens.
C'est, d'ailleurs, vers cette région de
l'Afrique qu'il tourna ses regards pendant
le reste de son règne ; ayant poussé les limites de son empire jusqu'à Napata, il y
érigea une forteresse et éleva stèles et monuments dans ces marches nubiennes,
entre la première et la quatrième cataracte,
tout le long du Nil. Sur le plan architectural, il apporta sa contribution à l'extension
du temple de Karnak*, en y élevant, en particulier, un kiosque jubilaire. Son temple
funéraire fut bâti au nord du Ramesseum*.

Aménophis III (1405-1367), fils de Thoutmôsis IV*, il est le premier pharaon issu
d'un sang étranger par sa mère Moutemouïa. Son règne bénéficiant de la politique de conquête de ses prédécesseurs,
l'Égypte vit affluer toutes les richesses de
l'Afrique et de l'Orient, portant sa civilisation à son parfait achèvement. Ce prince
magnifique, grand constructeur, ne fut pas
un guerrier, et la splendeur de son règne,
passé dans la mollesse, ne put dissimuler
les ferments de décadence.

Peu après son avènement, il conduisit une campagne insignifiante contre les Nubiens et cette gloire militaire lui suffit. La chasse* fut encore une de ses grandes distractions pendant les dix premières années de son règne. Des scarabées* témoignent de ses exploits, mais très vite, il préféra des plaisirs moins violents. Remplaçant les campagnes militaires par des relations diplomatiques, il lia des alliances avec les Mitanniens et les Babyloniens, et sut se faire payer tribut* par le roi d'Assyrie*. Pour sceller ces alliances*, il épousa la fille de Soutarna, roi du Mitanni*, Kiloughépa, et une princesse babylonienne entra dans son harem. Plus tard, il demanda à Tushratta, nouveau roi du Mitanni, sa fille Tadoughépa. Cependant, cette manière de gouverner par l'intermédiaire d'ambassadeurs et de gouverneurs laissa se relâcher les liens entre le pharaon et ses vassaux, tandis que le roi lointain perdait son prestige auprès des Asiatiques. Son manque d'énergie prépara la chute de l'Empire égyptien.

Son architecte, Amenhotep*, fils d'Hapou, couvrit l'Égypte de monuments raffinés et somptueux, et lui éleva un célèbre temple funéraire, connu sous le nom de Memnonium par les Grecs. Sur la rive gauche du Nil, près de l'actuel village de Malgatta, à l'est de Thèbes, Amenhotep construisit un splendide palais où Aménophis III aimait à résider en compagnie de son épouse, la reine Tiy. Malgré sa dévotion à Amon*, c'est Aménophis III qui éleva à un rang déjà privilégié Aton*, dont son fils et successeur, Aménophis IV, allait faire le dieu unique de l'Empire égyptien.

Aménophis IV → Akhnaton.

Amenti. Ce mot désigne l'occident, et la demeure des morts puisque c'est vers le couchant qu'on la situait. Il se trouvait, selon le *Livre de l'Amdouat*, dans la cinquième heure, ou région parcourue par le Soleil dans sa course nocturne. C'est là que, à sa sortie du corps momifié, l'âme* se rend, si l'on en croit le chapitre XVII du *Livre des morts*, où il est nommé « le Bel Amenti », qualificatif qui revient dans de nombreux textes. C'est là que règne Osiris*, qui avait reçu le surnom de Khentamenti, le « Seigneur de l'Occident ». Khentamenti était primitivement le dieu-loup

(Oupouat), qui régnait sur le Delta occidental et qui devint maître d'Abydos* avant d'être assimilé par Osiris après le triomphe du dieu au Moyen Empire* (XIIe dynastie). Les conceptions de la vie dans l'Amenti ont aussi varié. Dans un texte, l'âme exprime ses regrets : « L'Occident est une terre de sommeil et de ténèbres lourdes », et l'âme se plaint que l'eau vive de la terre est ici croupie et morte, et elle réclame l'eau qui court et la brise du nord pour rafraîchir son cœur de son chagrin. Cependant, à l'époque ptolémaïque, pour un homme pieux comme Pétosiris, l'Amenti apparaît comme la demeure des justes, de qui est sans péché : « Heureux » s'écrie-t-il, l'homme qui y arrive ! Personne n'y parvient, sinon celui dont le cœur est exact à pratiquer l'équité. Là, pas de distinction entre le pauvre et le riche... sinon (en faveur de qui) est trouvé sans péché quand la balance et le poids sont devant le Seigneur de l'éternité. » (Trad. Lefebvre).

Amménémès, forme grecque du nom égyptien Amenemhat, porté par quatre rois de la XIIe dynastie.

Amménémès Ier (1991-1962 av. J.-C.). Fondateur de la dynastie, on connaît mal son origine. Son nom, sous la forme abrégée Améni, a été retrouvé dans des formules de malédiction sur les ostraca*. On peut penser qu'elles étaient dirigées contre lui ou sa famille, sous les derniers rois de la XIe dynastie, contre lesquels ils auraient conspiré. Par ailleurs, un Amenemhat, vizir de Montouhotep IV*, dernier roi de la XIe dynastie. Il semblerait donc que notre roi, d'abord vizir*, ait conspiré et finalement renversé le dernier roi de la XIe dynastie. Cette révolution a dû, en partie, s'appuyer sur les grandes familles dépossédées de leurs prérogatives par les souverains précédents. Néanmoins, on ne peut négliger certains éléments (inscriptions sur un plat en ardoise de Licht et sur une table d'offrande de Sebennytos) qui pourraient laisser supposer une corégence d'Amménémès avec Mentouhotep lors des dernières années du règne de ce dernier.

Amménémès Ier rendit leur puissance aux nomarques* et s'attacha la noblesse, tout en sachant conférer une cohésion à son administration et une grande autorité au pouvoir central. Tout le règne d'Amménémès Ier fut occupé par cette œuvre d'organisation administrative. Quoique originaire de Thèbes*, il préféra porter sa capitale plus au nord, de manière à mieux surveiller les princes du Delta*, et il établit sa résidence à Ithet-Taoui (actuelle Licht), près de Gizeh*. Il associa au trône son fils aîné lors de la vingtième année de son règne et il régna encore une dizaine d'années. Il semble avoir eu une mort violente à la suite d'une conspiration, tandis que son fils et corégent Sésostris Ier se trouvait en Libye.

Amménémès II (1829-1895). Fils de Sésostris Ier, il hérita d'un royaume solidement établi et merveilleusement prospère. Il semble qu'il ait été associé par son père au trône, deux ans avant qu'il ne meure. Sous son règne furent organisées des expéditions commerciales en Nubie et au pays de Pount. Par ailleurs, il fut en relations amicales avec les pays asiatiques. La trouvaille la plus intéressante datant de son règne est le trésor de Tod* (à 3 km au sud de Louqsor*).

Amménémès III (1842-1797). Dans une Égypte puissante et prospère, ce roi, fils et successeur de Sésostris III, s'occupa de constructions et de l'aménagement du Fayoum*. Afin de régler le déversement des eaux du lac Mœris* vers le Nil, il construisit un barrage à Illahoum. Toujours dans le Fayoum, à Hawara, il fit ériger une pyramide, où il fut enseveli, et son temple funéraire, qui devint le célèbre labyrinthe des Grecs. D'autre part, il mena une expédition en Nubie*, jusqu'à la troisième cataracte, et fit activement exploiter les carrières de turquoise du Sinaï. Il est possible qu'il ait été associé au trône par son père et que lui-même y ait associé son fils Amménémès IV.

Amménémès IV (1797-1790). Fils d'Amménémès III, il est le dernier roi de la XIIe dynastie. On ne sait à peu près rien de lui ; il a laissé à Mazghuna, entre Memphis et le Fayoum, une pyramide. Une reine, Sebeknefrourê (Skemiophris), lui succède, dont on a retrouvé la pyramide au nord de celle de son prédécesseur. De nombreux souverains, sans aucune importance, ont porté le nom d'Amenemhat pendant l'obscure période de décadence qui suit l'éclat de la XIIe dynastie.

Amménémès (Enseignements d'). Ce texte connut une certaine fortune et nous est parvenu sous plusieurs versions. Le roi Amménémès Ier s'adresse à son fils Sésostris*, afin de lui donner des préceptes de conduite dans la vie. Il y est fait mention du complot qui eut lieu à la fin du règne du roi, ce qui permet de penser qu'il a été rédigé à une époque plus tardive, peut-être sous son fils ; cependant, la version la plus complète que nous en possédions (papyrus Sallier II) a été écrite par un scribe* de la XIXe dynastie, nommé Enna. Par ailleurs, dans une liste des plus célèbres auteurs, dressée par un scribe du Nouvel Empire (dans le papyrus Chester Beatty IV), la composition de l'œuvre est attribuée à un certain Khéti. On possède encore une bonne version du texte dans un manuscrit datant aussi du Nouvel Empire, le papyrus Millingen, dont la fin est en partie manquante.

Le texte se compose de 15 versets, mais dans ce poème relativement court se découvre une profonde connaissance de l'homme de cour, révélée avec un pessimisme amer. À la suite d'une brève introduction, ainsi parle le roi à son fils : « Écoute ce que je te dis, maintenant que tu es roi de la terre, maintenant que tu règnes sur les trois régions, afin que tu puisses être meilleur que tes prédécesseurs. Arme-toi contre tous les subordonnés. Le peuple donne son attention à celui qui le terrorise. Ne t'approche pas, seul, de lui. Ne remplis pas ton cœur d'amour pour un frère et ne te connais pas d'amis, ni ne prends de confident. Il n'y a rien de bon dans tout cela. Quand tu dors, enferme en toi-même ton propre cœur, car l'homme ne trouve personne le jour du malheur. » Une partie du discours est consacrée aux actions d'Amménémès lors de son règne (« Après une expédition à Yébou, je suis retourné dans le Delta ; ayant séjourné sur les frontières du pays, j'inspectai l'intérieur... Je dominai les lions, je capturai les crocodiles, je réprimai ceux de Ouatouat, je capturai les Medjaï, je fis des Asiatiques mes chiens de garde... »)

Amon. De tous les dieux locaux de l'Égypte, c'est sans doute, avec Osiris*, celui qui connut la plus grande fortune. Les inscriptions de l'Ancien Empire ne le mentionnent que rarement (mais il apparaît dans les *Textes des Pyramides**), et on le trouve surtout dans l'Ogdoade* hermopolitaine, comme le dieu « caché » (tel est le sens de son nom), « mystérieux », aux côtés de son expression féminine, Amaunet. Il semble que son origine doive être cherchée dans le nome* du Sceptre, près d'Hermonthis*. On peut aussi retenir l'hypothèse selon laquelle il serait une ancienne divinité du ciel. Il ne commença à prendre quelque importance que sous la IXe dynastie, lorsque Thèbes devint la capitale de l'Égypte et qu'Amon, associé à Rê*, eut son temple à Karnak*. On ne sait, d'ailleurs, quand Amon s'installa à Thèbes ; il y possédait cependant un temple lors de la première période* intermédiaire et il est possible qu'il soit arrivé à Thèbes par Coptos*. À l'avènement de la XIIe dynastie, avec les Amménémès*, il devient le dieu national de l'Égypte et va le rester jusqu'à basse époque. Lors de la guerre contre les Hyksos*, c'est Amon de Thèbes qui représente la légitimité nationale contre les envahisseurs. La XVIIIe dynastie en fait le dieu dominateur de l'Empire égyptien. Après la brève éclipse de la réforme atonienne d'Akhnaton*, Amon triomphe de nouveau avec les souverains de la XIXe dynastie, jusqu'au moment où son propre clergé régnera sur l'Égypte avec les rois-prêtres*. Quoique ayant perdu une partie de son prestige à la Basse Époque, il n'en sera pas moins honoré par les rois de cette période, qui chercheront à recueillir le prestige attaché au nom de ce dieu en Haute-Égypte, en faisant choisir dans leur famille les adoratrices* d'Amon. Cependant, son prestige politique a perdu tout fondement, malgré les actes de diplomatie religieuse que représentent la construction d'un temple d'Amon, dans l'oasis* de Khargheh, par Darius Ier, roi des Perses, ou la visite d'Alexandre le Grand à l'oracle d'Amon à Siwah.

Amon est représenté assis, tenant le sceptre* et l'« ankh* », ou bien debout, coiffé d'une couronne* surmontée de deux grandes plumes. Dieu de l'Égypte conquérante, on le voit foulant aux pieds les « neuf arcs », c'est-à-dire les nations barbares. Associé à Rê, il apparaît couramment sous le nom d'Amon-Rê. Roi des Dieux, il est alors dénommé Amonrêsonther. Plus tardivement, il apparaîtra comme le dieu créateur, sortant du Noun*, et créant l'Ogdoade* hermopolitaine et ensuite le monde par la puissance de son verbe (concept sans doute emprunté à la création memphite de Ptah*). Par ailleurs, la spéculation théologique lui avait donné pour épouse Mout* et pour fils Khonsou*. En tant qu'Amon-Rê, il est « le taureau d'Héliopolis* », mais son animal symbolique est aussi le bélier. Maître de tous les pays, il est aussi le « Seigneur de l'éternité », le créateur de la lumière que glorifient les dieux et les hommes, la forme unique qui a créé tout ce qui existe. Mais il est aussi le Seigneur de la justice (sous la forme de Maât*), le dieu dont la beauté « captive les cœurs », le dieu de pitié vers qui se tourne le pauvre, le prisonnier, la veuve et l'orphelin, le dieu de bonté, le berger qui pardonne, attentif aux appels des hommes, le « vizir du pauvre qui n'accepte pas de présents iniques », qui connaît le coupable et envoie le juste dans l'Amenti*. Un nombre considérable d'hymnes et de prières, datant pour la plupart du Nouvel Empire, lui ont été consacrés.

Amon (adoratrices d'). Au Nouvel* Empire, la reine était en même temps l'épouse d'Amon* et la maîtresse du clergé féminin d'Amon, comme le roi était le chef nominal du clergé masculin. Après l'avènement des rois-prêtres*, une fille du roi (ou peut-être une descendante des derniers Ramessides) fut entièrement consacrée au dieu, avec le titre d'adoratrice du dieu *(douat neter)*. Quoique l'institution remonte donc plus haut, ce n'est qu'à la XXIIIe dynastie libyenne* qu'apparaît la première « adoratrice d'Amon », Shapenoupet Ire, fille d'Osorkon III*. C'est par l'adoption, parfois forcée, que ce sacerdoce* se transmit : le roi nubien Piankhi* obligea Shapenoupet à adopter sa sœur Aménardis Ire pour lui succéder comme adoratrice d'Amon, et celle-ci choisit comme héritière Shapenoupet II, fille de Taharqua*. Psammétique Ier prépara sa domination sur la Thébaïde en faisant adopter, grâce à des prodiges de diplomatie, sa fille Nitocris* par Shapenoupet II.

Les adoratrices divines d'Amon possédaient des domaines, un service, et leur fonction leur conférait une haute autorité morale, qu'utilisèrent les pharaons. La dernière adoratrice d'Amon fut Ankhnesnéferibrê, fille de Psammétique II*, qui succéda à Nitocris et régna jusqu'à l'invasion perse* (525 av. J.-C.) ; elle avait pris le titre royal d'Horus* et celui de Premier prophète* d'Amon.

amratien. L'amratien constitue le niveau inférieur du nagadien*. Son nom lui vient de la station éponyme d'al-Amrah en Moyenne-Égypte. Cette culture est propre au sud de l'Égypte et son influence s'étend en Nubie*.

amulette. Les tombes égyptiennes et plus particulièrement les cavités aménagées dans la poitrine des momies* ont donné une multitude de petits objets en pierres rares (jaspe, hématite, fedlspath, lapis-lazuli, cornaline...), en terre émaillée, en pâte de verre, en bois ; les uns sont grossièrement façonnés, mais d'autres sont de véritables bijoux. Ce sont là des amulettes, dont les anciens Égyptiens ont fait une grande consommation, surtout à basse époque ; chargées de puissance magique, elles protégeaient les vivants contre les maladies, dont elles pouvaient guérir celui qui en était atteint, contre les dangers des jours néfastes, ou encore contre les charmes envoyés par quelque ennemi. Leur puissance s'étendait sur les morts et on en couvrait les momies pour défendre les âmes des défunts ; quelques-uns des derniers chapitres du *Livre des morts* sont consacrés à ces talismans qui doivent protéger le défunt contre les atteintes du mal : ce sont un djed* en or, une boucle en cornaline, un épervier en or, un collier en or, un oudjat* en émeraude ; les textes magiques du *Livre des morts* devaient être inscrits sur certains d'entre eux. Les amulettes reproduisaient parfois des signes hiéroglyphiques possédant magiquement la puissance de la notion abstraite qu'ils représentaient et qu'ils conféraient au porteur : le niveau du maçon donnait la stabilité ; la tige du papyrus, la verdeur ou la vigueur ; l'ankh*, la vie ; l'idéogramme de la beauté (néfer), la beauté et la perfection... Ainsi peut-on encore acquérir la force, la beauté, la prospérité, la conscience... Les amulettes les plus courantes étaient le scarabée, le djed, l'oudjat et le tet ou nœud d'Isis*, dont on connaît mal la signification, le chevet*, le cœur*, le collier (qui ne devient commun en tant qu'amulette qu'à partir de la XXVIe dynastie), le ba (→ âme), la tête d'Hathor*. La variété des amulettes est infinie : à côté des emblèmes royaux, couronnes, uraeus*, ou divins (coiffure d'Hathor), qui communiquent la force divine, à côté des effigies animales (en particulier la grenouille, la vache, la tête de serpent), citons des étuis métalliques dans lesquels on plaçait des papyrus couverts de formules magiques.

Ancien Empire → Empire (Ancien).

animaux. L'Égypte antique a connu une faune particulièrement abondante et les Égyptiens paraissent être le peuple qui a porté le plus d'intérêt et d'affection aux animaux, qu'ils ont souvent divinisés (→ animaux sacrés). Très tôt, les Égyptiens pratiquèrent l'élevage du bétail ; l'âne fut introduit plus tardivement, mais le chien fut domestiqué en même temps que les bovins et les ovins. Le chat fait son apparition au Moyen Empire et le cheval au Nouvel Empire ; quant au dromadaire, si les Égyptiens semblent l'avoir connu tardivement, ils ne l'ont jamais représenté et ne l'ont guère utilisé. Les animaux de basse-cour* furent sélectionnés dès l'Ancien Empire*. Cependant, l'Égyptien se connaissait de nombreux ennemis parmi les insectes* et les serpents, et, dans les marais et dans le Nil, il avait à redouter le crocodile. Fleuve, marais et lacs abritaient un monde coloré de poissons* parmi lesquels se vautrait le puissant hippopotame.

Les oiseaux* offrent un monde encore plus riche en couleur, et ils animaient d'une vie intense les marais et les jardins*. Si l'époque préhistorique a connu des animaux qui ont été refoulés ensuite vers le sud du Soudan : éléphants, rhinocéros, girafes, panthères, pythons, fourmiliers, le désert et les flancs des plateaux libyques et arabiques ont abrité, pendant l'époque pharaonique, toute une faune exotique : guépards, lions, lynx, hyènes, chiens errants (sans doute issus du chacal, avec lequel on les a confondus, le chacal étant inconnu en

Égypte), chat sauvage (qui hantait surtout les marais), gazelles, adax, oryx, antilopes, bubales, ibex (bouquetins), mouflons, daims, chèvres et ânes sauvages, tout un monde courant, servant de pâture aux fauves et aux chasseurs ; dans des terriers se cachaient lièvres, porcs-épics, hérissons, gerboises, fennecs, zorilles, renards. Dans les marais où règnent chats sauvages, cobras (uraeus) et crocodiles, on trouvait aussi l'ichneumon, le seul ennemi mortel du serpent, le caméléon, la genette, la loutre, la tortue, symbole des ténèbres, et surtout la grenouille, en laquelle s'incarne la déesse Heket, qui préside aux naissances*. Et il faut encore citer l'urus et le sanglier dans les herbages aux confins du désert, les rats et les souris, les mouches et les puces, qu'on retrouve toujours, les escargots du désert, qui servaient de nourriture aux populations néolithiques.

animaux familiers.

Grands amateurs d'animaux, les Égyptiens ne se contentèrent pas d'avoir auprès d'eux les animaux familiers que nous connaissons, chiens et chats ; la première place était peut-être occupée par les singes*, à côté desquels on ne peut négliger l'oie du Nil, qui savait remplacer le chien comme gardien (→ basse-cour). En outre, on dressait pour la chasse hyènes et guépards, et Ramsès II* est célèbre pour le lion familier en la compagnie duquel il se montrait.

animaux fantastiques.

Si l'on ne peut compter les divinités thériomorphes parmi les animaux fantastiques, de bonne heure les Égyptiens inventèrent des êtres monstrueux, dont beaucoup ont été conservés dans les représentations figurées. Dès la fin du prédynastique* apparaissent des motifs de panthères au cou démesurément allongé. Sur un fragment d'ivoire d'Hiérakonpolis*, on voit deux hommes vêtus de pagnes, flanqués sur chaque côté d'un félin au cou très allongé, qui rappelle les motifs asiatiques du héros domptant des fauves identiques ; sur la palette* d'Hiérakonpolis, les cous de deux panthères affrontées ondulent comme des serpents, tandis que la palette de Narmer* offre sans doute le plus étonnant exemple d'animal fantastique, avec ses deux panthères toujours affron-

tées, dont les longs cous de cygne s'enlacent pour former un godet central, chacune tenue en laisse par un homme. À l'époque historique, c'est sur les parois des tombes et sur les illustrations des livres funéraires* qu'on trouve les représentations étranges de démons* hybrides qui peuplent l'au-delà*. Des démons mi-hommes, mi-taureaux ou éperviers étaient aussi rencontrés par les chasseurs qui s'aventuraient dans le désert à la poursuite du gibier ; la tombe de Menhotep a conservé la mémoire de quatre de ces animaux fantastiques : le sha, sorte de chien à longues oreilles et à queue en éventail, animal de Seth* ; le saga, à tête d'épervier, pourvu de nombreuses mamelles et d'une queue en éventail, ayant les pattes avant comme celles d'un lion et des pattes de cheval à l'arrière ; le safer, fauve à queue de lion et à tête d'épervier, pourvu d'ailes ; le sedja, autre fauve à queue de lion et à tête de serpent.

animaux sacrés.

Le culte d'animaux vivants, auquel on a donné le nom de zoolâtrie, était très développé en Égypte, au point d'apparaître comme un des traits caractéristiques de la religion égyptienne. On ne sait exactement quelle est l'origine de ce culte, qui, selon certains auteurs, serait le développement d'un totémisme primitif. Les ancêtres animaux des clans seraient devenus les divinités tutélaires des cités issues de ces clans à l'époque prédynastique*, et c'est le syncrétisme* avec d'autres divinités représentées sous des formes humaines qui aurait créé les dieux hybrides, mi-humains, mi-animaux. Ce n'est cependant qu'à basse époque qu'on vénérait dans chaque nome* une espèce particulière d'animal ; à l'origine, seulement un animal, choisi dans une espèce pour certains signes particuliers déterminés par la tradition et le rituel, était placé dans l'enceinte du temple et recevait des offrandes, avant d'être momifié et enseveli en grande pompe après sa mort. Le plus célèbre de ces animaux est le taureau, adoré sous les noms d'Apis*, de Mnévis* et de Boukhis (→ Montou). À l'époque romaine, Strabon* fait remarquer que seuls Apis et Mnévis étaient considérés comme dieux et que les autres animaux n'étaient que sacrés. Ils étaient, cependant, fort nombreux, puisqu'on en a recensé plus de 40 espèces. Hérodote*, qui a rapporté un grand nombre de faits exacts, donne une liste d'animaux sacrés : le crocodile dans certains nomes, surtout dans le Fayoum* ; l'hippopotame, dans le nome de Papremis. Les loutres étaient sacrées ; les lépidopes, les anguilles et les oies du Nil étaient consacrées au fleuve... Par ailleurs, Hérodote rapporte, ce qui a été confirmé par les découvertes archéologiques, que les animaux morts étaient embaumés et inhumés dans les nécropoles* : celle des chats était à Bubastis*, celle des musaraignes et des éperviers à Bouto*, celle des ibis à Hermopolis* ; les chiens et les ichneumons étaient enterrés dans les villes où ils avaient vécu ; ajoutons qu'on a retrouvé des nécropoles de crocodiles à Kom-Ombo* et Manfalout, et de faucons un peu partout en Égypte. Hérodote ajoute, par ailleurs, que des serpents consacrés à Zeus (Amon) étaient inhumés dans son temple. Il faut remarquer que toutes ces nécropoles datent de basse époque, c'est-à-dire d'une période où les anciennes superstitions avaient envahi la religion populaire.

Les animaux qui étaient considérés comme des incarnations du dieu semblent avoir possédé des sanctuaires ; à Médamoud, près de Thèbes, on a découvert, derrière le temple de Montou, une chapelle consacrée à une divinité animale.

ankh. Ce mot, qui signifie « la vie », est représenté par une croix ansée, idéogramme qui, à l'origine, n'était sans doute qu'une courroie de sandale. Devenu le signe de vie, on le retrouve, dans les décorations tombales, associée au hiéroglyphe* signifiant « donner » ; Amon*, dieu de la Vie, le tient dans sa maison gauche et, après le triomphe d'Aton*, les stèles d'Amarna* montrent les rayons du soleil portant au nez du roi ces petites croix ansées ; dans le naos de Sésostris Ier, l'ankh au bout du djed* est présenté par un dieu à la bouche du souverain, lui conférant ainsi vie et durée.

Nœud magique, on le porte au cou au bout d'un fil, cette amulette* étant l'une des plus communes. On le trouve aussi comme motif décoratif sur le coffret ajouré en ivoire de Toutankhamon*, où il alterne avec le sceptre* Ouas sur deux registres, ex-primant pour le pharaon* le souhait de « toute vie et toute puissance ».

Ankhsheshonq (Enseignements d').
Ces *Enseignements** sont connus par un papyrus du British Museum acquis en 1896. Il date de la fin des Ptolémées, mais le texte lui-même a peut-être été composé à une période antérieure. Son auteur, Ankhsheshonq, fils de Djainoufi, était un prêtre de Rê* à Héliopolis*. Ayant rendu visite à l'un de ses anciens compagnons d'étude à Memphis, Harsiese fils de Ramosé, ce dernier l'invite à séjourner auprès de lui. Harsiese est devenu le chef des médecins du roi et il confie à son ami son engagement avec d'autres personnages dans un complot destiné à assassiner le pharaon. En vain Ankhsheshonq tente de dissuader son compagnon de s'engager dans une si périlleuse aventure. Un serviteur qui a surpris leur conversation s'empresse de rapporter l'affaire au roi qui fait arrêter et exécuter les conspirateurs et jette en prison Ankhsheshonq. Ce dernier trouve alors tout loisir pour écrire un enseignement destiné à son fils. Les maximes morales qu'il y développe revêtent un caractère pratique, mais témoignent parfois d'un certain humour. On a pu rapprocher ces conseils de ceux qu'Hésiode donne à son frère dans *les Travaux et les Jours*. Hésiode étant devenu un auteur classique à l'époque Alexandrine (et même avant), il ne serait pas impossible qu'Ankhsheshonq, s'il a bien vécu dans l'Égypte grecque, ait eu connaissance du grand poète. Néanmoins, cette hypothèse reste difficilement démontrable. « ... Aide un homme sage qui peut ensuite t'aider, aide tout homme dont tu peux tirer profit [...]. N'insulte pas un supérieur. Ne néglige pas ton dieu. Ne néglige pas de servir ton maître. N'oublie pas d'acquérir un serviteur et une servante quand tu peux le faire. » Il assène aussi des vérités qui ne sont jamais que des réflexions élémentaires : « La richesse d'une ville est un seigneur juste. La richesse d'un temple est son prêtre. La richesse d'un champ est l'époque où il est ensemencé... La richesse d'un homme sage est son discours. » Ou encore : « L'ami d'un fou est un fou. L'ami d'un sage est un sage [...] La mère fait un enfant. Le chemin (c'est-à-dire la vie) fait un compa-

gnon. » Et ce genre de trait d'humour : « Ne bois pas de l'eau dans la demeure d'un marchand, il te la ferait payer... ».

annales. Les Égyptiens n'ont pas eu d'historiens, ou lorsque des historiens ont écrit une histoire* plus ou moins fragmentaire de l'Égypte, c'étaient des Grecs ou des auteurs de basse époque comme Manéthon*. Les faits politiques de l'histoire de l'Égypte nous sont connus par des stèles* commémoratives, des autobiographies*, des rapports d'officiers constituant des exercices de scribes (papyrus Anastasi III, V, VI) et des annales. Celles-ci sont rédigées sur des blocs de pierre, comme les *Annales de Palerme*, sur du papyrus (Harris I, Westcar), ou sont des inscriptions monumentales, comme les annales de Thoutmôsis III* ou de Ramsès III*, des représentations de tombes assorties de commentaires. À cela on peut ajouter des documents de caractère exceptionnel, telle la « tablette Carnavon », exercice d'écolier qui relate un épisode de la guerre contre les Hyksos*.

La pierre de Palerme est un bloc de diorite dont un fragment important est conservé au musée de Palerme, tandis que quatre autres fragments se trouvent au musée du Caire, et un dernier morceau a été acquis et publié par l'égyptologue britannique Flinders Pétrie. Ces annales incomplètes nous font connaître les rois depuis les « serviteurs d'Horus »*, de l'époque prédynastique*, jusqu'à Niouserrê Ini, sixième roi de la V⁰ dynastie. Elles donnent la liste des rois et les grands faits de leur règne, et parfois, pour les rois plus récents, les faits marquants de chaque année de leur règne, qui servaient à désigner ainsi l'année ; l'« éponyme » de chaque année était ainsi soit une fête, un anniversaire, soit une fondation de temple, de palais, soit encore une campagne militaire ou une victoire. Par elles, nous connaissons les cérémonies du couronnement* ou des fêtes Sed* et on ne peut que regretter de ne posséder environ qu'un huitième de l'ensemble.

Le papyrus Westcar nous donne une liste particulière des rois de la IV⁰ dynastie et c'est par lui que nous avons une idée des désordres qui amenèrent l'avènement de la V⁰ dynastie. Les annales de Thoutmôsis III ont été gravées sur les parois de la galerie qui entoure le saint des saints du temple de Karnak*. Elles relatent les dix-sept campagnes effectuées en Asie par le grand conquérant, année par année. Les textes de la 4⁰, de la 11⁰ et de la 12⁰ campagne sont perdus ; le Louvre conserve la partie des Annales allant de la 5⁰ à la 10⁰ campagne ; le reste se trouve toujours sur place.

Les murs de Karnak restent encore un grand livre d'histoire pour ce qui concerne la XIX⁰ dynastie. Séthi I⁰ʳ a fait graver, sur la partie extérieure du mur nord de la grande salle hypostyle, des reliefs avec commentaires de ses campagnes en Syrie, contre les Shasu, les Libyens et les Hittites*. Ils constituent la plus importante série de reliefs consacrés à la guerre que nous ait conservée l'Égypte pharaonique. Ramsès II* a aussi utilisé les murs de la grande salle hypostyle pour y faire représenter sa grande campagne en Syrie contre les Hittites, campagne dont la bataille de Kadesh* est l'aboutissement. Cette même bataille est relatée sur les parois des temples de Louxor* et d'Abydos, du Ramesseum*, du spéos* d'Abou-Simbel*. Sur les parois de son temple funéraire de Médinet Habou*, Ramsès III* a fait graver les textes rapportant en détail ses deux campagnes contre les Libyens* et ses deux campagnes en Asie, qui virent la défaite des Peuples de la Mer* ; ils représentent, avec le papyrus Harris, la source principale de nos connaissances relatives à ces importantes campagnes qui préservèrent l'Égypte des grands bouleversements que connurent à peu près à la même époque l'Asie et le monde égéen.

Antef. Après l'éclatement de l'Ancien Empire*, le nome* de Thèbes* se trouva entre les mains d'une famille énergique, dont les chefs portaient le nom d'Antef. Peut-être furent-ils un instant vassaux de l'éphémère royaume de Coptos* ; en tout cas, lorsque, vers 2200 av. J.-C., Khéti I⁰ʳ fonda la IX⁰ dynastie héracléopolitaine (→ **périodes intermédiaires**), un Antef réunit autour de Thèbes les nomes de Haute-Égypte.

Trois décennies plus tard, un Antef se proclama roi sous le nom d'Horus Séhertaoui (Antef I⁰ʳ), fondant la XI⁰ dynastie thébaine. Entrant en lutte avec le royaume héracléopolitain du Nord (X⁰ dynastie),

Antef s'empara d'Abydos* et du nome thinite. C'est surtout son successeur, Ouahankh Antef II, qui poussa la lutte contre les nomarques voisins (d'Assiout*, XIIIe nome, et d'Hermopolis*, XVe nome), qui résistèrent longuement avant d'être réduits, et contre les rois héracléopolitains Khéti II et Mérikarê. Antef III ne parvint cependant pas à réaliser l'unification de l'Égypte, dont la gloire reviendra à son successeur Mentouhotep Ier. Les tombes des Antef ont été retrouvées, avec celles de leurs courtisans, en face de Karnak*, dans la colline de Drah Aboul Naga.

Anubis, forme grecque de l'égyptien **Inpou ou Anepou.**

Cette divinité est représentée avec une tête de chien (dit à tort chacal). On ne sait exactement quelle est son origine, mais dès l'époque d'Aha* une tablette mentionne sa fête, et elle préside exclusivement au culte* funéraire jusqu'à la fin de la Ve dynastie, où apparaît Osiris*. Il servait d'enseigne au XVIIe nome* du Sud, dont la capitale, Kasa (Cynopolis), lui rendait un culte particulier. Son animal était le chien errant de la vallée du Nil, qui est rarement noir, alors qu'Anubis est figuré sous la forme d'un chien noir ou d'un homme à la tête de chien noire ; on pense que ce n'est pas là une couleur de deuil, mais plutôt la couleur du bitume servant à la momification, donc une couleur de renaissance. Les spéculations théologiques en ont fait le fils de Rê* (dans les *Textes des Pyramides*, il est le quatrième fils du dieu solaire et le père de Kebehout, déesse de la fraîcheur), ou celui d'Osiris* et de Néphthys*, de cette déesse et de Seth*, ou encore le frère d'Osiris. On lui attribua l'invention de la momification*, et, dans la légende osirienne, Rê l'envoie auprès d'Osiris pour lui rendre le culte des morts et le momifier après son aventure avec Seth ; cette légende apparaît sur une tombe du Moyen Empire*, mais remonte sans doute plus haut ; ainsi, le rite de la momification n'est plus que la répétition d'un rite divin d'après un archétype ; le prêtre qui préside à la momification s'assimile à Anubis en revêtant son masque. Ses épithètes les plus courantes sont « celui qui préside à l'embaumement », « celui qui est sur la montagne » (la montagne qui conduit

à la demeure des morts et où sont creusés les hypogées*), « seigneur de la Nécropole* » et « celui à qui est l'out » *(Im-out)* ; *out* est le mot qui désigne les bandelettes des momies.

Any (Maximes d')→ Maximes (d'**Any**).

Apis. Dès la Ire dynastie, on trouve un culte d'un taureau Apis (Hep, en égyptien), divinité agraire, symbole de la génération et de la force fécondante. Adoré à Memphis*, il fut de bonne heure assimilé à Ptah*, patron de la cité, dont il apparut comme l'incarnation. Peut-être doit-il au Rê* héliopolitain le disque solaire qui se dresse, avec l'uraeus*, entre ses cornes. En tout cas, ses rapports avec l'Atoum* héliopolitain, au début du Nouvel Empire*, sont attestés. Les prêtres d'Apis à Memphis, qu'on appelait sous l'Ancien Empire* les « Bâtons d'Apis », parcouraient la campagne à la recherche du taureau porteur des marques divines, taches sur diverses parties du corps, qui feront de lui le successeur de l'Apis régnant. Lorsque celui-ci mourait, il était enseveli suivant un rite précis, après avoir subi la momification. On le descendait alors dans les souterrains du Sérapeum*, où il allait rejoindre les autres incarnations du dieu.

Le nouvel Apis était alors intronisé, ce qui était une occasion de fêtes et de réjouissances. Après avoir été montré au peuple, l'Apis était conduit dans son sanctuaire, où il vivait avec son harem de génisses. Il n'en sortait que pour participer aux processions. Le taureau Apis recevait dans l'Apeion les offrandes des fidèles, mais il rendait aussi des oracles*. (Pour ce qui est des rapports d'Apis avec Osiris → **Sérapis.**)

Apopis. Il est possible que ce soit dans un serpent python, puissant étrangleur, maintenant refoulé jusque dans les marais soudanais du Bahr el-Ghazal, mais qui hantait les marais du Delta aux époques préhistoriques, que les Égyptiens aient trouvé le modèle du serpent Apopis. Le *Livre d'Apopis* (ou Apophis) nous raconte les luttes des « harponneurs », partisans de Rê* et commandés par Horus*, contre Apopis et ses séides. Après une suite de combats qui conduisent les adversaires du Delta aux confins de la Nubie, Horus perce de sa lance le dragon-serpent Apopis, qu'on ne retrouvera dans l'au-delà*, où il symbolise les forces du mal. Ce rebelle se dresse pourtant toujours contre Rê; lorsque ce dernier, dans sa barque, traverse les demeures nocturnes où règne Apopis, il se heurte au serpent géant. Le xxix⁰ chapitre du *Livre des morts* nous raconte les combats des divinités contre Apopis et se termine par ce cri toujours renouvelé : « En vérité, Rê a vaincu Apopis. » Bien que, dans le *Livre d'Apopis*, Seth* fasse partie des phalanges de Rê*, la spéculation théologique ultérieure, qui fit de Seth l'Ennemi, identifia ce dernier avec le serpent Apopis, symbole des forces mauvaises.

appui-tête → chevet.

Apriès, roi de la XXVI⁰ dynastie* saïte* (588-568 av. J.-C.), fils de Psammétique II*.

Au début de son règne, il se montra énergique et audacieux. Il entreprit une guerre contre les Phéniciens*, prit Sidon, et assiégea Tyr pendant treize ans ; l'intervention de Nabuchodonosor, roi de Babylone, l'empêcha de prendre la ville. En 586 av. J.-C., il soutint la révolte des Juifs de Jérusalem contre le roi de Babylone et, après la prise de la cité, il accueillit en Égypte des juifs fugitifs ; parmi ceux-ci, la communauté juive d'Éléphantine*, établie à cette époque, devint la plus prospère. Apriès, qui utilisait des mercenaires grecs*, mécontenta l'armée nationale, composée en majorité de Libyens*. Des révoltes de ces derniers éclatèrent en Nubie. Le mécontentement des indigènes augmenta encore à la suite de la destruction par les Grecs d'une armée égyptienne qu'Apriès avait envoyée au secours des Libyens des environs de Cyrène. Apriès avait élevé au plus haut rang Amasis* et, d'après une stèle du Caire, il semblerait qu'Amasis eût régné du vivant d'Apriès, soit comme corégent, soit comme souverain indépendant. À la suite du désastre de Libye, une révolte ayant éclaté, Apriès se heurta avec ses mercenaires grecs aux révoltés conduits par Amasis ; vaincu, il fut bien traité par Amasis, mais les Égyptiens s'en plaignirent et exigèrent qu'on

leur livrât le roi ; il dût s'y résoudre et Apriès fut étouffé. Cependant, Amasis fit ensevelir son rival avec pompe et entretint son culte funéraire*.

arbres. Malgré la luxuriance de la végétation dans certaines parties de la vallée du Nil, les arbres y sont pauvrement représentés. Les deux arbres à feuillages les plus courants sont le sycomore (figuier sauvage) et l'acacia ; le palmier doum (cocotier) et le dattier étaient cultivés pour leurs fruits ; le perséa, le napéca et le tamaris sont, avec les précédents, les seuls arbres indigènes. Dans le cours des siècles, on introduisit le grenadier, l'amandier, le baumier, le citronnier, l'olivier, mais ils ne subsistèrent que dans les vergers où on les entretenait avec le plus grand soin. Du pays de Pount*, on ramena des « sycomores » (nehat) à encens. Sous Hatshepsout*, Nehasi, qui commandait une expédition vers le Pount, ramena trente et un arbres à encens, qu'on replanta sur les terrasses du temple funéraire de la reine à Deir el-Bahari*, où il fallut creuser le roc pour leur ménager des fosses de terre végétale.

Le bois du tamaris était utilisé pour fabriquer des manches d'outils et d'instruments aratoires ; celui du sycomore servait à la confection des statues, des sarcophages communs, du mobilier ordinaire, des portes ; l'acacia était réservé à la fabrication des manches d'armes, des mâts et des coques de bateaux ; le palmier était destiné à constituer les colonnes de l'architecture primitive et les poutres des toitures. Mais les bois nobles étaient importés. Du Liban venaient les cèdres utilisés pour la grande construction navale, la confection des beaux cercueils, des lourdes portes des temples et des palais, des mâts fixés le long des pylônes. De l'intérieur de l'Afrique venait le bois noir *hében*, qui est passé dans nos langues sous la forme d'« ébène » ; il était destiné à la confection des meubles précieux. Certains arbres avaient un caractère sacré, tels le perséa et le sycomore, qui ombrageaient les temples. C'est dans un sycomore que se manifestent souvent les déesses Hathor* et Isis* ; un palmier doum de 60 coudées représentait le dieu Thot à Hermopolis* Magna. Le palmier était aussi l'emblème sacré des nomes d'Héracléopolis et de Crocodilopolis, et le térébinthe était l'emblème de Lycopolis (→ **Assiout**) et de Kusa en Haute-Égypte. Enfin le pilier djed* est un arbre sacré ébranché, sans doute en rapport avec l'arbre syrien où avait été enfermé le corps d'Osiris.

architecture. On peut aisément prendre conscience du chemin parcouru en quelques siècles depuis la maison de terre ou la hutte du prédynastique*, celle-ci n'ayant guère évolué depuis le néolithique*, jusqu'aux pyramides* de Gizeh*. Et il est remarquable que ce soient les monuments funéraires bâtis en brique ou en pierre, mastabas* et pyramides, qui apparaissent seuls comme expression de l'art monumental des Égyptiens. Ces demeures d'éternité devaient défier le temps et se trouvent justifiées par les croyances* funéraires des Égyptiens ; c'est pourquoi elles nous restent, alors que les transitoires demeures des vivants, construites en matériaux périssables, ont à peu près complètement disparu. À côté des pyramides, ce sont des lieux du culte des rois divins, les temples funéraires*, « châteaux des millions d'années », qui seuls subsistent des créations architecturales de l'Ancien Empire. Et même des villes, des maisons, des palais du Nouvel Empire, il ne nous reste presque rien, tandis que de cette époque datent plusieurs temples qui sont encore la gloire de la vallée du Nil. Excepté quelques forteresses (→ **fortification**) qu'on rencontre surtout en Nubie*, l'architecture égyptienne apparaît ainsi comme religieuse et funéraire. Et cependant ces monuments sont avant tout des places de vie, des demeures où vivent éternellement les rois, où habitent les dieux créateurs et supports de toute vie. Tous ces monuments, d'une taille souvent prodigieuse, ont été érigés avec les moyens les plus rudimentaires : outillage de pierre, de cuivre et de bronze, traîneaux et chalands pour le transport du matériel ; plans inclinés, cordages et leviers pour l'élévation des matériaux ; calames, tablettes, fil à plomb, équerre, « bâton de visée » pour le travail de l'architecte : c'est là un labeur de fourmis où le génie s'unit à la patience pour créer des œuvres grandioses. Et cependant, si à l'époque ramesside on sent un goût accentué pour le gigantesque,

l'énormité des monuments égyptiens est une nécessité : ces grandes lignes pures des temples et des pyramides s'inscrivent merveilleusement dans l'immensité des paysages de ce pays, où la vallée habitée est dominée par les formidables falaises libyques et arabiques, qui s'ouvrent sur des déserts infinis ; c'est cet infini que, dans leurs lignes géométriques, les monuments égyptiens rejoignent ; et, dans l'architecture égyptienne, les proportions sont si parfaitement étudiées, les lignes se coupent et s'enchevêtrent avec une telle harmonie, qu'on ne ressent guère le malaise que pourraient procurer les disproportions du gigantesque. Hymnes de majesté aux dieux et aux rois déifiés, les monuments égyptiens s'inscrivent parfaitement dans un paysage qui les aurait écrasés s'ils n'étaient harmonieusement proportionnés aux immensités de ces horizons comme eux colossaux et grandioses. → **colonne, maisons, pilier, spéos, tombe, ville.**

Armant → Hermonthis.

armée. Sous l'Ancien et le Moyen Empire*, l'Égypte ne semble pas avoir connu d'armée permanente et organisée sur le plan de l'État. Chaque nome* avait ses milices, commandées par le nomarque* ; les grands domaines des temples possédaient aussi des forces de police. Sous l'Ancien Empire, l'autobiographie* d'Ouni nous fait connaître ces forces disparates par une levée de troupes contre les Asiatiques sous le règne de Pépi Ier : le pharaon « rassembla une armée de nombreuses myriades, de toute la Haute-Égypte [...], de la Basse-Égypte, de tous les côtés, de la fortification et des forteresses de l'intérieur, des Nubiens d'Erzet, des Nubiens de Mesa, des Nubiens de Vam, des Nubiens de Ouaouat, des Nubiens de Kâou et du pays des Libyens ». Et cette troupe hétéroclite, où entrent de nombreux auxiliaires nubiens et libyens, est commandée par Ouni et non par un militaire de métier. Mais ces levées en masse étaient exceptionnelles. Les troupes du pharaon étaient peu nombreuses : gardes du palais, soldats qui montaient les vaisseaux du roi vers la Syrie, guerriers qui faisaient la police* du désert ou surveillaient les corvées effectuant les constructions gigantesques des bâtisseurs de pyramides.

Le féodalisme de la première période intermédiaire* vit se constituer des armées de nome, et, si l'on en juge par les modèles de la tombe d'un nomarque d'Assiout*, ces soldats allaient par rangs de quatre, marchant au pas avec la plus grande discipline. À cette époque et sous le Moyen Empire*, le recrutement se faisait par le scribe des soldats, qui désignait « la belle jeunesse » destinée à servir temporairement le pharaon. Les grands rois de la XIIᵉ dynastie effectuèrent bien quelques campagnes, accompagnés de nomarques qui amenaient des corps de troupes ; mais ceux-ci avaient plus souvent pour tâche de diriger des opérations de police dans le pays, de protéger les expéditions dans les mines* du désert, de participer aux expéditions maritimes vers le Pount*. Des troupes permanentes tenaient garnison dans les forteresses protégeant les frontières. La politique impérialiste des pharaons du Nouvel Empire eut pour conséquence la création d'armées permanentes.

Sous la XVIIIᵉ dynastie apparaît la division de l'armée en corps de troupes qui portaient des noms comme « Amon », « Corps du pharaon », « Beauté du disque solaire ». À l'époque d'Horemheb*, l'armée est divisée en deux grands corps, cantonnés l'un dans le Delta et l'autre dans le Sud, afin d'intervenir rapidement soit en Asie, soit en Nubie. Séthi Iᵉʳ* organisa l'armée en trois corps, placés chacun sous la protection d'un dieu : divisions d'Amon*, de Ptah*, de Rê*, auxquelles Ramsès II* ajouta la division de Seth*. On ne sait combien ces divisions comportaient d'hommes, mais on connaît les unités tactiques, compagnies de 200 hommes, placées sous le commandement d'un porte-enseigne et divisées en 4 corps de 50 hommes. Ces armées étaient en grande partie composées de mercenaires, et sous les premiers Ramessides on voit un corps de troupes comprenant 1 900 soldats égyptiens et 3 100 mercenaires. Ceux-ci étaient des Asia tiques, des *Néarin*, dont le nom vient du sémitique *naar*, « jeune homme », des Bédouins* du désert, qui sans doute constituaient l'essentiel des *pite*, corps d'archers, avec les Mezaï, Nubiens de la tribu des Meza, qui depuis la

plus haute époque formaient surtout un corps de gendarmerie. Il y avait aussi les mercenaires* libyens et les Peuples de la mer, que Ramsès II et Ramsès III* intégrèrent dans leurs troupes : Shardanes, Mashaouash, Kehek.

Le commandant suprême de l'armée était le pharaon. Cependant le vizir* avait la responsabilité du recrutement des troupes, de leur entretien et de leur entraînement ; il se déchargeait sans doute de ces besognes sur le « grand général », chef des armées du pharaon. Des lieutenants commandaient les régions militaires et des commissaires royaux étaient responsables des troupes en garnison dans les pays étrangers. Des mercenaires comme les Mezaï étaient commandés par des officiers de leur nation, et leur commandant, « prince des Meza », était aussi un Nubien, paré de noms égyptiens ; il semble avoir été souvent en butte à la jalousie des officiers égyptiens. En règle générale, les officiers supérieurs étaient des Égyptiens qui sortaient de l'école des scribes*, car il apparaît qu'on requérait d'eux une grande culture, outre leurs qualités de guerriers. Les officiers des chars voyaient s'ouvrir devant eux les plus brillantes carrières.

Malgré des satires qui montrent les soldats maltraités en campagne et persécutés en Égypte, la condition militaire était sans doute une des meilleures, surtout pour les officiers. Les soldats ne recevaient pas que la « mouche », distinction qui révélait le guerrier valeureux, qui traquait son ennemi et le talonnait comme une mouche ; ils recevaient du pharaon des armes, de l'or, une part du butin, mais aussi des esclaves et des donations de tenures héréditaires, qui se transmettaient au fils aîné, celui-ci continuant de servir le souverain à la place de son père. Ainsi se constitua une véritable caste militaire, les officiers formant même une noblesse d'épée. Des rangs de cette aristocratie militaire sortiront au Nouvel Empire, deux pharaons Horemheb* et Ramsès Iᵉʳ, et c'est un chef des mercenaires libyens, Sheshonq*, qui fonda la XXIIᵉ dynastie libyenne. Cette caste militaire est représentée à basse époque par les deux grandes armées dont parle Hérodote*, les Hermotybies, au nombre de 160 000 cantonnés dans le Delta occidental et les Kalasiries, au nombre de 250 000, résidant à l'orient du Delta. Ils étaient soldats de père en fils et formaient la garde du pharaon par corps de 1 000 recrutés dans chaque armée et renouvelés annuellement. Outre leurs terres, ils recevaient du roi le pain, la viande et le vin. À partir de l'époque saïte*, l'élément dominant des armées égyptiennes est constitué par les mercenaires grecs*.

armes. Au prédynastique*, les armes de pierre sont toujours utilisées à côté des nouvelles armes de cuivre, qui ne seront vraiment remplacées par des armes de bronze qu'au Nouvel Empire*. La massue, arme essentielle de l'époque prédynastique, subsistera comme arme d'apparat, que le pharaon* portera symboliquement pendant toute la période historique. Au prédynastique, la forme des massues est caractéristique ; les massues à tête discoïde sont originaires de Haute-Égypte, les massues à tête piriforme (en forme de poire) viennent de Basse-Égypte. C'est toujours d'une massue piriforme que seront cependant armés les derniers rois du Sud : Narmer*, sur sa palette*, frappe son adversaire avec une massue de ce type, et c'est sur une semblable massue d'apparat qu'est représentée la stèle de fondation du roi-scorpion. Le manche de couteau du Djebel el-Arak représente des combattants armés de couteaux de pierre et de massues, dont certaines préfigurent la forme du sceptre. Les autres armes de cette époque sont le bâton de jet (boomerang), l'arc, la fronde, la lance. Le bouclier est souvent fait d'une carapace de tortue, ou il est en bois ou en cuir, rectangulaire et cintré vers le haut. Massue, arc, lance, telles sont encore les armes qu'on voit sur une représentation de siège de l'Ancien Empire, et les soldats du modèle de la tombe du nomarque* d'Assiout* sont armés les uns d'une lance tenue droite et d'un bouclier à base carrée et terminé en pointe, en bois tendu de fourrures, tandis que les archers tiennent l'arc droit d'une main et les flèches de l'autre ; tous vont tête nue, seulement vêtus d'un pagne. Les soldats du Moyen Empire* sont pareillement armés, ou encore ils n'ont que la lance et la hache, ou seulement la fronde ; certains portent un petit bouclier et une hache. Les rois apparaissent munis d'une arme fort proche du *harpè*, courte épée courbe, des souverains du Nouvel Empire*.

Au Nouvel Empire se développent les armes défensives ; sur le pagne, on attache une pièce de cuir qui protège le ventre ; sous les Ramessides, on emprunte aux Asiatiques le *siryon*, cuirasse souple en cuir couverte d'écailles de bronze ; plus rarement, on emprunte le casque aux Asiatiques, et les mercenaires shardanes portent un casque pourvu d'une sorte de cimier en demi-lune. Dans les compagnies, les soldats sont disposés en rangs de front, armés de la lance, du bouclier, et divisés par groupes de cinq ; l'officier subalterne porte un sabre et les quatre soldats tiennent dans leur main droite alternativement un poignard ou un glaive recourbé. Les mercenaires portent leurs armes indigènes : arcs nubiens à double courbe, lances, massues, et, outre le casque, les Shardanes (→ **Peuples de la Mer**) ont le bouclier rond et la longue épée. L'armement de basse époque n'a pas changé sensiblement et le fer ne fut substitué que fort tard au bronze. Les mercenaires grecs* portaient le lourd équipement des hoplites.

artisan. L'artisan n'était pas distingué de l'artiste comme nous avons pris l'habitude de le faire depuis que l'art s'est séparé de son aspect utilitaire. Bien que, sur des représentations de tombes, on voit les artisans chacun occupé à sa tâche dans un atelier unique, on peut penser qu'en général ils travaillaient séparément, dans des ateliers qui leur étaient réservés. À toutes époques, le roi, les temples*, les nobles possédaient des ateliers où travaillaient joailliers, orfèvres et lapidaires, forgerons, armuriers, fabricants de vases métalliques, potiers, foreurs de vases en pierre, menuisiers, carrossiers, charpentiers, sculpteurs sur pierre et sur bois... On les voit peiner sous la surveillance d'un scribe*, tandis qu'un inspecteur ou le maître du domaine vient parfois en tournée d'inspection.

Durant l'Ancien Empire*, tous les artisans étaient des fonctionnaires du roi ou des temples ; la révolution de la fin de l'Ancien Empire libéra en partie les artisans de cette sujétion, et si les grands et les dieux ont leurs artisans et leurs ouvriers, les artisans s'installent à leur compte et travaillent pour les particuliers aussi bien que pour les grands. Ils semblent avoir été groupés par corps de métier dans des rues qui leur étaient pour ainsi dire réservées. Sans doute étaient-ils tenus à une déclaration et ils payaient taxe d'enregistrement et impôts*. Pour le petit Égyptien qui entrait dans la vie, le choix du métier était libre, et si les artisans se transmettaient leurs recettes, leur secrets et leur technique de père en fils, ils prenaient aussi des apprentis étrangers ; on voit par la *Satire des métiers** que le petit Égyptien peut choisir selon son goût, et on se contente de le mettre en garde contre les difficultés qui l'attendent dans les divers métiers, pour le pousser à accepter d'entrer à l'école des scribes* et faire une brillante carrière dans l'administration. Les artisans se groupaient par corporations et les chefs de ces corporations étaient de hauts fonctionnaires qui défendaient auprès du roi les intérêts de leurs administrés. Les objets et les œuvres sortis des mains de ces artisans restaient anonymes, et dans les grands ateliers on voit le surveillant qui encourage les artisans à créer pour la gloire du nom du roi ou du dieu, tandis que le haut fonctionnaire, directeur des travaux, distribue à chacun sa tâche et lui montre sa voie, en s'attribuant en quelque sorte la gloire de ce qui se fait. Il semble, cependant, que les chefs de travaux aient été eux-mêmes des artistes qui dirigeaient techniquement l'atelier ; ainsi devait être le « peintre en chef du sanctuaire d'Amon » ou le « manieur du ciseau dans la place de Maât » ; Imhotep* lui-même s'intitulait « charpentier-maçon du roi », et, malgré ses autres titres nombreux, Senmout* dirigeait lui-même les travaux de construction qu'il avait conçus sur le « papier ». S'ils ne signaient pas leurs œuvres, les artistes et artisans ne négligeaient pas de signaler leurs talents dans leurs autobiographies et il arrivait qu'ils se fissent représenter dans le temple qu'ils avaient construit comme Senmout, ou encore qu'ils se peignissent eux-mêmes dans la tombe d'un grand personnage dont ils avaient assumé l'ornement, ce qui est une manière de signature.

Asie. Pour les Égyptiens, l'Asie (Set-shet) est cette contrée qui commence à la lisière du Sinaï et s'étend vers l'Orient, sur une aire qui ira s'agrandissant au fur et à mesure de l'extension du domaine des grandes civilisations. Les relations avec l'Asie se nouent dès la préhistoire ; ce sont des couches d'envahisseurs sémitiques qui apporteront à la langue égyptienne son caractère définitif ; l'influence des cultures du Proche-Orient asiatique est sensible au prédynastique*, et elle semble être plus souvent le fait d'envahisseurs qu'une pacifique introduction par la voie des échanges commerciaux. Les rapports de l'Égypte historique avec l'Asie seront, d'ailleurs, souvent d'ordre militaire et c'est pour se défendre contre ses turbulents voisins d'Orient que les Égyptiens de l'Ancien Empire* s'isoleront dans leur riche vallée, objet des convoitises de trop pauvres voisins. Cependant, l'Asie restera indispensable à l'Égypte pour ses richesses qui seront drainées par la Syrie et les Phéniciens : bois du Liban, pierres rares, métaux* de première utilité comme le cuivre, le bronze, l'argent et, tardivement, le fer. L'Asie réellement connue des Égyptiens de l'Ancien Empire* est le Sinaï et la bande littorale occupée par les Cananéens. Les rois du Moyen Empire* n'étendent guère le domaine de leurs relations asiatiques et c'est par des intermédiaires qu'on connaît les autres grandes civilisations de la Mésopotamie. Ce sont des Asiatiques, les Hyksos*, qui mettent fin au Moyen Empire tombé en déliquescence, en fondant un État à cheval sur l'Égypte et la Palestine (→ **Canaan**). Au Nouvel Empire*, les Égyptiens prennent une connaissance plus vaste et plus directe de l'Asie par la conquête. La Palestine est réduite en province, les Phéniciens et les Syriens sont soumis, et des peuples jusqu'alors lointains, nouveaux ou anciens, deviennent les voisins immédiats des Égyptiens : Hittites* au nord, Mitanniens* chez lesquels les pharaons de la XVIIIᵉ dynastie iront chercher leurs épouses royales, Assyriens* et Babyloniens* à l'est. Les Hittites et les Mitanniens disparaissent vite de la scène politique, mais les Syriens et surtout les Assyriens et les Babyloniens vont jouer un grand rôle dans l'histoire égyptienne. D'Assyrie viendront les premiers « vils Asiatiques » qui occuperont le sol de Ta-mery (la Terre chérie, un des noms de l'Égypte), resté inviolé depuis l'établissement du Nouvel Empire thébain. Avec les Perses le monde asiatique s'agrandira encore, mais l'Égypte ne sera plus qu'une province de cet immense empire, avant de retrouver une nouvelle vie indépendante sous des dynastes étrangers, mais déjà égyptianisés, les Lagides*.

Assiout. La ville moderne d'Assiout a partiellement conservé son ancien nom égyptien, Siâout. Située dans une partie étroite de la vallée, elle se trouve à la charnière de la Moyenne et de la Haute-Égypte. Elle est aussi le point de départ de la piste de l'oasis de Kargèh, dans le désert occidental. Elle était la capitale du XIII° nome* de Haute-Égypte, appelé nome du Térébinthe. Sa divinité tutélaire était un dieu-loup, Oupouat, raison pour laquelle les Grecs l'appelèrent Lycopolis (« Ville du loup »). Nous connaissons l'existence de son temple et d'un sanctuaire d'Anubis grâce à des inscriptions. La ville ne prit d'importance que durant la première période intermédiaire*, lorsque chaque nome se fut rendu indépendant à la fin de l'Ancien Empire*. Les princes de la cité restèrent les alliés des puissants princes d'Héracléopolis* contre les ambitions des seigneurs de Thèbes*. De cette période datent trois tombes rupestres qui nous font connaître quelques princes de la cité. Tefibi, prophète du dieu Oupouat, son fils Khéti, « commandant militaire de toute la terre ». La troisième tombe est celle d'un autre Khéti (II) qui a laissé quelques éléments de sa biographie. On ignore ses relations avec les deux princes précédents. Maspéro en fait le père de Tefibi, mais il est possible qu'ils n'aient eu aucun lien de parenté. Son grand-père maternel aurait été le prince d'Assiout, et, à sa mort, la mère de Khéti aurait assumé la régence. Il aurait été un bon prince, généreux, aimé de son peuple, et il fit creuser un canal d'irrigation.

Lors de la victoire des rois de Thèbes, Assiout fut incluse dans l'empire. De la XII° dynastie (règne de Sésostris 1ᵉʳ) date la tombe de Hapi-Djefa (nom lu aussi Djefaï-Hapi), nomarque d'Assiout. C'est une belle tombe, inachevée, son maître étant mort en Nubie, appelée par les Arabes « écuries d'Antar » (référence au célèbre poète de l'Arabie préislamique) ; elle est composée d'un vestibule voûté qui donne accès à une

suite de trois salles pourvues de niches. Deux autres nomarques ont aussi porté ce nom. Excepté ces tombes, il ne subsiste rien de l'antique cité.

Assouan → Éléphantine.

Assyriens. Ce n'est qu'à partir du Nouvel Empire* que l'Égypte eut affaire aux Assyriens. D'abord vassaux du Mitanni*, les Assyriens, installés sur le cours du haut Tigre, au nord de la Mésopotamie, se rendent indépendants sous leurs rois Irêba-Adad et Assuruballit 1ᵉʳ, son fils ; ce dernier est en relation avec Aménophis IV*, et, à cette époque, les Assyriens envoient des cadeaux aux pharaons. Sous le règne de Ramsès II*, l'Assyrie devient menaçante après avoir détruit le Mitanni, et c'est contre elle qu'est en partie dirigé le traité* égypto-hittite.

Ce n'est cependant qu'au VIII° s av. J.-C., lors de la grande expansion assyrienne, que les deux empires commencèrent à entrer sérieusement en conflit. Les premiers heurts eurent lieu sous les deux rois de la XXIV° dynastie, Tefnakht et Bocchoris*, qui s'allièrent aux princes syriens contre les Assyriens. Ces derniers, partout victorieux, défirent l'armée égyptienne du général de Bocchoris, Sibo, et les Égyptiens ne cherchèrent plus à intervenir dans les affaires assyriennes jusqu'au règne de Shabataka, qui envoya Taharqa à la tête d'une armée ; ce dernier n'eut pas à combattre l'armée du roi assyrien Sennachérib, qui, croit-on, fut décimée par une épidémie. Afin de faire cesser les intrigues des Égyptiens auprès de leurs tributaires syriens, les Assyriens marchèrent sur l'Égypte, sous le commandement de leur roi Assarhaddon, qui pénétra dans le Delta* et s'empara de la famille de Taharqa, lequel réussit à s'enfuir dans le Sud. Les princes égyptiens reconnurent l'autorité assyrienne jusqu'à Thèbes (671 av. J.-C.). À peine Assarhaddon se fut-il retiré que Taharqa reprenait Memphis*, et l'Égypte fut sauvée d'une répression immédiate par la mort du roi d'Assyrie. Le répit ne fut pas long et le nouveau roi, Assurbanipal, envoya une nouvelle armée, qui chassa encore une fois Taharqua et parvint jusqu'à Thèbes* (666 av. J.-C.). Les chefs égyptiens furent envoyés à Ninive, capitale de l'Assyrie ; parmi eux se trouvait Néchao*, prince de Saïs* et père du futur Psammétique Ier*. Le neveu et successeur de Taharqa, Tanoutamon*, qui s'était fait couronner roi à Napata* en Nubie, redescendit vers Thèbes et Memphis, où il battit les princes égyptiens fidèles aux Assyriens, mais il dut bientôt s'enfuir devant l'armée envoyée par Assurbanipal, qui s'empara de Thèbes et saccagea la ville, tandis que Tanoutamon regagnait Napata. A Psammétique Ier revint l'honneur de chasser définitivement les Assyriens, qui, une quarantaine d'années plus tard, disparurent du concert des nations. Leur capitale Ninive fut prise et incendiée en 612 par les armées réunies des Mèdes et des Babyloniens* de Nabopalassar, père de Nabuchodonosor.

astrologie.

Dans un dictionnaire qui cherche à donner quelques éléments sur la civilisation de l'Égypte dans ce qu'elle a d'original, une telle rubrique n'a aucune raison d'être. L'Égypte des astrologues, pour reprendre le titre d'un livre célèbre de Franz Cumont, c'est une Égypte qui n'apparaît qu'à l'époque grecque et surtout romaine ; l'Égypte antérieure n'a pas connu les thèmes astrologiques ni la prédiction de l'avenir d'après la position des étoiles au jour de la naissance ; le zodiaque*, qui est une des bases des systèmes astrologiques, est une introduction de basse époque. Les Égyptiens du Nouvel Empire* ont cependant pratiqué une manière d'horoscope. On possède des papyrus de cette époque dont le contenu est une sorte de « Calendrier des jours fastes et néfastes », selon le titre que Chabas a donné à la publication de l'un de ces papyrus. Les heures, les jours et les mois étaient placés sous la protection d'une divinité, qui pouvait intervenir dans la vie des hommes, et, par ailleurs, les anniversaires d'événements dans la vie des dieux étaient, selon les cas, fastes ou néfastes, et il était utile de connaître ces jours pour diriger son comportement. Ainsi, pour la naissance*, celui qui naissait le 9 de Paophi atteignait la vieillesse, mais, le 5 du même mois, il devait être tué par un taureau ; né le 6, jour de la fête de Rê*, il devait mourir dans l'ivresse, ce qui est trois fois faste ; celui qui naît le 10 de Choïak mourra

à table, ce qui est aussi trois fois faste ; le 21 de Thot*, il meurt dans la faveur, mais le 20 de Thot l'enfant ne peut survivre ; le 4 d'Athyr, il doit périr de mort violente, le 20 il ne vit qu'un an. Le 27 d'Athyr, jour de la paix entre Horus* et Seth*, est trois fois faste, tandis que le 26 de Thot est trois fois néfaste, car c'est l'anniversaire de la lutte entre Seth et Horus ; ce jour-là, il ne faut rien faire, tandis que tout ce qu'on fait le 16 de Paophi, jour de la fête d'Osiris* à Abydos*, sera toujours heureux.

astronomie.

L'astronomie égyptienne est restée dans l'ensemble assez rudimentaire. Cependant, l'établissement du calendrier requiert un bon ensemble d'observations. L'astronomie était une science de caractère religieux pratiquée par les prêtres, qui, placés sur les terrasses des temples, observaient le ciel nocturne pour établir une division systématique de la nuit en heures, d'après lesquelles on déterminait la position du soleil dans sa mystique course nocturne. Cela avait conduit les Égyptiens à déterminer des constellations et diverses étoiles : Orion, Cassiopée, Sirius, la Grande Ourse, la constellation du Cygne. Les astres avaient été divisés en deux groupes : les « Indestructibles » *(ikhémou-sek)*, étoiles circumpolaires toujours visibles, et les « Infatigables » *(ikhémou-ourz)*, c'est-à-dire les planètes qui errent dans le ciel. De ces dernières, cinq étaient connues au Nouvel Empire* : Jupiter, Saturne, Mercure, Vénus et Mars, cette dernière étant appelée « Horus rouge », ce qui révèle une observation très précise. Les étoiles cataloguées étaient au nombre de 36, chacune présidant à l'un des 36 décans (période de 10 jours) constituant l'année de 360 jours. L'astronomie jouait aussi un rôle dans l'orientation des temples* et des pyramides*, encore que cette orientation restât en général conventionnelle, car on admettait, dans le principe mystique, que les temples devaient être orientés est-ouest, mais, dans les faits, ils offrent toutes les orientations possibles, d'où les savants sont bien en peine de tirer quelque conclusion, si encore il y a quelque conclusion à tirer de ces constatations. Les Égyptiens avaient naturellement observé des phénomènes courants comme les éclipses, les météorites et les comètes, sans cependant savoir les expliquer. La science astronomique des Égyptiens nous est connue par des traités de basse époque, des cartes du ciel peintes dans les tombes et des tables astronomiques. → **heures.**

Athribis, capitale du X⁰ nome de Basse-Égypte.

Son nom égyptien était « Het-taheriib » (château du pays central) et sa divinité principale Hor-Khenti-Khat, « Horus qui préside au corps », à laquelle on joignait Khouit qui apparaît comme une forme d'Hathor*. Strabon* nous apprend que les gens d'Athribis vouaient un culte à la musaraigne.

Cette cité eut peu d'importance dans l'histoire égyptienne ; quelques éléments permettent de penser qu'Aménophis III* y éleva un sanctuaire et on y a trouvé des traces de l'activité architecturale de Ramsès II*. Ramsès III* faillit y périr victime d'un attentat. Néchao*, prince de Saïs*, donna Athribis à son fils, le futur Psammétique I⁰ʳ*. Ce fut là que naquit Amenhotep* fils d'Hapou, qui y construisit un « temple de millions d'années », lequel pourrait être le temple d'Aménophis III dont on pense avoir retrouvé des éléments.

Aton, disque solaire, manifestation sensible de Rê* Harakhti.

Cette divinité, issue de spéculations de quelque prêtre* du Soleil à Héliopolis*, apparaît sous le règne de Thoutmôsis IV*, peut-être sous l'influence des cultes solaires asiatiques*. Aménophis III* montra une grande prédilection pour cette divinité ; il avait nommé « Splendeur d'Aton » le bateau* qu'il avait offert à son épouse Tiy, et on a pu penser que ce fut surtout à la reine qu'Aton dut sa première fortune. Le besoin d'une nouvelle divinité d'Empire, la nécessité d'abaisser la puissance orgueilleuse du clergé d'Amon* et surtout de profondes aspirations mystiques poussèrent Aménophis IV* à élever Aton au rang de dieu suprême. Les autres divinités du panthéon égyptien furent négligées, Rê excepté, mais c'est une véritable persécution qui fut déclenchée contre Amon et son culte* ; non seulement ses prêtres furent dispersés et le culte interdit, mais le nom d'Amon fut martelé jusque dans les car-

touches* où il entrait dans la composition de noms royaux.

Le centre du culte d'Aton devint son grand temple dans Akhétaton*, la nouvelle capitale de l'Empire, et le roi, sous son nom nouveau d'Akhnaton*, le « Serviteur d'Aton », fut le prophète du dieu, le seul qui pût le comprendre et le faire connaître aux hommes. Source de chaleur, de lumière et de beauté, Aton est la fontaine de vie, le créateur de toute chose, la providence et la nécessité dont la puissance s'étend sur l'Égypte*, mais aussi sur tous les peuples. Tous ces caractères, qui se trouvent définis dans le célèbre hymne* qu'Akhnaton composa pour son dieu, lui confèrent un aspect monothéiste et universaliste, qui est sans doute la première tentative dans cette voie que l'histoire ait enregistrée. Contrairement à l'ancienne religion* égyptienne, tournée vers l'au-delà* et le problème du mal, la religion atonienne ne semble guère avoir eu de préoccupations morales et, doctrine de vie et de liberté, elle ignorait délibérément la mort. Akhnaton semble avoir même éprouvé une horreur profonde de la mort au point qu'il a voulu l'oublier en s'enivrant de son dieu de vie et d'amour. Un clergé fut créé pour les besoins du culte, dirigé par un grand prêtre, qui portait le titre de « grand voyant » *(Our-maou)*, repris de la titulature du clergé héliopolitain de Rê. Le culte lui-même était d'ailleurs très simplifié ; la religion atonienne étant, comme le remarque Warde Fowler, un « désir effectif d'être en relation directe avec la puissance qui se manifeste dans l'univers », on évitait tout intermédiaire entre l'adorant et le dieu. Le temple d'Akhétaton était à ciel ouvert et il n'existait pas de représentations du dieu, sinon sur les stèles et les peintures, où l'on voyait le soleil dont les rayons tombaient sur le roi et sur sa famille, portant à leur bouche les ankh* qui terminaient les rayons. On offrait au dieu de la nourriture, des boissons et des fleurs, qu'on déposait sur son autel et sur les tables d'offrandes, et peut-être brûlait-on de l'encens. De la musique accompagnait les cérémonies* religieuses, au cours desquelles on disait des prières et on chantait des hymnes, Akhnaton et Néfertiti* restant les deux principaux officiants du culte. Aton disparut du ciel égyptien en même temps que son prophète et que l'éphémère cité élevée en son honneur.

Atoum, divinité de caractère solaire, patron primitif d'Héliopolis*.

Il était représenté sous la forme d'un homme coiffé de la couronne des pharaons. On lui avait associé Shou* et Tefnout*, afin de former une triade. La cosmogonie* héliopolitaine fit du soleil Atoum le dieu primordial, qui s'était créé lui-même en crachant ou en se masturbant, avant d'engendrer Shou et Tefnout. Sous la IIe dynastie le soleil Rê* fut associé à Atoum. Il représenta ensuite le soleil qui se couche ; dans le *Livre des morts*, c'est sous la forme d'Atoum que Rê parcourt le monde nocturne, et il reste ainsi le précurseur de Rê en ce sens qu'il en est la cause, le soleil levant, Rê étant issu du soleil nocturne Atoum. Ses animaux* sacrés étaient le lion, le serpent et l'ichneumon.

au-delà. Dans la variété et la complexité des conceptions funéraires des Égyptiens, on peut cependant discerner une croyance qui fut la plus commune et qui apparaît constituée dès le Moyen Empire*, avec le syncrétisme des conceptions solaires et des mythes osiriens. L'âme* continue de vivre après la mort, mais il faut remarquer ici que l'*akh* monte au ciel, tandis que c'est le *ba* qui possède la conscience d'une survie individuelle ; c'est au *ba* qu'il faut se référer lorsqu'on parle de la destinée d'outre-tombe. Le corps restant le support de l'âme, il doit être conservé et, pour cela, il est embaumé ; la forme du corps, et surtout du visage, qui est une des caractéristiques de chaque individu, est perpétuée par une statue funéraire* ; enfin, dernier attribut de l'individualité, le nom* est inscrit sur les murs de la tombe, pour être perpétué dans la mémoire des hommes. Une fois le corps embaumé, l'âme part pour l'Occident (amenti*), où, à la suite d'épreuves dont elle sortira grâce à des amulettes et des formules magiques (→ **pérégrinations de l'âme**), elle comparaîtra devant le tribunal d'Osiris* (→ **jugement osirien**). Une fois justifiée, l'âme commencera sa vie d'outre-tombe : dans le jour, elle regagne sa tombe, où les services d'offrandes lui procurent sa nourriture, tandis qu'elle retrouvera les objets familiers de sa vie terrestre accumulés dans la tombe, et que les représentations peintes sur les parois lui referont vivre ce qui lui était cher dans la vie terrestre. Mais l'âme n'aimant pas l'obscurité, lorsque le soleil descend vers l'occident, elle prend place dans la barque solaire, afin de naviguer avec lui dans le monde inférieur, qu'il parcourt pendant les douze heures de sa course nocturne. Des formules magiques permettaient à l'âme d'arrêter la barque solaire pour y prendre place ou en descendre, et c'est dans le paradis d'Osiris, dans les champs d'Ialou* qu'elle se plaisait surtout à passer les heures nocturnes. Avec la venue du jour sur la terre, l'âme rejoint alors sa tombe. L'existence diurne de l'âme ne se passait cependant pas uniquement dans sa tombe. Malgré les avantages de la vie dans l'au-delà, les Égyptiens ne pouvaient se résoudre à ne plus voir les vivants après la mort ; les textes funéraires enjoignent aux dieux de faire rencontrer par le mort ses parents, ses amis, ses serviteurs, sa femme aimée ; dans une inscription, il est dit à l'âme : « Avec hâte tu franchis les portes du monde inférieur et tu vas visiter ta demeure des vivants où tu écouteras des chants et de la musique ». Cette « sortie pendant le jour » est de la plus grande importance pour le mort, et le chapitre XVII DU *LIVRE DES MORTS* DONNE LES FORMULES POUR PÉNÉTRER « DANS LE BEL AMENTI* » et pour en sortir, comme l'indique son titre et, dans son exergue, il est dit que, à la lumière du jour, l'âme peut se manifester sous toutes les formes qu'il lui plaît.

autel. Ce sont les tables d'offrandes des dieux sur lesquelles on leur déposait les dons avant que les prêtres ne les utilisent à leur profit. On plaçait dans l'intérieur des temples, devant les petits sanctuaires des diverses divinités, de petits autels, blocs cubiques de pierre, parfois ornés latéralement de bas-reliefs, ou pieds cylindriques sur lesquels reposait une table ou une cuve pour recevoir les offrandes, ou encore un foyer sur lequel avaient lieu les fumigations. On trouve aussi dans les cours de plus grands autels, dits « solaires », du fait qu'ils étaient destinés à recevoir les rayons du soleil et sont consacrés à Rê ou à Aton*. Ce sont de grands blocs parallélépipèdes de pierre ou de maçonnerie, qui pouvaient atteindre des dimensions monumentales et être pourvus d'escaliers (Amarna*, Deir el-Bahari*, Memphis*); ce type plus récent (Nouvel Empire*) a succédé à l'autel solaire quadruple, où quatre appendices, désignant les quatre points cardinaux, entourent un disque sculpté sur la face supérieure, indiquant que les offrandes s'adressent au soleil, maître du monde. Ce type, qui date de l'Ancien Empire*, se retrouve encore au Nouvel Empire (Karnak*).

autobiographie. Dès l'Ancien Empire, les Égyptiens inscrivent sur des stèles ou sur les parois de leur chapelle funéraire, voire sur les statues d'eux-mêmes placées dans des temples, leurs titres, leurs actions d'éclat et souvent de véritables biographies détaillées. Des carrières de fonctionnaires de l'Ancien Empire nous sont connues par les autobiographies d'un Meten qui vivait sous Snéfrou*, de favoris comme Sabou et Ptahshepses, courtisans d'Ounas et de Téti. La biographie d'un Ouni* nous apprend les détails les plus intéressants sur l'histoire du règne de Pépi Ier. L'autobiographie d'un Améni nous apprend comment, sous la XIIe dynastie, les nomarques*, descendants des familles princières, gouvernent leur nome avec fermeté et humanité et se font scrupule de rendre fidèlement compte de leur gestion au pharaon. C'est par la longue autobiographie d'Ahmès, fils du marin Abana, que nous avons la seule relation de la prise d'Avaris*, capitale des Hyksos, par Ahmôsis*, ainsi que le récit, très subjectif sans doute, de certaines campagnes d'Ahmôsis en Nubie. C'est par son autobiographie qu'on connaît l'expédition de Hénou vers l'ouadi Hammamat et la mer Rouge*; grâce aux autobiographies et aux représentations de tombes, Newberry a pu retracer une vie détaillée de Rekhmarê* et de sa famille. Les autobiographies restent ainsi une des sources les plus précieuses de notre connaissance de la civilisation égyptienne.

Avaris ,forme hellénisée de la ville du Het-ouaret, expression qu'on traduit généralement par « maison (ou château) des dunes. »
Dans le nome* saïte, rapporte Manéthon*, un chef des envahisseurs hyksos*,

du nom de Salitis, s'installa à Memphis* pour lever le tribut sur la Haute et la Basse-Égypte. Il porta son choix sur une ancienne ville appelée Avaris « selon une ancienne tradition religieuse ». Il la reconstruisit et la fortifia avec de puissantes murailles, et il y installa une garnison de 240 000 hommes lourdement armés pour garder la frontière. Cette ville d'Avaris devint la capitale des Hyksos. Alors située tout près de la branche bubastique du Nil, c'est de là que partaient les bateaux qui remontaient le fleuve ou encore se rendaient vers les côtes de Canaan*. Elle est connue par des inscriptions égyptiennes où elle est dite « aimée de Seth*, seigneur d'Avaris ». Dans son autobiographie* Ahmès, fils d'Abana, officier de la flotte d'Ahmôsis Ier, qui participa aux guerres contre les Hyksos, rapporte sa participation au siège d'Avaris par les armées du roi thébain, au début du xvie s. av. J.-C. et la prise de la ville, dernier bastion des Asiatiques en Égypte. Il précise qu'en récompense il reçut du pharaon un homme et trois femmes comme esclaves, capturés à la suite de la victoire. Il semble que la ville ait alors été abandonnée. Car, si elle est encore mentionnée dans des inscriptions, en particulier sur des statues retrouvées lors des fouilles de Tanis*, le nom est lié à celui de Seth. Il semblerait, d'autre part, que Seth ait été adopté par les Hyksos comme divinité principale, en suite de son identification avec la divinité sémitique Soutekh. Montet s'est élevé contre cette opinion, pourtant fondée sur le fait que l'expression de « Seth seigneur d'Avaris », n'apparaît qu'à partir de l'invasion des Hyksos.

La localisation de l'antique cité reste discutée. Pour Pierre Montet, qui dirigea de fructueuses fouilles à Tanis, Avaris n'était que l'ancien nom de Tanis, laquelle devait aussi être identifiée avec la Pi-Ramsès des textes bibliques et égyptiens. Cette identification a été mise en doute, ne serait-ce que parce qu'on n'a pas trouvé de fondations de bâtiments remontant à l'occupation hyksos. Cette hypothèse, défendue aussi par Alan Gardiner, était pourtant contredite, par ailleurs, par une inscription du temple de Ptah à Memphis qui citait Avaris et « les champs de Tanis » comme deux lieux différents. On a aussi voulu identifier

Pi-Ramsès avec le site de Tell el-Yahoudieh, près de Chibin el-Qanatir, au nord-est du Caire, où a été déblayée une vaste enceinte de 515 X 490 m appelée « camp des Hyksos » et remontant à la fin du Moyen Empire. On y a retrouvé les témoignages d'une occupation qui couvre toute la période des pharaons ramessides ; c'était la Léontopolis des Grecs, la Nai-ta-hout des Égyptiens. Néanmoins, rien ne prouve que ce put être l'emplacement ni d'Avaris, ni de Pi-Ramsès. En revanche, le site de Tell ed-Dabaa, près de Qantir (→ **Pi-Ramsès**), pourrait s'avérer être l'emplacement de la capitale hyksos. Les fouilles qu'y conduit la mission de l'Institut archéologique autrichien du Caire depuis 1984 a mis au jour un nombre important d'éléments remontant à la fin du Moyen Empire et à l'époque hyksos. Les relations avec les régions du Levant où dominaient les Hyksos sont nettement marquées autant sur le plan de l'anthropologie que du commerce. De Canaan venaient du froment et de nombreuses poteries contenant les marchandises importées (vin ? huile ? céréales ?). Par ailleurs, des vestiges architecturaux datés des rois de la XIIe dynastie (Amménémès I[er*] et Sésostris III*), ainsi que les restes d'un palais de la XIIIe dynastie révèlent l'importance du site dès le Moyen Empire. On a aussi récemment proposé de localiser Avaris sur un site près du village de Khatanah, dans la région de Faqous.

Ba → âme.

Babyloniens. Pendant toute leur longue histoire, les Égyptiens n'eurent que peu de contacts avec les populations du bas Euphrate, dont ils étaient séparés par la Palestine (→ **Canaan**) et un vaste désert. La diplomatie d'Aménophis III* l'amena à prendre une princesse babylonienne parmi ses épouses secondaires. Cette union scella une alliance pratiquement sans effet entre les rois d'Égypte et de Babylone ; on voit par la correspondance* d'el-Amarna que le roi de Babylone se prévalait de cette alliance pour réclamer l'aide financière du pharaon contre l'Assyrie. Ce n'est ensuite qu'à basse époque que les deux pays se retrouvent pour se heurter. En 608 av. J.-C., Néchao* passa en Asie avec une armée pour porter secours au roi d'Assyrie, vaincu par les Babyloniens, qui venaient de secouer un joug de plusieurs siècles. Trois ans plus tard, Néchao se heurta à l'armée babylonienne, commandée par le prince héritier, Nabuchodonosor, fils de Nabopalassar ; la bataille eut lieu à Karkémish, sur l'Euphrate : l'armée égyptienne fut mise en déroute, et seule la mort du roi de Babylone, qui contraignit Nabuchodonosor à rentrer dans son pays pour saisir la couronne, sauva l'Égypte. Néchao n'osa pas intervenir directement lors des guerres qui mirent aux prises Phéniciens et Hébreux contre Nabuchodonosor ; cependant, c'est pour avoir la maîtrise des mers contre les Babyloniens, plus puissants que lui sur terre, que Néchao se fit construire par les Grecs sa flotte de trières. D'après une chronique babylonienne mutilée, il semble que Nabuchodonosor ait fait une tentative d'invasion en Égypte ; il doit être parvenu aux frontières du Delta, sans pousser plus loin son avantage. Peu après, les Perses* remplacèrent la puissance babylonienne sur le théâtre asiatique.

badarien. Cette civilisation, ainsi nommée d'après le village de Badari, en Moyenne-Égypte, voit l'apparition du cuivre et ouvre la période prédynastique*.

Baharièh → oasis.

barbe, barbiers. Les Égyptiens avaient un grand souci le propreté ; c'est peut-être ce qui explique l'usage, adopté dès les premières dynasties, de se couper les cheveux et de se raser soigneusement le visage, mode qui subsista jusqu'à la fin du Nouvel Empire*. Seuls les étrangers portaient la barbe, ainsi que ceux qui, à cause de la pauvreté de leur condition, négligeaient de se faire raser.

Cependant, l'un des insignes de la royauté se trouve être précisément la barbe, portée triangulaire et ondulée, assez longue, par le pharaon*. C'est une barbe postiche, attachée derrière les oreilles par un cordon. Dans les représentations des pharaons morts, sur leur masque funéraire, on trouve alors la barbe longue et étroite, tressée et relevée au bout, telle que la portent généralement les dieux. Cette barbe postiche était assurément un symbole de force virile, et même la reine Hatschepsout* la porta, en signe de la puissance que lui donnait son titre de pharaon. Le roi ne portait cette barbe qu'à l'occasion de fêtes ou de ses apparitions publiques, quand il revêtait ses tenues d'apparat ; il fut imité par les nobles de sa cour, les nomarques*, les hauts fonctionnaires, qui portèrent aussi la barbe dans les mêmes circonstances, mais plus courte, surtout au Moyen Empire*. Quant aux particuliers, ils ne se laissaient croître la barbe qu'en deux circonstances précises : un deuil* ou un départ. La moustache ne se rencontre que sur certains portraits datant de l'Ancien Empire*, mais peu fréquemment.

Les barbiers étaient très nombreux et leur profession, des plus communes, était d'un rapport assez maigre. Ils exerçaient très souvent en plein air ou, comme nous le montre la *Satire des métiers**, couraient de maison en maison, pour chercher des clients, jusqu'à la nuit. Plusieurs peintures de tombes représentent ces barbiers exerçant dans la campagne, dans l'ombre d'un arbre, tandis que les clients attendent, assis sur des sièges bas.

barques sacrées. Chez un peuple où un fleuve était la grande voie de communication et où le bateau était depuis les temps les plus reculés un des moyens de transport les plus utilisés, la barque ne pouvait qu'être transportée dans le domaine des dieux et du sacré. Ainsi le char du Soleil devient une barque ; le jour, le Soleil parcourt le ciel sur la barque *méandjet*, et pour sa traversée du ciel inférieur il emprunte la barque *mesketet*. Près des temples solaires, les rois de la V⁰ dynastie avaient fait construire en pierre de grandes barques qui représentaient sur la terre la barque du Soleil. Par la suite, les dieux de caractère solaire, et plus particulièrement Amon-Rê, possédaient leur grande barque de bois, qui était placée dans une salle de la partie secrète du temple. Dans les processions, la statue du dieu était portée sur les épaules

des prêtres, et sans doute on imitait le Voyage du dieu dans sa navigation céleste. Dans sa destinée* solaire, le roi allait rejoindre Rê* dans sa barque, et, lorsque les croyances* funéraires eurent fait partager à tous les hommes cette destinée, on voit l'âme du mort parcourir le monde nocturne dans la barque solaire et l'aider dans cette dangereuse navigation, où, comme sur le Nil, on rencontre des bancs de sable et des monstres, le crocodile* étant ici remplacé par le serpent Apopis*. C'est peut-être cette conception qui a poussé les Égyptiens à enterrer de grandes barques près des pyramides* l'immense barque en bois qui a été retrouvée près de celle de Chéops* est prodigieuse, ou à en disposer dans les tombes un modèle réduit ; image symbolique, elle permettait au mort de s'identifier à Rê (identification qui reste *de jure*, d'où il faut exclure toute conception de caractère panthéistique) ; ces barques pouvaient tout aussi bien servir au mort à naviguer sur le bassin de son jardin ou sur le Nil et avoir la même signification que les autres objets disposés dans la tombe ou que les scènes peintes sur les murs. Ces deux significations sont sans doute mêlées, mais peut-être la barque funéraire représentait-elle la barque sacrée d'Osiris* à Abydos* *(neshme)*, dans laquelle on voit le défunt naviguer vers Abydos pour rejoindre son dieu : « Puisse-t-il aborder en paix dans le bel Occident ! Que la montagne s'ouvre devant lui et que le désert d'Occident lui tende la main ! [...] Qu'il lui soit dit : "Sois le bienvenu en paix !" Par les grands d'Abydos ! qu'on lui prenne la main dans la barque *Neshme* sur les chemins de l'Occident et qu'il aille en paix en Abydos, à l'endroit où se trouve Osiris. »

basse-cour. Les Égyptiens ont organisé leurs basses-cours en capturant certains volatiles des marais qu'ils avaient auparavant longtemps chassés. La basse-cour consistait en un terrain grillagé renfermant une mare et bordé de magasins où l'on entreposait le grain nécessaire à l'élevage. Les oiseaux de basse-cour comprenaient des oies et des canards ; les oies *(apeo)* étaient de deux espèces : l'oie *ro*, qui n'est autre que *Anser ægyptiacus*, qui hante encore les villages égyptiens, et l'oie *tjorpou*, de petite taille, qui marche en se dandinant, variété de l'oie cendrée encore courante en Égypte ; on trouve aussi deux espèces de canards fort répandues, la *sit*, qui est *Anas acuta*, et la *sarit*, petit canard à peine plus gros que la tourterelle ; cette dernière apparaît d'ailleurs en troupeaux comme animal de basse-cour, où elle est nommée *manoui*. Outre cela, les Égyptiens ont aussi pratiqué l'élevage en basse-cour des différentes espèces de pigeons, de grues et de cygnes. Signalons par ailleurs le *smon*, oie du Nil, appelée aussi *chenalopex* ; animal familier qu'on trouve dans les maisons, courant derrière les paysans, qui s'amusaient de sa voracité et qui n'était utilisé que comme une sorte de gardien tout aussi efficace que le chien. Quant à la poule, les Égyptiens ne l'ont connue qu'à l'époque perse et ne l'ont guère élevée.

Basse-Égypte → Delta.

Bastet, divinité représentée sous l'aspect d'une femme à tête de chatte.

Peut-être lionne à l'origine, elle était la déesse de Bubastis*, qui prit d'elle son nom. Elle fut honorée surtout par les rois de la XXIIe dynastie, qui s'étaient installés à Bubastis. Elle est parfois considérée comme une forme atténuée de la déesse Hathor* ou de Sekhmet*, sous les traits d'une déesse bienveillante, contrairement à Sekhmet, qui représente la brûlure des rayons du soleil. Sous ces traits, on l'assimile aussi à la « déesse lointaine », à l'époque du syncrétisme* où dominait l'influence du culte solaire. On peut citer la légende selon laquelle Bastet fut guérie par Rê* d'une piqûre de scorpion.

bateau. On connaît des bateaux égyptiens dès la plus haute Antiquité par les représentations figurées des vases. Les premiers canots étaient faits de bottes de papyrus liées ensemble, sur lesquelles les pêcheurs se déplaçaient sur les marais du Delta*. Mais, dès l'époque prédynastique*, on fabriquait des barques en bois, mues par des rames et pourvues de cabines. Sous l'Ancien Empire*, on construisait de lourds chalands en bois d'acacia, de 30 m de long sur 15 m de large, destinés au transport des pierres. Les bateaux égyptiens sont caractérisés par la forme incurvée de leur coque, l'arrière et l'avant se trouvant soulevés au-dessus de l'eau. Les galères ne possèdent jamais qu'un rang de rames. Cependant, tous les bateaux de grande taille sont aussi pourvus d'une voile ; celle-ci est carrée ou trapézoïdale, soutenue par deux vergues et hissée sur un mât simple ou double (en forme de bigue), qu'on peut, en général, plier. Deux drisses commandent la vergue et permettent au gabier, placé à l'arrière, de tourner la voile selon le vent. Un homme se tient à l'avant, muni d'une perche afin de sonder l'eau et d'annoncer les bancs de sable qui menacent les bateaux du Nil ; c'est, en somme, le pilote, qui dirige les hommes placés à l'arrière et qui tiennent les longues rames servant de gouvernail, le nombre de celles-ci variant de une à quatre, selon le nombre d'avirons de la nage. Les bateaux de transport de marchandises sont courts et trapus et non pontés, tandis que ceux qui servent à la navigation de plaisance sur le Nil sont longs et plats et pourvus d'une cabine placée à l'arrière ou au milieu.

Les navires sont construits en bois de cèdre et ils sont souvent peints en bleu foncé. Le long du Nil, les bateaux de charge étaient aussi souvent halés par des hommes ou des bêtes. Au Moyen Empire* apparaissent des perfectionnements dans le détail, mais aussi une innovation d'importance : les avirons de gouverne sont remplacés par une sorte de gouvernail, grande rame fixée à l'arrière et qu'un seul timonier dirige à l'aide d'un manche. Au Nouvel Empire*, la voile devient rectangulaire et s'étend en longueur. Les ornements se multiplient et les cabines deviennent des petites maisons, dont l'entrée est ornée de fines colonnes*. Les bateaux de haute mer sont appelés *kebenit*, c'est-à-dire « les vaisseaux de Byblos », Keben étant le nom égyptien de cette ville phénicienne où, dès le début de l'Ancien Empire, les Égyptiens allèrent chercher les bois du Liban pour leurs constructions. Ces bateaux étaient utilisés autant pour la navigation en Méditerranée que pour les longues courses en mer Rouge*. Ce sont de grandes nefs, légèrement relevées à l'avant et à l'arrière, formant une courbe terminée en ombelle. Un ensemble de cordages tressés relie les deux extrémités, poupe et proue, pour les maintenir redressées et conférer une cohésion à l'ensemble. Ils marchent à la rame, mais sont aussi munis d'un mât et d'une large voile rectangulaire ; le gouvernail est constitué par deux rames fixées à l'arrière.

Les Égyptiens donnaient des noms à leurs bateaux : *Âme des dieux* et *Étoile de la Double-terre* (l'Égypte) étaient les noms de deux vaisseaux de Chéops* ; ce dernier nom était aussi porté par une nef de Thoutmôsis III*. Dans son autobiographie Ahmès raconte qu'il servit sur des unités qui avaient pour noms *le Taureau, le Nord* et *le Lever dans Memphis.*

Bédouins. Les tribus nomades du désert du Sinaï* furent toujours une menace pour l'Égypte. La fertile vallée du Nil les attirait et ils essayaient d'y pénétrer pacifiquement quand le pouvoir central était fort, ou ils y faisaient irruption par bandes lors des périodes de désorganisation de l'État égyptien. Dès l'Ancien Empire* on voit dans le Sinaï des graffiti représentant le pharaon massacrant les Bédouins qui s'opposaient à l'exploitation par les Égyptiens des mines de l'ouadi Maghara, et c'est une véritable guerre que mena contre eux Ouni*, sous le règne de Pépi Ier. Les Bédouins saisirent l'occasion des troubles qui virent la fin du règne de Pépi II pour pénétrer en force dans le Delta* et porter à son comble le désordre causé par la révolution* populaire. C'est contre ces incursions incessantes que vers la fin de son règne, Amménémès Ier* fit élever des remparts et établir des forts le long de la frontière asiatique ; ces travaux furent appelés le « mur du Prince » ; si l'on en croit le *Conte de Sinhoué*, les gardes veillaient jour et nuit sur ces fortifications. Au Nouvel Empire*, sous le règne de Thoutmôsis III*, les Bédouins semblent avoir été soumis, mais le grand conquérant eut à réprimer un soulèvement des Bédouins Shasou*. Ennemis héréditaires de l'Égypte, ils se prêtèrent volontiers à servir de guides aux armées asiatiques qui voulaient envahir la vallée du Nil ; lorsque Assarhaddon, roi d'Assyrie (→ **Assyriens**), décida de porter ses armes en Égypte, il s'adressa aux Bédouins, qui guidèrent son armée à travers le Sinaï et lui fournirent les chameaux nécessaires au transport de l'eau. Si, à cette épo-

que, les Bédouins utilisaient le chameau, il semble qu'aux périodes plus anciennes ils ne l'aient guère connu. Les peintures des tombes nous montrent ces Bédouins qui venaient en famille s'installer en Égypte, où on les utilisait comme serviteurs ou comme ouvriers. Sur les parois de la tombe de Khnounmhotep, à Beni Hassan*, datée de la XIIe dynastie, est représenté un groupe de Bédouins ; les Égyptiens les appellent Amou. Ils sont au nombre de trente-sept, conduits devant le nomarque par un officier. On sait aussi, par les inscriptions qui accompagnent les personnages, qu'ils viennent du Pays du vide, Ta-Shou, dont la situation reste indéterminée (on a voulu le situer en Arabie orientale, mais ce serait plutôt vers le Sinaï qu'il faudrait le placer, voire vers les ouadis du désert oriental, séparant le Nil de la mer Rouge). Ces nomades sont des commerçants qui viennent vendre en Égypte de l'antimoine *(mesdemt)* ; les hommes portent un long pagne brodé de dessins géométriques. Leur type physique est nettement sémitique et ils portent le collier coupé en pointe ; l'un d'eux tient un arc, un autre, une longue gourde pendue à l'épaule, révèle son humeur pacifique en tenant une cithare de la main gauche, dont il fait vibrer les cordes à l'aide d'un plectre ; devant lui marche son âne, chargé de son maigre bagage et d'une lance. Les femmes, qui vont en avant, sont revêtues de robes tombant à mi-mollet et laissant une épaule découverte ; les tissus des robes sont blancs, ornés de filets bleus et de dessins rouges disposés en longues bandes verticales, en lignes géométriques ou en points alignés ; elles portent des bottines basses, sans doute en peau fine teinte en rouge. Elles sont précédées d'un enfant tenant une sagaie et d'un âne chargé de deux petits enfants. Un groupe d'hommes, armés de lances et de bois de jets, se tient devant les officiers égyptiens ; deux d'entre eux maîtrisent des gazelles qu'ils offrent au gouverneur. La bande est commandée par un homme du nom d'Abech (nom sémitique) et il a le titre de *hek-khaset*, c'est-à-dire de Hyksos*, cela un siècle avant l'invasion du Delta par la population portant ce nom devenu générique. Le *Conte de Sinhoué* donne une idée des mœurs de ces Bédouins au Moyen Empire.

Beni Hassan, falaise calcaire de la rive droite du Nil, en Moyenne-Égypte, où les gouverneurs du nome* de l'Oryx (XVIᵉ nome de la Haute-Égypte), entre la fin de la XIᵉ et le début de la XIIᵉ dynastie, firent aménager leurs tombes.

Trente-neuf hypogées ont ainsi été creusés, dont au moins huit ont appartenu à des nomarques*. Ils présentent une ou plusieurs chambres et certains d'entre eux possèdent des salles hypostyles.

Douze d'entre elles étaient décorés de peintures qui constituent de précieux documents sur la vie provinciale égyptienne au Moyen Empire*.

On y voit des scènes d'offrandes et de sacrifices, de guerre et de siège de citadelle, des représentations de la vie quotidienne : pêche, chasse dans le désert, navigation (parfois de caractère mystique), au cours desquelles sont promenées les dames du harem dans une grande cabine, teinturiers, foulons, artisans, paysans au travail, jeunes garçons pratiquant des exercices physiques, jeunes filles dansant...). Du plus haut intérêt est la scène de l'arrivée dans le nome d'une caravane de Bédouins*, représentation exceptionnelle d'Asiatiques dont il est si souvent question dans les textes (tombe de Khnoumhotep III).

À peu de distance au sud-est (1 500 m.) est aménagé, dans la même colline, un temple rupestre dans lequel Champollion a reconnu le site appelé Spéos Artémidos (temple rupestre d'Artémis) par les Grecs. Une garnison romaine était stationnée dans les environs vers la fin de l'Antiquité. Le petit sanctuaire est précédé d'un portique à double rang de piliers, en mauvais état. Il a été aménagé sous le règne de Thoutmôsis III* et d'Hatshepsout*, soit au début du XVᵉ s. av. J.-C., et consacré à Pakhet*, que les Grecs ont identifiée à Artémis. À la mort d'Hatshepsout, Thoutmôsis fit marteler ses cartouches* que Séthi Iᵉʳ s'appropria. De l'époque de ce pharaon datent les peintures qui ornent les parois du sanctuaire et du couloir d'accès (Séthi faisant des libations en l'honneur d'Hathor*, recevant de Pakhet les ankh*, Thot* et la grande Ennéade*, etc.).

Le nom égyptien du temple était *Het-neter-Onet*, c'est-à-dire « la maison divine de la vallée ».

Bès, génie familier qui, avec Thouéris*, protégeait la maison.

Sa popularité était immense, surtout au Nouvel Empire. Figure grotesque, il est représenté sous la forme d'un nain barbu à la langue pendante, aux jambes torses, avec une longue queue de léopard. Il défendait des mauvais esprits les maisons, écartait des hommes les dangers ; avec Thouéris, il préservait les accouchées de tout incident fâcheux. Protecteur du sommeil, on le trouvait souvent représenté sur les lits, car il interdisait aux mauvais génies d'apparaître en songe. Il était aussi le dieu de la danse et des manifestations joyeuses, souvent représenté frappant sur un tambourin. Il présidait encore à la toilette et on trouve son image sur beaucoup d'objets utilisés à cet usage. Il semble être d'origine étrangère.

bétail. Les Égyptiens ont connu le gros bétail aussi bien que le petit dès la plus haute époque. Le bœuf était l'animal le plus apprécié ; peut-être fut-il introduit durant la préhistoire de l'Asie antérieure ; cependant, des bandes d'urus sauvages parcouraient encore la vallée du Nil à l'époque historique. Les Égyptiens appelaient *neg* le taureau qui vivait à l'état demi-sauvage et qu'on attrapait au lasso, et *ioua* le gros bœuf nourri et soigné en vue de donner la viande de boucherie. L'espèce la plus ancienne semble avoir été celle à longues cornes et à pelage blanc ; ses cornes en forme de lyre étaient parfois traitées de manière que l'une soit courbée vers le bas ; dans les représentations, ils sont soigneusement distingués des bœufs sans cornes, qui, aux hautes époques, formaient des cheptels moins nombreux que ceux des bêtes à cornes. Le taureau, symbole de puissance, revêtit très tôt un caractère divin ; « taureau victorieux » *(ka nekhet)* était une des épithètes du pharaon, qui, sur la palette* de Narmer*, parmi bien d'autres monuments, est figuré sous la forme d'un taureau qui piétine ses adversaires et renverse de ses cornes les murs des villes ennemies. Les dieux Montou*, Min* et Amon* revêtirent la forme du taureau, et Apis*, Mnévis* et Boukhis étaient considérés comme des taureaux divins.

Si le bœuf était utilisé pour le labourage, la traction des chars funéraires et dans les sacrifices, les vaches donnaient leur lait et n'étaient pas sacrifiées. La vache était vénérée sous la forme d'Hathor*. Les ovins, appelés *be* par les Égyptiens (ou *sar* qui désigne particulièrement le mouton), étaient de deux espèces : *Ovis longipes paleo-ægyptiaca*, de grande taille et à cornes en spirale, horizontales, qui disparut au IIe millénaire pour être remplacée par le mouton saharien aux épaisses cornes lovées *(Ovis platyra ægyptiaca)*. Les nombreux troupeaux de moutons étaient utilisés pour piétiner le grain et l'enfoncer dans les sillons lors des semailles, et ils servaient, comme les ânes, au dépiquage. La chair du mouton ne semble guère avoir été consommée que par les gens du peuple et sa laine ne fut que peu utilisée ; son cuir servit sans doute à plus d'usages et sa graisse était recueillie pour des préparations médicinales. Le bélier de Mendès* et Khnoum sont les divinités à forme ovine les plus connues. Les chèvres sont aussi largement représentées dans les cheptels seigneuriaux, et on le voit, sous la conduite des chevriers, se dresser contre les arbres, dont elles dévorent les pauvres restes de verdure.

bibliothèque. Les particuliers et les temples possédaient des bibliothèques. Les papyrus* couverts d'écriture étaient roulés, liés par un lacet et parfois fermés par un cachet ; c'est sous cette forme qu'est figuré le « livre » *(medjat)* dans les hiéroglyphes. Ces rouleaux étaient attachés ensemble lorsqu'ils formaient un ouvrage complet et étaient placés dans des étuis de peau avant d'être enfermés dans des vases de terre ou de pierre ou dans des coffres. Des salles étaient réservées à l'entreposage des livres ; dans le Conte de Satni-Khamois, on voit que les jarres à livres étaient disposées dans des salles au rez-de-chaussée. Les temples possédaient des salles spéciales ; « salles de livres », tel est le nom d'une pièce du temple de Dendérah*, au-dessus de la porte de laquelle est gravée une palette* de scribe ; sur les murs était inscrit le catalogue des ouvrages qu'elle contenait ; le temple d'Edfou*, construit sur le même plan que celui de Dendérah, possède une salle semblable. Ces ouvrages sont des listes (de ce qui se trouve dans le temple, des gens attachés au temple, de la manière dont on doit diriger le temple), des formulaires pour détourner le mauvais œil, pour la chasse des bêtes sauvages, des instructions pour les processions d'Horus* autour du temple, etc. Dans les tombes et à l'occasion de fouilles, on a trouvé des bibliothèques qui ont livré des textes magiques et religieux, des ouvrages littéraires, des traités « scientifiques ». Ces textes étaient demandés par les prêtres* ou par les particuliers à des scribes, qui recopiaient pour l'usage de leurs clients des ouvrages anciens ou des livres nouveaux recommandés par la mode, la superstition, la religion ou le bon goût.

bijoux. Les bijoux, qui, aux époques préhistoriques, consistaient en coquillages et en perles de terre, devinrent, aux périodes suivantes, d'une immense variété et d'une grande beauté. La technique et la richesse des bijoux vont en se perfectionnant sans cesse.

Les tombes thinites ont rendu des colliers en perles de pierre admirablement polies, en lapis et en émail ; les vrais coquillages des anciens colliers sont remplacés par des coquillages en or.

L'Ancien Empire a donné de nombreux bijoux dont l'or est serti d'ivoire ou de pierres précieuses. L'orfèvrerie atteint sa perfection dans la finesse et l'élégance au Moyen Empire*. La puissance du Nouvel Empire s'exprime dans la grande richesse de ses bijoux, qui souvent nuit à l'élégance, malgré une technique achevée. Les colliers sont en perles de pâte de verre ou d'émail, en grains ou olives en pierres semi-précieuses, lapis, jaspe, cornaline, spath. Ils sont composés d'un ou plusieurs rangs de perles ; en or, ce sont des chaînes aux anneaux plus ou moins serrés, qui peuvent supporter un pendentif. Le collier, signe de virilité, était offert à des dieux générateurs comme Amon ; le don d'un collier par le pharaon était une des plus hautes récompenses.

Les bracelets étaient en or, en argent, en bronze, en ivoire, en émail ; ou encore ils étaient constitués par des perles de pierre montées sur du fil d'or ou alternant avec des grains d'or. Le métal des bracelets pouvait être incrusté de pierreries.

On portait les bracelets aux poignets, à l'avant-bras, au haut du bras, ou aux chevilles. Les bagues, dont on ornait un ou plusieurs doigts, étaient travaillées dans tous les métaux, même le fer ; on en faisait aussi en émail et en quartz. À basse époque, la bague à chaton carré, « chevalière », était fort répandue ; mais les chatons pouvaient être des scarabées* ou des figures divines ; sur les chatons étaient gravés des formules de souhait, des devises ou le nom du propriétaire. Les anneaux des bagues étaient un mince fil de métal ou un cercle épais simple, double ou triple. La boucle d'oreille apparaît au Nouvel Empire. Elle est, en général, portée par les femmes et ciselée dans l'or : grande fleur semblable à une marguerite, spirales, croissant de lune fermé, larges anneaux concentriques, gros bouton arrondi, en éventail, toutes les formes sont recherchées par les joailliers du Nouvel Empire. On ciselait encore de lourds pendentifs constitués par un cabochon où étaient accrochés des motifs et des chaînettes.

L'orfèvre égyptien ne s'est pas arrêté aux quelques formes générales de bijoux utilitaires. Il a ciselé de précieux objets aux formes géométriques imitant peut-être des fleurs, des papillons, délicat travail en or granulé. Par une habile combinaison de fil et de feuilles d'or, il façonnait des amulettes* représentant des dieux ou des animaux sacrés, dont l'un des plus beaux spécimens est sans doute un uraeus* de la XIIᵉ dynastie. On faisait pour les princesses des couronnes, minces réseaux de fils d'or supportant des petites fleurs éparses, de grandes fleurs en « croix de Malte » liant entre eux les réseaux ; ou encore, c'est un bandeau de fleurs stylisées et de cercles d'or incrustés de grosses pierres dures supportant des motifs de fleurs de lis. À côté de ces couronnes, on ciselait aussi des diadèmes, bandeaux d'or ornés de motifs divers, supportant l'uraeus royal et parfois la plume de Maât*.

Les tombes du Nouvel Empire ont aussi donné des armes d'apparat, poignards de bronze à lames niellées (c'est-à-dire incrustées de motifs d'or), haches bipennes incrustées d'or, comme celle de la tombe du roi Ahmosis. Enfin, véritable chef-d'œuvre d'orfèvrerie pouvait être le pectoral, lourd bijou royal porté sur la poitrine, formé par un rectangle enfermant des représentations figurées en or ciselé et en pierres fines.

Bocchoris (720 à 715 av. J.-C. env.), forme grecque du nom égyptien Bakenranef.

Manéthon* en fait le seul roi de la XXIVᵉ dynastie, mais il semble que ce soit à son père Tefnakht que revient le mérite de l'établissement de cette dynastie. Tefnakht était prince de Saïs* et il refit à son profit l'unité des nomes du Delta*, qui avaient éclaté en fiefs héréditaires à la fin des dynasties libyennes. Il s'engagea en Moyenne-Égypte afin de tenter de reconstituer l'unité de l'Égypte, mais il se heurta au Nubien* Piankhi. Vaincu par ce dernier qui mit le siège devant Memphis*, Tefnakht ne put l'empêcher de prendre l'antique capitale où il s'était réfugié. Il parvint à s'enfuir dans les marais du Delta et il fit enfin sa soumission à Piankhi. À peine le Nubien était-il redescendu dans le Sud que Tefnakht reprit les armes, et il semble avoir de nouveau rétabli son autorité, au moins jusqu'à Memphis. Son fils, Bocchoris, lui succéda à la tête de ce royaume et il semble s'être ménagé l'alliance des Assyriens* en envoyant un tribut à Sargon, sans doute après la défaite que son général, Sibo, subit en voulant se mesurer aux armées assyriennes. Bocchoris passa auprès des Grecs pour l'un des plus grands législateurs égyptiens, mais on ne sait rien de précis sur cette œuvre intérieure qui occupa la plus grande partie de son court règne. On connaît très mal la fin de sa vie, mais, d'après Manéthon, il fut capturé par Chabaka, roi nubien (→ **nubienne** [dynastie]), et brûlé, sans doute en punition de la trahison de son père, qui s'était soumis à Piankhi.

boisson. Les Égyptiens consommaient beaucoup de lait *(irtchet)*, de vache surtout, et sans doute aussi de chèvre et de brebis. Mais les deux boissons les plus goûtées étaient le vin et surtout la bière.

Connu depuis très longtemps en Égypte, le vin *(erpi)* était consommé par toute la population, mais sous l'Ancien Empire*, il était certainement réservé aux gens aisés. Il était le plus souvent mêlé à du miel ou à des aromates. Les crus étaient nombreux et variés ; sous l'Ancien Empire, on connaît six sortes de vins, parmi lesquelles on trouve des vins rouges, des blancs, des noirs. À partir du Nouvel Empire* la culture de la vigne se répandit dans toute l'Égypte, produisant une quantité énorme de vin qu'on conservait dans des jarres soigneusement bouchées. Les crus maréotiques, sébennytiques et téniotiques, d'après les noms des localités productrices du Delta, demeurèrent les plus célèbres vins « d'appellation contrôlée », si on peut se permettre l'expression. Ils étaient « étiquetés », c'est-à-dire qu'on écrivait à l'encre sur les cruches le nom du vignoble, celui du producteur, la qualité du vin et l'année de la « mise en cruche ». Pour les grands festins, on mélangeait des vins de plusieurs sortes dans des appareils à siphon utilisés pour ce seul usage. Le vin était consommé très largement, non seulement au cours des festins, mais chaque jour, par les travailleurs des champs, les ouvriers, qui en emportaient avec eux dans une petite cruche, à laquelle ils buvaient pendant leur travail. À base de vin, le *snedhou*, très alcoolisé et enivrant, était peut-être une sorte de liqueur. Les Égyptiens buvaient aussi des vins d'importation, surtout syriens. Le lait et le vin étaient aussi destinés aux offrandes dans le culte et à des usages médicaux.

La bière *(henket)* était la boisson la plus répandue dans toute l'Égypte. Produite à base d'orge ou de froment et de dattes, pour la sucrer un peu, la bière subissait une fermentation. On ne pouvait pas la conserver très longtemps et elle s'aigrissait souvent, bien qu'on pût la transporter en l'enfermant dans des jarres bouchées hermétiquement. C'était, en quelque sorte, une boisson nationale. Les Égyptiens fabriquaient peut-être aussi un vin de dattes. Il ne faut pas non plus oublier l'eau du Nil, d'un usage général.

bouche (ouverture de la) → ouverture de la bouche.

Boukhis → Montou.

Bouto. Cette cité du Delta* occupa une place privilégiée à l'époque prédynastique*. Son nom hellénisé de Bouto est formé sur le nom de Outo, la déesse uraeus* nommée Ouadjet, Bouto étant, en égyptien, Per Ouadjet, la « demeure d'Ouadjet ». Ce nom est cependant d'époque récente. À l'époque préhistorique, on connaît deux cités établies de part et d'autre du Nil : Dep, cité sainte d'Ouadjet, et Pe, ville d'Osiris et capitale de la fédération des nomes du Delta, désignée sous le nom de « royaume de Pe ». Ces deux derniers nomes sont connus par les *Textes des Pyramides** qui font de nombreuses allusions à la guerre entre Seth* et Osiris* et rapportent que lorsque Horus* une fois purifié sortit de Chemnis, il passa par Pe, où il fut acclamé, avant d'aller venger son père Osiris. Hérodote* se fait l'écho de cette légende en rapportant que l'île de Chemnis est située près du temple de Bouto. Ces sites ont été identifiés par Flinders Petrie en 1886 avec Tell el-Farain (la Colline des pharaons) ; mais de cette végétation, du lac voisin de Bouto, sur lequel « flottait » l'île de Chemnis, il ne reste que des collines dénudées surgissant d'une plaine couverte d'une végétation drue. Les égyptologues étaient fort en peine pour faire à chacun de ces noms transmis par l'Antiquité la part qui lui revenait. Les fouilles anglaises, commencées en 1963-1964, ont retrouvé des vestiges de constructions sur deux des trois hauteurs constituant l'ensemble du Tell, sans parvenir à retrouver les fondements préhistoriques. La plupart du mobilier le plus ancien remonte seulement à l'époque de Ramsès II, l'essentiel de l'établissement datant de la Basse Époque. De Bouto est aussi originaire le dieu-loup Oupouat*. Dans Bouto était, par ailleurs, conservée la couronne* rouge du nord, couronne habitée par l'Uraeus, c'est-à-dire Ouadjet. Au reste, on ne connaît à peu près rien de l'histoire de Bouto, mais c'est autour de la cité sainte que s'est formée la légende osirienne, comme c'est d'elle que sont partis les « serviteurs d'Horus* » pour combattre les gens du Sud, partisans de Seth. C'est le souvenir de ces guerres mythico-historiques qui réunissait chaque année un grand concours de pèlerins venus de toute la Basse-Égypte pour assister aux fêtes qui se donnaient à Bouto. Hérodote* signale, par ailleurs, l'existence de l'oracle de Bouto, situé dans l'enclos de Latone (qui est certainement ici à identifier avec Ouadjet).

Bubastis, ville, située sur une branche du delta du Nil, capitale du XVIIIᵉ nome du Delta*.

Son nom égyptien Per Bast signifie la « maison de Bastis », cette déesse étant la dame de la cité. Le sanctuaire de Bastet* existait déjà sous l'Ancien Empire*, au temps de Chéops* et Chéphren*. Pépi Iᵉʳ y bâtit une chapelle, et toutes les époques ultérieures sont représentées, en particulier celle de Ramsès II*, qui plaça dans la cour du temple quatre statues de lui-même en porte-étendard. Les rois libyens* de la XXIIᵉ dynastie en firent leur résidence, au point qu'on appelle parfois dynastie bubastique la suite de rois inaugurée par Sheshonq Iᵉʳ*. Au temps d'Hérodote*, les fêtes de Bastet, que le voyageur grec confond avec Artémis, attiraient une foule de pèlerins, 700 000, « au rapport des habitants ».

Busiris, la « demeure d'Osiris » (Per Osir), capitale du IXᵉ nome* du Delta*.

Aux époques préhistoriques, le dieu de la cité était Andjty, représenté sur l'enseigne du nome par un berger coiffé de deux plumes et d'un ruban qui tombait dans son dos ; il portait une barbe et tenait à la main un flabellum et la houlette du berger qui deviendra le sceptre* *héka*. Ce dieu pasteur fut remplacé par Osiris* à l'époque prédynastique*.

Si Osiris n'est pas originaire de Busiris, c'est cependant dans cette ville qu'on trouve les traces les plus anciennes de son culte et la cité resta, à travers toute l'histoire égyptienne, la ville sainte d'Osiris dans le Delta.

C'est à Busiris que les partisans du dieu érigèrent primitivement dans la cité le symbole d'Osiris, le pilier djed*, Osiris étant à Busiris le « Seigneur du Djed » (Neb djed), par excellence. Si au prédynastique, Busiris occupa une place de premier plan dans l'histoire égyptienne, elle perdit toute importance politique dès la fin de cette époque, au profit de Bouto*, devenue capitale du royaume du Delta. Aux périodes historiques elle resta capitale de nome ; on y conserva de tout temps le souvenir des luttes d'Osiris, et un culte d'Isis* s'y perpétua, car, selon Hérodote*, cette déesse y possédait un grand temple. Strabon* donne à la ville le nom grec de Cynopolis. Le site a été localisé à Abousir Bana, au sud de Semannud.

Calendrier. Les Égyptiens sont, sans doute, le premier peuple à avoir inventé un calendrier solaire et rationnel. Leur année était composée de 365 jours, divisée en 12 mois de 30 jours chacun, auxquels on ajoutait à la fin de l'année 5 jours supplémentaires, ou épagomènes. Les mois étaient groupés en tétraménies, qui formaient trois saisons : l'inondation *(akhet)*, la germination *(pert)*, la chaleur *(shemou)*. Ce n'est qu'à la Basse Époque que chacun des quatre mois qui formaient les tétraménies reçut un nom : Thot, Paophi, Athyr, Choiak pour la première saison de l'inondation ; Tybi, Méchir, Phaménoth, Pharmouthi, pour la deuxième saison de la germination ; Pachons, Payni, Epiphi, Mésori, pour la troisième saison de l'été. Ainsi, pour désigner un jour, on donnait l'année du règne, le mois de la saison et le jour ; par exemple, l'an IX de Djéserkaré Aménophis (Ier), le troisième mois de la chaleur (Epiphi), jour 9 ; selon le papyrus médical Ebers, cette date est celle du lever héliaque de Sothis (Sepet), notre Sirius. En effet, l'année égyptienne commençait, le jour où Sirius sort de l'horizon, au moment du lever du soleil ; ce phénomène, qu'on nomme le lever héliaque de Sothis, correspond approximativement au début de la crue du Nil et, pour ce peuple d'agriculteurs, lié à ce phénomène d'inondation, cette date (le 19 juillet julien ou 15 juin de notre calendrier, à la latitude de Memphis*) marquait

le début de l'année. Cependant, comme l'année égyptienne ne comprenait que 365 jours, alors que les cycles du soleil et de Sirius sont de 365 jours un quart, le début de l'année officielle prenait un nouveau jour de retard tous les quatre ans. Ainsi, il fallait 1 461 années pour que l'année cosmique et l'année officielle coïncidassent à nouveau. Les Égyptiens avaient naturellement remarqué ce décalage, qui amenait l'été au milieu de l'hiver. Ils appelaient ainsi l'année officielle année vague, mais les paysans se fondaient toujours sur le cycle réel des saisons pour effectuer leurs travaux agricoles. Ce cycle de 1 461 années, appelé « périodes sothiaques », a conduit Édouard Meyer (au début de notre siècle) à chercher la date de l'établissement du calendrier. Nous savons, en effet, avec certitude que le lever héliaque de Sothis a coïncidé avec le premier jour du calendrier officiel, en 139 de notre ère. Un simple calcul permet de constater que cette coïncidence se reproduisit en 1322 av. J. C. (début de la XIXe dynastie), en 2783 (fin de la période thinite*, début de l'Ancien Empire*), et enfin en 4244. La première date est trop basse et les *Textes des Pyramides** laissent penser qu'en 2783 le calendrier était déjà constitué. Certains égyptologues ont donc accepté la date approximative de 4244, qui, pour d'aucuns, est la première date historique certaine. C'est aux prêtres d'Héliopolis que l'on attribue cette invention, selon certains auteurs à l'époque où Héliopolis aurait été la capitale d'un royaume unifié, en pleine période prédynastique*. Déjà, le mathématicien allemand Neugebauer a établi que cette date est inacceptable ; elle a aussi été rejetée, avec toute l'interprétation historique de Sethe qui se fondait sur cette chronologie, par Kees, qui a été suivi dans cette voie par de nombreux spécialistes ; par ailleurs, l'analyse au carbone 14 ayant montré qu'en fait elle nous conduit en réalité en plein néolithique A du Fayoum*, on ne peut admettre que l'invention du calendrier ait eu lieu à pareille époque. Ainsi, s'il y a jamais eu une domination héliopolitaine à la fin du prédynastique moyen, il faut descendre cette date d'un millénaire, ce qui exclut la création du calendrier pendant cette période.

Canaan, nom donné à la région qui s'étend le long des rives de l'Oronte, du Jourdain et de la mer Morte, depuis le nord de la Syrie jusqu'au désert du Sinaï, ainsi que le long des côtes qui formèrent par la suite la Phénicie*.

La partie sud ne prit que tardivement le nom de Palestine, corruption de celui des Philistins, c'est-à-dire ce « peuple de la mer* » appelé Pelesata (ou Pilisitou), établi au XIIᵉ s. le long des côtes sud de Canaan. Cette région correspond au Retenou (Lotanou de la Bible) des textes du Nouvel Empire. Lieu de passage entre l'Égypte et le reste de l'Asie, elle occupe une place importante dans l'histoire égyptienne. Sans doute est-ce par là que des émigrants de langue sémitique parvinrent en Égypte à l'époque prédynastique*, populations venues à cette époque du nord de l'Arabie et non de la Syrie. Il est possible que les rois de la Vᵉ dynastie aient mené quelques campagnes en Canaan, mais les guerres étaient alors plutôt dirigées contre les Bédouins* du Sinaï*.

Les populations de Canaan sont appelées Amou dans les inscriptions égyptiennes et c'est elles qui envahirent le Delta* avec les nomades, à la fin de l'Ancien Empire*. Au Moyen Empire*, Sésostris Iᵉʳ envoie, l'an 4 de son règne, son général Nessoumentou, à la tête d'une armée pour faire respecter en Canaan le nom du pharaon. Sésostris III, à la fin de la dynastie, devra effectuer une nouvelle campagne, mais cela n'empêchera

pas, un siècle plus tard, l'invasion des Hyksos*, dans les rangs desquels on comptait sans doute de nombreux Cananéens.

Ce n'est qu'au Nouvel Empire, à la suite des campagnes de Thoutmôsis III*, que Canaan deviendra une province de l'Empire égyptien ; les Hyksos, boutés hors d'Égypte par Ahmôsis Iᵉʳ*, occupaient encore Canaan, et c'est contre eux que Thoutmôsis III dut, une fois de plus, combattre. La province est alors gouvernée par des princes locaux portant le titre de rabisou. Akhnaton* perdra cette province à la suite des intrigues du roi de Damas Aziru et de l'intervention des Hittites. À son époque apparaissent les Araméens, vague sémitique nouvelle ; ce sont d'abord les Gazga qui ravagent Canaan, et les Akhlamou (Araméens), et au sud les Khabirou (groupes dont faisaient partie les ancêtres des Hébreux). Abimelek, gouverneur de Jébu (la future Jérusalem hébraïque, mais elle apparaît déjà au début du IIᵉ millénaire sous le nom de Urushalim dans les textes d'exécration des pharaons de la XIIᵉ dynastie), appelle longtemps Akhnaton à son secours ; le pharaon lui envoie enfin un médiocre général, Bikhourou, qui ne peut empêcher Jébu d'être prise par les Khabirou, soutenus par les Syriens d'Aziru et par les Hittites*. Horemheb* reprend le sud de Canaan, que tiendront encore les pharaons forts, Séthi Iᵉʳ*, Ramsès II*, Mineptah*, Ramsès III.

La province tombe aux mains des Philistins et des Hébreux sous les derniers Ramessides. Sheshonq Iᵉʳ pillera Jérusalem sous les rois de Juda, mais la conquête reste sans lendemain et les pharaons ne reprendront pied en Canaan, à la Basse Époque, qu'appelés par les indigènes contre les Assyriens ou les Babyloniens, sans jamais plus pouvoir y rétablir réellement leur domination.

canal. Dès l'époque prédynastique*, les Égyptiens durent aménager la vallée du Nil pour régulariser et répartir judicieusement les inondations ; ainsi creusèrent-ils tout un système de canaux nécessaires à une irrigation rationnelle. On ne doit pas s'étonner que ce peuple, exercé de tout temps à ce genre de travail, ait songé à aménager la branche orientale du Nil (tanitique) afin de la faire communiquer avec la mer Rouge*.

Selon Hérodote*, ce serait Néchao* qui aurait entrepris ce travail, lequel aurait coûté la vie à 120 000 hommes, sans toutefois qu'il ait été mené à bien, un oracle ayant déclaré au pharaon qu'il travaillait pour l'étranger, c'est-à-dire pour les Perses* ; Darius aurait ainsi terminé le travail inachevé. Hérodote nous décrit ainsi ce canal : « Il est d'une longueur de quatre jours de navigation, et sa largeur est suffisante pour que deux trières allant à la rame puissent marcher de front (ce qui représente une largeur d'environ 40 m). Il s'embranche au Nil au-dessus de Bubastis* et passe sous la ville arabe de Patoumos avant de se jeter dans la mer Rouge. Il est creusé tout d'abord dans la plaine égyptienne voisine de l'Arabie, dominée par la montagne où sont les carrières et qui s'étend jusqu'à Memphis*. Le canal longe le pied de ces monts de l'ouest vers l'est, puis il traverse des gorges pour passer au sud de la montagne et rejoindre la mer Rouge. » On ne sait, en réalité, si le canal fut alors terminé ou non ; cependant, aux environs de 520 av. J.-C., le roi de Perse Darius refit creuser le canal, ainsi qu'il s'en vante sur une stèle érigée sur ses berges. De nouveau ensablé, il fut restauré et réouvert sous le Lagide* Ptolémée Philadelphe vers 280 av. J.-C. et encore une fois sous les Romains, durant le règne de Trajan (98-117).

Une autre tradition (rapportée par Pline l'Ancien) attribue au mythique Sésostris* la construction du premier canal ; on ne sait si dans ce Sésostris il faut voir Ramsès II*, comme l'ont pensé certains égyptologues du siècle dernier, ou l'un des Sésostris de la XIIᵉ dynastie. On a aussi suggéré (William Shea) que ce premier canal n'aurait pas eu pour fonction une possible navigation mais plutôt aurait servi de défense contre les raids des Bédouins. Néanmoins, si aucun document d'époque pharaonique ne permet d'étayer l'hypothèse de l'existence d'un canal au Moyen ou au Nouvel Empire, il semble qu'on puisse admettre, avec Pierre Montet, que, dès l'Ancien Empire*, s'ils n'ont pas fait des travaux aussi considérables, les Égyptiens ont utilisé le cours de l'actuel ouadi Toumilat, qui joint la branche tanitique du Nil aux lacs Amers et au lac Timsah. Le golfe de Suez (golfe Arabique d'Hérodote et golfe d'Héroopolis de l'époque ptolémaïque) s'enfonçait alors jusqu'à ces lacs et il a suffi de peu de travaux pour rendre l'ouadi Toumilat, alors une branche du Nil, navigable en période de crue. Ce ne serait que l'assèchement progressif des lacs et de l'ouadi qui aurait contraint Néchao à entreprendre de tels travaux.

Canope, ville du Delta qui ne joua de rôle qu'à l'époque ptolémaïque, et dont le nom grec lui viendrait de Canopos, le pilote qui conduisit les vaisseaux de Ménélas, de retour de la guerre de Troie, à Pharos, la future Alexandrie*.

C'est elle qui a donné son nom aux vases « canopes », mais son intérêt pour les égyptologues vient du décret qui porte son nom. Il est vrai que la stèle où il est gravé a été trouvée en 1866 dans les ruines de Tanis. Comme la pierre de Rosette, il est rédigé en grec, en hiéroglyphes et en démotique et il nous apprend qu'en l'an IX de son règne, Ptolémée III (Évergète I) rendit dans la ville de Canope (Pegouat) un décret prescrivant quels honneurs devaient être rendus à la famille royale ; il y est ensuite décidé « afin que les saisons se suivent selon une règle fixe et conformément à l'ordre du monde, et pour que les panégyries d'hiver ne tombent pas en été... désormais l'année étant composée de 360 jours et de cinq jours supplémentaires », que tous les quatre ans, entre les cinq jours épagomènes et la nouvelle année il sera intercalé un jour consacré à la fête des dieux Évergètes (bienfaiteurs). Ce décret date de 235 av. J.-C.. Par ailleurs, nous savons par Strabon* qu'il y avait à Canope un temple de Sérapis* où l'on venait se faire guérir miraculeusement de toutes les maladies.

canope (vase). Les gens de Canope adoraient à la Basse Époque un Osiris* ayant la forme d'une cruche surmontée de la tête du dieu ; c'est ainsi, sur une confusion des antiquaires du siècle dernier, qu'on appelle encore canopes les vases fermés par une tête dans laquelle on plaçait les viscères des corps momifiés. Ils sont au nombre de quatre, pour recevoir le foie, les poumons, l'estomac et l'intestin et, à l'origine, ils étaient fermés par une pierre plate. Au Nouvel Empire*, le bouchon affecta la forme de la tête du défunt et ce n'est qu'à basse époque que chaque couvercle devint la tête de chacun des génies qui assuraient le fonctionnement de l'organe dans le corps vivant : c'étaient Amset, à tête humaine, Hapi, à tête de cynocéphale, Douamoutef, à tête de chien, Qebesennouf, à tête de faucon. Ils étaient dits fils d'Horus* et on les plaçait eux-mêmes sous la protection des déesses Isis*, Nephthys*, Neith* et Selkis*. Ce sont elles qui seront sculptées, sur chacun des quatre côtés du coffre aux canopes de Toutankhamon*.

carrière. Dès que les Égyptiens commencèrent à bâtir en pierre, c'est-à-dire dès la fin de l'époque thinite*, ils se virent forcés d'ouvrir des carrières pour l'exploitation de ce noble matériau de construction. Le calcaire fin qui servit à revêtir les pyramides venait de Roiaou (ou Troyé), l'actuelle Tourah, près d'Hélouan ; on trouvait encore du calcaire dans le djebel Toukh et dans la montagne de Thèbes*. Le grès venait de Silsilis, le djebel Silsileh au sud de Thèbes ; la plus grande activité régnait dans ces carrières au Nouvel Empire*. Le granit, rose, rouge moucheté, gris et noir, était exploité dès l'Ancien Empire* dans la région d'Assouan* et dans les îles nilotiques d'Abou (Éléphantine*) et de Satit. En Haute-Égypte se trouvaient aussi les carrières de diorite ; on y parvenait en partant d'Idahet, après trois jours de marche dans le désert occidental ; mais les difficultés de mise en valeur étaient telles que, dès la fin de l'Ancien Empire, on en abandonna l'exploitation. L'albâtre provenait, sous l'Ancien Empire, de carrières dans l'Ouadi Garraoui, au sud de Tourah, où l'on a retrouvé d'importants travaux d'aménagement. On préféra par la suite exploiter les carrières de Moyenne-Égypte, situées au sud d'Amarna, à Hat Noub (le château de l'Or), la grecque Alabastropolis. Du djebel Ahmar (la Montagne Rouge) au nord-est d'Héliopolis, provenait le quartzite rouge utilisé dans la statuaire. Enfin, du ouadi Hammamat* (la vallée de Rohanou des Égyptiens), à trois jours de marche de Coptos, on retirait la brèche verte et la brèche universelle, et surtout la belle pierre de Bekhen (schiste gréseux noir), qui donnait le plus beau poli sombre. Le granit était exploité en surface, comme le grès et le calcaire ; mais l'épuise-

ment de ces dernières carrières fit qu'on alla chercher la pierre dans des galeries.

L'outil principal était le pic, qui servait à creuser des rainures isolant le bloc ; on achevait le travail avec des pointerolles et des leviers. Le granit était attaqué au ciseau avec lequel on forait des cavités où l'on insérait des coins de bois qu'on arrosait d'eau afin de faire éclater la roche par la dilatation du bois. Les blocs étaient retirés des carrières soit à peine dégrossis, soit déjà entièrement taillés, comme il semble que ce soit le cas pour les obélisques*. Le transport se faisait jusqu'au Nil par des traîneaux de bois tirés par des attelages de bœufs ou des corvées d'hommes ; de lourds chalands assuraient le transport par le Nil à de très lointaines distances. Certaines carrières étaient exploitées en permanence, mais, en général, on ne s'y rendait que pour chercher la pierre nécessaire à la construction d'un monument. Les corvées envoyées au Ouadi Hammamat formaient de véritables expéditions où une forte troupe aidait et encadrait les ouvriers spécialisés, les dessinateurs, les sculpteurs, les graveurs, tout ce monde étant placé sous la direction de scribes*, d'officiers et d'un haut fonctionnaire qui ne manquait jamais de laisser le souvenir de son passage. On emmenait aussi tout un matériel de traîneaux, d'attelages, vivres, eau et tentes pour séjourner dans ces déserts brûlants. Les prisonniers de guerre étaient souvent utilisés à l'exploitation des carrières.

cartouche . En égyptien, le cartouche se dit *shenou*, mot de même racine que le verbe *sheni*, « entourer » ; le cartouche primitif est un cercle qui enferme le nom du roi ; ce cercle est-il le disque *(shenett)* solaire, ou « tout ce qu'entoure le soleil », c'est-à-dire le monde dont le pharaon* est le maître ? Peut-être les deux interprétations sont-elles valables. Ce cercle s'allongera très tôt pour pouvoir contenir le nom complet du roi, car on n'a que de très rares exemples de cartouche rond. Dans un relief de Sahouré (V^e dynastie), le cartouche apparaît comme une double corde aux extrémités nouées. Sur la porte de sa chambre funéraire de la pyramide* de Saqqara*, Djeser* fera suivre son nom nouveau de *noubti* d'un cartouche rond, celui-ci n'étant qu'un sceau vide. Le plus ancien cartouche que nous connaissions qui entoure un nom apparaît avec Snéfrou*; c'est le nom royal (le cinquième de la titulature* définitive) qui est ici entouré. Lorsque, sous la V⁰ dynastie, sera introduit le prénom (nom de *nesoutbiti*), celui-ci sera aussi inscrit dans un cartouche. Par la suite les quatrième et cinquième noms du pharaon seront toujours entourés du cartouche, ce qui permet de distinguer dès le premier coup d'œil de quel souverain date un monument.

Il faut remarquer que l'idée d'inscrire le nom dans un motif n'est pas originale. Dès la Iʳᵉ dynastie, et sans doute avant, le nom du roi, le nom d'Horus*, était inscrit dans le *serekht*, façade stylisée du palais ou de la tombe du roi, surmontée du faucon Horus* : le nom de Narmer* sur sa palette* est déjà inscrit dans le *serekht*.

cénotaphe. À partir de la VIᵉ dynastie, lorsque Osiris* commença à revêtir sa forme de dieu des morts, beaucoup d'Égyptiens désirèrent être représentés après leur mort auprès du dieu, à Abydos*, où se trouvait sa tombe. Ils espéraient ainsi recevoir une partie des dons en encens et des offrandes funéraires qui, chaque jour, comblaient le dieu. C'est pourquoi les Égyptiens qui, habitant loin d'Abydos, ne pouvaient s'y faire inhumer, y firent ériger des stèles* à leur nom et, lorsqu'ils étaient suffisamment riches, des tombes où ils ne devaient jamais être inhumés, appelées cénotaphes (en grec : *kenotaphion*, « tombe vide »). Par ailleurs, les tombes des rois thinites*, trouvées à Abydos, étaient aussi vides et il semble qu'ils ont voulu être enterrés vers le Delta, dans un esprit de conciliation politique, tout en conservant un simulacre de sépulture dans la cité sainte de la Haute-Égypte, qui était leur domaine ancestral.

céréales. Les céréales ont été introduites en Égypte à l'époque néolithique*, leur origine étant l'Asie occidentale (Asie Mineure, régions au Sud du Caucase et de la mer Caspienne). Les inscriptions nous font connaître une grande variété de sous-espèces du froment et de l'orge, mais il est souvent difficile de savoir à quoi les hiéroglyphes* correspondent. Les Égyptiens connaissaient au moins trois sortes de blé : le froment *(Triticum durum)*, le blé poulard *(Triticum turgidum)* et l'amidonnier *(Triticum dicoccum)*; outre l'orge ordinaire, ils utilisaient aussi l'orge à six rangs *(Hordeum hexastichon)*; enfin, ils semblent avoir connu une espèce d'avoine *(Avena trigosa)* et le dourah (ou sorgho sucré). Le blé destiné à la fabrication du pain et l'orge utilisée pour faire la bière étaient à la base de l'alimentation des Égyptiens, et la culture des céréales représentait leur plus grande richesse.

Les céréales étaient placées sous la garde de Rennoutet, déesse des moissons, et on offrait les prémices de la récolte au dieu de la région. On célébrait chaque année une grande fête en l'honneur de Min*, dieu de la Fertilité.

Chabaka → nubienne (dynastie).

Chabataka → nubienne (dynastie).

Champollion → égyptologie.

chanson. L'esprit enjoué des Égyptiens les inclinait à aimer les chansons. Chansons des travailleurs : « Oh, le beau jour ! on a de la fraîcheur, les bœufs tirent... », « Foulez pour vous, foulez pour vous, les bœufs, battez pour vous ! Foulez pour vous ce qui sera votre fourrage... ». Chansons à boire : « À ta santé ! bois jusqu'à la belle ivresse ! Passe un beau jour grâce à ce que t'a donné Amon*, le dieu qui t'aime... », « Bois et ne sois pas triste ! Goûte et je viderai la coupe... ». Chansons de danses et de fêtes : « Ces vents m'ont été donnés ; le vent du nord est le vent de vie... » (Chanson des quatre vents); « Le vin est là uni à l'or... Sois dans la joie et l'insouciance, tandis que chanteurs et chanteuses se réjouissent et dansent pour que tu aies un beau jour de fête. » Chansons amoureuses : « La beauté de ton visage rayonne et brille, car tu es venue. C'est une ivresse que ton charmant visage, ô Hathor* ! ô dorée ! » Chansons funèbres : « Le bon berger s'en est allé ! Il passe près de nous ! Oh ! tourne-toi vers nous ! », « En paix ! en paix ! Vers l'Amenti, sois loué ! va en paix ! Oh ! que ce jour où nous te contemplons soit éternel ! Vois, tu t'éloignes vers le pays où les hommes sont unis. »

Chant du harpiste.

Ce « chant qu'on voit devant le harpiste, dans le temple* funéraire du roi Antef* », selon le titre qui lui est donné par les manuscrits, nous est connu par des copies datant du Nouvel Empire, mais il est certain que l'original a bien été inscrit dans la tombe de l'un des Antef. Ce chant, d'un épicurisme plein de grâce et de mélancolie, apparaît comme un aspect nouveau de ce pessimisme désabusé qui se développe entre la première période intermédiaire* et le Moyen Empire*. « Des corps disparaissent et d'autres les remplacent depuis le temps des ancêtres. Les rois divins qui vécurent jadis reposent dans les pyramides, et les nobles et les bienheureux gisent dans leurs tombes. Des maisons qu'autrefois ils bâtirent, il ne reste plus rien. Que sont-ils devenus ? J'ai entendu les paroles d'Imhotep* et de Djedefhor, dont les sentences sont sur toutes les bouches : où sont maintenant leurs places ? Leurs murs sont ruinés, leurs places ne sont plus, c'est comme si elles n'avaient jamais été. Nul ne revient de là-bas pour nous dire quel sort est le leur et quels sont leurs besoins, afin de tranquilliser notre cœur jusqu'au moment où nous aussi irons là où ils sont allés. Ainsi, vis dans la joie et fais que ton cœur oublie ; autant que tu vis suis les inclinations de ton cœur. Couvre-toi la tête de myrrhe, revêts-toi de lin fin, frotte-toi des plus merveilleuses essences des dieux. Sois toujours plus joyeux, que ton cœur ne soit pas abattu ; suis ton cœur et ton désir. Accomplis ta destinée terrestre et ne trouble pas ton cœur jusqu'à ce que, pour toi, vienne le moment des lamentations funèbres ; car Osiris, le dieu au cœur tranquille, n'écoute pas les lamentations, et les gémissements ne sauvent personne du tombeau. Ainsi, fête l'heureux jour et ne t'en lasse pas ; vois, nul n'emporte avec lui son bien et aucun n'est revenu de ceux qui sont partis. »

char.

La charrerie était le corps noble de l'armée égyptienne ; les « conducteurs de chars » parvenaient aux grades les plus élevés de l'armée* du pharaon ; ces officiers recevaient la culture des scribes* aussi bien que l'entraînement militaire, et les plus doués parvenaient aux plus hautes charges : chefs militaires, gouverneurs, ambassadeurs ; sous les premiers Ramessides, on trouve les propres fils du roi revêtus des charges de « premier conducteur de char du pharaon » et de « directeur des chevaux ». Il semble que ceux qui voulaient servir dans les chars devaient se procurer leur propre attelage ; ainsi voit-on un jeune homme introduit dans l'écurie du roi grâce à l'appui de son grand-père, qui s'achète un char pour 5 deben et un timon pour 3 deben. Les chars égyptiens sont, sans doute, une adaptation des chars syriens, les noms égyptiens des parties du char et du harnais étant d'origine sémitique ; ce n'est, par ailleurs, qu'au début de la XVIIIe dynastie qu'apparaît la charrerie. Le cheval lui-même a été introduit en Asie antérieure dès la fin du IIIe millénaire, sans doute par les Sumériens en suite d'échanges commerciaux avec les populations vivant au nord du Caucase, ancêtres des Indo-Européens ; mais il ne fut utilisé en attelage qu'à partir du XVIe s.

Les chars égyptiens sont constitués par une légère caisse ouverte sur l'arrière, ornée de palmettes, de spirales et d'animaux affrontés d'origine asiatique, mais où l'or domine dans les chars des rois et des nobles. Cette caisse est rivée à un timon, où sont attelés deux chevaux (en égyptien, l'attelage est le *thent-hetor*, le mot *hetor* désignant la paire de chevaux) ; le harnais se compose d'une muserolle, d'une cocarde servant le frontal, d'œillères, d'une têtière où sont plantées des plumes, d'un collier composé d'une large bande de garrot et d'une bande serrée contre le poitrail, doublée d'une bande plus lâche ; enfin les rênes partent du mors et sont soutenues par un œillet attaché au harnais.

Le char égyptien est monté par deux hommes : l'écuyer, qui tient un fouet, souvent objet de luxe, et le combattant, armé d'un arc ; aux côtés de la caisse du char sont attachés deux étuis remplis de javelots et de flèches. Les chars hittites sont montés par un troisième homme, porteur d'un bouclier. Le pharaon est cependant représenté seul sur son char, les rênes attachées autour des reins, afin d'avoir les mains libres pour manier l'arc ou la lance.

charte d'immunité. Sous l'Ancien Empire, toute la terre d'Égypte était propriété royale, et villes et villages devaient au roi l'impôt* en nature et en corvées. Snéfrou*, le premier, décréta que « les deux villes de ses deux pyramides* seront éternellement exemptées de faire toute corvée due au roi, de payer toute imposition à la cour », en échange de quoi les tenanciers avaient pour devoir de perpétuer le culte divin* du roi. Droits et devoirs sont inscrits sur une charte (ar) déposée dans les archives royales. Ces chartes, concédées par les rois aux prêtres et aux gens des domaines chargés d'assurer leur service d'offrande et leur culte funéraire*, furent accordées ensuite aux temples des dieux, à partir de Néferirkarê Kakaï, le premier des rois de la Vᵉ dynastie qui ait pris le titre de « fils de Rê »*. Par un décret qu'il adresse au premier prophète Hemour, le pharaon accorde l'immunité aux prophètes du temple de Khentamenti, à Abydos*. Sous Téti, les fonctionnaires* royaux ayant osé pénétrer sur les terres du temple, pour y recenser les champs, le gros bétail et les corvées dues au roi, une plainte parvint à la cour et le pharaon* dut rendre un nouveau décret pour confirmer l'immunité. Pépi Iᵉʳ et Pépi II accordèrent des chartes d'immunité aux domaines du dieu Min*, à Coptos* : ces décrets nous sont connus par les inscriptions, mais il est certain que les autres temples, et plus particulièrement les domaines de Rê à Héliopolis*, dieu dynastique des rois de la Vᵉ dynastie, reçurent de semblables immunités. Ainsi se constitua un clergé, qui devint de plus en plus indépendant envers le pouvoir central, dont il rongeait lentement le domaine, arrachant de nouvelles concessions à chaque faiblesse du souverain. Par ailleurs apparurent sur le domaine royal des « villes d'immunités », villes neuves comme celles qui furent établies autour des pyramides de Snéfrou* ; les territoires de ces villes étaient marqués par un mât en bois de pin ou de cèdre, et même le vizir* savait qu'il encourrait la colère du roi s'il osait enfreindre les termes de la charte. Vers la fin de la VIᵉ dynastie, les nomarques*, qui vivent de plus en plus dans leurs provinces et loin de la cour, se font octroyer de semblables chartes pour les domaines qu'ils devaient à la générosité des rois. Leurs prétentions augmentent en fonction de l'affaiblissement du pouvoir royal, jusqu'à ce que, maîtres dans leur nome*, ce soit eux-mêmes qui fondent des villes neuves et leur accordent des chartes d'immunité ; là viendront s'installer les paysans, qui de *mertou*, paysans attachés à la glèbe, deviendront des notables (sarou). Ainsi, dès l'Ancien Empire, ces chartes deviennent comme les fondements de la propriété et de la libération du servage.

chasse. Pour les Égyptiens des époques historiques, la chasse n'était plus, en général, un moyen de subsistance. On chassait sans doute pour se procurer le gibier, dont les Égyptiens étaient tout aussi friands que les autres peuples, pour défendre les abords des villages contre les bêtes dangereuses, mais c'était aussi une distraction et un moyen de fournir les ménageries et les parcs du roi et des nobles. Les marais du Delta* étaient riches en oiseaux* de toute espèce. Les peintures de tombes nous montrent les riches Égyptiens qui viennent avec leur famille sillonner les étangs couverts de roseaux et de bosquets de papyrus*, sur de frêles barques de papyrus ; la femme et les filles cueillent des fleurs au passage ou tiennent à la main les oiseaux tués ou capturés, tandis que le père et son fils lancent le « boomerang » qui abattra l'oiseau dans son vol. On chassait aussi par groupes, les chasseurs tendant des filets dans lesquels ils attrapaient des volées d'oiseaux, à moins qu'on ne se contentât de placer des pièges où les volatiles venaient tout simplement se faire prendre.

La chasse dans le désert se pratiquait avec un apparat qui faisait que ce « sport » était réservé aux nobles et aux rois. Ceux-ci regardaient parfois leurs valets traquer les bêtes à l'aide de chiens ou de hyènes et les capturer au lasso, mais, en général, ils préféraient y participer eux-mêmes. Les rois aimaient se faire représenter dans leurs exploits cynégétiques, bandant leur arc devant les regards admiratifs de leurs courtisans et perçant de flèches multiples tout un monde affolé de gazelles, de bouquetins, d'oryx et même de lions, gibier royal par excellence, dont les souverains du Nouvel Empire* se vantaient d'avoir fait un carnage. Les bêtes du désert représentant l'offrande la plus agréable qu'on puisse faire aux dieux, Ramsès III* avait organisé des corps de chasseurs chargés de ramener du désert des oryx, qui devaient être offerts au *ka* du dieu Rê lors de ses fêtes.

À l'époque ptolémaïque, les rois installèrent ce qu'on appelait des « chasses » vers le sud des côtes de la mer Rouge, où étaient organisées des chasses à l'éléphant. Ce fut le cas de Ptolémaïs Théron, sur les côtes du Soudan, dans la terre des Troglodytes. On y chassait l'éléphant à l'aide d'immenses arcs, avec l'aide de la population du pays, mais aussi on les capturait pour les utiliser dans la guerre. Ptolémée II a inauguré ce genre de chasse, et ce sont soixante-treize éléphants africains venant de ces chasses que Ptolémée IV opposa aux cent deux éléphants d'Asie de l'armée d'Antiochos III, lors de la bataille de Raphia en 217 av. J.-C.. Le Lagide* y remporta une sanglante victoire sur le Séleucide Antiochos.

chaussures. En fait de chaussures, seules les sandales étaient portées par les Égyptiens ; encore ne sont-elles qu'un accessoire, absolument pas indispensable au costume. Les Égyptiens marchaient le plus souvent nu-pieds. Cependant, ils connaissaient la sandale dès la fin de l'époque prédynastique*, mais les femmes n'en usaient guère et les hommes exceptionnellement, quand ils devaient faire une visite, par exemple. Dans ce cas, les personnages de qualité se laissaient escorter par des serviteurs, dont un était chargé de porter les sandales : ils les chaussaient une fois arrivés à destination. Parmi les hautes fonctions de la cour, on trouve celle de « porte-sandales » du roi. Au Moyen Empire*, toutefois, seuls les pauvres n'en possédaient pas, les autres les portant toujours à la main, ne les mettant qu'après avoir atteint le but de leur marche. Les règles du savoir-vivre interdisaient de se chausser en présence d'une personne d'un rang plus élevé, et c'était une faveur insigne, pour un haut courtisan, que de pouvoir se présenter avec ses sandales devant le roi. Au Nouvel Empire*, l'usage des chaussures se généralise.

Les sandales consistaient en une simple semelle d'écorce de palmier, de fibre de papyrus*, plus rarement de cuir, à laquelle sont attachées deux ou trois lanières de la même matière. Pour les rois, et à partir du la XVIIIe dynastie, pour les particuliers, elles pouvaient être pourvues d'une pointe recourbée au bout.

Chéops, deuxième roi de la IVe dynastie dont le règne, d'environ vingt ans, s'étend entre 2590 et 2567 av. J.-C.

Il est appelé Souphis par Manéthon et son nom réel est Khnoum Khoufou. On connaît très peu de chose de son règne, sinon qu'il fit élever la plus grande des pyramides de Gizeh* ; il était fils de Snéfrou* et sans doute inaugura son règne en allant installer sa capitale et son tombeau sur le plateau de Gizeh. On a trouvé des traces de son règne à Bubastis* et en Haute-Égypte, à Dendérah* et à Coptos* ; son cartouche* trouvé dans les mines du Sinaï* prouve qu'il a continué d'y faire exploiter les gisements de cuivre et de turquoises, et ses troupes eurent à combattre les Bédouins de ce désert. Voilà tout ce que nous savons de certain sur ce célèbre roi.

Cependant, très tôt, se forma un « cycle » de Chéops et des constructeurs des grandes pyramides, dont le papyrus Westcar nous a laissé un fragment dans le conte* de la XVIIIe dynastie intitulé *le Roi Khoufoui et les magiciens*. Dans ce conte, Chéphren* et Didoufri* sont montrés comme les fils du roi et, pour le distraire, lui content à tour de rôle des histoires de prodiges où interviennent des magiciens. Dès cette époque, Chéops avait acquis dans le peuple un renom d'impiété, ainsi que ses successeurs, peut-être du fait qu'on prétendait qu'ils avaient persécuté Rê* héliopolitain, qui allait triompher avec la Ve dynastie, tradition d'autant plus invraisemblable que l'emprise de la religion solaire apparaît déjà nettement dans les noms donnés par leurs constructeurs aux trois pyramides de Gizeh. Hérodote* n'a fait que rapporter ce qui lui a été dit en Égypte lorsqu'il nous déclare : « Les prêtres m'ont appris aussi que jusqu'à Rhampsinite (prédécesseur de Chéops, selon Hérodote), la justice régnait en Égypte et le pays était prospère ; mais Chéops lui succéda et infligea au peuple toutes sortes de misères. Il commença par fermer tous les temples et interdit d'offrir des sacrifices, puis il contraignit les Égyptiens à travailler pour lui (c'est-à-dire à construire sa pyramide). » Le conte parvient à son sommet d'invraisemblance lorsque Hérodote nous apprend que le roi prostitua finalement sa fille pour amasser l'argent qui lui manquait afin de terminer cette construction ; il précise même que la princesse demandait à chacun de ceux qui venaient à elle une pierre, grâce à quoi elle se fit construire la pyramide centrale qui est celle de Chéphren. Signalons par ailleurs la tradition savante qui fait de Chéops un érudit versé dans l'alchimie, sur laquelle il aurait laissé un traité.

Chéphren, Khaefrê en égyptien, troisième ou quatrième roi de la IVᵉ dynastie (→ Didoufri,) frère ou fils de Chéops*.

On sait sur lui encore moins de chose que sur Chéops, sinon qu'il éleva la deuxième pyramide* de Gizeh* et que, sous son règne, l'art statuaire de l'Ancien Empire* parvint à sa perfection ; Mariette retrouva dans son temple funéraire deux très belles statues en diorite du souverain ; c'est aussi lui qui fit sans doute construire le sphinx* de Gizeh. Sur le plan politique, son activité semble être restée entièrement tournée vers l'extérieur, car on ne trouve pas son nom dans les inscriptions des mines du Sinaï. Selon Hérodote, qui en fait le frère et le successeur de Chéops, il aurait régné cinquante-six ans (son règne occuperait à peu près la période allant de 2567 à 2542 av. J.-C., dates à rabaisser de huit ans dans le cas où il faudrait placer entre lui et Chéops le règne hypothétique de Didoufri*) et aurait poursuivi la politique détestable de Chéops. « Dans sa haine pour ces rois, le peuple évite de prononcer leurs noms ; ainsi nomme-t-il leurs pyramides, pyramides de Philition, un berger qui paissait alors ses troupeaux en cet endroit » : il semble qu'Hérodote* se fasse ici l'écho de cette haine qui succéda à la vénération religieuse que le peuple portait à ses rois. On voit éclater cette inimitié dans le fanatisme anti-monarchique de la révolution* populaire qui mit fin à l'Ancien Empire*.

chevet. Les lits égyptiens avaient, en guise d'oreiller, un chevet, formé d'un socle de bois ou de pierre qui supportait une partie incurvée pour recevoir la tête. Sans doute cet objet peut nous paraître inconfortable, et les Égyptiens amélioraient son usage en posant dessus un coussin. Le chevet est généralement très décoré et orné de sculptures ; souvent, Bès* y est représenté puisqu'il est le protecteur du sommeil. Parfois, aussi, il porte le nom de son utilisateur. Le chevet fait partie du mobilier funéraire et on en a conservé un grand nombre.

chimie. Il est possible que le mot « chimie » vienne du nom même de l'Égypte, *Kémi* ; il est, en tout cas, à noter que c'est à Alexandrie* qu'est née la chimie en tant que science. Cependant, les connaissances empiriques dans ce domaine n'étaient pas plus élémentaires dans l'ancienne Égypte. La métallurgie avait enseigné aux Égyptiens les secrets des mélanges des métaux, mais, en ce domaine, ils n'ont jamais fait qu'adopter les inventions des peuples asiatiques. La fabrication des cosmétiques et des parfums*, qui avait lieu dans des laboratoires attenant aux temples, les obligeait à des mélanges savants dont nous avons à peu près totalement perdu les recettes. La coutume de la momification* nous a laissé des rituels par lesquels nous connaissons les plantes, les huiles minérales ou végétales, les graisses animales, les résines qui composaient l'arsenal de l'embaumeur ; les progrès qui ont été faits dans ce domaine entre les premiers essais et la période du Nouvel Empire* révèlent l'évolution des connaissances chimiques des Égyptiens, qui sont parvenus à parfaitement conserver les corps grâce à une méthode perfectionnée.

Par ailleurs, la pharmacopée égyptienne a participé, dans une certaine mesure, à une meilleure connaissance des plantes et des effets de mélanges constituant une forme de chimie.

Chronique démotique. On donne ce nom à un papyrus conservé au Louvre et contenant, sous forme de prophétie, une vision de l'Égypte sous les Perses et ses derniers rois indigènes ; ceux-ci sont hautement exaltés, et le visionnaire attend l'arrivée d'un sauveur qui viendra de la Nubie libérer l'Égypte du joug étranger. On y trouve de fréquentes allusions aux règnes des souverains des XXVIIIᵉ, XXIXᵉ et

XXXe dynasties, qui font de ce texte une source précieuse pour la connaissance de cette époque, les documents indigènes restant rares et les historiens grecs étant notre plus grande source d'informations. Il semble que la rédaction de ce texte date du début de la période ptolémaïque, et ce serait contre les Grecs que serait, en réalité, dirigée la vision prophétique. Nous savons, par le texte, qu'il rapporte les prophéties d'un prêtre éthiopien du jnu Harsheh, écrites sur des tablettes ; le texte des premières prophéties manque, mais nous voyons par les autres le procédé de l'auteur, qui donne un oracle exprimé en phrases courtes et obscures, auquel il adjoint un commentaire à peine plus clair. On y voit cependant l'Égypte dévastée et les sanctuaires profanés. Voici un passage, pris parmi les plus clairs, de cette littérature prophétique : « Réjouissez-vous, jeunes gens qui savez patienter [?]. — C'est-à-dire : les jeunes gens qui seront au jour (de la délivrance) et qui auront su patienter ne seront pas malheureux comme ceux qui sont en ton jour [...]. Vivent les chiens ! Le grand chien sait patienter. — Il établira les Égyptiens dans la paix, au temps nommé. » Le parallèle avec la littérature apocalyptique des Hébreux est, dans ce texte, d'autant plus frappant que c'est la volonté divine qui intervient en tout et qui cause les malheurs de l'Égypte et de ses rois en fonction de leur impiété et de leur mépris de la loi.

circoncision. Depuis la plus haute époque, les Égyptiens ont pratiqué la circoncision. Cependant, cette coutume ne semble pas avoir été impérieuse, en tout cas sous le Nouvel Empire*, car on a pu remarquer que le pharaon lui-même n'était pas toujours circoncis. On ignore la raison exacte de cette pratique, qui se retrouve chez quelques peuples sémitiques, auxquels les Égyptiens l'ont peut-être empruntée dès l'époque prédynastique* ; Hérodote*, qui attribue aux Asiatiques cette invention, nous apprend que les prêtres étaient tous circoncis par propreté, mais l'ethnologie a démontré qu'aux époques primitives les soucis d'hygiène n'interviennent pas dans les mœurs. On a expliqué les raisons de la circoncision de ma-

nières diverses : adoucissement d'un sacrifice primitif de premiers nés, hypothèse qui se révèle insoutenable ; consécration de l'enfant à la divinité ? Contrairement aux Hébreux, chez qui la circoncision se faisait peu après la naissance, d'après les reliefs nous savons qu'on la pratiquait sur des enfants d'une dizaine d'années (sur un bas-relief du temple de Khons, à Karnak) ou même plus âgés, comme il apparaît sur certaines représentations dans les mastabas* ; cela donnerait à penser que c'est là un « rite de passage » à la puberté, qui intégrait le petit Égyptien à la société des adultes et inscrivait dans son corps cette appartenance par un signe inaltérable. Il est possible que, à la suite de l'intégration de nombreux étrangers à la nation égyptienne, au cours des siècles, et par un affaiblissement des coutumes primitives, vers le Nouvel Empire*, cette pratique ait perdu une partie de son sens, au point qu'on la négligeait parfois, même pour un pharaon. Elle restait cependant un signe de reconnaissance vis-à-vis des Libyens (et non des Sémites de Canaan*, qui connaissaient les mêmes pratiques), car, après certaines batailles (encore sous Ramsès III*), les Égyptiens vainqueurs émasculaient les cadavres non circoncis pour évaluer le nombre d'ennemis détruits.

classes sociales. « Il y a sept classes en Égypte : les prêtres, les guerriers, les bouviers, les porchers, les marchands, les interprètes et les pilotes » ; ainsi parle Hérodote* qui visita l'Égypte au ve s. av. J.-C. ; et il ajoute qu'elles portent les noms de la profession exercée. C'est une vue partielle et somme toute assez fausse. Sans doute les professions constituées en corporation eurent une tendance à se figer en classes et à devenir héréditaires, mais les professions ne constituaient pas vraiment des « classes » distinctes et elles restaient ouvertes à ceux qui venaient du dehors. Sous l'Ancien Empire*, il y avait le roi-dieu et ses sujets, tous égaux devant sa réalité divine ; le pharaon était aussi le père de ses sujets chez lesquels il devait faire triompher la justice avec une parfaite sérénité. Il est vrai que c'était là la théorie. Au-dessous du roi il y avait une noblesse constituée par les membres proches ou lointains de la famille royale. Les gens de la cour, serviteurs royaux, fonctionnaires, « amis » du souverain, privilégiés « *imakhou* », venus sans doute de tous les horizons du royaume, eurent tendance à former des classes distinctes qui s'éloignaient de plus en plus des paysans ; ce phénomène se précisa surtout dans le clergé, lorsque les prêtres funéraires et ensuite les prêtres des dieux eurent reçu des chartes* d'immunité. Les hauts fonctionnaires et les nomarques, qui n'appartenaient pas tous à la famille royale, constituèrent une véritable noblesse héréditaire, en recevant d'abord du pharaon des chartes d'immunité et enfin en se libérant totalement du contrôle du pouvoir central lors de la première période intermédiaire*. Même si elle ne conserva pas l'hérédité des charges sous le Moyen Empire*, la noblesse ainsi constituée continua à jouir des grands domaines féodaux qu'elle s'était attribués. Sans doute cette noblesse vit-elle ses rangs s'étendre par les faveurs obtenues par des fonctionnaires nouveaux que le roi récompensait ainsi de leurs services. À côté de cette noblesse issue du fonctionnariat, s'impose une aristocratie de propriétaires fonciers qui, si dans le principe ils n'ont que l'usufruit de la terre, dans les faits en ont la propriété. En réalité, dans l'État de caractère « socialiste » des Empires thébains, tout Égyptien est un fonctionnaire, mais cette conception est remplie de nuances. Le scribe est souvent un fonctionnaire de l'État, mais l'artisan, l'ouvrier qui travaillent en ville, dans des échoppes groupées par rues selon les métiers, s'ils travaillent pour l'État et sont nourris pour cela, on voit qu'ils travaillent aussi pour des particuliers et reçoivent paiement en nature ou en métal pour les produits qu'ils façonnent et vendent librement. Les scènes de marché nous montrent les paysans vendant les produits de la terre à des gens de la ville, et il ne semble pas que le produit de la vente appartienne à l'État.

Le Nouvel Empire* voit par ailleurs se constituer une nouvelle classe qui en son sein sera hiérarchisée pour constituer une aristocratie : ce sont les militaires qui, à la suite des guerres qui marquent cette époque, formeront une véritable armée de métier, les vétérans recevant des terres et des privilèges qui deviendront héréditaires. Les prêtres constituent aussi une classe privilégiée dont la puissance s'accroît depuis la fin de l'Ancien Empire jusqu'à finalement absorber la monarchie du Nouvel Empire.

Il faut cependant bien souligner que nous ne nous trouvons pas devant des « classes » rigidement délimitées ; le cumul des fonctions était une chose courante et on pouvait aussi bien être prêtre* et chef militaire (comme le fut Hérihor*), chef militaire et administrateur civil, et même occuper toutes ces fonctions à la fois ; cette conception procède évidemment de ce principe que l'Égypte est habitée par un peuple de fonctionnaires.

Ainsi serait-il préférable de diviser la société égyptienne en quatre classes, tout en soulignant combien ce partage reste cependant arbitraire : la « noblesse » comprendrait tous les hauts fonctionnaires, courtisans, prêtres, chefs militaires, etc. ; les « scribes » constituent une véritable classe de fonctionnaires au service immédiat de l'État ; les gens des villes, artisans, ouvriers, bien que n'ayant jamais formé une bourgeoisie, constituent une classe de fonctionnaires capables de créer chacun dans le domaine qui lui est propre ; enfin les paysans se rangent dans cette classe de fonctionnaires chargés de la mise en valeur de la terre noire. Signalons en outre les esclaves (→ **esclavage**) et les étrangers installés en Égypte et qui furent d'ailleurs lentement assimilés.

clergé. Chaque temple possédait son clergé, qui formait un collège de prêtres* chargé de l'administration du temple* et du culte divin. Sous l'Ancien Empire*, on ne trouve pas de clergé réellement constitué, les membres du corps sacerdotal étant des fonctionnaires* qui exerçaient la prêtrise dans certaines occasions et pour qui le sacerdoce* n'était qu'une fonction transitoire. Ce n'est qu'en conséquence des chartes* d'immunité concédées aux domaines des temples à partir de la fin de l'Ancien Empire* qu'on voit un véritable clergé se créer, mais encore sous le Moyen Empire* il n'aura qu'une importance secondaire dans la vie sociale de l'Égypte. Les listes de rémunération des prêtres de temples d'une certaine importance révèlent qu'ils recevaient en nature cruches de bière,

Biens des principaux temples

Les chiffres donnés ont été établis sur les trente et un ans du règne de Ramsès III entre 1198 et 1166 av. J.-C.

	Thèbes	Héliopolis	Memphis
Personnes	86 486	12 364	3 079
Bétail (ovins, bovins) : têtes	421 362	45 544	13 433
Jardins et bois	433	64	5
Terres et champs	2 393 km²	441 km²	28 km²
Bateaux	83	3	2
Chantiers et ateliers	46	5	
Villages	66	103	1

Revenus des temples
sur les trente et un ans du règne de Ramsès III

Or	51,833 kg		
Argent	997,805 kg	53,351 kg	9,359 kg
Cuivre	2 395,120 kg	114,660 kg	·
Vêtements	3 722 pièces	1 019 pièces	
Fils	345,345 kg		
Encens, miel et huile	1 047 jarres	482 jarres	
Vin et moût (?)	25 405 jarres	2 383 jarres	390 jarres
Poids en argent obtenu en suite de ventes faits par le temple	328,155 kg	177,350 kg	12,858 kg
Grains	309 950 mesures	77 100 mesures	37 700 mesures
Légumes	24 650 bottes	4 800 bottes	500 bottes
Lin	64 000 balles	4 000 balles	
Volatiles d'eau (capturés)	289 530	37 465	
Bœufs	866	98	15
Oies	744	540	135
Bateaux	82	8	

Ce tableau est significatif et nous permet de mieux comprendre comment les premiers prophètes d'Amon, qui possèdent en outre des fonctions laïques, sont finalement devenus les véritables maîtres de l'Égypte.

pain blanc et pain ordinaire en modique quantité. Ce n'est qu'au Nouvel Empire* que les rois vont combler de biens les temples des dieux et que se constitueront réellement des clergés puissants, si bien qu'à basse époque nous savons par Diodore* de Sicile que les collèges de prêtres possèdent la plus grande partie du sol de l'Égypte, qu'ils sont exempts d'impôts* et jouissent de la plus grande considération. L'administration des biens du temple représentait la plus importante activité du collège sacerdotal et surtout du clergé supérieur (→ prêtres).

En principe, le nomarque* était le chef des clergés de son nome, mais rares étaient les nomarques qui occupaient effectivement cette fonction, dévolue au premier prophète ; ce dernier joignait à sa mission sacerdotale de nombreuses activités extérieures, dans lesquelles la « politique » (c'est-à-dire les intrigues de cour pour obtenir les plus hauts postes) jouait un rôle si important qu'il abandonnait au second prophète la direction du temple. Celui-ci, avec l'aide du collège de prêtres et tout un bureau de scribes* et d'employés, devait s'occuper des nouvelles constructions du temple, en tant que « grand directeur des travaux », et des questions administratives : trésor, troupeaux de bœufs du dieu, terres du dieu, etc.

Les petits temples provinciaux possédaient un clergé réduit, comme celui d'Osiris* à Abydos*, composé d'un grand prêtre *(oueb)*, un trésorier, un scribe, un prêtre lecteur et le *mety-en-sa*, c'est-à-dire le contrôleur d'une *phylê* (v. au mot prêtre ce qu'était le système de la *phylê*) de prêtres, ce qui laisse entendre que ces quatre personnages constituaient le clergé supérieur et qu'il était assisté des quatre phylê qui se relayaient, sans doute sous la direction du même prêtre. Il n'en était pas de même pour les grands temples, qui possédaient tout un clergé compliqué, composé d'un grand nombre de prêtres. Le grand papyrus Harris nous fait connaître les revenus et les richesses de temples sous le règne de Ramsès III* ; on voit que les trois plus riches clergés sont ceux de Thèbes* (Amon), Héliopolis* (Rê) et Memphis* (Ptah).

cœur. Plus encore que de la vie physique et de la sensibilité, le cœur est le siège de l'intelligence, dont Horus* est la forme divine ; et si la volonté s'exprime par la langue, c'est du cœur qu'elle provient. La vue, l'ouïe, l'odorat apportent au cœur leurs informations, et c'est de lui que sort toute connaissance ; les activités des membres, des mains et des pieds sont régies par le cœur ; en fait, le cœur réunissait en lui des facultés que nous partageons entre le cœur et le cerveau. Témoin incorruptible, devant le tribunal d'Osiris* (→ jugement osirien), le cœur placé dans la balance accuse le défunt, qui lui adresse ces supplications : « Mon cœur [...], ne prononce pas de témoignage contre moi, ne me repousse pas devant les juges divins [...]. » Avec une touchante naïveté, sachant que le cœur ne pouvait mentir, les Égyptiens disposaient sur les momies* des scarabées* pour empêcher le cœur de témoigner et, à partir du Moyen Empire*, ils allèrent jusqu'à retirer de la momie* le cœur chargé de péchés, pour le remplacer par le scarabée symbolique.

coiffure. Si, jusqu'à la fin de l'époque prédynastique*, les Égyptiens ont négligé le soin de leur chevelure, se contentant de l'orner de divers peignes et épingles, ils connaissaient cependant l'usage du rasoir et, dès les premières dynasties, ils commencèrent à accorder un soin tout particulier à leurs cheveux et à leur barbe. L'usage de la perruque était généralisé dès l'Ancien Empire* ; cela ne signifie pas forcément que les Égyptiens se rasaient la tête. En effet, si l'on a des portraits, autant dans la statuaire que dans la peinture, d'hommes et de femmes au crâne rasé, on a aussi des représentations qui nous montrent clairement les cheveux naturels sortant par endroits de la perruque. Il y eut effectivement des périodes pendant lesquelles on peut supposer qu'ils se rasaient plus volontiers la tête, mais on ne les connaît pas avec précision et, d'autre part, comme toute mode, celle-ci ne portait pas sur la totalité des individus. On sait toutefois que les prêtres se rasaient les cheveux, par souci de pureté, et surtout au Nouvel Empire*. En ce qui concerne les cheveux naturels, les Égyptiens les soignaient particulièrement, car il existait de nombreux traitements (→ cosmétique) pour les fortifier, les faire pousser, qui étaient appliqués, en général, par les barbiers.

On ne sait précisément ce qui déterminera exactement les Égyptiens à porter la perruque, mais sans doute l'ardeur du soleil, et peut-être le défaut de cheveux ou la pauvreté de la chevelure y sont-ils pour quelque chose, les couvre-chefs étant pratiquement inexistants. Les enfants ont le crâne partiellement rasé, avec, sur le côté droit, une tresse de cheveux assez courte, qui retombe sur l'épaule. On ne sait exactement jusqu'à quel âge ils le portaient : les princes royaux la conservaient très tard. Mais on a aussi des représentations de très jeunes garçons portant la perruque courte et bouclée, comme on a des portraits de fillettes, certaines filles d'Akhnaton*, par exemple, ayant le crâne rasé. Les perruques étaient faites souvent de cheveux naturels, ou de fibres végétales ; leur couleur est noire, bien qu'on ait des représentations d'hommes portant des perruques assez courtes, manifestement blondes. Elles étaient ornées, surtout pour les femmes, de bandeaux, de bijoux* divers, et soigneusement parfumées. Les couvre-chefs n'étaient

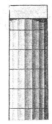

colonne
semi-engagée
cannelée (complexe
funéraire du roi
Djoser à Saqqarah)
Ancien Empire,
IIIe dynastie

colonne palmiforme
(temple du roi
Ounas à Saqqarah)
Ancienne Empire,
V[e] dynastie

colonne fasciculée
du temple
de la reine
Hatshepsout
à Deir el-Bahari
(Thèbes)
Nouvel Empire,
XVIIIe dynastie

colonne lotiforme
fermée du temple
d'Amon à Lousqor
Nouvel Empire,
XVIIIe dynastie

colonne papyriforme ouverte
ou campaniforme du temple
de Khonsou à Karnak
Nouvel Empire,
XIXe dynastie

colonne hathorique du
temple d'Hathor à Dendérah
Basse Époque

colonne composite du temple
de Sebek et d'Haroeris à
Kom-Ombo, Basse Époque

pas très nombreux; parmi les coiffures royales, on peut citer le *nemès* (appelé *kleft*, d'un mot copte signifiant « capuchon »), pièce d'étoffe rayée serrant le front et retombant en deux pans de part et d'autre de la tête, en couvrant la nuque et les épaules (→ aussi **couronné**). Les autres étaient des serre-tête ou des sortes de bonnets.

colonne. Différente du pilier, la colonne trouve son origine dans le mât primitif qui servait à soutenir les toits de demeures privées ou communes faites de bois et de feuillage. Cette colonne végétale s'appuyait sur un socle de pierre pour qu'elle ne s'enfonce pas dans la terre battue : ce socle simple se retrouvera dans l'architecture de pierre toujours sous la forme arrondie ; la planche glissée entre la poutre et le fût deviendra l'abaque de pierre, toujours carrée, qui se retrouvera entre la colonne et l'architrave (poutre de pierre soutenant le toit).

Les colonnes égyptiennes sont de deux sortes : celles qui sont des fûts ne reproduisant aucun élément de la nature, et celles qui imitent une plante (ordres floraux). Dans la première catégorie entrent les colonnes dites « protodoriques » et les colonnes cylindriques. Ces dernières, qui sont de simples cylindres constitués par plusieurs tambours de pierre, sont rares ; on les trouve dès la Ve dynastie, mais on ne les rencontre de nouveau qu'à l'époque ramesside (fin du Nouvel Empire*). Le protodorique, ainsi appelé par Champollion, apparaît exceptionnellement dans l'ensemble architectural de Djeser* à Saqqara* sous forme de colonnes cannelées, dont certaines sont ornées au sommet de deux longues feuilles qui retombent le long du fût de la colonne. Cet ordre, appelé plus judicieusement « cannelé » ou « polygonal », se développe surtout au Moyen Empire*, avec des colonnes taillées sur huit ou seize pans ; on trouve souvent des inscriptions verticales le long de la cannelure antérieure.

Les ordres floraux apparaissent sous la Ve dynastie (signalons cependant des colonnettes papyriformes dans les monuments de Djeser) ; ils imitent les plantes les plus courantes de la vallée du Nil et sont d'une parfaite originalité dans l'architecture universelle. Pétrification du palmier, l'ordre palmiforme se compose d'un fût cylindrique dont le chapiteau est formé de 9 palmes dressées en hauteur. Cet ordre tend à disparaître au Moyen Empire, pour être remis en honneur sous les Lagides*. L'ordre lotiforme est composé d'un fût fasciculé représentant quatre ou six tiges de lotus accolées et liées par des bandeaux ; le chapiteau forme la fleur du lotus, épanouie ou entrouverte. Ce type disparaît au Moyen Empire, pour être aussi remis à la mode sous les Lagides*. Inspiré du papyrus, l'ordre papyriforme est le plus courant, c'est l'ordre égyptien par excellence. Le fût est composé de six ou huit fascicules de section triangulaire et terminé par un chapiteau à fleur ouverte ou fermée. Au Nouvel Empire, une volonté de simplification crée un fût formant une tige unique, sans arêtes, couronnée par une fleur ouverte semblable à une cloche retournée, dont on a fait l'ordre campaniforme. C'est un même désir de simplification qui a amené sous la XIXe dynastie l'invention de l'ordre papyriforme monostyle, où le fût est unifié comme dans le campaniforme, ainsi que le chapiteau, dont le départ forme un épais bourrelet, sans qu'apparaissent les fascicules.

L'ordre composite, qui apparaît sous les Ptolémées, mêle les trois ordres floraux, tandis que les chapiteaux deviennent des bouquets compliqués, qu'on a pu classer en vingt-sept types différents. Il faut cependant remarquer que le terme de « chapiteau » est conventionnel, car dans la colonne égyptienne le chapiteau n'est pas un élément décoratif juxtaposé au fût, mais il est la continuation du fût, l'épanouissement de la fleur dont le fût est la tige.

Plus rare et apparaissant naturellement dans les sanctuaires dédiés à Hathor*, la colonne « sistre » ou « hathorienne » imite dans son fût la forme du sistre, instrument de musique propre à Hathor, tandis que le chapiteau carré est sculpté de têtes de la déesse ; on trouve ce chapiteau utilisé sur des fûts cylindriques ou des piliers carrés ; ce type de colonne apparaît au Moyen Empire. Les colonnes étaient généralement ornées de reliefs et d'inscriptions, et peintes de couleurs vives.

commerce. Les grandes transactions commerciales avec les États étrangers sont entre les mains du pharaon*, qui envoie ses fonctionnaires passer les marchés avec les rois des Échelles du Levant pour acheter le bois et les produits dont la cour et les hauts fonctionnaires sont les consommateurs. Les prêtres* ont aussi leurs flottes pour aller acheter le bois pour la construction des temples et les parfums nécessaires au culte. Aux époques de puissance, on n'achète pas ces produits étrangers, on les reçoit en tribut* de la Nubie* ou des pays asiatiques. C'est encore l'État qui organise des expéditions en mer Rouge*, où l'on troque de la pacotille contre les précieux produits du Pount*.

Il existait cependant un commerce intérieur, qui ne s'exerçait que sur une aire restreinte. Exceptionnels étaient des hommes comme ce Bêb, de médiocre origine, qui s'enrichit en se livrant au commerce, en transportant sa marchandise à dos d'âne et en bateau, en construisant des entrepôts, et qui parvint finalement à devenir vizir* d'un pharaon du Moyen Empire*. On a cependant, dès l'Ancien Empire*, des représentations de ces marchés qui se tenaient dans les villes et dans les villages et où les achats se faisaient au moyen du troc. Les marchands sont assis devant leur étalage, légumes dans un grand panier, gâteaux, fards et parfums*, poissons, que le vendeur vide soigneusement avant de les céder, parures et bijoux*... Les acheteurs, hommes et femmes, portent sur leurs épaules un sac ou un petit coffre contenant les produits qu'ils échangeront contre la marchandise exposée ; et au-dessus des personnages le texte hiéroglyphique, souvent malheureusement mutilé, rapporte les discours : « Vois, pour toi de la liqueur *sal* (ou des gâteaux ?), douce », dit le vendeur, et l'acheteur, qui offre déjà un collier, ajoute une sandale : « Voici pour toi une sandale solide. » Plus loin, c'est un bracelet que propose l'acheteur au marchand de légumes : « Voici pour toi un bracelet excellent pour ton bras. — Fais voir ? » demande le marchand ; et il ajoute, considérant que le bracelet ne représentait pas la valeur de ses légumes : « Donne l'équivalent. » Un autre vient avec un éventail et propose au même marchand cet éventail en lui disant de s'éventer. Plus loin encore, une femme marchande par un long discours, un homme essaie d'échanger les hameçons qu'il a dû fabriquer. Ces représentations ne sont pas nombreuses et on n'en connaît guère au Moyen Empire*. On a cependant là la preuve de l'existence d'un petit commerce à l'échelon local, et malgré l'économie étatisée de l'Égypte il aurait été bien surprenant qu'il n'ait pu s'y créer un commerce ayant eu plus d'importance que ne le laissent penser les représentations figurées, les marchés égyptiens, sans doute nombreux, devant avoir revêtu l'aspect de tous les marchés orientaux et africains, comme on peut encore les voir de nos jours en une activité qui est loin de s'éteindre.

confession. Lorsque le défunt comparaît devant le tribunal d'Osiris (→ **jugement osirien**), il se disculpe devant ses juges par une confession qui est dite négative du fait qu'il nie avoir fait diverses injustices ou des actes mauvais, souvent de caractère religieux ou rituel. Cette confession se faisait en deux parties : d'abord, le défunt s'adressait au tribunal dans son ensemble, et ensuite aux 42 divinités qui assistaient Osiris*. Après avoir salué ce dernier, « dieu grand, Maître de vérité et de justice, Seigneur tout-puissant », dont il déclare connaître le nom magique ainsi que ceux de ses 42 assesseurs, le défunt commence sa confession : « Je n'ai pas infligé de souffrances aux hommes, je n'ai pas été violent envers mes parents, je n'ai pas commis de crime, je n'ai pas exploité les autres, je n'ai pas été injuste, je n'ai pas usé de l'intrigue, je n'ai pas blasphémé, etc. » Le mort s'adresse ensuite à chacun des 42 juges, en général esprits de cité ou de lieux terrestres : « Ô toi, Esprit qui apparais à Héliopolis* et qui vas à grands pas, je n'ai pas été pervers ; [...] ô toi, Esprit de Létopolis aux regards pareils à des couteaux, je n'ai pas fraudé ; [...] ô toi, Esprit de l'Amenti*, dieu de la double source du Nil, je n'ai pas diffamé [...] » En soi, cette confession représente, par les péchés que l'âme repousse, un haut caractère moral ; mais il suffisait de savoir les réciter par cœur, voire de les emporter écrits dans sa tombe, pour être certain de recevoir l'absolution, même si l'on avait commis tous les péchés dont on se défendait.

Parmi les vivants, on trouve une confession du même genre prononcée par un prêtre, au matin, lors de l'adoration du dieu, après l'ouverture du naos, dans le culte* divin quotidien.

contes. D'un vaste folklore de contes qui se répétaient à la veillée, les scribes* ont adapté certains thèmes dont le hasard nous a conservé quelques éléments. Derrière ces maigres reliquats, on imagine une riche littérature dans le goût des *Mille et une nuits*. Le peu qui nous reste est cependant encore bien précieux pour la connaissance de l'Égypte antique. Certains thèmes remontent sans doute à l'Ancien Empire*, mais ce n'est qu'au Moyen Empire*, âge d'or de la littérature égyptienne, que les scribes se décidèrent à intégrer au domaine littéraire quelques-unes des contes d'un vieux fonds populaire. À la XIIe dynastie remontent les contes de *Sinouhé*, du *Naufragé*, de l'*Oasien*. Le *Naufragé* nous montre un marin seul rescapé d'une tempête en mer Rouge*, qui parvient dans une île appelée Pount*, où règne un serpent ; un vaisseau ramène heureusement notre naufragé en Égypte. Le *Conte de l'Oasien* ou du *Saulnier* n'est qu'une fiction qui permet à l'auteur, au nom de son saulnier, victime d'une injustice, d'envoyer au pharaon une série de suppliques, où il brille par son bel esprit, jusqu'à ce que justice lui soit enfin rendue.

Au Nouvel Empire* et à basse époque, les contes se multiplient : contes fantastiques, histoires magiques, contes symboliques, prises de villes, querelles de guerriers, aventures d'un prince dans une Asie imaginaire, histoires inventées pour exalter la puissance de quelque dieu, tels sont les contes des *Deux Frères*, du *Prince prédestiné*, *Vérité et Mensonge*, d'*Horus** *et de Seth**, le *Roi Chéops et les magiciens* (cycle de contes du papyrus Westcar, qui apparaissent comme une prophétie* annonçant l'avènement de la Ve dynastie) de *Thouti* qui prit la ville de Joppé, d'*Ounamon**, du cycle de *Satni-Khamosis*, du cycle de *Pedoubast* (l'Emprise de la cuirasse), de la Princesse de Bakhtan. Ces contes ont été traduits par Maspéro *(Contes populaires de l'ancienne Égypte)* et plus récemment par Lefèbvre *(Romans et contes égyptiens de l'époque pharaonique)*, qui intègre parmi les contes les sentences de Neferrehou, les fragments de « La légende du dieu de la Mer » qui datent de l'époque d'Horemheb*, et le conte allégorique de *Vérité et mensonge*.

copte. C'est parce que le démotique* était devenu une écriture suffisamment souple pour exprimer la langue égyptienne, mais aussi parce que les scribes* prétendaient conserver la tradition antique, et qu'en tant qu'Égyptiens ils se trouvaient en état d'hostilité envers les Grecs, qu'il a fallu attendre cinq siècles de domination grecque et romaine avant que les Égyptiens se décident à adopter l'alphabet grec, augmenté de quelques signes nouveaux, pour exprimer leur vieille langue. Mais il est remarquable que ce soient les Égyptiens convertis au christianisme qui rompirent avec les usages traditionnels d'écriture pour adopter cet alphabet grec, qui se révélait un moyen d'expression plus maniable que le démotique, mais qui, par ailleurs, représentaient une tradition qu'ils furent les premiers à combattre. C'est au IIIe s. qu'apparaissent les premiers écrits chrétiens, traductions des deux *Testaments* en langue égyptienne exprimée en caractères grecs, écrits des moines de la Thébaïde et de certains Pères grecs d'Égypte, comme saint

Athanase. Cette tradition se perpétuera dans l'Égypte byzantine et musulmane, et encore aujourd'hui les chrétiens d'Égypte, qui représentent une importante minorité, utilisent comme langue liturgique un dialecte issu de l'ancien égyptien.

Ce n'est cependant qu'au XVIe s. qu'apparaîtra en Europe le nom de copte pour désigner ces chrétiens d'Égypte et leur langue. Le mot ne vient nullement de la ville de Coptos, mais est une corruption du nom de l'Égypte ; dès l'Antiquité, on trouve, dans le poème de Paul l'architecte le mot *kyptaion* pour *aigyptaion*, à propos de la langue égyptienne, et au VIIe s. les Arabes en feront *qoubt* ou *qobt*, d'où nous viendra le mot copte (il convient de rappeler que le *y*, prononcé *i* aussi bien par les Grecs actuels que par les Français, était prononcé *ou* dans l'Antiquité, ce qui explique mieux le passage de *kyptaion* en *qoubt*). On connaît actuellement deux dialectes coptes, le « memphitique » (de Memphis) et le « thébain » (ou « saïdique »), auquel on peut joindre le « basmurique », qui est un patois qui apparaît à l'époque de l'invasion arabe (VIIe s.). Ces deux dialectes existaient déjà dans l'Antiquité et les différences sont alors visibles dans la transcription des mots coptes en grec, où c'est, en général, le memphitique qui est le plus fidèlement transcrit. C'est parce que, après Athanase Kircher au XVIIe siècle, Champollion acquit la certitude que le copte était fort proche de l'ancien égyptien, qu'il établit rapidement les principes de la grammaire égyptienne après avoir trouvé la clé de la transcription des hiéroglyphes*.

coptos (en égypt. Gebtyou), **capitale du Ve nome** de Haute-Égypte, au nord de Thèbes.**

Coptos doit sa fortune à sa position géographique. La ville s'élève, en effet, à l'endroit où le Nil se rapproche le plus de la mer Rouge*, à laquelle on accède de là par la vallée naturelle de l'ouadi Hammamat*. Cette ville de caravaniers, opulente dès l'Ancien Empire*, était le point de départ des caravanes vers le port de Tâanou (Qoçeir), fondé au Moyen Empire (mais sans doute existait-il une station sur la mer Rouge avant cette époque), ainsi que des expéditions qui allaient chercher les pierres dans l'ouadi Hammamat. Par ailleurs, le désert oriental était riche en filons d'or, et c'est à Coptos que parvenaient les caravanes qui ramenaient le précieux métal. Aussi pense-t-on qu'Ombos, située en face de Coptos, doit à cet or son nom égyptien de Noubi, « la dorée ». Au début de la première période intermédiaire, alors que la VIIIᵉ dynastie régnait sur Memphis, les nomarques de Coptos s'érigèrent en souverains indépendants. Ils groupaient sous leur autorité les sept nomes les plus méridionaux de l'Égypte, et, bien que leur État s'étendît d'Éléphantine* à Aphroditopolis, ils s'attribuèrent le protocole des rois d'Égypte et entourèrent leur nom d'un cartouche*. Ils semblent avoir gouverné en s'appuyant sur leur vizir et le fils de celui-ci, auxquels ils accordèrent les plus grandes faveurs. Cet État dura une quarantaine d'années avant d'être absorbé par les princes de Thèbes*. Par la suite, Coptos conserva son importance de cité caravanière, et aux époques grecque et romaine la cité était encore très prospère.

correspondance. Les fouilles d'Amarna* ont rendu une série de tablettes d'argile couvertes de caractères cunéiformes (écriture d'origine sumérienne adoptée par les peuples de l'Asie antérieure) qui représentaient les archives diplomatiques d'Aménophis III* et surtout d'Akhnaton*. La langue de ces lettres est le babylonien, qui était alors la langue internationale des chancelleries. Ces tablettes furent trouvées par hasard par une paysanne en 1887, sur le site d'Amarna. La plupart des savants crurent à un faux, et ce n'est qu'en 1915 que furent publiés et commentés les 358 documents alors connus. Depuis ont eu lieu de nouvelles trouvailles, accompagnées de publications. On dispose maintenant de 382 tablettes, parmi lesquelles 350 sont des lettres ou des listes relatives à des lettres. Les 32 autres tablettes contiennent des lexiques, des syllabaires, une liste de divinités, des fragments de mythes et d'épopée, un conte. La correspondance comprend des lettres écrites par les scribes des pharaons au nom de leurs souverains et les réponses des destinataires, ou vice versa. On voit ainsi que le pharaon correspondait avec ses contemporains les rois des Hittites* (cer-

taines lettres sont en langue hittite), des Mitanniens, des Assyriens, de Kardouniash (Babyloniens), d'Arzawa (Cilicie, au sud de l'Asie Mineure), d'Alasija (Chypre) ; la plupart des lettres sont cependant envoyées par des princes considérés comme vassaux : Azirou, roi d'Amourrou (Damascène), Itakama, roi de Kadesh*, Abdihiba, prince de Jérusalem, Ribaddi, roi de Byblos, surnommé le « chien du pharaon »... Ces lettres nous font connaître toutes les intrigues qui se nouaient en Syrie et en Phénicie afin d'arracher à l'Égypte son influence sur ces régions, ainsi que les rapports entre les souverains orientaux au XIVᵉ s. av. J.-C..

On voit que les rois s'appelaient frères entre eux et les lettres adressées aux pharaons commençaient à peu près toutes par cette formule : « Moi, roi de X, ton frère, je me porte bien. Puisse-t-il en être pareil pour toi, tes parents, tes serviteurs, tes enfants, tes épouses, tes chevaux, tes chars et tout ton peuple. » Et le pharaon répondait d'une manière à peu près identique : « À Kallima-Sin (Kadashman-Ellil Iᵉʳ ?), roi de Kardouniash (Babylone), mon frère, il est dit : " Moi, Nimmouria, le grand roi, le roi d'Égypte, ton frère, il se porte bien. Puisset-il en être de même pour toi, ta maison, tes femmes, tes enfants, tes vassaux, tes chevaux, tes chars et toute la terre. " » Aménophis III y apparaît sous les noms de Nibmuwareya, Nimmuwareya ou Mimmureya, Akhenaton sous celui de Napkhuraireya ou Namkhurya, Toutankhamon* sous celui de Nibkhurrereya (ce sont, en fait, des formes babyloniennes de leurs prénoms). Ce qui autorise à supposer qu'Aménophis III vivait encore lorsque la capitale de l'empire fut installée à Amarna et que Toutankhamon y régna pendant un certain temps.

corvée, impôt dû en travail.

Dans le principe, tout Égyptien y était astreint, mais dès l'époque thinite* le roi fait établir un recensement dont le but est de définir la base de l'impôt de la corvée, service en nature qui remplace en partie l'impôt. En fait, ce sont les paysans qui furent astreints aux corvées ; le fait est parfaitement explicable. D'une part, les paysans étaient habitués aux travaux manuels, car, outre la culture des champs, il était nécessaire qu'ils construisissent digues et canaux pour assurer une bonne irrigation, tandis que les fonctionnaires*, les courtisans et les artisans*, vivant dans l'entourage de la cour, savaient se faire exempter de ces pénibles travaux ; par ailleurs, la longue crue du Nil laissait les paysans inactifs pendant une certaine partie de l'année, et les pharaons ont pensé très tôt à utiliser cette main-d'œuvre oisive.

Cependant, le paysan n'était pas taillable et corvéable à merci, et dès l'Ancien Empire des statuts énumèrent et, par là, limitent, les corvées auxquelles on peut astreindre les paysans. Sans doute, cette main-d'œuvre fut largement utilisée pour l'érection des grandes pyramides* et des temples* funéraires de l'Ancien Empire*. Mais, peu à peu, le nombre des corvéables diminua, grâce aux chartes* d'immunité qui interdisaient le prélèvement des corvées sur les terres appartenant au clergé et aux villes jouissant de l'immunité, ainsi que les réquisitions de denrées alimentaires ou de biens (véhicules, bateaux, etc.). Pendant la Première période intermédiaire*, les villes neuves revêtues d'immunité par les nomarques* virent affluer une population d'artisans et de paysans qui échappaient à la corvée. Aux époques plus récentes, l'esclavage et les prisonniers de guerre réduisirent finalement les corvées des paysans à bien peu de chose, d'autant que les constructions des rois du Nouvel Empire* requéraient des ouvriers spécialisés plutôt que des manœuvres.

Les soldats étaient, par ailleurs, aussi utilisés pour des corvées comme le transport de pierres ; ainsi, lors des expéditions dans l'ouadi Hammamat*, on trouve quelques ouvriers spécialisés « encadrés » parfois par plusieurs milliers de soldats dont la charge était le transport des pierres plus que la protection des ouvriers contre quelques misérables Bédouins*. Il est certain que la corvée n'a été une pénible contribution que sous l'Ancien Empire et qu'elle n'a plus existé que *de jure* aux époques ultérieures, durant lesquelles les véritables corvées du paysan s'identifiaient à la mise en valeur du sol égyptien.

cosmétique. Les produits de beauté ne manquaient pas chez les Égyptiens, car les hommes autant que les femmes soignaient leur maquillage et leur corps. En ce qui concerne le visage, on portait surtout ses soins aux yeux en les allongeant à l'aide d'une poudre noire à base de galène, qu'on appliquait sur les sourcils et la paupière supérieure, et de poudre verte, à base de malachite, qu'on étendait en un long trait sur le bord de la paupière inférieure. Ces fards étaient utilisés également par les hommes et les femmes. On les préparait soi-même sur les palettes* à fards jusqu'à la fin de l'Ancien Empire*. Par la suite on se les procure tout prêts et on les conserve soit dans de simples sachets, soit dans des boîtes dont les formes varient à l'infini (→ **toilette**). Les femmes se coloraient aussi les lèvres dans des tons de rouge et de rose. On peut juger de l'importance des cosmétiques en considérant que la plupart des statues (et aussi les statues funéraires*) étaient peintes et qu'il fallait, pour les momies*, sept sortes d'huiles (on offrait aussi aux dieux sept huiles canoniques parfumées) et deux espèces de fards. Ces huiles ne sont pas toutes précisément identifiées. Néanmoins, nous sommes assurés qu'ils utilisaient l'huile d'amande, du myrobolan, de l'olive, du raifort, du sésame, de la roquette, de la graine de coloquinte, de la noix de *ben* (noix de moringa), du carthame épineux.

On connaît, par ailleurs, des statuettes préhistoriques représentant des femmes dont le corps est entièrement peint ou tatoué ; cette pratique a dû se poursuivre un certain temps, mais elle avait disparu complètement sous l'Ancien Empire.

Pour les soins du corps, on utilisait de nombreuses sortes d'huiles et d'onguents qu'on faisait venir de l'extérieur, de Libye ou des côtes de la mer Rouge*. Leur usage était généralisé et même les ouvriers s'enduisaient de graisse ou d'huile peu affinée, les grands et les militaires utilisant des huiles parfumées exotiques. Il y avait un onguent spécial pour supprimer les odeurs de transpiration du corps, un autre pour assouplir la peau, d'autres pour la raffermir ou pour en supprimer les défauts, rougeurs, boutons... Les barbiers connaissaient de nombreux traitements pour les cheveux, pour les faire boucler, pour les fortifier, pour empêcher le grisonnement. Les Égyptiens possédaient encore des pommades, utilisées au cours des festins, pour parfumer les mains et les bras des participants. Les onguents étaient de compositions très diverses : l'huile, le miel, le natron, la poudre d'albâtre et les parfums* comptaient parmi les ingrédients les plus utilisés.

Onguents, cosmétiques et parfums étaient aussi largement utilisés dans les rites funéraires, aussi bien dans la momification* que lors des rites tel celui de l'ouverture* de la bouche. Dans ce dernier, le prêtre-*Sem* qui procédait au rite, appliquait (sur le visage de la statue funéraire*) le « fard vert et le fard noir » et il l'oignait avec de l'huile de *ben*, de l'onguent-*medjet* (peut-être du suif de bœuf, servant d'excipient, parfumé à la myrrhe ?), ces produits servant à régénérer le visage. Le même texte concernant les onctions, cite ensuite toute une série d'onguents, associés à l'Œil d'Horus, amulette* qui conférait leur pouvoir magique à ces onguents : medjet, hekenou, sefetj, nekhenem, touat, dont on ignore la composition (J.-Cl. Goyon, traducteur et commentateur du rituel, pense que l'onguent-sefetj est une « pommade parfumée à l'aide de goudron de genévrier ».).

cosmogonies. Chaque dieu de nome* possédait sa théologie, qui lui avait établi une cosmogonie, en général inspirée par la vue de phénomènes naturels, en particulier les marais du Delta*, où ne surgissaient plus que quelques buttes de terre lors des inondations, figurant une vision du monde initial. Cependant, de toutes ces cosmogonies, dont il ne nous reste souvent que de minces traces, trois systèmes ont subsisté parce qu'ils ont connu une grande fortune dans la pensée religieuse de l'Égypte unifiée. Dans la cosmogonie héliopolitaine, le soleil, Atoum*, se crée lui-même au-dessus de l'eau primitive, Noun*. Dans une version tardive, il existait dans une fleur de lotus d'où il s'élança, le jour de la création, sous la forme d'un enfant. Il créa alors une butte dans l'Océan, sur laquelle il s'établit. Il créa ensuite (soit en crachant, soit en se masturbant) Shou* et Tefnout*, l'air et l'humidité, qui à leur tour engendrèrent la terre, Geb*, et le ciel, Nout*. Ces derniers enfantèrent Osiris*, Isis*, Seth* et Nephthys* ; ces neuf dieux constituèrent l'En-

néade*. C'est là une synthèse entre une cosmogonie primitive, où apparaissent le ciel, la terre et le soleil, et la doctrine osirienne, dont quatre divinités sont intégrées dans le cycle cosmogonique héliopolitain. Ce système est le plus ancien des grands systèmes cosmogoniques.

En réaction contre ce système, Hermopolis* établit une doctrine où se révèlent ses prétentions politiques, système imaginé, selon Sethe, à l'époque prédynastique, lorsque cette ville se révolta contre la domination d'Héliopolis*. Le dieu créateur est Thot*, qui par sa parole créa une ogdoade de dieux allégoriques. Ceux-ci déposèrent sur une butte primitive, *taténen* (Terre émergée), au milieu du Noun, un œuf d'où jaillit le soleil, qui s'éleva au ciel ; mais ici le Noun est un principe actif de caractère divin, et dans une nouvelle version, la doctrine héliopolitaine, empruntant au système hermopolitain cette conception, fera de Noun le créateur d'Atoum. Une autre tradition hermopolitaine, sans doute plus ancienne, faisait jaillir le soleil d'un lotus qui flottait sur l'obscur océan primordial.

La troisième cosmogonie, la plus récente, fut établie par le clergé de Memphis*. Ces théologiens conçurent, au début de l'Ancien Empire*, une création par le verbe. Ptah, dieu primordial, conçoit le monde par son intelligence et le crée par la parole. Il créa ensuite les kaou (→ **Ka**), c'est-à-dire les supports de la vie, puis il « fit surgir les villes et fonda les nomes* ». Sans doute Ptah est entouré d'une ogdoade dont il est le créateur, mais ces dieux sont des hypostases, ou plus précisément des parties de son être : ainsi Horus est son intelligence qui siège dans son cœur, Thot est la forme divine de sa volonté, c'est-à-dire l'instrument de la création.

Parmi les cosmogonies secondaires, on peut rappeler celle de Khnoum* qui, sur son tour de potier, modèle toutes les formes de la création.

couronnement → intronisation.

couronnes. Réservées aux dieux et aux rois, les couronnes sont, aux yeux des Égyptiens, des êtres divins chargés de force magique ; ornées du serpent uræus*, avec lui elles protègent le roi, dont la puissance devient redoutable grâce à leur pouvoir. À l'époque prédynastique*, le roi du Sud était coiffé de la couronne blanche, longue mitre oblongue, tandis que le roi du Nord portait la couronne rouge, casque au sommet aplati, pourvu à l'arrière d'un haut appendice. Nekhbet*, déesse de Haute-Égypte, est, comme le roi, coiffée de la couronne blanche ornée de deux plumes d'autruche, tandis que la couronne rouge est portée par la déesse uræus, Ouadjet*. La couronne blanche est appelée en égyptien *hedjet* et la couronne rouge *deshret*. L'union de la Haute et de la Basse-Égypte fut symbolisée par l'union des deux couronnes formant ce qu'on appelle le pschent* à la suite des Grecs ; son nom réel est *skhemty* qui signifie « les deux puissantes » (le p initial représentant l'article en égyptien, on obtient l'expression *p. skhmt* d'où provient le mot *pschent*).

Le *khépresh* est une sorte de casque bleu porté dans certaines circonstances et souvent lors des batailles, au point qu'on en a fait un peu promptement le casque de guerre du pharaon. Plus rarement portée est la couronne appelée *hemhemt*, ce terme est le « rugissement » de guerre et la couronne en est comme la forme incarnée ; elle est constituée par trois faisceaux de papyrus* ayant à la base et au sommet chacun un disque solaire, serrés dans une sorte de double corne en forme de lyre ornée d'un uræus sur chaque côté, le tout étant dressé sur une paire de cornes de bélier. C'est une forme plus compliquée de la couronne *atef*, couronne osiriaque constituée par un faisceau de papyrus au lieu des trois de l'*hemhemt*. Les couronnes des autres divinités représentaient souvent leur symbole : cornes, double plume, disque solaire.

On rendait un culte aux couronnes, et les hymnes et prières qui leur sont adressés révèlent la puissance qu'on leur attribuait. Ces hymnes étaient liés à des cérémonies du culte, et en particulier lors de la remise solennelle de la couronne au pharaon, après son lever, la protection de la divinité tutélaire de la couronne était ainsi appelée sur la tête du roi. La couronne est alors l'Œil d'Horus. Nous possédons ainsi une série d'hymnes sur un papyrus qui remonterait à l'époque hyksos* (selon Erman), où le pharaon est assimilé à Sebek*, le dieu-crocodile, de Shédit (Médinet el-Fayoum). Voici quelques-uns des titres de ces hymnes, suivant la traduction française donnée par A. Baruq et F. Daumas : *Adorer la couronne-blanche, Adorer la Grande Magicienne du Nord* (la couronne rouge), *Adorer l'Uræus, Adorer le pschent, Adorer Nit* (un nom de la couronne rouge), *Adorer la couronne-Itefat* (atef).

cour royale. Le roi était entouré d'une cour qui, sous l'Ancien Empire*, possédait une importance qu'elle perdit par la suite. On rencontre d'abord tous les gens préposés au service du roi, dont les fonctions apparaissent souvent comme des dignités. Ainsi trouve-t-on quatre fonctions en ce qui concerne la coiffure : perruquier royal, sous-perruquier royal, chef perruquier, directeur des perruquiers, ce qui implique, en outre, une quantité de perruquiers aux ordres de ces quatre dignitaires ; on retrouve, d'ailleurs, pour les autres fonctions, cette division bipartite des gens préposés aux soins directs du roi et de ceux qui sont chargés des affaires du palais, sans doute le harem et la famille royale ; on voit ainsi des lessiveurs, blanchisseurs, chambellans, directeurs et scribes*, des parures royales, des artistes, des métallurgistes, des porteurs de sandales, des médecins, etc. Les couronnes* royales, appelées « les Grandes Magiciennes » sont remises aux soins d'un très haut dignitaire, qui cumule les titres magnifiques de « gardien de la couronne qui pare le roi », « conseiller intime des deux couronnes », « créateur de la parure royale ».

Une autre catégorie de courtisans est constituée par les prêtres*, prêtres du culte divin et prêtres chargés du culte funéraire des ancêtres du roi ; ils ne forment cependant pas un clergé* à part et sont mêlés avec les autres courtisans. Les fonctionnaires* de l'administration* centrale constituent un corps qui vit en partie à la cour, mais, par leurs fonctions, ils ont moins d'occasions d'approcher le roi.

Enfin, les véritables courtisans sont ces gens pourvus de titres honorifiques et qui souvent n'ont pas d'autre fonction que de se tenir auprès du roi et de lui former un cortège. Ils ont une grande importance sous l'Ancien Empire, mais on les trouve encore sous les Empires thébains, bien que les rois aient alors distribué avec plus de parcimonie ces titres honorifiques. Sous l'Ancien Empire, ils étaient accordés d'office aux très proches parents du pharaon et on les donnait à des fonctionnaires comme récompense de leurs services ; cependant, on connaît des fonctionnaires en début de carrière qui portent déjà des titres honorifiques. On rencontre sous l'Ancien Empire des titres qui représentent d'anciennes fonctions remontant sans doute à l'époque prédynastique*, tels : « préposé à Hiérakonpolis », « bouche de Bouto » ou « Grand des dix du Sud ». Mais le titre le plus couramment attesté est celui d'« ami » *(smer)*, pour lequel existe une hiérarchie jusqu'à l'« ami unique », titre porté par plusieurs personnes, en dépit du sens du mot. Les amis ont la garde du roi (ils ont le privilège de se tenir près de lui) et du palais*. Il faut cependant remarquer qu'on n'était pas obligé de faire une carrière à la cour pour parvenir à des dignités, et on a des exemples comme celui de Meten qui vécut sous Snéfrou* : il débuta comme scribe dans l'administration pour s'élever jusqu'à la fonction de nomarque* et, finalement, fut comblé de dons par le roi qui lui accorda le titre de *rekh nesout*, c'est-à-dire « connu du roi », qui, à l'origine, était réservé aux petits-fils du pharaon. Les fils du roi avaient, entre autres titres, celui d'« ami unique » de leur père et, cependant, ce titre, donné à des gens partis de rien, était souvent refusé à des nobles, tels les « Grands de la Haute Égypte ». Ainsi voit-on par les autobiographies* qu'il n'était pas nécessaire d'être de haute lignée pour parvenir à des postes et à des dignités enviés par les grands du royaume. Le titre d'« ami » se maintint sous les Empires thébains, mais au Nouvel Empire* il perdit une grande partie de son prestige. Il est alors remplacé, en tant que haute dignité, par le titre de « flabellifère à la droite du roi » ; sur les représentations, on voit un dignitaire pourvu de ce titre marchant à côté de la litière royale et portant ses insignes, une petite hache et un éventail pareil à une longue plume. Des dames de la cour ont aussi reçu le droit de porter le petit flabellum, symbole de cette dignité.

Comme on peut le supposer, les courtisans étaient très jaloux des faveurs et des prérogatives que leur accordait le roi. Leur position à la cour était réglée par toute une étiquette, et selon leur rang ils pouvaient se tenir plus ou moins près du souverain ; des fonctionnaires étaient chargés de maintenir cette étiquette ; la charge de « celui qui laisse monter les courtisans vers le roi » était un poste particulièrement recherché, mais fort délicat à occuper, car il fallait introduire les fonctionnaires, les ambassadeurs, les courtisans, et donner à chacun la place qui lui était due ; il fallait savoir qui devait rester debout, qui pouvait s'asseoir et jusqu'où chacun pouvait s'approcher du roi, tout en montrant un tact suffisant pour ne blesser personne. Signalons encore ces « privilégiés », les *imakhou*, gens qui, sous l'Ancien Empire, étaient nourris par le roi et sans doute, dans certains cas, mangeaient en sa compagnie.

Crétois. Il faut abandonner les anciennes thèses qui mettaient Crétois et Égyptiens en relation directe dès l'époque prédynastique*, et qui étaient fondées sur la traduction par Égéens du nom égyptien Haou-Nebout (→ **Grec**). Pendant tout l'Ancien Empire*, les relations de l'Égypte avec la Crète ont été indirectes, et c'est au cours de leurs navigations en Phénicie que les Égyptiens ont connu les Crétois. Il est, par ailleurs, à remarquer qu'on n'a trouvé aucun objet crétois en Égypte avant le Moyen Empire* ; il est vrai qu'à cette époque les tessons et vases minoens (c'est-à-dire crétois de la période dite Minoen Moyen) abondent dans la vallée du Nil, depuis le Delta jusqu'à Abydos* ; mais il semble que c'est toujours par l'intermédiaire de la Syrie que les marchandises crétoises parvenaient en Égypte. Il ne semble pas douteux que les Crétois soient les Keftiou des textes égyptiens, adaptation égyptienne du nom sémitique des Crétois : Kaphtor de la Bible, et Kaptara de textes sémitiques plus anciens. Le nom Keftiou apparaît pour la première fois dans le texte des *Admonitions* *d'un sage égyptien*, et il semble bien être dérivé d'un mot égyptien plus ancien, Kefter, qui aurait désigné les Crétois au début de la première période* intermédiaire. Ainsi, c'est donc vers cette époque que les relations avec la Crète semblent réellement attestées. Ces relations furent toujours pacifiques ; lorsque

Hénou, général de Mentouhotep II*, parle des Haou-Nebout qu'il a réduits à l'impuissance, ce n'est, en effet, pas les Crétois qu'il faut entendre, mais quelque tribu des confins du Delta, du côté du Sinaï. Les relations se poursuivront entre les Crétois et les Hyksos*, et on a trouvé à Cnossos un fragment de vase au nom d'un roi hyksos, Khian.

Au Nouvel Empire*, les relations avec les Crétois vont reprendre dans toute la vallée du Nil et se développer. Les influences sont attestées dans tous les domaines : dans la médecine*, dans la pharmacopée*, dans la magie*, dans l'art. Le poignard de bronze à lame incrustée de motifs d'or trouvé dans la tombe d'Ahmôsis* est d'inspiration crétoise, et dans les deux siècles qui vont suivre ces influences vont aller en s'affirmant ; on les trouve dans la forme des poteries, dans les procédés de teinture et de broderie, dans les motifs de décoration des tombes. La peinture subit l'influence naturaliste de l'art crétois, et d'aucuns ont vu le triomphe de cette influence dans l'art amarnien (→ **Amarna**). Les grands souverains de la XVIIIe dynastie et même Ramsès II* nomment les Keftiou parmi les peuples soumis ou tributaires, et, en fait, les tombes des vizirs, telle celle de Rekhmirê*, nous montrent les hérauts crétois apportant les tributs de la Crète dans de longs vases typiquement minoens ; cependant, plutôt que des tributs*, il faut voir là des cadeaux que les Crétois faisaient aux puissants pharaons pour se ménager leur protection dans l'Empire égyptien, l'un des plus importants marchés du commerce égéen. Les Keftiou disparaissent de l'onomastique égyptienne après la chute de la Crète minoenne (Minoen Récent II) au milieu du XVe s. Ils sont alors remplacés dans les textes par les Mycéniens, sous le nom de peuples des *Iles qui sont au milieu de la Mer.* → **Égéens.**

croyances funéraires. Les croyances funéraires des anciens Égyptiens n'ont jamais formé un ensemble structuré et clairement exprimé. Selon les périodes et les régions, on trouve divers courants qui, souvent, se mêlent, bien qu'exprimant des conceptions contradictoires. Dès le début du néolithique*, les sépultures révèlent une croyance à la survie dans un au-delà* où le mort avait les mêmes besoins que pendant son existence terrestre : les offrandes funéraires trouvées dans les sépultures du tasien* et des périodes prédynastiques* en sont la preuve. Cette croyance de la survie dans un monde souterrain sera une constante des croyances eschatologiques du peuple égyptien. Sans doute née à l'époque préhistorique, on trouve dès l'Ancien Empire* une conception stellaire selon laquelle les âmes des morts allaient rejoindre les étoiles dans la voûte céleste ; celle-ci était double, située au-dessus de la terre, mais aussi en dessous, formant une double sphère que parcourait le soleil en vingt-quatre heures. On trouve là une conception évoluée où le corps est laissé à la terre, tandis que l'âme va dans le ciel. Les inscriptions des tombes des grands élevées autour des pyramides* laissent percer cette conception stellaire de la survie, mais ce monde est dominé par une divinité anonyme, appelée « dieu-grand », auquel Osiris* sera plus tard assimilé. Mais le pharaon*, devenu lui-même Osiris après sa mort, est aussi un dieu-grand et ses courtisans aspireront à le suivre vers les étoiles. Cette « destinée* solaire », du roi nous est décrite dans les *Textes des Pyramides*, mais elle n'a, à l'origine, guère de rapport avec la croyance stellaire. Le soin du corps est alors abandonné à Anubis*. Ce n'est qu'à partir de la VIe dynastie que, sous l'influence osirienne, les soins du corps deviennent prépondérants, tandis que l'existence supraterrestre de l'âme reste mal définie. On doit pouvoir trouver dans la révolution* de caractère populaire qui mit fin à l'Ancien Empire la désaffection des Égyptiens pour les croyances stellaires ; c'est sans doute du peuple, qui, lui, avait conservé la plus ancienne tradition de la survie du corps dans un monde souterrain, que vint cette transformation générale des croyances funéraires, qui va amener, au Moyen Empire, le triomphe de la théologie osirienne. Pendant cette période, la doctrine solaire, de plus en plus abandonnée, tombe dans la confusion des formules magiques, tandis que la vision osirienne va aller en s'affermissant. Le Nouvel Empire va essayer de concilier les reliquats de la doctrine solaire avec l'osirisme ; on obtient ainsi les croyances funéraires classiques, qui se trouvent, par ces essais de conciliation, remplies de contradictions et d'incohérences. On assiste cependant déjà à un développement des formules magiques qui, à basse époque, constitueront l'élément dominant des croyances funéraires. Le *Conte de Satni-Khamois* et de son fils Sénosiris, qui date du début de notre ère, exprime une conception toute nouvelle de l'au-delà. Il nous fait pénétrer dans une caverne de la montagne de Memphis*, où sept salles symbolisent l'Amenti*. On ne sait ce qu'il y a dans les trois premières, du fait de la mutilation du manuscrit ; dans la quatrième se tiennent les damnés, qui essaient en vain de saisir l'eau et la nourriture suspendues au-dessus d'eux ; le pivot de la porte de la cinquième salle est planté dans l'œil d'un méchant ; dans la sixième se trouve le tribunal d'Osiris (→ **jugement d'Osiris**). Là, nous apprenons que, en conséquence du jugement divin, ceux dont les méfaits sont plus nombreux que les mérites seront livrés à Amait, la chienne d'Osiris, qui détruira leur corps et leur âme ; ceux dont les mérites seront les plus grands seront parmi les dieux du conseil du maître de l'Amenti et leur âme ira au ciel parmi les mânes ; ceux dont les mérites égaleront les fautes iront dans le purgatoire terrestre de Sokar-Osiris. Ainsi le conte nous fait-il voir un pauvre aller au ciel, tandis qu'un mauvais riche est puni en enfer.

crypte, nom donné dans l'architecture funéraire à une salle située en contrebas, au fond du caveau, à laquelle on accède par quelques marches.

On en rencontre dans les hypogées* d'Aménophis II*, de Thoutmôsis III*, d'Aménophis III*, et des grands souverains de la XIXᵉ dynastie.

Dans les temples, les cryptes n'apparaissent qu'à l'époque ptolémaïque. Elles étaient aménagées en sous-sol dans la maçonnerie des fondations, ou dans les épaisses murailles extérieures où l'on trouve parfois plusieurs étages de couloirs qui semblent être des galeries de décharge. L'entrée des cryptes n'était pas signalée par une porte ; on y accédait par une dalle pivotante, qui ne se distinguait pas du reste de la maçonnerie, ou encore par une dalle glis-

sant dans des rainures. Quelques-unes de ces chambres secrètes étaient aménagées au-dessous de certaines salles. Elles sont décorées de bas-reliefs qui nous renseignent sur leur destination : c'est là qu'on enfermait les emblèmes sacrés des dieux, le mobilier précieux et les trésors des temples. Les plus remarquables cryptes sont celles du temple de Dendérah*.

cuisine → nourriture.

culte divin. On ne connaît réellement le culte divin que sous le Nouvel Empire*, mais il semble que ce rituel remonte au moins au début des Empires thébains et peut-être plus haut, sous des formes sensiblement identiques. De même, quelle que soit la divinité, le culte quotidien qui lui est rendu ne varie guère que dans de menus détails. Le dieu habite le sanctuaire et, par sa présence et son intégrité, il est le soutien de la création et du cosmos, et le but du culte est de nourrir le dieu pour qu'il ne perde pas son efficacité, et de le purifier pour que des souillures ne portent pas atteinte à sa puissance. Le prêtre* officiant, qui agit au nom du pharaon, doit revêtir ses habits sacerdotaux et procéder aux purifications. Il ouvre les portes du naos*, après en avoir fait sauter le sceau d'argile, et il se prosterne devant la statue du dieu, en récitant des formules par lesquelles il se justifie, comme le fait le vizir Ouser, qui remplit les fonctions de prêtre-*oueb* sous la XVIIIᵉ dynastie : « Je n'élève pas la voix dans la maison du maître du silence, je ne dis pas de mensonge dans la maison du maître de la justice... » Il se relève et récite les hymnes* d'adoration du matin ; il purifie la statue avec les onguents* et en faisant brûler de l'encens puis il procède au rite d'ouverture* de la bouche. Après avoir rassuré le dieu sur ses intentions amicales, il lui fait les premières offrandes de nourriture symbolisées par l'œil d'Horus* qui va lui rendre la vie. Le prêtre se retire alors, et a lieu une seconde ouverture du naos, cette dualité étant, sans doute, commandée par les rites unis du culte de Haute-Égypte et de celui de Basse-Égypte. Le rite est identique à la première ouverture, mais, à la fin, l'offrande est faite sous la forme de la déesse Maât*, personnification de la nourriture qui rendra au dieu sa vigueur. Le rituel porte ici le nom de « chapitre de donner Maât », d'où il apparaît d'après le texte, qu'à côté du sens matériel ce don prend un caractère moral où Maât est la justice attachée au dieu qui, avec elle, se manifeste aux hommes, le devoir du roi étant de faire triompher la justice parmi ses sujets. Le dieu est ensuite retiré du naos et l'officiant procède à sa toilette ; il purifie la statue, l'habille, la farde et la parfume avec des huiles diverses. Enfin, la statue est replacée dans le naos, dont les portes sont à nouveau fermées et scellées, tandis que l'officiant se retire à reculons, en effaçant la trace de ses pas. Le dieu éveillé va maintenant pouvoir parcourir son temple comme le soleil parcourt le monde pendant la durée du jour. À midi avait lieu un service qui consistait en purifications, et le soir on répétait les cérémonies du matin, mais sans ouvrir le naos, ce service s'accomplissant sans doute dans une petite chapelle voisine de celui-ci.

Ce culte n'était donc jamais public, et ce n'est que lors des grandes fêtes qu'il y avait des apparitions du dieu et des processions*.

culte funéraire. De tous les peuples de l'Antiquité, c'est sans doute les Égyptiens qui ont attaché la plus grande importance au culte des morts, celui-ci étant étroitement lié aux croyances funéraires et à leur conception la plus courante de l'au-delà*. Dès le décès commençait réellement le culte funéraire : il fallait d'abord procéder à l'embaumement*, puis aux funérailles*. La construction de la tombe était un soin que se réservait chaque Égyptien de son vivant, mais s'il pouvait aussi faire exécuter sa statue* funéraire, c'est en partie aux parents qu'incombait la charge de faire graver la stèle* funéraire ; à eux revenait aussi le soin de refermer la tombe. Après le banquet qui suivait ces cérémonies, l'essentiel du culte consistait dans le service d'offrandes (→ **offrandes funéraires**). Mais il ne s'arrêtait pas là. On adressait prières et invocations au dieu grand Osiris*, et à Anubis* pour qu'ils accueillent le défunt et que celui-ci ait « ses liturgies en pains, gâteaux et liqueurs, à la fête d'Ouagaït, à la grande fête du dieu, à la procession du dieu Min*, à la fête des offrandes, aux fêtes du mois et du demi-mois, et chaque jour ». Lors de certaines de ces fêtes, les membres de la famille venaient sur le tombeau apporter des offrandes et faire des fumigations, qui étaient souvent suivies d'un banquet funéraire. Ce banquet était précédé, en certaines occasions, du sacrifice d'un bœuf ou d'une antilope, dont une partie était consacrée au service d'offrandes et une autre partie au banquet funéraire.

Les diverses localités connaissaient, par ailleurs, des coutumes particulières, telle celle d'Assiout* où, le premier jour de l'année, on allumait des lampes dans les tombes, puis on se rendait dans les temples en chantant des hymnes* en l'honneur des défunts.

Le culte funéraire semble avoir été inspiré par une véritable piété, à laquelle se joignait l'espoir d'être traité pareillement après la mort. Les Égyptiens, en effet, semblent avoir redouté les morts qui, au contraire, ne pouvaient survivre que grâce aux vivants ; les violations* de tombes et l'usurpation par des gens peu scrupuleux des tombes abandonnées révèlent même chez certains un véritable mépris pour les défunts anciens. Cependant, tous les Égyptiens n'ont pas été exempts de la crainte des morts.

On possède des papyri* qui contiennent des invocations contre les morts qui s'insinuent dans les corps des vivants pour leur causer des maladies. On voit aussi des fantômes tourmenter des gens qui ont été de proches parents ou terroriser des enfants. Certains défunts, trop oubliés et affamés, allaient jusqu'à boire le sang des vivants comme nos vampires. Plus rarement ces apparitions, comme celle du trésorier du roi Rêhotep (qui apparaît à un prophète d'Amon*), se contentaient de dialoguer avec le vivant, tout en se plaignant d'être abandonnées, ce qui était, en général, cause de la mauvaise humeur des défunts et de leur retour intempestif parmi les vivants.

Dahchour, nécropole royale à l'ouest de Memphis.

L'intérêt de ce site réside dans les deux pyramides* attribuées à Snéfrou*. La première est dite « rhomboïdale » du fait que ses arêtes sont arquées : du moins, c'est l'impression qu'elles donnent, car en réalité elles s'élèvent droites pour former un angle d'inclinaison différente vers leur milieu ; on l'a aussi plus justement appelée « pyramide double », puisqu'elle se présente comme une pyramide tronquée surmontée d'une seconde pyramide. On a expliqué ce changement d'inclinaison soit par une raison symbolique (matérialisation dans la pierre de la double monarchie), soit par une raison pratique : afin de hâter l'achèvement du monument, on aurait décidé d'incliner plus fortement le plan de l'arête.

Cette pyramide mesure 97, 50 m de hauteur et 188, 50 m de côté ; son revêtement en dalles calcaires de Toura est en partie conservé.

L'autre pyramide de Snéfrou, au nord, est la première pyramide parfaite qui ait été conçue et construite d'un seul jet. On l'appelle « pyramide rouge » du fait que son revêtement calcaire a presque entièrement disparu, pour laisser apparaître les blocs de pierre rouge utilisés pour sa construction. Sa hauteur est de 104, 40 m, sur 218, 50 m de longueur pour les côtés nord-sud et 221, 50 m pour les côtés est-ouest.

Des rois de la XIIe dynastie, Amménémès* II et III et Sésostris III*, se sont encore fait élever des pyramides en ce lieu. Celle d'Amménémès III (appelée par les indigènes pyramide noire) est en brique et ne mesure plus qu'une trentaine de mètres de hauteur sur une base carrée de 105 m. Son revêtement ancien de calcaire de Tourah a complètement disparu. Elle recouvrait un puits funéraire et des galeries qui conduisaient à la chambre funéraire pourvue d'un sarcophage en pierre. De celle d'Amménémès II (dite pyramide blanche), construite en pierre, il ne reste plus que les bases. Près de celle de Sésostris III, construite en briques, on a retrouvé huit barques en bois. Sa hauteur d'origine était de 78, 5 m, sur une base carrée de 105 m.

Dakhlèh → oasis.

danse. On possède de nombreuses scènes de danse, en particulier sur les peintures des tombes. Il est attesté qu'aux époques anciennes il existait des danses guerrières et des danses de chasse de caractère rituel qui remontaient à la plus lointaine préhistoire. La danse exprime chez les Égyptiens une idée de réjouissance ; cependant, on dansait à l'occasion des funérailles. Dans le culte, la danse tient une place importante, et l'on voit, à côté des prêtres et prêtresses, des danseuses et des musiciens prêter leur concours lors des fêtes religieuses ou pour certaines cérémonies. Pendant la fête de Min*, la fête Sed*, la grande fête d'Opet*, ainsi que lors de l'érection du pilier djed*, il y avait de nombreuses manifestations accompagnées de danses. Une danse rituelle est exécutée par la reine elle-même pendant la fête de Min*. Dans les mystères osiriens, des bouffons couronnés de coiffes de roseaux dansent de façon burlesque ; ce sont des nains, souvent des Pygmées que des expéditions ramenaient du haut Nil pour être « danseurs du dieu ». Ces nains, qui divertissaient le roi, imitaient en quelque sorte Bès*, dieu de la danse, par leur difformité même.

La danse était aussi une manifestation profane. Les danseurs et danseuses étaient généralement des professionnels, et parfois des gens de la maison. Les nombreuses scènes de banquet, en particulier dans les tombes du Nouvel Empire*, montrent que les danses étaient exécutées par des femmes, généralement très jeunes et vêtues seulement d'une mince ceinture, mais portant perruque et bijoux*. Sur un ostracon* une danseuse a les reins ceints d'une sorte de pagne moulant laissant le ventre découvert. Ces danses revêtaient un caractère acrobatique si l'on en juge à certaines postures où la danseuse est cambrée en arc de cercle, appuyée sur les mains et les pieds. On voit aussi de telles jeunes filles acrobates qui précèdent ou accompagnent des processions religieuses.

décret. Lorsque le roi s'exprime, ce sont des « ordonnances parlées » (*oudjou moudou*) et « tout ce qui sort de la bouche de Sa Majesté se réalise sur-le-champ ». Telle est la théorie qui procède peut-être de la croyance primitive selon laquelle la voix crée magiquement la chose exprimée. Mais dans cette croyance apparaît la conception de la volonté du roi, fondement de toute loi*. Et, pour être plus sûr de la puissance magique de la parole royale, des scribes* la recueillent sur des feuilles de papyrus* avant qu'elle ne soit gravée dans la pierre des stèles* afin d'éterniser l'ordonnance royale, tandis que les fonctionnaires* sont partout présents pour la rendre effective. Les décrets s'appellent *oudj* et portent le même nom que la stèle (*oudj*) sur laquelle on les grave. Le caractère divin de ces ordonnances est marqué, en outre, par la divinité qui les personnifiait, Hou, dont le déterminatif hiéroglyphique est le faucon (Horus) sur la hampe d'enseigne.

Les premiers décrets sont les chartes* d'immunité dont les fouilles ont rendu les textes inscrits sur des stèles placées dans le lieu jouissant de cette immunité. Par la suite, les décrets pris par les nomarques* indépendants ou par le roi (ou les ministres du nom du souverain) se multiplièrent, restant, dans l'État complexe de l'Égypte du Nouvel Empire, le plus efficace moyen de gouvernement. Parmi ces décrets, celui qui est inscrit sur la pierre de Rosette* est sans doute le plus justement célèbre.

déification. L'élévation au rang de dieu d'hommes ayant eu une existence historique est un processus familier aux peuples de l'Antiquité auquel les Égyptiens n'ont pas échappé. Bien qu'ils fussent déjà considérés comme d'essence divine, les rois donnaient un exemple qui, selon certains égyptologues, remonterait fort haut, puisque des dieux de l'importance d'Osiris*, de Seth* et d'Horus* ne seraient, à l'origine, que de puissants chefs de clans. Ainsi, à côté du culte funéraire des rois, on voit, à l'époque historique, se constituer des cultes au bénéfice de personnages marquants, rois ou particuliers. Parmi les pharaons, Snéfrou* fut adoré au Sinaï*, Sésostris III* en Nubie*, Amménémès III* au Fayoum*, Ahmès-Néfertari et son fils Aménophis Ier* dans la nécropole de Thèbes*.

Des hommes n'ayant pas régné se virent aussi déifiés. Kagemni, vizir de l'Ancien Empire, eut une chapelle dressée près de son mastaba* et des fidèles vinrent y déposer des stèles* ; il en fut de même pour Isi, prince d'Edfou*, dont les bâtiments voisins du mastaba furent aussi érigés en chapelle ; un Héqaib possédait une chapelle dans l'île d'Éléphantine*. La personnalité de certains de ces hommes est moins connue ; ainsi ce Téos ou Tééphibis (Théos l'Ibis ?), identifié à Thot* d'Hermopolis*, adoré à Thèbes* et qui joua un important rôle dans la littérature hermétique de basse époque, ou encore ce médecin, Néferhotep, dont le nom, joint à celui de Khonsou* au Nouvel Empire, fut identifié à ce dieu guérisseur. En haute Nubie, à Dendour, on éleva une chapelle à deux frères, Péhor et Pétisis, noyés dans le Nil et enterrés dans une grotte voisine. Par ailleurs, certains hommes ayant vécu à des époques anciennes ne se virent l'objet d'un culte qu'à basse époque, comme Amenhotep*, fils d'Hapou, et Imhotep*. Cependant, de tous ces hommes divinisés, le plus célèbre est sans doute le favori de l'empereur romain Hadrien (première moitié du IIe s. de notre ère), Antinoos, qui se noya dans le Nil et reçut un culte dans toute l'Égypte, et en particulier dans la cité fondée en son honneur, Antinoé*.

Deir el-Bahari, « le Couvent du Nord », nom arabe qui rappelle le couvent copte élevé ce lieu, et dont les ruines ont été évacuées lors des fouilles de Naville pour dégager les beaux restes antiques élevés au flanc de la falaise libyque, dans la nécropole Le thébaine.

Dès la XIe dynastie Nebhepetrê Mentouhotep II* avait fait ériger en ce lieu privilégié un temple*, dont il reste encore des éléments. Un sanctuaire élevé ensuite par Aménophis Ier* fut arasé lorsque la reine Hatshepsout* décida d'y faire construire son temple funéraire, qui reste encore une des merveilles de l'architecture* égyptienne. Les travaux furent dirigés par Senmout*, favori de la reine, qui, tout en étant l'architecte du règne, fut le pédagogue et l'administrateur des biens de Néferoura, fille de la reine, et l'intendant des domaines d'Amon*. Avec un goût rare et une grande liberté d'esprit, Senmout utilisa les terrasses naturelles pour intégrer harmonieusement l'édifice dans le paysage en élevant des cours* superposées, entourées en partie de colonnades et unies par des rampes d'accès. Senmout s'est révélé ici l'architecte le plus original de l'Égypte* antique ; il n'a nulle part cherché le colossal, il a évité les pylônes* gigantesques, les écrasantes salles hypostyles* couvertes, et, cependant, il est arrivé au grandiose par un génie des proportions qui équilibre parfaitement l'architecture avec la puissante nature. Sur ces larges terrasses désertiques, l'architecte avait créé des jardins* et planté des arbres à encens ramenés du pays de Pount*. De la colonnade dominant la seconde cour, on accédait aux chapelles d'Hathor* et d'Anubis*, et une rampe conduisait à la cour supérieure : sur la droite s'ouvrait la cour du temple solaire et, dans le fond, on accédait au sanctuaire, creusé dans la roche de la falaise. Les parois étaient ornées de scènes traitées dans le style élégant et sobre caractéristique de cette époque ; les peintures et les inscriptions racontent la naissance* et l'intronisation* de la reine, mais c'est aussi par elles que nous sommes renseignés avec précision sur l'expédition que Senmout et la reine organisèrent au pays de Pount. Aux yeux des Égyptiens eux-mêmes, cet ensemble monumental paraissait si parfait qu'ils l'avaient surnommé *Djeser Djeserou*, « le Sublime des Sublimes ». Enfin, bien que les vestiges architecturaux ne changent rien à l'aspect de l'ensemble, les fouilles polonaises ont récemment dégagé derrière le monument d'Hatshepsout, contre la falaise, un temple funéraire de Thoutmôsis III*, jusqu'alors insoupçonné. Le temple, dont il ne subsistait plus que les terrasses basses, a maintenant été entièrement reconstruit.

Deir el-Medineh, site à l'entrée de la vallée des Reines, dans la nécropole* thébaine, où a été exhumé le village des ouvriers* et artisans* travaillant au creusement et à la décoration des tombes des rois, des nobles et de leur familles.

Le village a été fondé, semble-t-il, au milieu du XVIe s. av. J.-C. sous le règne d'Aménophis Ier. Il fut agrandi sous Aménophis III* et ne cessa de croître jusqu'à l'époque ramesside. Le village forme un quadrilatère d'environ 132 m de long sur une largeur moyenne de 49 m. Il est entièrement enfermé dans une enceinte de terre pourvue d'une seule porte au milieu du côté nord. Une rue, partant de cette porte, traverse le village dans sa longueur, seulement coupée par une rue transversale allant dans la direction ouest. Les maisons*, construites en brique sur des bases de pierre, s'ouvraient sur la rue et s'étendaient en longueur, séparées de leurs voisines uniquement par un mur mitoyen. Soixante-dix maisons de tailles différentes se serraient dans cette enceinte, et une cinquantaine ont été par la suite construites aux alentours. Ces dernières, d'une plus grande taille que les autres, ont été mal conservées et leurs plans restent souvent incertains, contrairement aux demeures édifiées dans l'enceinte, qui sont les mieux connues des habitations de la vallée du Nil à l'époque pharaonique. Les ouvriers logés dans le village possédaient leur propre nécropole* dans le voisinage.

Delta, nom donné par les Grecs à la Basse-Égypte où le Nil, se divisant, au nord de Memphis*, en plusieurs branches divergentes, formait un triangle ayant la forme de la lettre grecque delta.

Les Égyptiens appelaient cette région *Tameh,* la « Terre du Nord ». Au début de l'ère quaternaire, le Delta formait un immense golfe, qui fut lentement comblé par les atterrissements du Nil. La frange littorale, qui s'étend sur environ 300 km, est encore bordée de lacs, reliquats des immenses marécages intérieurs qui s'était formés à la suite de l'exhaussement des fonds calcaires sous-marins, qui formèrent une barrière où se constituèrent lentement les riches plaines du Delta. Ces lacs sont, de l'ouest à l'est, le Mariout, antique Maréotis, dont la région était célèbre pour ses vins, le lac d'Edkou, le Borodos et le Manzaleh. Dans l'Antiquité, le Nil était divisé en sept branches, qui reçurent les noms grecs (en allant de l'ouest à l'est) de Canopique, Bolbitique, Sebennytique, Phatnitique, Mendésienne, Tanitique, Pélusiaque.

Ici, la chaleur est tempérée par l'humidité et ces plaines basses jouissent de quelques pluies et de la fraîcheur méditerranéenne. L'humidité du sol et l'intensité de la culture font que les monuments du passé se sont mal conservés dans cette région, qui semble d'une pauvreté inouïe à côté des formidables richesses archéologiques de la Haute-Égypte. Cependant, ce fut dans cette région d'une grande densité de population que se posèrent les premiers problèmes sociaux et politiques et que les Égyptiens des périodes protohistoriques (→ **prédynastique**) parvinrent à un niveau de civilisation très supérieur à celui de leurs contemporains de la vallée du Nil. Les principales villes du delta dont les entrées se trouvent dans ce dictionnaire sont les suivantes :

Abousir (Taposiris), Alexandrie, Athribis, Avaris, Bouto, Bubastis, Canope, Héliopolis, Mendès, Naucratis, Saïs, Sebennytos, Tanis.

démons. Il aurait été bien étrange que les Égyptiens n'aient pas été entourés d'une multitude de démons et de génies, comme tous les peuples dont la mentalité plonge ses racines dans l'animisme archaïque. Ils habitaient le désert sous forme d'animaux* fantastiques, ils hantaient les falaises qui bordent la vallée du Nil, ils pénétraient dans les demeures où Sekhmet*, si on ne savait pas l'apaiser, les envoyait pour apporter la maladie ou la mort. L'au-delà* était rempli de génies qui menaçaient l'âme* dans ses pérégrinations* vers l'Amenti*. Les morts mécontents pouvaient aussi augmenter les légions de démons en revenant sur terre tourmenter les vivants. → **culte funéraire.**

démotique. Au VIIᵉ s. av. J.-C., à la fin de l'époque nubienne* et pendant la période saïte*, prend une écriture nouvelle dérivée du hiératique*, qui exprime une langue elle aussi nouvelle, issue du néo-égyptien (langue parlée au Nouvel Empire) ; on lui donne, après Hérodote*, le nom de démotique (grec : *demotikos,* « populaire »), mais dans les décrets ptolémaïques* elle est appelée « écriture des livres ».

Les écrits de la dynastie nubienne sont perdus et ce n'est qu'à l'époque saïte que remontent les premiers documents que nous possédons ; ceux-ci sont, en général, des contrats de vente, des textes juridiques et administratifs. Cependant, cette langue vit se former une littérature, assez pauvre il est vrai, comprenant naturellement des textes funéraires et magiques, mais aussi des textes « philosophiques » comme les *Enseignements d'Ankhsheshonq*, les Enseignements du papyrus Insinger, les *Entretiens philosophiques d'une chatte et d'un chacal,* des prophéties de caractère historique comme la *Chronique* démotique, des contes comme l'*Histoire d'un matelot,* ou l'*Histoire de Satni Khamosis,* des fragments de la geste épique de Pédoubastis (conte dit *l'Emprise de la cuirasse* par Maspéro).

L'écriture démotique est fondée sur les principes de l'écriture hiéroglyphique et on y trouve les mêmes éléments phonétiques et symboliques ; cependant, les ligatures, qui unissent des groupes souvent différents, les abréviations, des groupes superflus, tout un relâchement dans la structure scripturale rendent très malaisée l'analyse des éléments des mots et font du déchiffrement des manuscrits démotiques une tâche des plus ardues. Les documents démotiques sont rédigés sur papyrus*, mais on connaît cependant quelques textes gravés sur des stèles*. Bien que Champollion ait utilisé le démotique pour son travail de transcription et que, dès 1822, il ait terminé une grande étude sur le démotique, restée inédite, c'est au grand égyptologue allemand Heinrich Brugsh qu'on doit la première *Grammaire démotique* (1855) et le premier vocabulaire démotique « hiéroglyphique » (*Hieroglyphisch-Demotisches Worterbuch*, 1867-1868 et 1880-1882).

Dendérah, capitale du VIᵉ nome* de Haute-Égypte, appelée Tentyris par les Grecs et *Iount Tentôre* (Pilier — ou Arc ? — de la déesse) par les Égyptiens.

Cette ville, située sur la rive gauche du Nil, n'a joué qu'un rôle très effacé dans l'histoire de l'Égypte et elle doit sa renommée à sa déesse protectrice, Hathor*. Bien que son existence soit attestée dès l'Ancien Empire*, les monuments qui font d'elle un grand site touristique datent en général de l'époque ptolémaïque* (temple d'Hathor) ou du haut Empire romain (temple d'Isis*, mammisi* romain). Cependant, on y trouve un autre mammisi datant de l'époque de Nectanébo*, qui est le plus ancien monument de ce type. Le temple d'Hathor est un des plus beaux monuments de basse époque. Entrepris sous le règne de Ptolémée IX, le temple fut terminé sous Néron (ce qui date en gros sa construction entre 80 av. J.-C. et 68 de notre ère). C'est un admirable monument, encore chargé de l'antique émotion du sacré. Il est remarquable non seulement par son agencement et son parfait état de conservation, mais encore par ses reliefs et ses inscriptions, ses douze cryptes* ménagées dans l'épaisseur des murs et des fondements, et le célèbre « zo-

diaque* » ornant le plafond d'une chapelle située sur son toit. Sur ce même toit se dressait un naos* consacré à Osiris*, considéré comme son tombeau, Dendérah étant l'un des hauts lieux possédant une partie du corps du dieu.

Contrairement à son contemporain, le temple d'Edfou*, et aux temples de structure classique, il ne présente pas de cour à portique précédée de pylône*. De la grande cour constituée par son péribole (enceinte presque entièrement arasée), on pénètre directement dans le pronaos ou vestibule, pourvu de colonnes hathoriques constituant sept travées. Le plafond est une représentation du ciel nocturne avec les constellations et du ciel diurne. Sur la grande salle hypostyle (à quatre colonnes) par laquelle on accède dans le naos, s'ouvrent plusieurs chambres (*arqou*, magasins) dont l'une était le laboratoire où se fabriquaient les parfums*. On pénètre ensuite dans la chambre des offrandes d'où l'on accède aussi bien aux escaliers aménagés dans les murailles, qui conduisent à la terrasse, qu'à la charmante chapelle du Nouvel An et au saint des saints (appelé en grec *adyton* et en égyptien *skhem*) abritant le petit naos de la déesse et les barques servant aux processions du Nouvel An. Au cours de cette fête sacrée, les divinités du temple (Hathor, son époux, l'Horus* hiéracocéphale d'Edfou*, et leur fils Ithy) étaient promenées en procession à travers tout le monument et sur la terrasse. Une galerie entourant l'adyton donne accès à onze chapelles (chambre de la purification, mashkent, chambre de l'accouchement ; chambre de Sokaris*, où est rajeuni Osiris ; chambre de la résurrection d'Osiris ; chambre du sistre...).

Contrairement à l'orientation habituelle, le temple, perpendiculaire au Nil, tourne sa façade vers le nord-est. L'enceinte a coupé l'ancien mammisi de Nectanébo et elle est précédée du mammisi de l'époque d'Auguste. Entre ce dernier et l'enceinte subsistent les restes d'une église copte. Le petit temple d'Isis est situé au sud de l'enceinte. A l'ouest subsiste le lac sacré, grand bassin paré de pierres soigneusement taillées d'où surgit maintenant une dense végétation.

désert. Les déserts entourent à l'orient et à l'occident la vallée du Nil. On comprendra leur importance si l'on songe que l'Égypte moderne, qui couvre approximativement le territoire de l'Égypte antique et de la basse Nubie, qui a été sa marche méridionale, a une superficie de plus de 1 000 000 de km^2, sur lesquels seuls environ 39 000 km^2 sont habités et cultivés ; et ce sont là les chiffres les plus récents, car au début de notre siècle et sans doute dans l'Antiquité, la zone cultivée était estimée à 23 735 km^2 ! Ces déserts ne sont autres que la continuation du grand Erg qui s'étend de l'Atlantique à la mer Rouge et a, depuis la fin du néolithique, à la suite d'un assèchement progressif, toujours constitué une barrière entre les peuples noirs de l'Afrique tropicale et les populations des rives septentrionales du continent. Seule l'eau vivifiante du Nil fait que ce grand désert est traversé en son extrémité orientale par une longue bande de verdure.

Les Égyptiens possédaient plusieurs mots pour désigner le désert. C'était d'abord *semt*, mot qui signifie aussi « nécropole » ; *deshert*, la terre rouge où régnait Seth*, le dieu rouge ; *Khaset*, la contrée montagneuse, qui désigne aussi les pays étrangers. Le déterminatif hiéroglyphique de ces noms est toujours un signe représentant trois mamelons, c'est-à-dire des monts. Et, en fait, le désert dominait la vallée et on « montait » vers le désert. A l'ouest, le désert libyque (maintenant appelé de préférence occidental par les modernes Égyptiens) est un plateau atteignant 200 à 300 m, offrant parfois des pics isolés dans la région de Thèbes*, strié de petites vallées asséchées (ouadi) ; vers l'occident, ce plateau rocheux se transforme en étendues sablonneuses, coupées par des cuvettes verdoyantes, les oasis*. A l'est, c'est le désert arabique, qui débute par un plateau calcaire en bordure de la vallée, pour former vers l'intérieur un monde chaotique où les pics s'élèvent jusqu'à 2 000 m. Vers la mer Rouge*, un peu d'humidité permet à une maigre végétation désertique de constituer des pâturages pour les troupeaux des Bédouins* qui nomadisent à l'orée de la vallée et pour les bêtes sauvages qui peuplent ces solitudes (→ **animaux**).

Des pistes relient les oasis occidentales à la vallée, et vers la mer Rouge des routes jalonnées de puits conduisent aux mines* et aux carrières*, ainsi qu'aux ports, où viennent les marchandises du Pount*. Les pharaons avaient établi une police, les *nouou*, chargée d'assurer la sécurité sur les confins du désert, mais, lorsqu'on envoyait une expédition dans les mines, et surtout celles du Sinaï, et dans les carrières, on adjoignait toujours aux ouvriers une troupe armée. Une autre richesse du désert était le miel sauvage et les résines (comme le *sonter*, résine de térébinthe) que des troupes d'hommes allaient chercher dans le désert de Ker-Aha, à l'est de Memphis. Ramsès* III joignit à ces chercheurs de miel et de résine des troupes d'archers chargés de ramener des bêtes sauvages destinées aux sacrifices*.

Le désert était cependant une région redoutable où, hors des grandes chasses, on risquait de rencontrer des animaux* fantastiques, domaine de Seth et de la soif, et aussi des nomades, qui, lorsque l'État était faible, venaient en tête des hordes asiatiques par le désert du Sinaï* pour apporter la désolation dans la vallée du Nil, « les vergers d'Osiris ». Cependant, à côté du démoniaque Seth, d'autres divinités dominaient le désert : Ha, dieu du désert par excellence ; Sopdou, dieu à tête de faucon, comme l'Horus* d'Edfou*, autre dieu du désert ; et enfin Min*, dieu des caravaniers de Coptos*.

destinée solaire du roi. Pendant la période thinite* et sous l'Ancien Empire*, le roi seul pouvait jouir de l'immortalité céleste. Les *Textes des Pyramides** décrivent comment le roi défunt va rejoindre le soleil Rê* dans le ciel. C'est sans doute là une spéculation des prêtres d'Héliopolis*, qui, opposés à la conception osirienne de l'Amenti*, en font le lieu funeste d'où l'on ne revient pas et l'opposent aux voies d'eau de l'Orient, où marchent les serviteurs de Rê. Le roi s'élève vers le ciel par les moyens les plus divers, sous forme d'un oiseau ou d'un insecte, sur la fumée de l'encens ou encore les vents, pour atteindre ce séjour des immortels qui n'est autre que le champ des offrandes ou le champ d'Ialou*. Ce lieu d'éternité est défendu par un llac, et le roi subit une série d'épreuves sous forme d'interrogatoire avant de pouvoir être embarqué sur la barque divine qui le conduira sur l'autre rive. On peut discerner dans cette doctrine de nombreux éléments qui seront repris dans la description de l'au-delà* lorsque celui-ci s'ouvrira au commun des mortels, après la révolution* de la fin de l'Ancien Empire.

Deux Chemins (Livre des). On trouve son texte dans des sarcophages* datant de la fin de la XIe dynastie. Le recueil de formules qui aident le mort dans son voyage dans l'au-delà* est accompagné par une vignette qui est la première carte de l'autre monde qu'aient conçue les Égyptiens. Le nom donné au livre par Schackenburg qui, en 1903, publia des photos et un fac-similé de ces textes, vient du fait qu'au départ de son voyage le mort se trouve devant un lac de feu, d'où partent deux chemins, l'un d'eau et l'autre de terre, conduisant, par une route sinueuse et semée d'embûches, l'un au lac de Rosétaou, l'autre au pays de Rosétaou, qui ne sont autres que les entrées du monde d'Osiris*. Ce « livre » se rattache à l'ensemble des recueils du Moyen Empire constituant les *Textes des Sarcophages**, mais il présente l'originalité de ses vignettes. Par ailleurs il n'est connu que par vingt-deux sarcophages provenant d'el-Bercheh, une nécropole d'Hermopolis*. Selon P. Barguet qui en a donné une traduction française (en annexe aux *Textes des Sarcophages*, le Cerf, 1986), ce serait un « texte d'initiation ».

Dialogue d'un Égyptien avec son âme. Cet écrit, appelé aussi le *Poème du désespéré*, est l'un des plus représentatifs de la littérature pessimiste qui trouva sa source dans les bouleversements des valeurs qui suivirent la fin de l'Ancien Empire*. Un homme s'adresse à son âme* pour gémir sur les conditions de la vie terrestre et il lui demande : « Mène-moi vers la mort et fais que soient agréables pour moi les demeures de l'Occident. Mourir n'est pas un mal, la vie n'est que changement... » L'âme lui répond que la sépulture est un deuil et que, dans les temps qui courent, même les tombes des pyramides* sont abandonnées et leurs tables* d'offrandes sont vides. Mais

l'homme répond que son nom est maudit et poursuit ainsi : « À qui parler, aujourd'hui ? La violence habite les cœurs. À qui parler aujourd'hui ? Il n'y a plus de bonté et la violence domine le monde [...]. À qui parler aujourd'hui ? Il n'y a plus de justes et le monde appartient aux pêcheurs. » Et il appelle la mort comme une libération : « La mort est devant moi aujourd'hui, comme la guérison pour un malade, comme la promenade après la maladie. La mort est devant moi aujourd'hui, comme le parfum de la myrrhe, comme si j'étais assis dans la brise, sous la voile. La mort est devant moi aujourd'hui, comme le parfum du lotus, comme si j'étais assis à boire sur la berge. » Et les images poétiques : le chemin sous la pluie, le retour du marin ou celui du captif qui revoit sa maison... s'accumulent pour montrer la délivrance que la mort sera pour lui. Et l'âme acceptera la mort qui l'unira au corps dans « leur demeure commune ».

Didoufri. Ce roi de la IVe dynastie, dont le nom est aussi lu Rêdjedef, pose de difficiles problèmes aux archéologues. Il a fait bâtir sa pyramide*, maintenant à peu près rasée, et son temple funéraire*, dont on peut difficilement suivre le plan, non pas à Gizeh*, mais à 8 km au nord, à Abou-Roach*. On a fait de Didoufri un frère aîné de Chéphren*, qui aurait régné un peu avant lui, et, en fait, c'est entre Chéops* et Chéphren que le placent les listes royales, mais ni Hérodote* ni Manéthon* n'en parlent, et ils se trouvent en accord avec le seul document contemporain de la IVe dynastie que nous ayons, qui ne le signale pas dans la succession. On peut donc admettre qu'il ait été un usurpateur, comme l'ont suggéré Gauthier et plus récemment Reisner, qui en fait un fils de Chéops et d'une Libyenne ; il aurait assassiné son frère aîné Kouab et aurait régné pendant huit ans avant d'être renversé. Ce serait la raison pour laquelle il se serait fait enterrer ailleurs qu'à Gizeh. On a aussi songé à le placer à la suite de Mykérinos*, ce qui est tout aussi hypothétique ; c'est, en effet, Chepseskaf qui termina la pyramide de Mykérinos et celles de ses épouses ; il se fit lui-même inhumer dans un ouadi entre Dahchour* et Saqqara*, où l'on a retrouvé son temple* funéraire et son tombeau, qui n'est pas une pyramide, mais un mastaba* appelé par les arabes *mastaba Faraoun*, « le banc du pharaon ». Il semblerait donc que Chepseskaf ait succédé à Mykérinos et qu'il soit le dernier des pharaons* de la IVe dynastie, malgré trois autres rois mentionnés par Manéthon et dont on ne trouve trace nulle part ailleurs.

Diodore de Sicile. Né à Agyre, en Sicile orientale, il vécut au Ier siècle av. J.-C.. On ne sait que peu de choses de lui, sinon qu'il consacra une trentaine d'années à voyager à travers le monde méditerranéen et qu'il fit un long séjour en Égypte.

Durant ces voyages il accumula une importante documentation destinée à servir de matériaux de base pour écrire une histoire universelle. Sa *Bibliothèque historique* est une histoire du monde depuis les origines, en grande partie mythiques, des nations, jusqu'à la conquête des Gaules par César. Des 50 livres que contenait cette œuvre gigantesque, il ne nous est resté que les 5 premiers livres et la seconde décade, du XIe au XXe livre.

Il nous a aussi conservé de nombreux fragments d'historiens dont l'œuvre est perdue et qui ont constitués une partie de ses sources. Bien qu'il rapporte souvent comme historique des événements purement mythiques, son ouvrage n'en demeure pas moins une mine particulièrement riche d'éléments concernant la géographie, l'histoire et la mythologie de l'Égypte.

divertissements. Comme de nos jours, les Égyptiens anciens savaient varier leurs plaisirs et meubler leurs loisirs par la promenade, la chasse*, la pêche*, les jeux* d'intérieur et d'extérieur. Le sport était pratiqué, mais non par toutes les classes de la société et uniquement à titre de divertissement. Lorsque les peintures et les reliefs (en particulier les peintures des tombes de Beni Hassan* qui datent du Moyen Empire*) nous montrent les jeunes gens s'exerçant à lancer le javelot, à lutter entre eux ou encore à combattre armés de bâtons, on voit que c'est là une distraction, autant pour les concurrents, qui ont plaisir à montrer leur adresse ou leur vigueur, que pour les spectateurs, grands seigneurs ou rois. Si ces exercices sont pratiqués par de jeunes soldats pour affirmer leur force, le sport ainsi conçu n'apparaît cependant pas comme un élément de l'éducation, ainsi qu'il en était chez les Grecs.

Un autre divertissement, sans doute le préféré des Égyptiens, était de se réunir pour des festins, au cours desquels la danse* et la musique* tenaient une place importante. Hommes et femmes se rassemblaient chez des hôtes amis et s'installaient dans la grande salle à manger, où leur étaient donnés des sièges élégants. Parfois, on plaçait les hommes d'un côté et les femmes de l'autre, mais ils étaient aussi mêlés. Les servantes, généralement de toutes jeunes filles parées uniquement d'une ceinture, de bijoux et de la perruque, allaient de convive en convive, distribuant des fleurs, des couronnes, des parfums* et des coupes de vin. Les femmes, pour la circonstance, ont mis leurs plus riches bijoux, qu'elles comparent, admirent. Tout en mangeant et en conversant, on regarde les danseuses et les acrobates, on écoute les chanteuses et les musiciennes ; et surtout, on boit beaucoup, souvent outre mesure, et parfois les festins se transforment en beuveries. Les Égyptiens ne buvaient d'ailleurs pas seulement au cours des festins, car les tavernes ne manquaient pas et leur boisson* favorite n'était pas uniquement le vin, mais aussi la bière.

Les rois et les grands avaient des bouffons pour les distraire, qui étaient parfois des nains ou des Pygmées ramenés de régions lointaines, vers le Haut Nil. On voit aussi, dans le Conte* de *Khoufou et les Magiciens*, qu'aux moments d'ennui les rois et les seigneurs demandaient aux gens de leur entourage de leur conter des histoires merveilleuses. À moins que, comme le roi du même conte, ils ne préférassent naviguer sur leur lac*, dans une barque* conduite par vingt jeunes femmes vêtues seulement de résilles.

divorce. On connaît fort mal la question du divorce aux grandes époques. Il semble, en tout cas, que l'adultère n'était pas une cause de divorce ; d'une part, en effet, l'homme avait le droit d'introduire des concubines dans sa maison, mais, si l'on en croit les contes*, il n'en allait pas de même pour la femme. Dans le *Conte des deux frères*, Anoupou tue sa femme adultère et jette son corps aux chiens, tandis que, si la prédiction des Hathors* fut vérifiée, c'est par la lame du couteau que périt la femme infidèle à Bytaou, le frère puîné ; quant à la femme d'Oubaner, elle fut brûlée et ses cendres furent jetées dans le Nil. Cependant, la préservation des biens et de l'héritage des enfants, lorsque, au Moyen Empire*, apparut une forme de propriété, devait nécessiter l'intervention de la loi dans les affaires de divorce. Il semble, néanmoins, que seul le contrat, ou encore le droit coutumier, intervenaient lors des questions de partage.

Ce n'est cependant qu'à basse époque, avec l'apparition des contrats démotiques*, que nous commençons à être vraiment renseignés sur le droit matrimonial. Ce qui apparaît, c'est que le droit légal n'intervenait pas dans le règlement de ces questions privées ; seul était retenu le droit contractuel, c'est-à-dire que les tribunaux n'avaient pour tâche que de faire respecter les clauses des contrats de forme libre passés entre les époux au moment du mariage. Il semble, cependant, que les mœurs, sinon le légiste, soient intervenues dans la conception des contrats ; en effet, de l'époque saïte* jusqu'au milieu de la domination des Lagides*, le divorce n'était permis qu'au mari. La femme sauvait alors ses droits par des contrats, rendant le divorce particulièrement désavantageux à l'époux ; ainsi se faisait-elle constituer une dot fictive, que le mari devait rendre en cas de divorce et à laquelle il devait joindre une pension prévue par le contrat de mariage ; en outre, une amende pouvait lui être infligée dans ce cas, et ses biens étaient hypothéqués pour les sommes reconnues par la femme et pour le montant de l'amende, lui aussi fixé par contrat ; enfin, le mari devait alors se désinvestir de ses biens au profit de son fils aîné, sans doute pour qu'on ait la certitude que la pension puisse être annuellement versée. À l'époque suivante, on trouve des dispositions contractuelles semblables, mais la femme se réserve le droit au divorce. Les formules en tête de contrats changent, et au lieu de l'ancienne forme : « Si je te méprise, si je prends une autre femme que toi, je te donnerai... », on trouve : « À partir de ce jour, c'est toi seule qui pourras t'en aller. Je te donnerai... » (trad. Révillant). On peut voir les excès auxquels pouvait conduire une pareille coutume et on en a un bon exemple dans ce malheureux, père de jumelles, qui, ayant été ainsi dépouillé par sa femme de tout son avoir, dut encore voir l'amant s'installer dans le domicile conjugal jusqu'au moment où ce dernier chassa le mari, qui mourut de douleur, tandis que les deux enfants étaient dépouillées de leur héritage. De l'excès qui semble avoir régi la punition de l'adultère à l'époque classique, on est tombé dans un excès contraire tout aussi déplorable.

djed. L'origine de ce symbole en forme de colonne remonte à la préhistoire. On admet généralement que c'est un tronc d'arbre ébranché qui, pour Moret, serait en relation avec l'arbre de Byblos où était enfermé le corps d'Osiris*. À l'origine, ce symbole était rattaché au culte de Sokaris* (Sokar), dieu primitif de la nécropole* thébaine, et il semble qu'il soit devenu attribut d'Osiris lorsque ce dernier eut absorbé Sokaris. La plus ancienne figuration du djed se trouve sur un pilier de granit du temple d'Hiérakonpolis*, datant de l'époque de Khasékhémoui (→ **thinite**), où il est uni au nœud d'Isis (→ **amulette**), mais le symbole est beaucoup plus ancien, car on le trouve composant les noms de Mendès* (Djedet) et de Busiris* (Djedou), ces deux centres du culte d'Osiris étant aussi des cités du djed, qui, selon Moret, aurait été le « drapeau » des partisans d'Osiris à l'époque prédynastique*. Il semble, par ailleurs, que le djed ait été un symbole solaire associé à Ptah*, et que ce soit à ce dieu qu'ait été emprunté le djed par Sokaris et Osiris.

Son importance apparaît lors du rite appelé « érection du djed ». Cette érection était faite par le roi en l'honneur de Ptah, en présence de sa cour et d'un concours de peuple. Il semble qu'il y ait eu une érection lors des cérémonies de l'intronisation* royale, mais il y avait aussi une fête du « redressement du djed » *(sâhâ djed)*. Sur le relevé d'une représentation de la fête du djed, datant de l'époque d'Aménophis III*, on voit le roi, en présence de la famille royale, tirant sur une corde pour redresser le pilier, aidé par d'autres personnages, tandis que les prêtres sont en adoration, les bras levés, et que les gens de Pe et de Dep (c'est-à-dire les habitants de Bouto*) dansent et ensuite se battent, mimant les combats des partisans d'Horus et de Seth* ou la prise de Bouto par les Serviteurs d'Horus venus du Sud. Hérodote a été témoin de semblables combats rituelliques lors de la fête d'Isis à Busiris*. Les inscriptions attestent que le djed est le dieu mort Osiris-Sokaris, dont on avait, les jours précédents, représenté les funérailles*. Ce rite s'effectuait le jour de la fête de Sokaris, le premier jour du premier mois de la saison d'hiver (germination). Cette fête semble avoir revêtu un double caractère : politique, elle commémorait la victoire du Sud sur le Nord et l'unification de l'Égypte ; agraire, elle représentait la résurrection d'Osiris. Le djed, homophone de « stabilité » *(djed)*, devint une des amulettes* les plus usitées.

Djeser, pharaon de la IIIe dynastie, qui débute v. 2686 av. J.-C. pour se terminer v. 2613.

Le nom de Djeser n'apparaît que sous la XIIe dynastie ; dans les inscriptions contemporaines de son règne, il est connu sous le nom d'Horus* Nétjérierkhet. Il était sans doute le fils (ou le frère ?) de Khasékhémoui, dernier roi de la IIe dynastie. Manéthon*, qui l'appelle Néchéréphès (ou Tosothros), fait débuter avec lui la IIIe dynastie et l'Ancien Empire* memphite. Au début de son règne, le roi résidait comme les souverains thinites, près d'Abydos*, où il avait commencé à se faire construire une tombe à Bet-Khallaf. Il alla ensuite installer sa capitale dans la région de la future Memphis, à Saqqara*, probablement pour pouvoir mieux surveiller le Delta, sans doute encore prêt à la révolte, comme l'avaient fait les premiers rois de la IIe dynastie. C'est là que son vizir* et architecte Imhotep* éleva le formidable ensemble funéraire du roi, dominé par la grande pyramide* à degrés, monument qui illustre la grandeur d'un règne

dont on ne connaît à peu près rien. Djeser régna sans doute vingt-neuf ans ; il a laissé des graffiti au ouadi Maghara pour commémorer ses expéditions dans le Sinaï*, et à la Basse Époque on lui a attribué la conquête de la basse Nubie* ; cet événement nous est connu par la stèle dite « de la famine », trouvée dans l'île de Sehel, près d'Éléphantine*, et qui date des Ptolémées* ; bien que ce document soit fort tardif, il semble bien rapporter une lointaine tradition et l'on peut admettre que c'est à cette époque reculée que fut rattachée à l'Égypte cette région méridionale appelée par les Grecs « Dodécaschène » et qui fut toujours considérée différemment des autres parties de la Nubie par les Égyptiens.

doctrine royale. On donne parfois ce nom à la doctrine de l'origine divine de la monarchie*, dont les conséquences sont la naissance* divine du pharaon*, la nécessité de la légitimité* et la doctrine de la destinée* solaire du roi.

dynasties. À la suite de Manéthon*, on a divisé la séquence des rois d'Égypte en trente dynasties, auxquelles on peut en ajouter trois si l'on compte la deuxième période persane, qui commence avec Artaxerxès Ochos, la dynastie des Lagides* et les empereurs romains, dont Auguste ouvre la série.

La succession des souverains nous est connue par des auteurs grecs Ératosthène, le pseudo-Apollodore) et par des documents égyptiens mais seul Manéthon donne une liste qui embrasse presque toute l'histoire égyptienne. Les sources indigènes sont les tables d'Abydos* et de Saqqara*, la pierre de Palerme (→ **annales**), le papyrus royal de Turin*, et enfin la liste mutilée, gravée dans « la chambre des Ancêtres » de Thoutmôsis III*, à Karnak*, et transportée au musée du Louvre : cette liste donne deux rois de l'Ancien Empire et la plupart des souverains du Moyen Empire sans suivre la succession réelle.

Dynasties des rois d'Égypte

3100-2686 Période thinite.
Ire dynastie : Ménès, Narmer, Aha.
IIe dynastie : Nétérimou, Péribsen,
Khasékhémoui.
2686-2181 Ancien Empire memphite
IIIe dynastie : Djeser.
IVe dynastie : Snéfrou, Chéops,
Chéphren, Mykérinos, Didoufri.
V^e dynastie (héliopolitaine) : Sahourê,
Néferirkarê-Kakaï, Néouserrê, Ounas.
VIe dynastie : Téti, Pépi Ier, Mérenrê,
Antyemsarf, Pépi II.
**2181-2060 Première période
intermédiaire**
VIIe-VIIIe dynasties : memphites.
IXe-X^e dynasties : héracléopolitaines en
Moyenne-Égypte.
XIe dynastie (début) : dynastie thébaine
en Haute-Égypte, les Antef.
2060-1786 Moyen-Empire (premier
empire thébain)
XIe dynastie : les Mentouhotep.
XIIe dynastie : les Amménémès et les
Sésostris.
**1786-1567 Deuxième période
intermédiaire**
XIIIe-XIVe dynasties : des Sébekhotep,
des Amménémès, des Sénousret.
XVe-XVIe dynasties : les Hyksos dans le
Delta.
XVIIe dynastie (thébaine) : des Antef,
Sébekemsaf, Taô, Kamès, en
Haute-Égypte.
1567-1085 Nouvel Empire (second
empire thébain)
XVIIIe dynastie : Ahmôsis, les

Aménophis, les Thoutmôsis,
Hatshepsout, Akhnaton,
Toutankhamon, Horemheb.
XIXe dynastie : Séthi Ier, Ramsès II,
Mineptah, Séthi II.
XXe dynastie : de Ramsès III à
Ramsès XI.
**1085-730 Troisième période
intermédiaire** (pré-saïte)
1085-950 XXIe dynastie : tanite dans le
Delta, rois-prêtres en Haute-Égypte.
950-730 XXIIe dynastie (de Bubastis)
⎰ dynasties.
⎱ libyennes.
817-730 XXIIIe dynastie (de Tanis)
730-330 Basse Époque
730-715 XXIVe dynastie (de Saïs) :
Tefnakht, Bocchoris.
715-656 XXVe dynastie : nubienne.
663-525 XXVIe dynastie : saïte.
525-404 XXVIIe dynastie : domination
perse.
404-398 XXVIIIe dynastie (saïte) :
Amyrtée.
398-378 XXIXe dynastie : mendésienne.
378-341 XXXe dynastie (sébennytique) :
les Nectanébo, Téos.
341-333 Nouvelle domination perse.
330-30 Époque grecque
Alexandre le Grand.
Dynastie ptolémaïque (Lagides).
30 Début de la domination romaine.
Pour les détails des règnes et les noms
royaux, on se reportera au tableau
complet des dynasties, donné en
en-tête.

Eaux. On ne connaît pas en Égypte de constructions semblables à des aqueducs pour conduire l'eau dans les temples ou les habitations. Cependant, dans les temples* funéraires de l'Ancien Empire*, situés dans la région memphite, où les pluies sont moins rares que dans le Sud et très violentes, on trouve des rigoles creusées à la surface des dallages pour permettre l'évacuation des eaux vers un canal* collecteur qui les amenait dans les terrains voisins. On perçait aussi une dalle des cours afin de recevoir les eaux dans un bassin d'où une conduite les évacuait. Dans le temple funéraire* de Sahourê, les eaux utilisées lors des cérémonies étaient recueillies dans des bassins de pierre recouverts de cuivre, qui, par des tuyaux également de cuivre, évacuaient les eaux vers des caniveaux souterrains. Par ailleurs, afin que le ruissellement des eaux tombées sur les terrasses ne détériore pas les sculptures des parois extérieures, les temples de l'Ancien Empire, autant que ceux du Nouvel Empire*, possédaient des chenaux qui drainaient les eaux jusqu'à des gargouilles représentant des têtes de lion (celles-ci surplombaient le tuyau d'écoulement). En revanche, il semble que pour les besoins du culte et pour leur toilette les prêtres aient utilisé l'eau des lacs* sacrés.

Naturellement, dans les villes* situées sur les bords du Nil, c'est au fleuve qu'une partie de la population allait s'alimenter en eau. Cependant, on creusait de nombreux puits, autant dans les villes que dans la campagne, aussi bien pour l'arrosage que pour l'usage des habitants. Dans les villes entourées d'enceintes, on construisait des puits maçonnés dans lesquels on descendait par des escaliers souvent couverts. Les marches continuaient sous la nappe d'eau, afin de l'atteindre même au moment des plus basses eaux. Le chadouf était utilisé pour élever l'eau jusqu'à un bassin où l'on pouvait plus commodément la recueillir dans des cruches. Il semble que les canalisations en poterie découvertes au cours des fouilles étaient plutôt destinées à l'écoulement des eaux qu'à leur adduction.

éclairage. À la tombée du jour, les maisons égyptiennes, même les plus pauvres, étaient éclairées artificiellement. La lampe la plus courante était en forme de coupe, généralement en terre cuite, et plate; elle contenait de l'huile ou une graisse végétale, dans laquelle trempait une mèche de corde ou de tissu grossier. Les plus luxueuses étaient en pierre sculptée ou de granit; on en connaît en forme de feuille de papyrus ou de lis. Très souvent, afin que la lumière soit mieux répartie, ces lampes étaient posées sur des supports élevés en forme de colonne, en bois ou en pierre. Dans des tombes, on en a trouvé posées sur des pieds en forme élégante de tige de papyrus. Bien entendu, les Égyptiens utilisaient aussi la torche.

école. Il n'existait pas, en Égypte, d'instruction obligatoire. Cependant, la culture était le seul moyen, pour un homme de condition modeste, d'accéder à un poste plus élevé dans la société. De toutes les professions, celle de scribe était assurément l'une des plus honorables, tout au moins au niveau le plus bas de l'échelle administrative.

Sous l'Ancien et le Moyen Empire*, les enfants de basse condition, comme ceux d'un rang plus élevé, reçoivent leur instruction à l'école des scribes* qui se trouvait à la cour, en compagnie des princes. Plus tard, s'ouvrent des écoles particulières, dirigées par des prêtres ou par des membres de diverses branches administratives. Ainsi depuis l'âge de cinq ans environ, les jeunes garçons étaient instruits par des fonctionnaires pour être, vers quinze ou seize ans, incorporés dans le système de l'administration*. Cependant, ils pouvaient, s'ils le voulaient, suivre une tout autre carrière que celle des lettres ou même du fonctionnariat ; les militaires de haut rang, par exemple, sortaient généralement des écoles de scribes ; les prêtres* aussi, et les médecins (→ **médecine**) devaient avoir appris à lire et à écrire. L'instruction, en réalité, consistait surtout dans l'apprentissage des signes composant l'écriture ; quand les enfants savaient écrire, on leur faisait faire de la copie ; le plus souvent, ils copiaient des enseignements qui contenaient une instruction morale autant que stylistique.

Les punitions corporelles étaient distribuées assez généreusement par les maîtres ; aussi un élève écrit-il à son maître : « Dès ma première enfance, je fus auprès de toi ; tu frappas sur mon dos, et ton enseignement est entré dans mon oreille. » Les filles n'allaient pas à l'école et se contentaient de l'enseignement que leur donnait leur mère.

écriture. Les Égyptiens écrivaient sur des ostraca (→ **ostracon**), ou encore sur des tablettes de bois recouvertes d'une fine couche de plâtre, sur laquelle on pouvait effacer l'encre ; cependant, ces matériaux étaient réservés aux exercices d'écoliers, aux lettres et à certaines formalités administratives. Les ouvrages de valeur composant les bibliothèques* placées dans les tombes, étaient écrits sur papyrus* et déjà les écoliers exercés utilisaient cet ancêtre du papier. Pour tracer les signes, on utilisait des joncs (ou des roseaux) finement taillés en pointe, et on voit les scribes* en porter quelque-uns de rechange (ou destinés à être utilisés avec des encres de couleur différente) derrière l'oreille.

Aux époques anciennes, l'écritoire est constitué par une palette* creusée de deux cavités pour contenir les encres, et les calames étaient placés dans un étui séparé. L'hiéroglyphe* déterminatif de l'écriture représente cette palette rectangulaire occupée en son centre par les deux cavités à encre, et unie par un fil à l'encrier de forme oblongue. Au Moyen Empire apparaît une palette rectangulaire très allongée, qui n'est autre que la palette ancienne à laquelle on a ajouté un plumier creusé de rainures où l'on plaçait les calames. Ces écritoires étaient en général en bois, mais les tombes en ont livré de diverses matières. Certaines portent des inscriptions, des prières ou encore des signes qui ont été tracés pour essayer les plumes.

L'encre courante était noire, fabriquée, selon Pline l'Ancien (auteur romain du Ier siècle de notre ère), avec du noir de fourneau ou de la lie de vin calcinée, mêlés à de la gomme. L'encre rouge était aussi utilisée couramment ; c'est pourquoi les palettes offraient deux godets. Exceptionnellement on se servait d'encre blanche. Les encres étaient livrées en pains. L'encrier était donc un petit récipient de terre dans lequel on mettait l'eau qui servait à délayer les pains d'encre placés dans des godets. Le scribe pieux, avant d'écrire, puisait avec son calame quelques gouttes d'eau de l'encrier, qu'il répandait en l'honneur d'Imhotep*.

Edfou, capitale du IIe nome* de Haute-Égypte, située au sud de la Haute-Égypte, appelée Djeb par les Égyptiens et Apollinopolis Magna par les Grecs (et les Romains).

Son importance s'affirme dès la plus haute Antiquité ; la nécropole* archaïque a été retrouvée et on a découvert, sur un rocher du désert voisin, le nom d'Ouadjib, un des premiers rois de la Ire dynastie. Un dieu-faucon régnait alors sur la cité, et il est attesté dès la IIIe dynastie que cet Horus* de Béhédet (autre nom d'Edfou) était originaire de Haute-Égypte. Parmi les inscriptions du temple d'Edfou, on trouve l'histoire des luttes d'Horus et de ses *mesentiou*, contre Apopis* et les suivants de Seth* ; ces mesentiou ne sont pas des « forgerons » nubiens, comme l'a pensé Maspero, mais les chasseurs d'hippopotames* *(mesentiou)*, ces harponneurs qui chassèrent à travers toute l'Égypte les ennemis d'Osiris*. Ainsi Edfou semble avoir joué un rôle important dans l'histoire mythique et primitive de l'Égypte. Gardienne de la « porte d'Éléphantine* », sous l'Ancien Empire*, Edfou, pendant la première période intermédiaire, devint, sous son monarque Ankhtifi, la rivale de Coptos* et de Thèbes*, qui s'unirent pour éliminer cette concurrente. La richesse de la ville venait du fait que, comme Coptos, elle était une tête de route qui, à travers le désert arabique, conduisait à la mer Rouge, à l'endroit où Ptolémée II* fondera Bérénice et d'où partiront des flottes pour le Pount* dès le Moyen Empire*. C'est sans doute cette richesse qui permit à la cité de faire construire, sous Ptolémée III (Évergète Ier), un temple, qui fut achevé en cent quatre-vingts ans et qui reste un des mieux conservés de l'Égypte avec celui de Dendérah*, et le deuxième en taille après celui de Karnak*.

Intéressant pour le touriste, il est pour l'égyptologue un raccourci de la religion égyptienne, avec ses reliefs et les inscriptions qui couvrent ses murs : récit des luttes des harponneurs d'Horus contre les séthiens, rituel du culte journalier et des cérémonies qui avaient lieu lors des quatre grandes fêtes annuelles, récit de la naissance d'Horus, hymnes*, et, outre cela, liste des nomes, des produits végétaux et minéraux de contrées voisines, recettes de parfums* et d'onguents inscrites dans le « laboratoire », des livres enfermés dans une niche, etc.

Edfou possède aussi un mammisi* construit sous Ptolémée Évergète II (145-116 av. J.-C.). Par exception, les inscriptions concernant les cérémonies de fondation du temple, qui furent célébrées en août 237 av. J.-C., nous ont conservé le nom de l'architecte qui conçut et entreprit ce joyau de l'architecture antique : il s'appelait Imhotep, comme le célèbre architecte de Dje-

ser*, et il avait le titre de Premier Officiant dans le temple.

éducation. L'éducation de l'enfant commençait dans la famille dès son plus jeune âge. Si on voulait en faire un scribe*, on l'envoyait à l'école*, sinon c'est auprès de son père que l'enfant apprenait son futur métier. La pratique de la gymnastique et de la natation entrait dans l'éducation, sinon de tous, du moins des jeunes nobles. Mais, outre cela, le père ou le maître qui nourrissait quelque ambition pour son fils ou son élève se chargeait de son éducation morale et sociale ; c'est ce qui nous a valu ce grand nombre d'enseignements* que nous ont conservés les papyrus*. L'enfant apprenait ainsi non seulement des règles morales, mais aussi les règles du savoir-vivre, le respect des aînés et de la hiérarchie : « Ne t'assieds pas si quelqu'un plus âgé que toi ou d'un plus haut rang est debout devant toi » ; devant le roi, on ne pouvait paraître chaussé, et, au lieu de dire « je », il était bon de dire « le serviteur que voici ». L'enfant apprenait à saluer en portant les deux mains aux genoux et surtout on lui enseignait les règles de la bienséance à table : ne pas se servir de pain sans en offrir à son voisin, ne prendre que ce qu'on présente à la table d'un haut personnage, ne pas « lorgner » dans l'assiette du voisin…, et aussi les règles de la flatterie : rire quand le maître de maison rit, pour « faire grand bien à son cœur ». Il faut aussi ne pas rester désœuvré ou se montrer importun, taire ce que l'on sait, ne parler que peu et être un artiste dans l'art de la parole ; éviter les querelles et l'ivrognerie, donner à ses amis, et, dans une maison étrangère, ne pas regarder les femmes. On peut voir que les règles de la bienséance étaient chez les Égyptiens fort peu différentes de ce qu'elles devraient être chez nous.

Égéens. On entend ici, par Égéens, les peuples d'origines diverses, ancêtres des Grecs classiques, qui, au IIe millénaire, occupaient les îles de la mer Égée ; il faut cependant leur adjoindre leurs frères achéens, ioniens et éoliens, qui étaient restés sur le continent grec, ces peuples divers étant appelés d'une manière un peu arbitraire « Mycéniens ». Le domaine des Mycéniens figure dans les textes de la XVIIIᵉ dynastie sous le nom des « îles qui sont au milieu de la mer » (la mer étant « la Grande Verte »). Sous Thoutmôsis III*, époque à laquelle apparaît ce nouveau peuple, on voit ces Égéens, nommés à côté des Crétois* (Keftiou), apporter leur tribut au grand pharaon* (tombe de Rekhmirê*). Il est remarquable que sous le règne d'Akhnaton* on ne trouve plus les Keftiou parmi les tributaires, mais seulement les peuples des « îles qui sont au milieu de la mer » ; or, nous savons que, vers 1380 av. J.-C., les Mycéniens occupèrent la Crète, détruisant la vieille thalassocratie crétoise ; dès lors, la Crète sera incluse dans le complexe culturel et politique compris par les Égyptiens sous le nom des « îles qui sont au milieu de la mer ».

Sous les derniers rois de la XVIIIᵉ dynastie, les rapports avec les Égéens continueront d'être marqués par leur caractère pacifique et commercial. Mais sous le règne de Ramsès II* les relations vont changer : c'est de ces « îles qui sont au milieu de la Grande Verte » que vont sortir les Peuples* de la Mer, contre lesquels se heurteront les derniers grands pharaons du Nouvel Empire. Après leur défaite définitive sous Ramsès III*, les noms des Égéens, « Peuples de la mer », et de leur pays, « îles qui sont au milieu de la Grande Verte », disparaîtront des textes des inscriptions égyptiennes.

Égypte. Les anciens Égyptiens appelaient la vallée du Nil *Kemi*, « le Noir », en raison de la couleur sombre des limons déposés par le fleuve, par contraste avec la terre rouge du désert* *(khaset)* environnant ; eux-mêmes se désignaient par le nom* de *Remtou Kemi*, « Hommes de la (terre) noire », par opposition aux *Khasetiou*, les nomades du désert. Le nom donné par les peuples sémitiques voisins était Misr, la Misraïm des Hébreux, nom que porte encore la moderne Égypte islamisée. Le nom d'Égypte lui-même, qui vient du grec (prononcé Aïgouptos), apparaît dès l'époque homérique et semble remonter à une période plus ancienne ; le mot viendrait du babylonien *Hikouptah*, transcription de l'égyptien *Hetkaptah*, « le Château du Ka* de Ptah », surnom de Memphis*.

La vallée est divisée naturellement en deux parties : la Haute et la Basse-Égypte. La Haute-Égypte est une étroite bande de terre qui s'étire sur 900 km le long du Nil, d'Assouan* à Memphis, mais sa largeur ne dépasse pas 30 km, pour se réduire parfois à quelques centaines de mètres ; cette région, conquise sur le désert, était appelée *Shemaou* ; l'hiéroglyphe* signifiant ce mot renferme les deux signes symboliques de la région : les canaux* d'irrigation, par lesquels elle pouvait prospérer, et le jonc ou le roseau, considéré comme caractéristique de la Haute-Égypte. La Basse-Égypte est constituée par la région située au nord de Memphis et formée par le Delta du Nil. Cette « terre du Nord », *Tamehou*, était symbolisée par le papyrus*, qui croissait en abondance dans les marécages et au bord des lacs laissés par les atterrissements du Nil. À l'époque prédynastique*, ces deux terres virent se constituer en deux États indépendants, et après que Ménès* eut réalisé l'unité de l'Égypte en réunissant les deux royaumes, le pharaon* resta toujours le maître des « deux terres », dont il était le lien politique, comme le Nil (→ **Hapy**) est resté le lien géographique de ces deux régions opposées (→ **Delta** et **Saïd**).

Par sa situation, l'Égypte appartient au complexe des civilisations du Proche-Orient, mais sa vocation africaine n'a pas été sans marquer l'esprit de sa culture au sein d'une remarquable originalité, par comparaison avec les peuples contemporains. Il ne faut sans doute pas exagérer l'influence des conditions climatiques et géographiques sur le développement de la civilisation égyptienne, mais on ne peut la nier non plus. L'isolement de la vallée du Nil, séparée du reste du monde par de vastes déserts, a fait que, de l'époque préthinite à la fin du Moyen Empire, la civilisation égyptienne a évolué en vase clos, se forgeant le visage si particulier que nous lui connaissons, les contacts sporadiques avec ses voisins immédiats n'ayant pas été suffisamment étroits pour exercer une influence marquante.

En revanche, l'Égypte a sans doute exercé une certaine influence sur les civilisations qui lui étaient contemporaines, dès le jour où, devenant conquérante et se tournant vers l'Asie, elle est entrée en contact, parfois étroit, avec les peuples étrangers.

Il est difficile de déterminer les emprunts contractés par une nation auprès de ses voisins et les apports qu'elle leur a faits. Sans doute, l'Égypte doit-elle à l'Asie la métallurgie, la roue, le cheval, et peut-être même sa civilisation néolithique ; de même, certains éléments de sa culture prédynastique sont nettement asiatiques. Mais après la période d'assimilation et de création durant laquelle la civilisation égyptienne se cherche et s'épanouit, l'Égypte, par un courant inverse, va donner une partie d'elle-même aux peuples voisins de la fin du prédynastique à la fin de l'Ancien Empire. Pendant le Moyen Empire, l'influence égyptienne se fait sentir sur tout le littoral cananéen, qui deviendra plus tard la Phénicie. D'Ougarit (Ras Shamra) à Gaza, la prédominance égyptienne s'affirme avec le règne de Sésostris Ier et dure jusqu'à la fin de l'époque amarnienne pour le nord de la Syrie, et jusqu'à la fin de l'époque ramesside pour le sud, avec un hiatus pendant la période précédant l'arrivée des Hyksos*, dont l'empire, centré sur Avaris*, exerce son influence depuis la Crète jusqu'à la Babylonie. Sous les rois de la XVIIIe dynastie, l'influence pharaonique s'exerce dans tout le Proche-Orient aussi bien que dans la mer Égée, et si le babylonien est la langue des chancelleries, l'égyptien est parlé depuis l'Euphrate jusqu'au Nil Bleu. Dans tous les sites cananéens du bronze récent, les monuments égyptiens sont nombreux et leur importance est caractérisée dans des sites comme Byblos, où l'on a dégagé un temple égyptien dédié à Hathor*, dame de la cité. Il est vrai que Byblos est le lieu privilégié de l'influence égyptienne en Canaan*, puisque nous savons que, dès l'époque thinite*, les riverains du Nil allaient y chercher du bois de construction, tandis que les fouilles y ont confirmé la tradition égyptienne en rendant de nombreux éléments d'époque thinite. Il semble que ce ne soit d'ailleurs pas seulement dans l'art monumental et l'artisanat que l'Égypte ait influencé Canaan, Selon Zikarbaal, prince de Byblos contemporain du voyage d'Ounamon*, la perfection et la sagesse sont sorties d'Égypte pour atteindre le pays où vivait ce prince ; il est vrai que c'est un scribe égyptien qui met pareilles affirmations dans la bouche d'un Phénicien. Il y a pourtant du vrai dans cette assertion, et l'influence de la pensée égyptienne sur la littérature biblique est un fait établi. Le livre des proverbes a emprunté, en les adaptant, une trentaine de maximes de la *Sagesse d'Aménémopé*; peut-être est-ce au texte du *Dialogue d'un Égyptien avec son âme** qu'il faut se référer pour chercher la source de quelques idées et thèmes du *Livre de Job* et l'*Ecclésiaste*. Ce serait aux *Admonitions** du sage Ipouer qu'Isaïe aurait emprunté sa peinture de la détresse des Juifs ; on a aussi rapproché de l'*hymne à Aton** le *psaume CIV*. Certains savants admettent qu'au contact des conceptions funéraires courantes en Égypte les Juifs ont pris conscience d'une vie possible de l'âme après la mort ; en tout cas, les images de la pesée du cœur dans la balance divine, qu'on trouve à plusieurs reprises dans la littérature de l'Ancien Testament, sont directement empruntées à l'Égypte.

C'est aussi dans la vallée du Nil que les Grecs pensaient trouver toute sagesse. À l'époque mythique, c'est d'Égypte que vint Danaos en Argolide, et Hérodote* attribue à des Égyptiens la fondation de l'oracle de Dodone. On faisait voyager en Égypte tous les sages grecs depuis Lycurgue et Pythagore jusqu'à Apollonius de Tyane, en passant par Platon. Aux codes de Bocchoris* et d'Amasis*, Solon aurait emprunté quelques-unes de ses lois. S'ils ont retiré aux Égyptiens la majorité des influences que les Grecs leur attribuaient dans la formation de leur propre civilisation, les modernes ont, par ailleurs, cru trouver dans l'Égypte pharaonique maintes sources de la civilisation grecque : le dorique grec procéderait de la forme de colonnes égyptiennes appelée « protodorique », dans ses descriptions, Homère s'inspirerait des peintures de mastabas*; les cultes d'Éleusis viendraient de ceux d'Isis*; c'est à la pensée égyptienne qu'il faut se référer pour trouver les origines de la philosophie présocratique ; les poètes lyriques éoliens, surtout Sapho, auraient puisé dans la poésie amoureuse de la vallée du Nil leur forme d'inspiration, etc. Ce ne sont là qu'hypothèses, dont certaines sont pour le moins contestables, sinon controuvées. Sans doute les auteurs accordent-ils souvent une part trop belle aux influences entre civilisations (c'est ici le cas pour la littérature biblique et la Grèce), mais il est possible que d'autres contacts, moins précis, plus diffus et tout en nuances soient encore passés inaperçus. Le fait patent, c'est, l'accord des Anciens autant que des Modernes pour reconnaître à l'Égypte un prestige et, partant, une influence certaine, mais difficilement déterminable, sur le développement culturel de ses voisins ; par ailleurs, il ne fait aucun doute que la Nubie* antique doit à l'Égypte le plus clair de sa civilisation, qui, au temps de la Basse-Époque, est comme un reflet africanisé de la culture égyptienne.

Égyptiens. Il est impossible de caractériser la race égyptienne. Les représentations nous offrent les formes somatiques les plus variées, depuis le corps épais et la tête de paysan rusé du « Cheikh el-Beled », jusqu'aux portraits fins et même gracieux de quelques souverains du Nouvel Empire* comme Thoutmôsis III* ou Séthi II*. Au cours de sa préhistoire et de son histoire, l'Égypte a vu de nombreuses populations se mêler aux occupants anciens, et se fondre avec eux au point de former une ethnie unifiée par la langue*, les mœurs et les coutumes, autant que par les conditions de vie et de climat. Cette ethnie égyptienne, constituée dès l'époque thinite* et se distinguant de ses voisins asiatiques, libyens et négroïdes, est formée par quatre couches dominantes : une race néolithique, à crâne allongé, ou dolichocéphale, issue sans doute de l'homme paléolithique dit de Cro-Magnon ; au sud, une race appelée à tort hamitique, apparentée aux Gallas, aux Somalis et aux habitants primitifs de l'Arabie méridionale ; au nord, une race à crâne rond, ou brachycéphale, de caractère europoïde, dont le type sera donné par les statues d'époque memphite, des sémites venus d'Arabie, soit par le Sinaï, soit par la mer Rouge* et Coptos*. Enfin, l'élément libyen (→ **Libye**) n'est pas négligeable, et on a soutenu la thèse d'une origine commune des Libyens et des Égyptiens, lesquels ne considéraient pas les premiers comme des étrangers au début de l'Ancien Empire*.

Ce n'est pas en quelques mots qu'on parvient à cerner l'esprit d'un peuple, formé par une multitude d'individualités possé-dant chacune ses facettes complexes. Néanmoins, on peut tenter de définir certaines lignes de force de l'âme égyptienne telle qu'elle nous apparaît à travers les manifestations de la culture, qui est comme son expression sensible ; âme qui ressortit à ce que les sociologues appellent la mentalité archaïque, d'où l'importance de la magie et des tabous dans la vie et la religion*. Les tabous de protection des animaux*, les interdictions alimentaires et vestimentaires, les prescriptions de purifications, etc., varient selon les cités et sont minutieusement observés. La magie* imprègne les manifestations de la vie et de la religion : on fait appel à elle pour guérir maladies et morsures d'animaux, pour envoûter son ennemi, pour chasser les démons* ; c'est la puissance du rite magique qui anime les aliments destinés aux morts dans le culte funéraire* et qui donne toute sa force au culte divin*, dont le but est de maintenir magiquement l'équilibre universel.

Comme toutes les sociétés archaïques, la société égyptienne est collectiviste, et les conditions géographiques n'ont fait que développer ce sens du groupe. La mise en valeur de la vallée du Nil, fondée sur les débordements annuels du fleuve, ne pouvait être le fait d'individus isolés ; seul un travail collectif permettait la construction de digues et de canaux par lesquels on pouvait parvenir à une irrigation rationnelle et efficace. Cela peut, en partie, expliquer le sens de la famille et du groupe si développé chez ces Égyptiens dont l'esprit était fort éloigné de l'individualisme grec. Sans doute, l'Égypte a produit de grands personnages, mais même le souverain, dont le nom était exalté par tout un peuple, vivait ce sens du collectif, car il n'était ce qu'il paraissait être que par l'existence de son peuple ; la société égyptienne peut être représentée par une pyramide dont le roi, qui est la pierre du sommet, reste cependant l'une des pierres d'un édifice dont on ne peut supprimer aucune partie ; d'où cette facilité avec laquelle s'est établie une sorte de socialisme d'État qui a réellement fonctionné pendant au moins les cinq siècles du Nouvel Empire. Les membres de cette société parfaitement hiérarchisée avaient le plus grand respect pour ladite hiérarchie et considéraient que chacun y occupait légitimement la place qui était la sienne ; les Égyptiens ne pouvaient souffrir le désordre qui détruisait l'harmonie de cette société, harmonie et équilibre exprimés par une notion divinisée, Maât*. L'un des enseignements* le plus fréquemment donné au jeune homme, futur fonctionnaire*, est le respect de la hiérarchie, des conventions, le contrôle de ses actes : « Contrôle ta main, refrène ton cœur, scelle ta bouche. » D'où aussi ce triple amour : de la justice, lien équitable des choses, qui préside à l'harmonie du monde ; de la force, qui maintient l'ordre établi, lorsqu'une violence extérieure veut le détruire contre toute justice ; de la beauté, expression sensible de cette même harmonie sociale et cosmique.

Sur le plan individuel, on découvre chez l'Égyptien une gaieté et une insouciance qui apparaissent même chez le paysan* (on le constate à la lecture des remarques et réflexions placées dans la bouche des personnages représentés sur les peintures), mais qui s'atténuent avec l'âge et la dureté des conditions de l'existence. Le sens de l'humour et de la satire s'exprime dans les dessins sur ostraca* et papyri*, mais il apparaît aussi chez les scribes* au visage empreint de gravité. C'est aussi chez ces derniers qu'on trouve, à la fin de l'Ancien Empire, c'est-à-dire en un moment où la révolution* menaçait cet ordre social si cher à leur cœur, un pessimisme et un scepticisme que nous révèlent certains textes littéraires et qui expriment sans doute un sentiment très répandu dans les hautes classes lésées par cette révolution. Leur pessimisme a engendré des élans d'un lyrisme et d'une nostalgie très singuliers (→ **Chant du Harpiste**), cependant que chez ces mêmes scribes, qui sont aussi les gens de lettres de l'Égypte antique, les sentiments d'amour ont fait naître une poésie amoureuse* pleine de délicatesse et de sensibilité. Enfin, dernier trait caractéristique de l'âme égyptienne : un ardent amour de la vie et une crainte si puissante de l'anéantissement dans la mort que toute l'architecture* funéraire de l'Égypte, dont l'importance frappe la personne la moins avertie, n'a d'autre raison d'être que la perpétuation de l'existence terrestre pendant « des millions d'années ». Il faut admettre que, malgré les bastonnades et les collecteurs d'impôts*, la vie n'était pas tellement désagréable sous le grand soleil égyptien, sur les rives fécondes du Nil, puisque le rêve de tout natif de la vallée était de compter cent dix années d'existence terrestre et de poursuivre éternellement cette vie dans les champs d'Ialou*, où les serviteurs magiques, les oushebtis*, devaient servir même le plus pauvre d'entre tous les habitants d'une terre que les Égyptiens appelaient poétiquement « les vergers d'Osiris ».

égyptologie. Jusqu'à la fin du XVIIIᵉ siècle, l'Égypte n'était connue que par des auteurs anciens, dont les témoignages sont loin d'avoir tous la même valeur. Les éléments géographiques donnés par Strabon* (Iᵉʳ s. av. J.-C.) sont valables, et il y a beaucoup à retenir dans les traditions rapportées par Diodore de Sicile (Iᵉʳ s. av. J.-C.). Le plus remarquable de ces auteurs, Hérodote*, rapporte d'intéressantes traditions populaires et, bien qu'incomplet, il nous donne un bon tableau d'une Égypte de Basse-Époque, alors sous la domination perse (v. 450 av. J.-C.).

Les données historiques pour les époques anciennes étaient maigres et en partie légendaires. On savait, par ailleurs, à la suite des auteurs anciens, que les signes décorant les monuments égyptiens représentaient une écriture, mais on connaissait peu de ces monuments en Europe et l'on n'avait nul moyen de décrypter ces signes. Cependant, au milieu du XVIIᵉ s., Athanase Kircher en tenta le déchiffrement ; entre 1636 et 1676, il publia de nombreux ouvrages sur la langue copte et l'égyptien ancien : il avait pensé logiquement que le copte n'était autre que l'égyptien ancien et, en partant de cette déduction exacte, avait tenté de comprendre les hiéroglyphes ; toutes ses transcriptions et ses interprétations, souvent d'une amusante fantaisie, sont erronées, mais elles brodaient sur l'idée féconde de l'identité du copte* et de l'égyptien, idée qui va permettre à Champollion de réussir là où Kircher avait échoué.

Mais, entre-temps, avait eu lieu l'expédition d'Égypte (1798-1801), sous les ordres de Bonaparte et de Kléber, dont les résultats les plus substantiels ont été la publication des remarquables volumes de la *Des-*

cription de l'Égypte par les savants que le Premier consul avait attachés à son expédition, et surtout la découverte de la pierre de Rosette*. C'est grâce au décret inscrit sur cette pierre, décret trilingue — ou plus exactement bilingue, puisque les hiéroglyphes et le démotique expriment une seule et même langue, malgré les différences existant entre les hiéroglyphes, langue savante, et la langue populaire du démotique — que Jean-François Champollion (1790-1832) parvint à déchiffrer les hiéroglyphes en partant du grec. Avant lui, l'abbé Barthélemy, Guignes et Zoëga avaient pensé que les cartouches entouraient les noms royaux, tandis que le Suédois Akerblad était parvenu à lire quelques mots grâce au copte (1802), et que Sacy et Young avaient transcrit approximativement les noms des cartouches ptolémaïques. Grâce au copte, qu'il possédait parfaitement, grâce aussi à une admirable souplesse d'esprit et à une remarquable intuition, sans guère utiliser les travaux qui pouvaient l'induire en erreur par des conclusions fausses, Champollion parvint à lire plus justement les noms d'époque ptolémaïque, puis ceux de rois plus anciens. En 1822, dans sa célèbre *Lettre à M. Dacier relative à l'écriture des hiéroglyphes phonétiques*, il expose les principes de l'écriture égyptienne et, deux ans plus tard, il publie son *Précis du système hiéroglyphique*. Ce n'est qu'en 1828 qu'il va enfin visiter l'Égypte, en compagnie de l'Italien Rosellini. Il meurt quatre ans plus tard, épuisé par un labeur immense, dont les fruits sont ses œuvres posthumes, une grammaire et un dictionnaire égyptiens. L'égyptologie était née. Pour ce qui concerne la philologie, ces travaux initiaux seront complétés par ceux de Brugsh sur le démotique*. Les recherches archéologiques, qui avaient commencé avec les travaux des membres de l'Expédition d'Égypte et qui furent poursuivies par des amateurs chercheurs de trésors comme Belzoni, prirent un caractère plus scientifique avec les recherches sur les pyramides* par Perring et Vyse (entre 1837 et 1839) et surtout l'officialisation de la recherche par Auguste Mariette (1821-1881), qui fut le premier conservateur des Antiquités égyptiennes et le fondateur du musée Boulaq, l'ancêtre de l'actuel musée

archéologique du Caire. La carrière de Mariette commence en 1850 avec la découverte du Sérapeum* de Memphis. Il consacrera les trente dernières années de sa vie à explorer un nombre considérable de sites : Tanis*, Saqqarah*, Abydos*, Edfou*, Dendérah*, Thèbes*. Gaston Maspero (1846-1916), lui succéda à la direction des Antiquités de l'Égypte. Plus que par ses fouilles, il est resté important pour la qualité et la quantité de ses publications. Les premières fouilles stratigraphiques et systématiques sont dues à sir William Flinders Petrie (1853-1942) qui révéla l'Égypte prédynastique et, surtout, entreprit des fouilles déjà exemplaires sur le site de Naucratis.

Éléphantine, ou **Abou,** ville (sur une petite île du Nil) des « Éléphants » (tel est le sens de *abou* en égyptien), capitale du 1er nome* de Haute-Égypte, placée sous la protection du dieu des cataractes Khnoum* et des déesses Anoukis et Satis* ; le nome lui-même, *ta Satet*, étant la « Terre de Satis ».

La forteresse d'Éléphantine défendait les frontières sud de l'Égypte contre les nomades de la Nubie. Dès l'Ancien Empire, la « Porte d'Éléphantine », d'où partaient les expéditions militaires vers le Koush* et les carriers qui allaient chercher dans les falaises orientales les granits roses et gris, a joué le plus grand rôle et, d'après Manéthon*, les rois de la Ve dynastie seraient originaires d'Éléphantine. De ses antiques monuments et de la ville elle-même il ne subsiste plus que les fondations du temple de Khnoum et un nilomètre couvert en pierre, qui descend par 90 marches jusqu'au Nil. En face de l'île, sur la rive droite du fleuve, était établi son marché où aboutissaient les caravanes venant de Nubie. Cet établissement commercial, appelé Souanou, a pris partout de l'importance à l'époque grecque sous le nom de Syène, la moderne Assouan. C'est là que les flottes fluviales du pharaon venaient chercher le granit rose exploité dans les carrières voisines, et utilisé pour les constructions des temples et surtout les obélisques* et les sarcophages*.

Au VIe s. av. J.-C. les pharaons y installèrent une colonie militaire juive qui y bâtit un temple pour son dieu, Yahwé. De cet établissement provient un nombre important de papyri* écrits en araméen et datés de l'occupation perse.

élevage. Dès le début du néolithique*, les Égyptiens avaient su domestiquer les animaux* qui sont restés les animaux domestiques classiques : bœufs et vaches, chèvres et moutons, porcs et chiens. Le bétail constituait des cheptels qui étaient la richesse des villages et qui, par la suite, représentèrent les bases de la puissance des particuliers. C'est en têtes de bétail que se comptent les butins au cours des guerres et des razzias, et nous savons par une tête de massue à son nom que le roi Narmer*, après une victoire, ramena 400 000 bovidés et 1 422 000 chèvres. Cependant, à côté de ces animaux classiques, les Égyptiens tentèrent la domestication d'animaux du désert : gazelles, addax, mouflons, bouquetins, oryx, bubales, et même de la hyène, qu'on utilisait pour la chasse. Mais, dès le Moyen Empire*, si l'oryx est encore élevé dans les étables du gouverneur du nome* portant le nom de cet animal, ces tentatives sont, en général, abandonnées.

Les puissants bovins étaient élevés dans les marécages, gardés par des pâtres quasi nus, accompagnés de leurs chiens au museau pointu. Ils revenaient parfois, au cours de l'année, vers leur demeure, à leur domaine du maître, où les scribes* entreprenaient de faire le recensement du troupeau. Les bœufs étaient aussi placés dans des étables, où, en compagnie d'autres animaux domestiques, ils étaient gavés avant d'être conduits à l'abattoir. Les représentations figurées des tombes nous ont laissé le spectacle de cette vie des bouviers, du traitement des animaux dans les étables et de ces troupeaux vivants et pressés de bovins, de chèvres, de porcs et d'ânes courant sous l'œil vigilant de leurs gardiens. Les animaux de basse-cour* constituaient aussi une des richesses des Égyptiens.

El-Kab, cité au sud de Thèbes*, capitale du royaume du sud, sous le nom de Nekheb à l'époque prédynastique*.

C'était la cité de la déesse-vautour Nekhbet*, située sur la rive droite du Nil, face à Hiérakonpolis* comme Pé était située face à Dep (→ **Bouto**). À l'époque historique,

la cité de la couronne blanche n'était plus que la capitale du IIIᵉ nome* de Haute-Égypte. Son rôle resta cependant de quelque importance, comme on peut encore le voir par les ruines qui en subsistent. Nectanébo* entoura la cité de puissantes murailles.

Les fouilles ont rendu quelques objets de l'époque prédynastique, mais l'ensemble des monuments subsistants datent du Nouvel Empire* ou de basse époque. D'une double enceinte primitive, sans doute de forme oblongue, il ne reste plus que de maigres éléments. En revanche, l'enceinte tardive, celle de Nectanébo, pour laquelle ont peut-être été utilisés d'anciens éléments, subsiste dans sa plus grande partie. Elle constitue une énorme masse quadrangulaire de 530 m de côté, sur une hauteur de 6 m et une épaisseur de 12 m. Près des portes monumentales ont été édifiées des rampes par lesquelles on accédait au sommet du rempart. Les anciennes demeures en terre ont été réduites à des séries de monticules. Seules apparaissent encore les ruines des temples situés dans la partie sud-ouest de la ville. Les plus anciennes traces de constructions sont datées de la XIᵉ dynastie. L'origine du temple de Nekhbet remonte à la XVIIIᵉ dynastie, mais l'ensemble du monument avec ses trois pylônes*, sa salle hypostyle, son naos* et ses cryptes*, datent du règne d'Achoris (début du IVᵉ s. av. J.-C.). Un temple de Thot* est accolé à son mur ouest et pareillement orienté nord-ouest sud-est, les entrées se trouvant côté sud-est. Il consiste en un pylône de l'époque de Ramsès II*, une cour à portique, une salle hypostyle à trois nefs constituées par deux rangs de trois colonnes, et le naos. Thot est installé dans ce temple en tant qu'époux de la déesse Nekhbet.

Hors de l'enceinte ont été identifiés les restes d'un temple à déambulatoire édifié sous Thoutmôsis III*, un autre de l'époque de Nectanébo, et un hémispéos (temple caverne) partiellement aménagé dans la falaise, de Ptolémée Évergète II.

La nécropole, constituée par des hypogées* aménagés dans la falaise, a accueilli les familles des princes de la ville au Moyen Empire et au début du Nouvel Empire (XVIIIᵉ dynastie). Les plus importants d'entre eux sont ceux d'Ahmôsis fils d'Abana, qui a participé à la guerre de libération contre les Hyksos et nous a laissé une intéressante autobiographie*, de son petit-fils Paheri, la plus remarquable des tombes de cette nécropole, et d'Ahmôsis Pen Nekhbet.

La ville a été appelée Eileithyiapolis par les Grecs qui avaient identifié Nekhbet à leur déesse des accouchements Eileithyia.

El-Omari, site néolithique, près du Caire, où pour la première fois en Égypte apparaît le blé *(Triticum monococcum)*.

émail (ou faïence). On désigne par le nom de terre émaillée ou de faïence, ce que les Égyptiens appelaient « la brillante », glaçure à base de quartz siliceux, déposée sur un noyau de quartz très friable ou de terre cuite. Les premières perles émaillées apparaissent dès le Badarien* et les potiers égyptiens emploieront ce procédé pendant toute la période historique. On émaillait des objets de toutes tailles : perles, amulettes*, vases, statuettes, parures, oushebtis*, etc. On en revêtait des tuiles et, dès la IIIe dynastie, les « chambres bleues » de la pyramide* de Djeser* à Saqqara* montrent l'utilisation de ce genre d'émail dans l'architecture.

Aux hautes époques, les faïences sont bleu verdâtre et fragiles, du fait du manque de fluidité et de chaleur des fours, qui ne permettaient pas la pénétration dans la masse. Le bleu foncé apparaît dans des glaçures de scarabées* et de vases de toilette à la VIe dynastie. Au Moyen Empire*, on obtient un émail dur vert-gris ou bleu clair.

C'est au Nouvel Empire* que l'industrie de l'émail atteint sa perfection ; les gammes de bleu et de vert s'étendent, tandis qu'on obtient des rouges, des jaunes, un blanc laiteux. Les oushebtis, qui apparaissent en nombre au début de la XIXe dynastie sont alors bleus, pour devenir verts à l'époque ramesside, ou plus rarement blancs avec des inscriptions rouges ; aux époques suivantes, le vert dominera.

Ces teintes bleues et vertes étaient obtenues par des composés de cuivre. Les fours des émailleurs étaient de petite taille, environ 1 m de diamètre ; à l'époque romaine, on construisit de plus vastes fours, de 2, 5 m de diamètre, mais la technique de la faïence était alors en complète décadence.

embaumement → momification.

Empire (Ancien) (2686-2181) L'Ancien Empire, qui succède à l'époque thinite*, comprend les dynasties memphites* (IIIe, IVe, V^e et VIe). Nous ne connaissons l'histoire de cette période que dans ses grandes lignes, mais, en revanche, la civilisation de l'Ancien Empire, qui atteint à une forme de perfection, nous est mieux connue par les monuments. Ce puissant Empire vit replié sur lui-même dans la paix et l'équilibre. Sans doute, les inscriptions nous font connaître quelques expéditions aux frontières, en Nubie*, en Libye* et dans le Sinaï*, mais ce sont des razzias contre les Bédouins*, qui ne troublent en rien la paix dans laquelle vit le peuple égyptien. On oublie trop souvent de souligner que, depuis l'unification de l'Égypte, qui voit éclore l'époque thinite, jusqu'à la fin de l'Ancien Empire, le peuple égyptien connaît un millénaire de paix continue ! Cela peut être considéré comme un des facteurs qui ont permis l'éclosion aussi rapide d'une civilisation si achevée. Les relations avec les peuples voisins seront toutes pacifiques ; les rois enverront des flottes vers la Phénicie et en mer Rouge*, dans des desseins commerciaux et économiques. La société égyptienne apparaît comme une sorte de grande famille groupée autour du dieu vivant qu'est le pharaon*. Celui-ci est le maître du pays et de ses habitants, mais si ces derniers ont leur vie tournée vers lui, lui-même se doit de faire régner la justice parmi ses sujets. Il est le dieu bon, entouré d'amis uniques ; ceux-ci sont des membres de sa famille, et c'est avec leur aide qu'il administre l'Égypte. Le roi est l'âme de cette cour, qui centralise toute l'administration du pays. Cependant, la complexité de cette administration oblige le pharaon à remettre une partie de son pouvoir à un collaborateur, un de ses fils ou petits-fils, qui est le vizir*. Le souverain, qui jouit après sa mort d'une survie auprès de son père Rê* et de ses ancêtres, connaît une destinée solaire qui n'appartient qu'à lui. Il se fait ensevelir sous des pyramides* de pierre — la pierre remplace la brique dans l'architecture funéraire sous Djeser*, premier souverain de l'Ancien Empire — et il donne à ses courtisans *(imakhou)*, qu'il a nourris dans son palais, une sépulture et un domaine pour l'entretien des offrandes* funéraires : ainsi les nécropoles* memphites seront composées de la pyramide royale, qu'entourent les pyramides de reines, au milieu des rues formées par les mastabas* des courtisans, qui, par là, participeront à la vie éternelle du pharaon. Ces croyances funéraires régiront un autre aspect de l'architecture de cette époque, qui voit apparaître les temples* funéraires. Par ailleurs, si l'on ne possède guère d'exemples de temple divin, les rois de la Ve dynastie bâtirent des temples* solaires, dont un a été retrouvé. Les mastabas nous font connaître l'art et la vie quotidienne de cette période. Le bas-relief (→ **relief**) atteint la perfection sous la Ve dynastie avec une finesse et une sûreté de dessin rarement égalées. La peinture, d'une grande richesse dans ses sujets et d'une belle harmonie dans ses couleurs, exprime toute la vie du peuple égyptien dans son exubérance et sa force. La sculpture parvient aussi à une perfection de la sérénité et la majesté chez les rois, le réalisme et l'élégance chez les particuliers. La littérature* est moins riche, sans doute du fait de la disparition des manuscrits, mais, à côté des textes funéraires (*Textes des Pyramides**), c'est cette époque qui voit l'apparition des sagesses* et des enseignements*. Sous la VIe dynastie, cette belle unité va éclater. Les nomarques* s'éloignent de la cour, pour aller se faire ensevelir dans leurs domaines concédés par le pharaon ; un clergé* se constitue dans les temples, qui échappent à l'autorité du pouvoir central grâce aux chartes* d'immunité. Une violente révolution* mettra fin à cet édifice social ; une période d'anarchie et de féodalité commence avec la première période* intermédiaire.

Empire (Moyen). **(2060-1786)** En principe, cette période commence lorsque Mentouhotep II* termina la réunification de l'Égypte, divisée en petites principautés pendant la première période* intermédiaire, au profit d'une dynastie de nomarques* de Thèbes*. Mentouhotep II ap-

partient à la XIe dynastie, dont les premiers princes, les Antef*, ne régnèrent pas sur une Égypte unifiée et, en principe, ne peuvent donc appartenir au Moyen Empire (on entend par « Empire », que ce soit l'Ancien, le Moyen ou le Nouvel Empire, les périodes où toute la vallée du Nil fut unifiée sous un pouvoir central). Cette période est aussi appelée premier empire thébain. Le Moyen Empire est moins pacifique que l'Ancien Empire. Pour se défendre contre les Bédouins* qui ont déferlé sur le Delta* à la fin de l'Ancien Empire, on construit des lignes de fortifications face au Sinaï* et les expéditions militaires se multiplient dans cette région, où l'État exploite systématiquement les mines* de cuivre et de turquoise. La Haute Nubie est annexée et les relations commerciales avec la Phénicie et le Pount* se multiplient. À l'intérieur, les rois mettent en valeur le Fayoum*, près duquel ils installent leurs résidences. Le roi lui-même, s'il reste fils du soleil et incarnation d'Horus*, prend figure de légiste ; la loi, émanée du pouvoir royal sans nul doute, prend cependant le pas sur la volonté du monarque. S'il possède toujours une cour*, elle n'est pas composée par les gens de sa famille, mais par des fonctionnaires* venus de tous les horizons. Ces nomarques* continuent de résider sur leur nome* et le roi accepte le droit d'hérédité ; cependant le nomarque reste un fonctionnaire attaché au pouvoir central. Les souverains se font toujours ensevelir sous des pyramides* auprès de leur résidence, mais les nomarques et les particuliers se font inhumer dans des hypogées* répartis à travers toute l'Égypte. Par ailleurs, la révolution sociale de la première période intermédiaire a démocratisé l'immortalité. Les doctrines osiriennes ont triomphé de l'exclusivisme solaire des rois de l'Ancien Empire et l'audelà* est un monde ouvert à tout homme. Il n'est plus besoin de l'autorisation royale pour se faire construire une tombe*, et si la formule des offrandes* funéraires (auxquelles on donne le nom grec de *proscynème*) débute toujours par « offrande que donne le roi », c'est parce qu'on conserve une formule traditionnelle et que, en principe, c'est du roi qu'on tient ce bien ; mais, en fait, chacun prend en charge sa propre immortalité.

Les éléments architecturaux sont maigres, mais ce qui nous reste permet de parler d'élégance et de grandeur pour définir les monuments de cette époque. Pour ce qui est de la sculpture*, celle qui provient des ateliers du Nord est pleine de douceur et d'humanité, malgré une certaine stylisation décadente, contrairement aux ateliers thébains, où dominent la vigueur et un réalisme parfois un peu brutal. L'orfèvrerie parvient, par contre, à la perfection de son propos, et sans nul doute c'est au Moyen Empire qu'appartiennent les bijoux* les plus finement ciselés et les plus riches d'inspiration. Cette époque est aussi l'âge d'or de la littérature*, l'âge classique par excellence. De nouveaux genres fleurissent et la langue du moyen égyptien atteint une pureté et une élégance qui resteront un modèle pour les scribes* de toutes les époques ultérieures. Sur ce plan, la XIIe dynastie, qui représente à elle seule le Moyen Empire, ces siècles des Amménémès*, restera aux yeux des Égyptiens ce que fut pour les Grecs le siècle de Périclès.

Empire (Nouvel) (1567-1085) Continuation par certains aspects du Moyen Empire*, duquel il a été coupé par la période des Hyksos*, le Nouvel Empire, ou deuxième Empire thébain (→ **Thèbes**), est l'époque à laquelle l'Égypte parvient à l'apogée de sa puissance. Sortant de son isolationnisme millénaire, elle devient un État impérialiste et guerrier. La Nubie* lui est une riche colonie, gouvernée par un vice-roi ; Canaan*, la Phénicie et la Syrie sont des protectorats, dont les princes se trouvent sous la surveillance de hauts fonctionnaires égyptiens. L'Égypte orchestre le concert des nations du Proche-Orient, les rois asiatiques cherchent l'alliance et l'amitié du pharaon*, et lui paient tribut*. Le roi conserve toujours son caractère divin, mais son pouvoir est tempéré par ces textes de loi* qui accompagnent le vizir* dans ses consultations et par cette hiérarchie de fonctionnaires qui constituent le corps d'une pyramide dont le souverain est la pointe et le peuple la base. Le souverain règne pour le bien de l'État et de la communauté, bien qui doit être le but de tout Égyptien. Les nomarques* et les hauts fonctionnaires ne sont plus choisis dans une noblesse héréditaire, mais, si l'on en croit les enseignements*, c'est selon leur mérite que le roi désigne ses serviteurs. Les nomarques, qui, au Moyen Empire, conservaient un caractère de princes féodaux, ne sont plus que des préfets dont la fonction n'est qu'un degré dans une hiérarchie que chaque scribe* souhaite parcourir jusqu'aux plus hautes charges. On a souvent parlé de socialisme d'État pour désigner l'État au Nouvel Empire, et malgré certaines restrictions la définition reste valable sur le plan théorique. Dans la pratique, on trouve une forme de propriété et une hérédité des emplois, aussi bien dans les métiers spécialisés que dans le clergé*, l'armée* et le fonctionnariat. Ainsi apparaissent trois classes qui constituent peu à peu une nouvelle aristocratie.

Les croyances* funéraires n'ont guère évolué depuis le Moyen Empire, mais les rois abandonnent la pyramide* comme forme de tombe et se font creuser des hypogées*, comme les simples particuliers. L'architecture* du Nouvel Empire, qui, avec les Ramessides*, se tourne vers le colossal plus encore que sous la XVIIIe dynastie, nous est connue par plusieurs temples* et les fouilles de villes*. Le relief est marqué par une tendance à l'allongement et une idéalisation qui, tout en restant un grand témoin de la vie, confère aux figures une élégance et une grâce, qui tomberont parfois dans la mièvrerie et l'outrance lorsqu'on mettra volontairement l'accent sur ces déformations à l'époque d'Amarna*. Ces mêmes caractéristiques apparaissent dans la sculpture, dont l'idéalisme tombera dans un réalisme excessif, contrepartie d'une grâce un peu grêle, pendant la dangereuse féerie amarnienne. Les arts mineurs seront l'expression d'une époque d'extrême richesse et de cosmopolitisme issus des conquêtes asiatiques qui, par des contacts multiples, apporteront des thèmes d'inspiration nouveaux. Le Nouvel Empire est caractérisé en cela par un luxe souvent excessif, un raffinement qui annonce une prochaine décadence, un goût de l'or et de la richesse qui nuira parfois à l'élégance et à la simplicité des motifs artistiques. Dans le domaine littéraire, papyri* et ostraca* se multiplient, et cet amour raffiné des belles choses et des grâces de la vie s'exprime en des sentiments nouveaux qui éclosent dans la poésie* amoureuse. Les moralistes continuent cependant de dispenser leurs enseignements* dans ce monde en fermentation où, au milieu des plaisirs, l'homme cherche à se renouveler lui-même.

Cette époque éblouissante se terminera dans les guerres contre de nouvelles menaces d'invasions avec les Peuples* de la Mer et l'épuisement des forces vives de l'Égypte, qui tombera, après la XXᵉ dynastie, au pouvoir des prêtres* d'Amon*, puis des mercenaires libyens, qui instaureront une nouvelle période féodale avec laquelle commencera un déclin dont, en réalité, l'Égypte ne se relèvera plus, malgré les éclats passagers des époques saïte* et ptolémaïque* ; au reste, si certaines traditions soigneusement maintenues peuvent faire illusion, la véritable civilisation égyptienne, originale, forte, vivante, pleine de séduction et de vigueur, s'éteint après l'éclat incomparable, mais ultime, que jette le Nouvel Empire dans l'histoire de l'humanité.

enfant. L'enfant en bas âge était allaité pendant trois ans par sa mère, qui le portait généralement sur son dos. Nous voyons, en outre, par les *Maximes d'Any*, que c'est longtemps encore la mère qui s'occupera de l'enfant ; c'est elle qui le mène à l'école* (→ **éducation**) et qui le nourrit avec le pain et la bière de la maison. L'amour des enfants est caractéristique des Égyptiens, qui préféraient élever leurs enfants dans la famille et ne les exposaient jamais (Moïse, déposé dans un panier et abandonné au fil du Nil, représenterait une exception si l'on ne savait qu'il s'agit d'une légende sans doute d'origine mésopotamienne). Il est vrai que, même pour les plus pauvres, les enfants coûtaient fort peu, car il était facile de les nourrir de poisson pêché, de tiges de papyrus et de racines bouillies.

Pour le reste, même chez les nobles, les enfants allaient nus, les garçons portant parfois un collier et les filles un peigne et une ceinture. Avoir un garçon était une nécessité religieuse, car, seul, le fils était, en principe, accrédité pour assurer le service d'offrandes* de son père défunt (→ **croyances funéraires**).

C'était un malheur de ne pas avoir d'enfant et on y remédiait par l'adoption ; quelqu'un écrivant au scribe Nekmout, à la fin du Nouvel Empire*, lui dit qu'il n'est pas un homme, n'ayant pas donné d'enfants à sa femme, et qu'il doit acheter un orphelin et l'élever comme un fils de sa chair.

Ennéade. Après avoir imaginé une cosmogonie* où étaient syncrétisées une création solaire primitive et la théologie osirienne, les prêtres* d'Héliopolis* songèrent à réunir les neuf dieux primitifs ainsi conçus en un groupe appelé ennéade (terme grec traduisant exactement l'expression égyptienne *pésédjet*, « groupe de neuf »). Elle était composée d'Atoum*, le dieu créateur identifié au soleil Ré*, ses enfants Shou* (l'air ou l'atmosphère) et Tefnout* (l'humidité) formant le premier couple divin, ses petits-enfants, Geb*, la Terre et Nout*, le Ciel, et leurs enfants formant encore deux couples, Osiris* et Isis*, Seth* et Nephthys*. C'était là la grande Ennéade, à laquelle les théologiens d'Héliopolis ajoutèrent deux autres ennéades secondaires, afin d'absorber dans leur panthéon diverses divinités venues de tous les horizons. Cependant, derrière ces spéculations théologiques se cachait un but politique tendant à faire honneur à Héliopolis non seulement de l'origine des dieux, mais d'une primauté politique.

En effet, ces divinités ne restaient pas de pures entités ne régnant que dans le ciel ; chaque ennéade constituait une dynastie censée avoir dominé sur la terre avant de venir régner dans le ciel, comme le pharaon* lui-même montait au ciel rejoindre ses ancêtres après sa mort. Ces ennéades nous sont connues par le papyrus royal de Turin* et par Manéthon*, mais des documents plus anciens, comme les *Textes des Pyramides**, prouvent que dès l'Ancien Empire*, et sans doute avant, on admettait l'existence terrestre des membres de la grande Ennéade. À Rê succédèrent son fils Shou et son petit-fils Geb, Téfnout et Nout étant leurs épouses et sœurs respectives, puis vinrent les règnes d'Osiris et de Seth. La deuxième ennéade, qu'on connaît sous une forme grecque, semble avoir compris Horus*, fils d'Isis et d'Osiris, Anhour*, Anubis*, Khonsou*, Horus d'Edfou*, Amon*, Thot*, Shou (?) et Amon-Rê. À cette ennéade de demi-dieux succède une dynastie de « mânes » (grec *nekyes*), mot traduisant sans doute les *akhou* (→ **âme**) : ils constituent la troisième ennéade héliopolitaine ; ce sont d'abord les quatre génies funéraires, enfants d'Horus, Amset, Hapi, Douamoutef, Qébésennouf, puis un nouvel Horus, Khent Khiti, et ses quatre fils.

La cosmogonie memphite connaissait aussi une ennéade constituée par Ptah* et huit dieux primitifs qui sont ses hypostases ; les quatre premiers sont Taténen, la Terre émergée de l'Océan primitif, Noun* et son doublet féminin Naunet, pris sans doute à l'ogdoade hermopolitaine, Atoum « le Grand » et enfin quatre dieux dont on a perdu les noms, mais qu'on a pu restituer et qui semblent être Horus, intelligence de Ptah, Thot, sa volonté, Néfertoum et un dieu-serpent. Chaque grand temple voudra posséder son ennéade, ce mot perdant peu à peu son sens, pour arriver à désigner les dynasties (ou collèges) de dieux composés d'un nombre indifférent de personnes divines. L'Ennéade thébaine comprend ainsi quinze dieux, tandis que celle d'Abydos* n'en compte que sept. L'ennéade devient une personne divine dont chaque membre conserve cependant une existence propre, formant, si l'on peut employer cette image, neuf personnes en une.

enseignement, on traduit par « enseignement » ou « instruction » le terme égyptien *sebayt*, qui désigne ces textes dans lesquels le maître donne à son disciple toute la substance de son savoir et de son expérience, sous forme de maximes ou de discours.

Ce genre fut cultivé à toutes les époques : nous savons par le *Chant du harpiste** que les sentences d'Imhotep* et de Djedefhor (selon les traditions, fils de Chéops* ou de Mykérinos*) étalent sur toutes les lèvres. Le préambule à la *Sagesse** d'Aménémopé, qui célèbre l'écrivain, nous est témoin de l'estime dans laquelle étaient tenus cette littérature et ses auteurs : « (les scribes) n'ont pas désiré avoir pour héritiers des enfants qui conserveraient leur mémoire ; ils ont voulu pour héritiers les livres et les enseignements qu'ils ont écrits. Leurs prêtres sont leurs livres, leur fils bien-aimé est la palette du scribe, leurs pyramides sont

leurs enseignements. Est-il ici un homme comme Djedefhor ? Est-il ici un homme comme Imhotep ? On ne voit pas en notre temps un homme comme Néferi ou comme Khéti, le plus grand d'entre eux... Est-il un homme comme Ptahhotep* ? » Le hasard nous a conservé les « enseignements » de ce Ptahhotep et il semble que le Khéti dont il est fait mention soit Khéti III (ou Achthoès III), le père de Mérikarê*, pour qui il laissa de célèbres « enseignements ». Par ailleurs, il nous a été conservé, sous le nom de Djedefhor (nom lu aussi Hardjedef) un fragment d'enseignement connu par plusieurs ostraca* du Nouvel Empire et une tablette en bois de basse époque. Djedefhor y est dit prince héréditaire et fils de roi. Il semblerait que ce soit le plus ancien enseignement que nous possédions, car il pourrait remonter au début de la Vᵉ dynastie. Il rappelle, par certains aspects, la sagesse de Ptahhotep : « Prends une femme de cœur, un fils naîtra de votre union. C'est pour ce fils que tu bâtiras une maison [...] Préparetoi une bonne demeure dans la nécropole [...] la maison de mort est pour vivre. » D'un peu plus tardivement, sans doute de la VIᵉ dynastie, datent les fragments d'un enseignement adressé à un certain Kagemni par un sage dont nous ignorons le nom. Le texte se trouve sur le grand papyrus Prisse de la Bibliothèque nationale, sur lequel est rédigé l'*Enseignement de Ptahhotep*. Le texte débute par ces termes : « L'homme respectable prospère, loué est celui qui est modeste [...] » et il se termine par ces constatations : « On ne sait ce qui peut arriver, la manière dont le dieu punit. »

Le Moyen Empire* s'est illustré par les instructions d'Amménémès* et les enseignements qui constituent les satires des métiers*, dont la fortune sera grande sous le Nouvel Empire*. Plus médiocre est l'enseignement de Sehotepibrê, haut fonctionnaire à la cour d'Amménémès III*. L'auteur déclare à ses enfants qu'il va leur faire connaître les règles éternelles pour passer une vie bienheureuse ; et ces règles consistent en un éloge du roi, à qui on doit fidélité : « ... Adorez le roi Menmaâtrê dans votre cœur [...], le roi [...] c'est Rê dont les rayons éclairent les deux terres [...] il rafraîchit les narines quand il va contre le Mal [...] Le roi est le ka, sa bouche est l'abondance, son être est la création [...], sa main protège celui qui l'adore [...]. L'ami du roi devient son *imakhou*, mais le rebelle n'a même pas de tombeau [...]» Les *Maximes d'Any* illustrent, avec les satires des métiers, la littérature « instructive » du Nouvel Empire. Du début de la troisième période intermédiaire date la *Sagesse d'Aménémopé* et de la fin de l'époque perse la *Sagesse de Pétosiris*.

Deux autres enseignements de l'époque ptolémaïque nous ont été conservés de motique. L'un est rédigé par un certain Ankhsheshonq*, l'autre, anonyme, est connu par un manuscrit démotique du Rijksmuseum de Leyde, le papyrus Insinger, et des fragments de papyri (collection Carlsberg à Copenhague) qui donnent des variantes. Il a été rédigé au 1er siècle de notre ère, mais l'original remonte à l'époque des Ptolémées. C'est un manuel de morale où un certain nombre de maximes rappellent la confession* négative du *Livre des Morts*. « Ne te fais pas appeler "mauvais homme", car celui qui est impitoyable est méchant... Ne te fais pas appeler bavard parce que ta langue est n'importe où... Ne parle pas avec arrogance quand tu donnes un avis en public. Ne parle pas brutalement quand un supérieur t'écoute... Ne t'assieds pas avant un haut dignitaire. » Certains conseils sont aussi pleins de piété et de bon sens : « C'est le dieu qui donne la richesse, c'est le sage qui la conserve... La gloire du sage est de se contrôler dans sa façon de vivre. »

esclavage. L'esclavage ne tint jamais qu'une place secondaire dans l'économie égyptienne. Ce n'est d'ailleurs qu'au Nouvel Empire*, à la suite des campagnes militaires des pharaons en Nubie* et en Asie*, que la main-d'œuvre servile se développa en Égypte. Les soldats recevaient en récompense des esclaves étrangers ; les temples et les domaines du pharaon s'enrichissaient d'esclaves prélevés parmi les populations vaincues. La condition des esclaves nous est assez mal connue ; nous voyons, d'après les textes, que « l'enfant est mis au monde pour être enlevé à sa mère et, quand il est devenu homme, on lui brise les os ». Nombre de papyri* et ostraca* de l'époque ramesside laissent entendre que l'enfant né d'un homme libre et d'une femme esclave était lui-même esclave, mais

on connaît des esclaves mariés à des femmes libres et possédant des domaines et des serviteurs ; un barbier donna son esclave à sa fille en mariage et en fit son héritier. S'il dépendait de son maître pour la nourriture et les divers besoins, il possédait des droits légaux. Ainsi pouvait-il posséder une propriété (Papyrus Rylands 7) et même revendre le bien ainsi acquis. L'esclave pouvait aussi témoigner devant un tribunal et son témoignage pouvait être reçu, ainsi qu'il apparaît dans les procès de viols de sépultures sous la XXe dynastie. Néanmoins, dans ses enseignements*, Ankhsheshonq* rappelle que le serviteur qui n'est pas battu est plein de ressentiment dans son cœur.

Il arrivait que des esclaves prissent la fuite ; on les recherchait, mais sans entrain, et, s'ils parvenaient à passer la frontière, on classait l'affaire. Il existait des marchés d'esclaves ; l'achat était officialisé par serment devant témoins et enregistrement devant un fonctionnaire. Ces esclaves d'origine étrangère recevaient généralement des noms égyptiens et pouvaient être affranchis, mais on connaît des textes qui prouvent que les esclaves conservaient aussi leur patronyme d'origine. Il était courant que des gens libres se vendent eux-mêmes comme esclaves : on connaît, à ce propos, de nombreux contrats de vente de soi-même, en général pour éviter de tomber dans un total dénuement. Il semblerait (Papyrus Rylands 3-6) qu'un esclave pouvait obtenir de changer de maître, malgré l'opposition de celui-ci. Le total dévouement des esclaves envers leur maître fut souvent une chose remarquable ; les Égyptiens l'avaient constaté, qui élevèrent au rang de favoris influents des étrangers de condition servile, tandis que les Ramessides intégrèrent dans leurs armées leurs prisonniers de guerre, qui constituèrent, comme les Shardanes et les Mashaouash (→ **Peuples de la Mer**), les gardes et les guerriers d'élite de Ramsès II* et Ramsès III*.

Esneh, cité de la Haute-Égypte, au sud de Louxor* Iounit, appelée par les Égyptiens Latopolis (du poisson appelé en grec le *latès*, poisson sacré pour les habitants de la ville).

Elle fut un temps la capitale du IIIe nome de Haute-Égypte. Il ne subsiste de cette antique cité qu'une partie du temple construit sous les règnes des derniers Ptolémées* et dont la construction se poursuivit jusqu'au IIe siècle de notre ère. Il s'agit de la salle hypostyle de 33 m x 16,50 m présentant 24 colonnes de 13, 30 m de haut. Le niveau du temple se trouve à 9 m en contrebas du niveau de la ville actuelle. Ainsi, tous les autres éléments de ce temple ont-ils disparu, bien qu'on puisse supposer qu'une grande partie gît encore sous l'accumulation de limons sur lesquels est bâtie la ville arabe moderne. Les inscriptions qui couvrent murs et colonnes de la salle nous apprennent qu'il était consacré à Khnoum*, mais aussi à Neith*, et à des divinités mineures comme Héka (divinité enfant aux pouvoirs magiques), les déesses Menhyt et Neboot. Le plafond présente des éléments d'astronomie mystique et d'astrologie et un calendrier des fêtes propres au temple.

Éthiopiens. Les Grecs ont rendu par Éthiopiens ceux que les Égyptiens appelaient « gens du pays de Koush* », c'est-à-dire de la partie sud de la Nubie*, l'actuel Soudan central.

Afin de ne pas prêter à confusion, l'Éthiopie (ou Abyssinie) représentant pour nous un État d'Afrique orientale situé géographiquement au sud-est de l'Éthiopie grecque, nous avons préféré utiliser les noms de Nubie pour désigner les régions du sud de l'Égypte connues réellement des Égyptiens anciens, et de nubienne pour désigner la XXVe dynastie, que les Égyptiens appelaient koushite et les Grecs éthiopienne.

Famille. Comme l'amour de la terre d'Égypte (la « Terre chérie »), l'amour de la famille est une des caractéristiques de l'âme égyptienne. Le désir de l'union dans le mariage* s'exprime dans la poésie* amoureuse, et l'Égypte offre une des rares civilisations dans laquelle le mariage ne se borne pas à un froid contrat ordonné par l'usage. Cependant, dans la société égyptienne, la famille occupait une place importante : les groupements familiaux sont inscrits au service de l'État et l'usage veut que le fils succède à son père dans sa profession et sur ses terres. Néanmoins, le roi possède la propriété éminente des terres et il peut changer la profession d'une lignée familiale, comme le fils peut, à son gré, opter pour un métier différent de celui de son père. La famille entière, femme*, enfants*, parents aux divers degrés, constitue une équipe dans un corps de métier et l'État reconnaît à l'aîné (quel que soit son sexe) l'autorité sur sa parenté, le rendant responsable de la marche du travail et du paiement de l'impôt.

Statues*, peintures*, reliefs* nous montrent l'affection qui liait les époux ; on les voit enlacés, les enfants debout à leurs pieds ; ensemble, ils surveillent la marche du ménage et l'éducation* de leurs enfants ; ensemble, ils vont chasser dans les marais, ensemble, ils vont se délasser dans le jardin... Les familles aisées possédaient parfois des esclaves* et plus souvent des servi-teurs libres rétribués sur les biens de la maison ; la domesticité d'un haut fonctionnaire* pouvait être nombreuse : échansons (*oubaou*), qui servaient les maîtres à table, mais pouvaient aussi être de véritables confidents : *shemsou*, porteurs de sandales, serviteurs chargés de porter la natte où s'asseyait le maître lors des visites de ses domaines ; intendants. → **animaux familiers, divorce, maison, naissance.**

famine. La prospérité du paysan égyptien dépendait des crues du Nil : une trop forte montée des eaux autant qu'une trop faible crue menaçaient les cultures, et venait la famine, qui par ailleurs régnait dans le désert à l'état endémique, ce qui explique la pénétration des nomades (→ **Bédouins**) dans la vallée du Nil, pénétration pacifique ou violente selon les périodes. De même, lors des époques d'anarchie, dans ces périodes* intermédiaires où le pouvoir central était inexistant, les digues et les canaux* d'irrigation étaient laissés à l'abandon, les bandes armées désolaient la compagne, et la famine sévissait d'autant plus sévèrement. Dans ces moments, on en venait à piller les tombeaux pour trouver l'argent nécessaire à l'achat du blé et de la nourriture, qui s'acquéraient au poids de l'or. Les textes nous laissent le souvenir de nombreuses périodes de famine, et l'épisode biblique de Joseph n'est pas sans fondements ; il nous apprend aussi comment on palliait dans une certaine mesure les famines prévisibles par la constitution de réserves de blé lors des années fastes.

Il arrivait cependant que des famines imprévues fussent des catastrophes pour toute la population de l'Égypte ; ainsi lit-on sur la stèle de la famine à Sehel : « Le grain était peu abondant, les graines étaient desséchées, tout ce qu'on avait à manger était en maigre quantité, chacun était frustré de son revenu. On en venait à ne plus pouvoir marcher ; l'enfant était en larmes ; le jeune homme était abattu ; les vieillards, leur cœur était triste, leurs jambes étaient repliées, tandis qu'ils étaient assis par terre, leurs mains en eux. Même les courtisans étaient dans le besoin ; et les temples étaient fermés, les sanctuaires étaient sous la poussière. Bref, tout ce qui existe était dans l'affliction. » (Trad. P. Barguet.)

Fayoum, vaste oasis au flanc de la falaise libyque, située en Moyenne-Égypte, et constituée par une profonde dépression dont le fond est occupé par un lac marécageux en voie d'évaporation, le Birket-Karoun, reste de l'antique lac Mœris*.

Le lac est alimenté par un bras du Nil, le Bahr Youssouf, transcription arabe du nom de « fleuve de Joseph » donné par les Coptes*, qui se sépare du Nil à 400 km au sud et court parallèlement au grand fleuve pour se jeter dans le lac, après avoir franchi la gorge qui donne accès au Fayoum à travers des falaises de calcaire. Aux époques préhistoriques, le lac était infiniment plus étendu que l'actuel Birket-Karoun, qui est situé à 45 m au-dessous du niveau de la mer. Les terrasses laissées par l'assèchement progressif du lac ont permis de calculer qu'au début du Néolithique* il se trouvait à 63 m au-dessus du niveau actuel. Dès le Paléolithique (Levalloisien et sans doute Acheuléen) la cuvette connut l'occupation humaine. La période néolithique* a laissé des établissements de quelque importance.

Le Fayoum continua d'être occupé pendant toute l'histoire de l'Égypte. Ses marécages, ses fourrés, étaient l'asile d'une faune dense que venaient chasser les rois et les nobles, tandis que les poissons du lac étaient une des richesses de l'économie

pharaonique, les salaisons étant vendues à travers toute l'Égypte. Les crocodiles s'y trouvaient en si grand nombre que, de bonne heure, les habitants en firent leur divinité sous le nom de Sebek*, tandis que le chef-lieu Shedet, l'actuel Médinet el-Fayoum, recevait des Grecs le nom de Crocodilopolis. Le lac Mœris était alors si vaste qu'il reçut des Égyptiens le nom de Pa-yom (« la mer »), dont les Coptes* ont fait Phiom, d'où vient le nom moderne de Fayoum. Ce n'est cependant qu'au Moyen Empire*, sous les grands souverains organisateurs de la XIIᵉ dynastie, et sur l'initiative de Sésostris II* que le Fayoum fut exploité rationnellement. Grâce à la création d'un système de canaux* d'irrigation d'une écluse régulatrice, élevée à Illahoun sur le Bahr Youssouf, à l'entrée du Fayoum, et d'un barrage de retenue des eaux, l'oasis devint la région la plus fertile de l'Égypte. Amménémès III* conduisit cette œuvre à son terme et s'attacha au Fayoum au point que, abandonnant la pyramide* qu'il s'était fait élever à Dahchour*, il en fit construire une à Hawara, dans l'oasis, à côté d'un temple funéraire si vaste — selon les Grecs, qui ont un peu exagéré leurs estimations, il comportait 3 000 salles disposées sur deux étages — que de là naquit la légende du labyrinthe rapportée par Hérodote*, et dont Strabon* a laissé une description. Reconnaissants envers celui qui leur avait apporté l'opulence, les habitants du Fayoum divinisèrent Amménémès III et l'adorèrent jusqu'à la fin de l'histoire de l'Égypte antique.

femme. Peu de civilisations anciennes ont accordé à la femme une condition aussi agréable que celle dont jouissait la femme égyptienne, et tout nous porte à croire qu'elle jouait dans la société un rôle très important. Légalement, les femmes possèdent de nombreux droits, que nul ne peut leur ôter, surtout si elles sont mariées (→ **divorce, mariage**). Parfois, la succession se fait par la mère et, très souvent, les enfants sont désignés par le nom de leur mère, le nom du père n'ayant qu'une importance secondaire. Libre d'aller où elle veut, la femme égyptienne possède cependant son appartement propre, tout au moins quand elle demeure dans une grande maison, l'*opet* (terme traduit fautivement par harem) où elle vit fort agréablement, avec ses enfants et avec, à son service, une domesticité composée d'autant d'hommes que de femmes. Là, ses occupations sont variées ; elle fait de la musique, chante, tisse, et consacre beaucoup de temps à sa toilette.

En Égypte, la femme est vraiment la compagne de son mari. Elle se promène avec lui, main dans la main, « sœur de son frère », chasse, pêche avec lui dans les marais. Elle gère avec lui leurs biens, parfois même, elle l'aide de ses conseils ; la reine Tiy, mère d'Akhnaton*, pour ne citer qu'un exemple, joua un rôle important dans la politique. De nombreuses inscriptions montrent la femme très éprise de son mari, qui le lui rend bien, belle et aimable ; de celle de Pétosiris*, il est dit : « Son épouse bien-aimée, souveraine de grâce, douce d'amour, à la bouche exquise, à la parole aimable [...] Celle qui ouvrait sa main à chacun, celle qui disait ce qui est bien et répétait ce que l'on aime [...] Celle que tout le monde aime, Renpet-Nefert » (Trad. Schott).

Cependant, on n'en dit pas que du bien, et la femme est souvent présentée comme une personne volage, perfide, comme dans le *Conte des deux frères*. Et le mari avait le droit de battre sa femme, mais sans excès. Les *enseignements** se montrent aussi très prudents à son égard : « Sois plein de réserve dans tes relations avec les femmes. Rien ne réussit dont elles se mêlent », recommande Ptahhotep*. Mais, autant et plus encore que « maîtresse de la maison », elle est aussi la mère : « Prends une femme tandis que tu es jeune [...]. Elle te donnera un fils [...] et tu auras une descendance. » Isis est ainsi le modèle des femmes, l'épouse et la mère parfaite.

Les *stèles** funéraires nous montrent souvent la mère à côté du mort et de son épouse, alors que le père est plus rarement représenté.

Les nourrices étaient tenues en grand respect et on connaît l'image du roi Aménophis II*, qui, même adulte, se plaisait à monter sur les genoux de sa nourrice. Maîtresse de maison, épouse aimante, femme cultivée parfois, l'Égyptienne est une figure très attachante de la société.

fêtes. Les Égyptiens connaissaient un grand nombre de fêtes. Fêtes de famille : mariages*, naissances*, banquets funéraires ; fêtes agraires : moisson, crue, semailles ; fêtes civiles : jour de l'an, fêtes ouvrant les saisons ; fêtes royales : intronisation*, sed* ; fêtes annuelles des grands dieux. Les fêtes religieuses se voyaient prolongées au cours des temps ; ainsi la grande fête d'Opet*, qui durait onze jours au temps de Thoutmôsis III*, fut portée à vingt-quatre jours sous la XIXe dynastie et à vingt-sept jours par Ramsès III*. Breasted remarque qu'à la fin du Nouvel Empire*, en additionnant toutes les fêtes de culte, un jour sur trois était chômé, sans compter les fêtes mensuelles et les fêtes familiales !

Les panégyries des dieux attiraient souvent le plus grand concours de population, comme on le voit surtout pour les mystères* d'Isis et d'Osiris. La pierre de Palerme (→ **annales**) nous fait connaître un grand nombre de fêtes qui ne sont souvent pour nous que des noms : anniversaires de la naissance de dieux (Anubis*, Min*, Hérishef, Oupouat*, sed*), fête de Sokaris*, course d'Apis*, fête de « frapper les Anou », qui évoque sans doute les luttes entre les partisans d'Osiris et ceux de Seth*. Cependant, parmi tant de fêtes, il n'en est que fort peu qui peuvent retenir notre attention et qu'on puisse décrire : ce sont la grande fête de Min, la fête d'Opet, la fête de la Vallée (ou d'Amon* dans la vallée). Lors de cette dernière panégyrie, le roi, après avoir revêtu un pagne luxueux et coiffé la couronne* hemhem, allait chercher Amon dans son temple pour l'inviter à venir visiter la Vallée (des morts), à l'occident de Thèbes* ; la traversée du fleuve se faisait sur la barque* sacrée « tirée par les dieux », et c'est au bénéfice des morts qu'avait lieu cette panégyrie. Les processions des dieux qui allaient ainsi de leur sanctuaire à un sanctuaire voisin constituaient un des prétextes les plus courants pour assembler le peuple dans une liesse où les cris, les chants, la musique et les beuveries tenaient plus de place que le recueillement et la pieuse méditation.

finances. Les recettes du Trésor égyptien variaient naturellement selon les périodes. La base des revenus consistait dans l'impôt* prélevé sur les paysans* et les artisans*, et, lorsque les nobles et les temples* possédèrent des domaines indépendants, sur ces domaines mêmes. Les revenus des impôts des domaines et des ateliers royaux étaient augmentés considérablement lors des époques de grandeur par les revenus extérieurs. C'était d'abord le commerce* avec les pays étrangers, qui, dans sa plus grande partie, était entre les mains de l'État. Les expéditions lointaines dans le Pount*, les expéditions plus proches dans les carrières* et les mines* des déserts avoisinants fournissaient les produits exotiques et surtout la pierre et les métaux dont l'Égypte avait besoin pour ses constructions et son artisanat de luxe. La Nubie*, qui fut intégrée dès l'Ancien Empire au domaine égyptien, et le Koush*, plus au sud, représentaient une grande source de richesses pour l'État.

Sous le Nouvel Empire*, l'expansion de l'Égypte en Asie* lui assura une immense source de revenus dans le tribut* imposé aux peuples soumis, tribut grossi par les dons importants des nations voisines, qui voulaient s'assurer la faveur ou l'alliance du pharaon* ou qui cherchaient en Égypte des marchés comme l'ont fait les Crétois* ou les Phéniciens*.

L'essentiel de ces revenus était absorbé par l'entretien d'une multitude de fonctionnaires* et de courtisans, les dons aux temples, le paiement des ouvriers et des artisans des ateliers royaux, les constructions royales et divines, l'entretien d'une armée*, qui, à partir du Nouvel Empire, reçut des terres et une solde qui greva sérieusement le budget ; ajoutons qu'à cette même époque la diplomatie du roi l'obligea à verser des subventions à des États asiatiques, comme le Mitanni*, afin de leur permettre de se maintenir face à de puissants États rivaux. Enfin, le Trésor personnel du roi absorbait une bonne partie du revenu de l'Égypte.

fonctionnaires (conseils de). Dans le principe, chaque Égyptien est un fonctionnaire et chaque métier est une fonction *(iaout)* ; dans les faits, surtout après l'Ancien Empire*, il en fut tout autrement dès que la propriété exista de fait, sinon *de jure*. Ainsi, les véritables fonctionnaires étaient les scribes*, qui participaient à l'adminis-

tration de l'Égypte, depuis l'humble scribe jusqu'au vizir*. Dans l'administration*, autant centrale que provinciale, les conseils de fonctionnaires jouèrent un rôle dont l'importance n'est pas encore toujours bien déterminée.

Le plus ancien de ces conseils est la *djedjet*, dont l'origine se trouve peut-être dans le conseil des anciens de l'époque où l'Égypte était divisée en clans dirigés par les vieillards ; on connaît des *djedjet* royales, mais aussi des *djedjet* du prince (nomarque) et même une *djedjet* dans la ville funéraire de Mykérinos* ou dans celle de Chéops*, chargée d'enregistrer les actes de vente et de gérer le domaine laissé par le roi pour assurer son culte* funéraire. Selon les cas, ces conseils avaient des attributions religieuses et judiciaires, civiles et administratives. À partir de la IVe dynastie, la *djedjet* perd toute importance dans la vie civile, pour ne conserver ses attributions que dans le domaine religieux.

Elle est peu à peu remplacée par la *qenbet* (conseil), qui semble consacrer le passage du conseil des anciens à un conseil plus large, et aux attributions plus variées. Au Moyen Empire* apparaît la *qenbet* royale, composée sans doute de courtisans et d'« amis » et dont on ignore les attributions exactes ; il semble, cependant, qu'elle ait eu surtout un rôle honorifique. C'est en présence de la qenbet que le roi procède à l'investiture du vizir* ou d'un haut fonctionnaire, ou qu'il distribue récompenses et félicitations. Les nomarques* possédaient aussi leur *qenbet*, ainsi que les temples*. La *qenbet* de district, composée de fonctionnaires chargés d'administrer le territoire, servait d'intermédiaire entre le chef de district et ses administrés ; c'était aussi elle qui recevait les inventaires et les testaments. Il existait aussi dans les villes des *qenbet* dont certaines semblent avoir été des conseils de corporations. Les ouvriers* possédaient une *qenbet* formée d'ouvriers (♀), sorte de tribunal corporatif.

fortifications. Nous ne savons rien des fortifications des villes et des forteresses de l'Ancien Empire*, et la seule représentation d'une enceinte fortifiée de cette époque n'est pas égyptienne. Au Moyen Empire*, les grands souverains de la

XIIe dynastie élèvent des forteresses au sud, le long du Nil, entre la 1re et la 3e cataracte, pour surveiller la Nubie*, et à l'est, du côté du Sinaï*. Les rois du Nouvel Empire* continuèrent de construire des forteresses dans ces régions. Les murs en briques crues s'élevaient entre 5 et 6 m sur une grande épaisseur qui formait un chemin de ronde, protégé par un parapet garni de créneaux arrondis. La muraille pouvait se doubler d'une seconde muraille extérieure, moins haute et plus étroite, comme on le voit au fort d'Abydos*. Ces murs d'enceinte offrent des bastions avancés mais ce n'est qu'au Nouvel Empire que les Égyptiens adopteront sur leurs frontières orientales la forteresse de type asiatique *(migdol)* pourvue de donjon et de tours. Dans certaines forteresses, le mur extérieur forme une pente qui lui donne une plus grande assise à la base. Les portes étaient défendues par des bastions et pouvaient être doublées par un couloir qui donnait accès à une seconde porte. Dans les enceintes des villes, on accédait au chemin de ronde par de larges rampes s'élevant en pente douce, comme on l'observe en particulier dans l'enceinte d'El-Kab*.

funérailles. Les funérailles commençaient au moment où l'on venait prendre le corps momifié dans la salle des embaumeurs *(ouabt)*. En Haute-Égypte, et plus particulièrement à Thèbes*, il fallait traverser le fleuve ; le cercueil, couvert de fleurs, était déposé sur une barque où prenaient place les parentes du défunt qui, par leurs lamentations*, coupaient les prières du prêtre* funéraire ; celui-ci, vêtu d'une peau de léopard, effectuait des fumigations autour de la momie* en récitant : « Une fumigation pour toi, ô Harmakhis-Kheprè, qui es dans la barque des dieux... » D'autres bateaux suivaient, avec les parents du mort, ses amis et les domestiques portant des fleurs et des offrandes. Parvenus sur l'autre rive du Nil, on plaçait le sarcophage* sur un traîneau tiré par des bœufs. Devant et derrière le sarcophage prenaient place deux pleureuses chargées d'exhaler les plaintes rituelles en imitant Isis* et Nephthys* ; autour du sarcophage marchaient les prêtres funéraires, qui offraient au mort des fumigations, tout en récitant des hymnes à sa gloire. Venaient ensuite les hommes de la famille et les amis du défunt, qui laissaient pousser leur barbe en signe de deuil, précédant les femmes, qui accompagnaient le cortège de leurs lamentations. Parvenus à la porte du tombeau, on procédait à la cérémonie de l'ouverture* de la bouche, accompagnée d'un rite appelé le « bris des vases rouges », dont, en réalité, on ignore le sens. Le mort était enfin déposé dans la tombe avec les offrandes, et la cérémonie prenait fin avec un banquet funéraire qui suivait la fermeture de la porte de la tombe.

Naturellement, les modalités des funérailles variaient selon les lieux et la condition sociale du défunt ; les pauvres étaient simplement amenés dans leur fosse de terre, enveloppés dans une natte. Dans le Delta*, le rituel variait dans certains détails : ainsi des bœufs rouges (couleur de la Basse-Égypte) traînaient le sarcophage ; des hommes appelés les *mouou* exécutaient des danses funèbres, et il semble démontré que ces coutumes procédaient du rituel funéraire des rois de Bouto*, remontant à la période prédynastique*, les *mouou* n'étant autres que les anciens rois de Bouto, accueillant au seuil de la nécropole leur successeur défunt. Outre le sacrifice* animal, qui avait lieu devant la tombe et qui était une pratique généralisée, on a remarqué dans certains cas le sacrifice d'un être appelé *likenou*, qui semble être le reliquat de sacrifices humains effectués à une époque préhistorique.

Geb, dieu-terre, membre de l'Ennéade* héliopolitaine. Primitivement, c'est lui qui, avec Nout*, engendra le soleil Rê*. Mais, dans le système héliopolitain, il est le fils de Shou* et de Tefnout* et le père d'Osiris*, Isis*, Seth* et Nephthys*. D'après les *Textes des Pyramides**, il régna réellement, succédant à Rê. Il fut adoré par la suite sous les traits d'un homme portant parfois sur la tête une oie, le hiéroglyphe* qui le représente étant cet animal. Il avait un sanctuaire à Bata, près d'Héliopolis*.

Gebel el-Arak → prédynastique.

géographie. Les Égyptiens concevaient le monde comme un disque entouré d'un océan (le Grand Circuit) d'où sortait le Nil, qui partageait la terre en deux ; la terre était le corps du dieu Geb*, séparé par l'air (le dieu Shou*) du ciel, la déesse Nout* ; celle-ci était maintenue aux quatre coins du monde par quatre supports. Par ailleurs, les Égyptiens s'orientaient face au sud, l'ouest étant la droite et l'est la gauche. Le long du Nil s'étale la terre noire (*kémit*, l'Égypte) et au-delà ce sont les pays étrangers (*khaset*), les nations barbares appelées du nom général des « Neuf Arcs » *(pesedjet padjaout)*, qui, à l'origine, désignait les voisins immédiats de l'Égypte, les Bédouins* du désert. Les connaissances que les Égyptiens avaient de ces pays étrangers étaient très fragmentaires et assez bornées. À l'occident, il y avait les oasis* du désert libyque et les Libyens* ; au sud, c'était la Nubie* et le pays de Koush*, qui correspondait à l'actuel Soudan ; à l'est s'étendaient le désert arabique et, au-delà, la mer Rouge*, qui donnait accès à ces régions restées mystérieuses aux yeux des Égyptiens, la terre divine *(to Noutir)*, le Pount*, les Échelles de l'Encens. Au nord, par-delà la Grande Verte (Méditerranée), ils connaissaient la Crète* (Keftiou) et plus tardivement les « îles qui sont au milieu de la mer » (l'Égée) ; enfin l'Asie*, au nord-est, était limitée par les Babyloniens* et les Assyriens*, les Hittites* et les Syriens ; plus proches, les Phéniciens*, Canaan* et le Sinaï* étaient mieux connus, surtout lorsque, au Nouvel Empire*, ces régions furent intégrées dans l'empire égyptien. Ce n'est qu'à basse époque que les connaissances des Égyptiens s'étendirent vers l'est avec les Perses*. Par ailleurs, si l'Égypte nous a laissé des listes de nomes* (temple d'Edfou*), des listes de peuples vaincus (Karnak*, Médinet Habou*), des contes*, des lettres*, des inscriptions où il est parlé des nations étrangères, jamais les Égyptiens n'ont systématisé dans des traités leurs connaissances géographiques.

gerzéen. Le site d'El-Gerzeh, dans le Delta*, a donné son nom au Gerzéen qui représente la deuxième phase de la civilisation de Nagada (→ **Nagadien**). Le Gerzéen paraît s'être superposé au Mérimdien* dans le Delta, au cours de la première moitié du IVᵉ millénaire. C'est sans doute aux porteurs de cette culture, originaire d'Asie, que l'Égypte doit ses aspects sémitiques, en particulier dans sa langue.

Gizeh. C'est sur le plateau calcaire de Gizeh, au nord-ouest de Memphis*, que se dressent les trois grandes pyramides* de trois rois de la IVᵉ dynastie, Chéops*, Chéphren* et Mykérinos*. Elles avaient reçu des noms qui révèlent l'emprise de la religion solaire et de la destinée* solaire du roi : « Horizon de Chéops », « Grand est Chéphren », « Divin est Mykérinos ». La perfection de l'architecture pyramidale est atteinte dans ces trois monuments, aux proportions jamais égalées depuis.

La plus gigantesque, celle de Chéops, mesure 230 m de côté et culminait à 146, 59 m. Son revêtement en calcaire de Toura a été presque entièrement détérioré. On parvient à la chambre funéraire par un système de galeries ascendantes, le caveau se trouvant en hauteur dans la maçonnerie du monument; deux autres projets de chambres funéraires, situées l'une au-dessus de la base de la pyramide, l'autre en profondeur dans le sol, ont été réalisés, mais c'est dans la chambre supérieure qu'a été placé le sarcophage* de pierre, au moment de la construction de la salle.

La pyramide de Chéphren, conçue sur un plan assez identique, mesurait 215, 25 m de côté sur 143, 50 m de hauteur. Celle de Mykérinos est sensiblement plus petite, avec 108, 40 m de côté sur 62 m de hauteur. À cet ensemble pyramidal, il faut ajouter les temples* funéraires de ces rois, des pyramides secondaires contemporaines et les mastabas des courtisans ensevelis auprès de leurs maîtres.

Selon Hérodote* la construction de la pyramide de Chéops aurait demandé trente années de travail et 100 000 ouvriers relayés tous les trois mois, cependant que toutes les ressources de l'Égypte auraient été réquisitionnées pour accomplir cette œuvre. Il y a sans doute là du vrai, mais ce qui est certain, c'est que ce monument ne fut pas élevé à grands coups de fouet par un peuple esclave, image trop vulgarisée. En réalité, c'est un monument de foi, bâti par un peuple qui croyait en la destinée divine

de son roi; si l'on veut évoquer les constructeurs des grandes pyramides, c'est aux constructeurs des cathédrales de notre Moyen Âge qu'il faut se référer, à un peuple qui se levait en un élan de foi pour dresser une demeure à son dieu, et non à un peuple d'esclaves qui n'obéissaient qu'à la contrainte du fouet. Par ailleurs, la théorie qui voudrait que les pyramides aient été construites par étages successifs, auxquels on accédait par des rampes détruites par la suite, suffit à expliquer l'élaboration de ces monuments sur un plan technique; on a d'ailleurs retrouvé les restes de rampes auprès de certaines pyramides; il n'est ainsi besoin de faire intervenir aucune puissance mystérieuse, comme on a trop tendance à le faire de nos jours dans certains milieux où l'on sait trop bien exploiter la crédulité du public.

Goshen. Un hymne du Moyen Empire*, à la gloire de Sésostris III*, chante avec allégresse : « Comme il est grand ce Seigneur pour sa cité : il est le rempart qui protège Goshen. » À l'orient du Delta*, sur le site de Saft el-Henneh près de Zagazig, on a découvert un naos* datant de l'époque de Nectanébo* où l'on lit un récit de la création par Shou* et des aventures de son fils Geb*, brûlé pour avoir touché l'uræus* de son père et guéri par le contact de la perruque de Rê*. On sait par ces inscriptions qu'en ce lieu se trouvait Gesem, la Goshen biblique. Près de Gesem étaient bâtis le sanctuaire de Iat-Nebes, la butte du Jujubier, où était conservée la perruque de Rê, et le temple de Pi-Soped, la maison de Soped, dieu à tête de faucon. L'hymne à Sésostris fait allusion à la muraille construite par les rois de la XIIᵉ dynastie pour protéger le Delta de l'invasion de Bédouins* du Sinaï*, le « mur du Prince » (ou du Régent) du conte de *Sinouhé**, et dont Diodore de Sicile dit qu'il s'étendait de Péluse à Héliopolis*.

Goshen semble avoir été une des places fortes clés de ce système défensif. Nous savons par la plus ancienne version du livre de la Genèse (chap. XLVII) que les Hébreux nomadisaient au pays de Goshen, et on peut voir là une image d'une époque où les tribus nomades pacifiées étaient autorisées à mener leurs troupeaux dans les pâturages de la frontière, ce qui permettait aux soldats du pharaon d'exercer une surveillance plus étroite sur les Bédouins turbulents.

Grec. Dans les textes d'époque lagide*, les Grecs sont nommés Haou-Nebout, Nebout signifiant « corbeille » ; par un jeu de mots, les Égyptiens donnaient à ce mot le sens de « ceux qui sont autour du roi » *(Nebty)*. Ce terme de Haou-Nebout apparaît dès l'Ancien Empire* dans les *Textes des Pyramides**, et on a voulu y voir dès cette époque des pré-Hellènes. Cette équivalence de Haou-Nebout avec Égéens, soutenue par les savants allemands, a été reprise par Pierre Montet, qui traduit ce mot par « Hellènes des vaisseaux ». Comme l'a montré Jean Vercoutter, ces Haou-Nebout n'étaient que des populations non égyptiennes des côtes du Delta*, et ce n'est qu'à l'époque ptolémaïque qu'ils deviennent des Grecs. Il faut bien abandonner cette conception de pré-Hellènes vivant en permanence en Égypte dès l'Ancien Empire et revenir aux conceptions léguées par les textes sans ambiguïté : ce n'est que sous les rois saïtes*, c'est-à-dire au VIIe s. av. J.-C., que les Grecs interviennent dans les affaires égyptiennes. Sans doute, des marins s'étaient-ils aventurés sur les côtes égyptiennes avant cette époque, comme l'atteste l'histoire de Protée dans l'*Odyssée*, mais c'était des cas exceptionnels.

Psammétique Ier utilise le premier des mercenaires grecs, qu'il installe dans des camps, pour défendre le Delta contre des invasions asiatiques. Les trafiquants suivirent bientôt ; en tête venaient les Milésiens, qui fondèrent « le mur des Milésiens », premier comptoir grec en Égypte ; mais bien vite les Grecs se répandirent dans les cités, Saïs*, Bubastis*, Memphis*, jusqu'à Abydos*, où ils ont leurs « rues » où s'ouvrent leurs boutiques. Amasis* leur concède Naucratis*, tandis qu'il multiplie les mercenaires dans ses armées, et on voit les Grecs chargés de la défense de l'Égypte autant du côté de l'Asie* que vers la Libye et la Nubie*, à Éléphantine*. La majorité de ces Grecs sont des Ioniens, auxquels viennent s'adjoindre Cariens, Éoliens, Doriens ; cependant, les textes démotiques les appellent Ouynn, c'est-à-dire « Ioniens ». Désormais, dans toutes les guerres que vont soutenir les rois saïtes et leurs successeurs, on verra intervenir les mercenaires grecs ou des troupes régulières envoyées par les États grecs, Athènes et Sparte.

Les Grecs voyageront normalement en Égypte, et au milieu du Ve s. av. J.-C. Hérodote* parcourra tout le Delta et ira jusqu'en Haute-Égypte. Les Grecs se trouvent dès lors de plus en plus étroitement mêlés à l'histoire égyptienne, jusqu'à ce que, avec les Ptolémées, une dynastie grecque (macédonienne) monte sur le trône des pharaons, faisant d'Alexandrie* la nouvelle capitale de l'Égypte.

La civilisation égyptienne va continuer de vivre, soit mêlée à la culture grecque, soit parallèlement, les immigrants grecs assimilant en plus ou moins grande partie la civilisation égyptienne, pour donner la civilisation alexandrine. Le grec devient la langue de l'Égypte parallèlement à la langue indigène, qui, tardivement lorsqu'elle deviendra le copte*, adoptera pour son écriture un alphabet adapté du grec, abandonnant les écritures ancestrales. Mais depuis longtemps les Égyptiens cultivés parlaient le grec et écrivaient dans cette langue, et c'est à cette époque que toutes les cités de l'Égypte reçurent des noms grecs que nous continuons d'employer, tandis que Manéthon* affublait les pharaons de ses listes de noms hellénisés que nous utilisons encore.

grèves → ouvriers.

guerre. Aux époques anciennes les Égyptiens apparaissent comme un peuple peu belliqueux, qui aspire à la tranquillité sans chercher querelle à ses voisins. La période prédynastique* a laissé l'écho de quelques guerres, dont la conséquence capitale a été l'unification de l'Égypte par Narmer*. Sous l'Ancien Empire*, les guerres se réduisent à des opérations de police contre les Bédouins* ; plus rarement, ce sont des guerres contre les Asiatiques*, précédées par une levée en masse, comme on le voit dans l'autobiographie* d'Ouni ; les résultats de cette guerre nous sont donnés par Ouni lui-même : son armée* revint heureusement après avoir pillé le pays, rasé les forteresses, coupé vignes et figuiers, « jeté dans le feu toutes les troupes » ennemies. De ces opérations on rapportait un vaste butin, des-captives et des prisonniers. Après les guerres d'unification, qui se terminèrent par le triomphe des dynasties thébaines du Moyen Empire*, les guerres continuèrent à apparaître comme des razzias ; au retour d'une campagne en Nubie, Sésostris III* se vante d'avoir coupé ou incendié les récoltes du pays, enlevé les femmes, abattu le bétail autour des puits.

On ne songe toujours pas à établir une domination durable dans ces régions et la protection de l'Égypte reste une ligne de fortifications* derrière laquelle on se retire après les expéditions punitives.

L'impérialisme du Nouvel Empire* va changer les méthodes de la guerre. Sans doute on ramasse un important butin au cours des expéditions, mais celles-ci ont pour but de créer des provinces et de les maintenir dans l'obédience du pharaon*. En partant en campagne, le roi prend la tête des armées, mais les corps de troupes sont souvent divisés dans leur marche ; ainsi, Ramsès II* en se rendant à Kadesh*, avan-çait en tête de l'armée d'Amon*, tandis que suivaient, à grande distance, les divisions de Rê*, de Ptah* et de Seth*, chacune sous un commandant différent. Le roi tenait souvent conseil avec son état-major, mais il prenait les décisions en dernier ressort, et, avant la bataille de Megiddo, on voit Thoutmôsis III* en conseil avec ses géné-raux sur le chemin à suivre ; après une longue discussion, le roi s'écrie : « Les ad-versaires de Rê, qu'il a en horreur, vont dire : "Il prend peur de nous", si je fais un détour. Je prends la route directe ! Que ce lui d'entre vous qui y est poussé par son cœur prenne le chemin que vous avez nommé, et que celui qui le désire suive Pha-raon. » On s'étonne de la liberté laissée aux généraux par le roi, mais sans doute celui-ci attendait la réponse unanime : « La place d'un serviteur est derrière son maître. » En réalité, le pharaon, héritier du dieu qui fa-çonna l'Égypte, est « l'ombre qui couvre ses soldats », le défenseur du royaume qui s'identifie à ses dieux guerriers, Montou*, Seth*, Sekhmet*. Dans les scènes guerrières qui ornent les murs des temples, le souve-rain est représenté dominant ses soldats et ses ennemis par sa taille gigantesque, per-pétuant la tradition, déjà affirmée dans la palette* de Narmer, où le roi domine de sa grande taille son ennemi terrassé. Ces tradi-tions revêtent un caractère rituel qui re-monte aux plus hautes époques ; les plumes d'autruche qui ornent le front des chevaux ont le même caractère que la plume que plantent dans leurs cheveux les guerriers du Moyen Empire ; c'est la plume de guerre, dont la symbolique remonte aux époques préhistoriques, autant que les danses guer-rières qu'on voit représentées encore sur des tombes du Moyen Empire. Les mêmes règles rituelles font que, dans le principe, on ne doit pas « combattre la nuit », mais quand il fait jour, et il est prescrit d'« an-noncer la bataille à l'avance » ; cependant, dans les faits, il semble que les Égyptiens, autant que leurs ennemis, aient, en général, négligé de s'embarrasser des formalités de déclaration de guerre.

Hapy, le génie du Nil, la puissance qui anime ce fleuve.

Hapy, « père des dieux [...], l'Unique se créant lui-même, dont l'origine est inconnue [...], seigneur des poissons, riche de grains... », est représenté sous la forme d'une divinité opulente participant des deux sexes, la tête surmontée d'une touffe de papyrus*. Les Égyptiens croyaient que le Nil sortait de l'Océan qui entoure la Terre, le Noun*, dont Hapy est comme une forme seconde ; c'est peut-être parce qu'ils croyaient le fleuve sorti de cette mer primitive que les Égyptiens l'appelaient « la mer » *(ioumâ)* ; ils le nommaient aussi « le grand fleuve », *ioter aa*, ou encore ils lui donnaient un nom différent dans chaque nome* qu'il traversait. En revanche, on ne sait d'où vient le nom de Néilos que lui ont donné les Grecs.

Toute la vie de l'Égypte était suspendue à la crue du Nil (→ agriculture, famine) et on comprend le mot d'Hérodote* : « L'Égypte est un don du Nil », lorsqu'on songe que la terre noire est entièrement constituée par les limons déposés par le fleuve au milieu de la terre rouge du désert*. On comprend aussi qu'à cette puissante source de vie ait été attachée une idée sacrée et qu'on lui ait consacré des hymnes* de très bonne heure : « La voici, l'eau de vie qui se trouve dans le ciel, la voici, l'eau de vie qui est dans la terre. Le ciel flamboie pour toi, la terre frémit pour toi lorsque naît le dieu. Les deux collines se fendent, le dieu se manifeste, le dieu se répand dans son corps », ainsi commence un hymne des *Textes des Pyramides** ; le dieu qui naît, c'est l'eau de la crue qui surgit entre les rochers d'Éléphantine*, où les Égyptiens plaçaient une des sources du Nil, et qui se répand sur l'Égypte pour lui apporter la vie.

Harpocrate, nom grec d'une des formes d'Horus*.

Harpocrate, en égyptien Horpasherd, c'est-à-dire Horus l'enfant, est représenté comme un petit enfant nu, portant la coiffure* qui caractérise l'enfant* et suçant son doigt dans un geste enfantin. Ce geste a été mal interprété par les Grecs, qui en ont fait le dieu du Silence.

Harsaphès, dieu-bélier d'Héracléopolis, au sud du Fayoum, dont le nom est la forme grecque de l'égyptien Heryshaf, qui signifie « celui qui est au-dessus du lac ».

On l'a assimilé à un Horus* guerrier et les Grecs l'ont identifié à Héraclès, d'où le nom d'Héracléopolis* donné à sa cité par les Grecs. Il est représenté sous la forme d'un homme portant le pagne royal et la tête ornée de longues cornes de bélier.

Hathor. Par la grâce du syncrétisme*, la déesse Hathor a assimilé un nombre impressionnant de divinités locales, ce qui fait qu'elle apparaît sous des formes diverses, maîtresse de nombreux sanctuaires et protectrice de plusieurs nomes*. Peut-être, à l'origine, était-elle une déesse du Ciel, représentée non comme Nout*, mais comme une vache au pelage étoilé. Dans le cycle de Rê*, elle apparaît comme l'œil du soleil qui, sous la forme d'une lionne, détruit les hommes (ce rôle est aussi parfois dévolu à Sekhmet*) ; sous forme de lionne, elle est aussi assimilée à la déesse lointaine (→ Tefnout). Sous ces aspects, elle est alors « la Flamboyante », qui dévore par la force du feu ; mais elle est plus encore la « Flamme d'or », le feu dévorant de l'amour, la déesse de la Joie et des Plaisirs. Elle est alors la « Vache d'or », l'aimée d'Horus*, celle qu'aime Rê ; elle est « la Dorée qui est dans les étangs pleins d'oiseaux, dans les lieux de son plaisir ». Déesse féconde, elle habite les arbres et elle est la « dame du sycomore du Sud » à Memphis*, mais elle est encore la « dame de l'Occident », c'est-à-dire la maîtresse des morts.

On ne sait pourquoi les Égyptiens en ont aussi fait la dame du Pount*, du Sinaï* et de Byblos* ; sans doute, là, a-t-elle encore absorbé quelque divinité locale ; on voit que son domaine est immense, surtout lorsque les chants nous apprennent que sa « renommée est parvenue jusqu'aux « îles du milieu de la mer » (→ Égéens). Le sistre lui était consacré et, sous la forme d'une vache, d'une femme à tête de vache ou simplement d'une femme, sa représentation présidait aux banquets : « Viens ô Dorée, qui te réjouis des chansons, qui désires la danse* dans ton cœur, qui est flamboyante pendant les heures du plaisir, qui te réjouis des danses nocturnes... », ainsi chante un poète, qui glorifie ensuite la puissance Universelle de la déesse.

Hatshepsout, fille de Thoutmôsis Ier* et de la reine Ahmôsis, héritière du trône, elle épousa son demi-frère Thoutmôsis II qui, à la mort de son père (1512 av. J.-C.), lui succéda.

La documentation concernant la querelle dynastique qui va suivre est confuse et prête à de nombreuses interprétations. Il semble cependant que, forte de son sang divin, Hatshepsout ait fait une première ten-

tative pour régner au nom de son demi-frère et époux, auquel elle donna deux filles. À la mort de Thoutmôsis II, en principe lui succéda Thoutmôsis III, son fils d'un second lit. Ce dernier était encore enfant, et Hatshepsout prit la régence au nom de son demi-neveu ; peut-être Thoutmôsis épousa-t-il Hatshepsout, nommée « sa sœur et divine épouse » dans une inscription, mais il semble plus vraisemblable qu'il ait épousé une des deux filles de la reine. En définitive, Hatshepsout laissa dans l'ombre Thoutmôsis et, prenant la titulature* des pharaons*, elle régna comme si elle était un homme, se faisant représenter en Osiris* avec la barbe et faisant reproduire sa « naissance divine » sur les parois de son temple* funéraire. Dans cette entreprise, elle était soutenue par Hapouseneb, premier prophète* d'Amon et son vizir*, Senmout* son architecte et l'intendant des domaines d'Amon, Thouti, « chef de la Maison de l'or et de l'argent », Nehsi, directeur du sceau et du Trésor. Abandonnant la politique de conquête inaugurée par ses ancêtres, la reine se consacra à une œuvre intérieure, dont les grands faits sont des constructions comme celle de Deir el-Bahari* et une mémorable expédition au pays de Pount*. Elle exerça le pouvoir jusqu'à sa mort, en 1482 av. J.-C., et fut ensevelie par Hapouseneb. Thoutmôsis III se vengea en faisant marteler les cartouches de la reine et les noms de ses favoris.

Héliopolis, ville située à l'entrée du Delta, appelée Ioun, « cité du pilier » par les Égyptiens et On dans la Bible.

Elle joua un grand rôle dans les débuts de l'histoire égyptienne. On ne croit plus qu'elle ait été capitale de l'Égypte à l'époque prédynastique*, mais l'ambition et les spéculations des prêtres du clergé d'Héliopolis furent à l'origine, d'une part, de l'accession au pouvoir de la Ve dynastie, et, d'autre part, du caractère solaire de la monarchie égyptienne et des croyances funéraires. Le soleil Rê* assimilé à Atoum* était le dieu tutélaire de la cité, et il s'incarnait dans le phénix* et dans le taureau Mnévis*. Les spéculations des prêtres de Rê créèrent la grande Ennéade* et une cosmogonie* qui donnait à Héliopolis un rôle de premier plan dans l'histoire religieuse de l'Égypte.

C'est en l'honneur de Rê héliopolitain que les rois de la Ve dynastie construisirent leurs temples* solaires, tandis que ce sont les vues théologiques du clergé héliopolitain qui furent exprimées dans les *Textes des Pyramides**. Capitale du XIIIe nome de Basse-Égypte, Héliopolis continua de jouer un rôle spirituel aux époques suivantes avec son clergé, qui était l'un des plus importants de l'Égypte. C'est sans doute des spéculations des prêtres d'Héliopolis qu'est en partie née l'hérésie d'Akhnaton*, lequel favorisa ce clergé et conféra le titre héliopolitain de « grand voyant » au prêtre d'Aton*.

Encore importante à l'époque grecque, décrite en partie par Strabon*, des antiquités de la ville il ne subsiste plus qu'un obélisque* monolithe de 20, 27 m de haut, érigé lors d'une fête sed* par Sésostris Ier*, selon ce que rapporte l'une des inscriptions gravées sur ses faces. Cet obélisque, qui gisait sur le tell Hisn, est maintenant dressé dans la nouvelle ville d'Héliopolis, près de l'aéroport du Caire. Il appartenait à un temple bâti sans doute par Amménémès Ier*. Séthi Ier* y fit aussi construire un temple dont le souvenir est conservé par une inscription sur la base d'un modèle.

Héracléopolis, capitale du XXe nome* de Haute-Égypte, située à l'entrée du Fayoum*, appelée par les Égyptiens Khenen-nesout, la « ville de l'Enfant-roi ».

Elle ne joua un rôle d'importance que pendant la Première période intermédiaire*, lorsqu'elle devint la capitale des IXe et X[e] dynasties héracléopolitaines. Sa divinité tutélaire était Harsaphès* (égyptien Héri-Chefet), dieu à tête de bélier, époux d'une Hathor*. Dès la IIe dynastie thinite il y avait son sanctuaire. Néanmoins, il ne reste que bien peu de chose des époques anciennes : un dallage et des éléments des murs d'un temple de la XIIe dynastie, des colonnes brisées provenant du remaniement de ce temple par Ramsès II*. La plupart des monuments sont des époques grecque et romaine : un gymnase, des thermes, un hippodrome, des temples dédiés à Anubis*, à Kronos, à Apollon, à Sérapis*, à Thot*, tous construits aux IIe et IIIe siècles de notre ère. Des fouilles plus récentes (à partir de 1966) ont mis au jour une nécropole* qui a rendu des tombes de l'Ancien Empire et de la Première période intermédiaire.

Hérihor, Premier prophète* d'Amon*, puis roi de Haute-Égypte (première moitié du XIe s. av. J.-C.).

Sous les derniers Ramsès*, la charge de Premier prophète d'Amon était devenue héréditaire. Sous Ramsès XI, Hérihor, dont on ne connaît pas l'origine, avait succédé à Amenhotep comme prophète d'Amon ; l'an 19 de Ramsès XI, il fut nommé vizir* et vice-roi de Nubie*. Il prit ensuite le commandement de l'armée, et c'est bientôt lui qui détint le pouvoir effectif, bien que Ramsès XI continuât de porter le titre royal. Il semble qu'Hérihor ait eu la sagesse d'attendre la mort du premier souverain de la XXe dynastie pour prendre le titre de roi.

Hermopolis, capitale du XVe nome* de Haute-Égypte dont le nom égyptien Khemnou, qui signifie « huit », rappelle l'Ogdoade* propre à cette cité.

Hermopolis est une des plus anciennes cités de la vallée du Nil, qui se trouva en rivalité religieuse — et sans doute aussi politique — avec Héliopolis*, dès l'époque prédynastique*. Thot* était sa divinité tutélaire, et son clergé* était l'un des plus importants de l'Égypte. Son nom grec d'Hermopolis, « ville d'Hermès », lui vient de l'identification que les Grecs avaient faite entre leur dieu Hermès et le Thot des Égyptiens. Du temple de Thot et des autres monuments de la cité, il ne reste à peu près rien, la pierre ayant été utilisée pour faire de la chaux ; de la construction de l'époque de Ramsès II provient une statue colossale. Une partie d'un pylône* et d'une salle hypostyle date de l'époque de Séthi II. En revanche, les fouilles ont rendu l'agora grecque entourée d'un portique en granit rose, d'époque grecque.

À peu de distance se trouve la nécropole* d'el-Berché, où étaient ensevelis les nomarques* du nome du Lièvre, au Moyen Empire. Près du village de Touna el-Djebel, à une dizaine de kilomètres, est située une autre nécropole où ont été trouvées d'importantes tombes, dont celles de Pétosiris*, et un autre mausolée du même style où a été ensevelie Isidora, une jeune fille noyée dans le Nil en 120 de notre ère, et des catacombes ayant servi de nécropole à des animaux* sacrés consacrés à Thot, dont on a retrouvé des momies, singes et ibis. Sur le flanc de la falaise dominant la voie d'accès à la nécropole est aménagée une stèle frontière d'Akhetaton (→ **Amarna**) représentant Akhnaton*, Néfertiti* et trois de leurs filles adorant le disque solaire.

Hérodote, historien grec (484-424 av. J.-C.).

Né à Halicarnasse, en Carie, il appartenait à une famille noble et aisée. Encore jeune il quitta Halicarnasse et, après un séjour à Samos où il se perfectionne dans le dialecte ionien, il consacra plusieurs années à voyager en Thrace, dans l'empire perse (en Asie Mineure, Mésopotamie, Médie), peut-être jusque chez les Scythes d'Asie, en Égypte et peut-être en Libye. De ces voyages dans un Orient occupé par les Perses, il assembla les matériaux destinés à rédiger ses *Enquêtes* où il rapporte une multitude d'éléments et de faits, souvent saisis sur le vif, concernant les pays visités, ce qui fait de lui, non seulement le premier géographe et historien dont on ait conservé l'ensemble de l'œuvre, mais aussi le premier ethnographe. Le deuxième livre de son ouvrage est consacré à l'Égypte, sur laquelle il nous a laissé de très précieux témoignages et des éléments de caractère historique et ethnographique qu'il faut, cependant, utiliser avec circonspection. Il est mort à Thurium, en Grande-Grèce.

heures.

Comme ils avaient divisé l'année en 12 mois, sans doute à la suite de l'observation des cycles lunaires (→ **calendrier**), les Égyptiens divisèrent le jour et la nuit chacun en 12 heures, qu'ils appelaient « heures de soleil » et « heures d'obscurité ». Il semble que ces heures aient varié dans leur durée selon l'époque de l'année, seuls les jours et les nuits aux approches des équinoxes possédant des heures de durée identique. Pour désigner une heure on disait : c'est l'heure X de la nuit ou l'heure X du jour. Les prêtres avaient d'ailleurs donné des noms aux heures, noms simples comme « la lumineuse », qui était la première heure du jour, ou composés, commence la douzième heure de la nuit,

qui est celle « qui voit la beauté de Rê* ». Les 12 heures de la nuit représentent les 12 territoires du monde inférieur, que parcourt Rê dans sa course nocturne, que nous voyons figurés dans les décorations des tombes. Dans la vie courante, on désignait les moments en termes plus vagues : le matin, « le moment de la nuit », ou, plus poétiquement, « l'heure du repas du soir », « l'heure du crépuscule », on trouve aussi des expressions encore obscures pour nous, comme celle que Gardiner premier grand traduit par « le moment du parfum de la bouche ».

Dès le début du Nouvel Empire* et peut-être plus tôt, les Égyptiens ont connu plusieurs instruments de mesure du temps, en général utilisés dans les temples* et les palais* : clepsydres, vases de pierre souvent soigneusement décorés, percés d'un trou qui laisse évacuer l'eau au cours des 12 heures nocturnes ou diurnes et marqués à l'intérieur de lignes afin de suivre l'écoulement des heures ; cadrans solaires marquant l'heure selon la longueur de l'ombre projetée ou selon sa direction ; « horloges stellaires », qui s'apparentent à des instruments d'observation astronomique. On utilisait pour cela des tables astronomiques dressées à l'avance, dont les tombes* royales de la XXe dynastie nous ont conservé des exemplaires ; ces tables étaient utilisables pendant quinze jours déterminés de l'année, et il en fallait vingt-quatre pour donner une table stellaire complète. Un observateur porteur d'une tablette, d'une règle fendue et d'une équerre se plaçait face à un témoin assis dans la lignée de l'étoile polaire ; la table représentait la figure d'un témoin avec la position des étoiles par rapport à sa tête à chaque heure différente de la nuit ; ainsi, avec son appareil de visée, l'observateur repérait l'étoile témoin disposée au-dessus de la tête ou de l'œil différemment selon les heures, et il lui suffisait de se reporter à sa tablette pour savoir à quel moment de la nuit on se trouvait.

Hiérakonpolis, cité de Haute-Égypte, au sud de Thèbes*, appelée Nekhen, capitale fédérative de la Haute-Égypte à la fin de l'époque prédynastique*.

Le dieu tutélaire en était un faucon, d'où son nom grec de Hiérakonpolis, c'est-à-dire la « cité du faucon », qui fut assimilé à Horus*. Cependant, il fut supplanté par Nekhbet*, déesse-vautour d'El-Kab*, la cité sainte située face à Hiérakonpolis. Nekhen fut la capitale du roi-scorpion* et de Narmer*. Quoique ayant longtemps conservé son prestige, dont la gloire survit dans les *Textes des Pyramides** et dans le *Livre des morts**, Nekhen ne resta plus, dès l'époque thinite*, qu'une ville secondaire, qui, plus tard, ne fut même plus la capitale du IIIᵉ nome* hiérakonpolite auquel elle avait donné son nom.

Il ne reste que peu de chose de la vénérable cité qui a été retrouvée sous le Kôm el-Ahmar et explorée par plusieurs expéditions depuis la fin du siècle dernier. C'est cependant là que furent recueillis des objets aussi importants que la palette* de Narmer et la massue* à son cartouche. Les fouilles ont aussi rendu des éléments du palais prédynastique, des peintures prédynastiques d'un grand intérêt, les bases du temple principal, des ivoires sculptés, de nombreux objets remontant à l'époque thinite* et à l'Ancien Empire*. À l'ouest, la colline de Kôm el-Ahmar a rendu huit hypogées* datant du Nouvel Empire*.

hiératique, « écriture sacrée » (du grec *hieratikos*, sacerdotal, sacré) nom donné, à la suite des Grecs, à une écriture cursive, issue des hiéroglyphes*, dont elle est une schématisation.

Elle permettait une graphie rapide effectuée sur papyrus* ou ostracon* à l'aide du pinceau et de l'encre. Cette écriture apparaît dès l'époque thinite*, et sous l'Ancien Empire elle se différencie des hiéroglyphes, évoluant indépendamment et se compliquant par l'emploi d'abréviations et de ligatures (écriture de plusieurs signes en les abrégeant et les traçant d'un seul coup de pinceau). Jusqu'à la fin du Nouvel Empire*, elle sera l'écriture des scribes*, utilisée dans la vie civile (actes, rapports, jugements, comptes, inventaires, etc.) et aussi dans la littérature* et la science*. De l'écriture hiératique naîtra une cursive lapidaire, utilisée dans les graffiti sur les rochers du désert* ou dans certaines stèles* commémoratives. Sous l'Ancien Empire*, l'écriture hiératique

était souvent disposée en colonnes ; mais dès le Moyen Empire* elle fut toujours tracée en ligne horizontale en partant de la droite, comme les écritures sémitiques. À basse époque, l'hiératique sera remplacée par le démotique*, excepté dans les textes religieux, ce qui lui a valu son nom. Mais, si l'on continua de l'utiliser à l'époque romaine, ce n'est plus alors qu'une écriture figée.

hiéroglyphe, nom (du grec *hieros*, sacré et *glyphein*, sculpter, graver) qui désigne les signes de l'écriture égyptienne qui ornent les parois de tous les monuments égyptiens.

Écriture monumentale, elle sera utilisée pour rendre les inscriptions des parois des temples ou des tombes, sculptée dans la pierre ou tracée au pinceau, mais on l'emploiera aussi pour les inscriptions de petits « monuments », stèles* palettes*, statues... Par ailleurs, des hiéroglyphes linéaires seront utilisés pour l'écriture sur papyrus*. Les plus anciens hiéroglyphes sont ceux de la palette* de Narmer* (ou encore celui de la massue du roi-scorpion, où le nom du roi est écrit par la représentation de l'insecte*) ; la dernière inscription, dans l'île de Philæ*, date de 394 de notre ère : ainsi, pendant trois mille cinq cents ans, cette écriture a été utilisée, et elle doit remonter plus haut encore, car on la trouve constituée dès l'époque thinite*, ce qui requiert une assez longue période de maturation.

Le principe en est simple, mais les nécessités d'exprimer l'immense variété des mots abstraits d'une langue évoluée ont fait du système un ensemble fort complexe. Il faut d'abord remarquer que, comme les langues sémitiques, l'égyptien ne note que les consonnes ; celles-ci sont des supports autour desquels l'usage savait donner une vocalisation. Ainsi la base de l'écriture réside-t-elle dans des signes unilitères, bilitères ou trilitères. Prenons des exemples en français. Avec la consonne s (signe unilitère) on peut former divers mots : as, os, us, sa, se, si, su ; avec tn (bilitère) on aura : ton, ten, atone, étain, Etna ; avec grs (trilitère), on formera : gris, gras, gros, aigris, gars, égarés, etc. Comme nous avons, en général, perdu la véritable prononciation des mots égyptiens, certaines formes étant hypothétiquement restituées d'après les transcriptions sémitiques ou grecques ou d'après le copte*, le lecteur comprendra pourquoi les transcriptions varient selon les auteurs, voire selon les ouvrages d'un même auteur, l'arbitraire étant ici de règle. Les signes hiéroglyphiques représentent des objets pris dans la nature : humains et leurs occupations, animaux, parties des corps des hommes ou des animaux, plantes, bâtiments, outils, vêtements, objets les plus divers. Ainsi, pour écrire le mot jambe *(red)*, on dessinait une jambe ; pour le soleil *(rê)*, on dessinait le disque solaire ; pour le taureau *(kê)*, on dessinait l'animal, etc. ; ces signes possédant un sens complet sont appelés « idéogrammes ». Les idéogrammes peuvent, par ailleurs, exprimer des actions : ainsi une femme agenouillée, sous laquelle sort la tête d'un enfant, signifie « enfanter » *(messi)* ; un homme debout devant une muraille vue en plan signifie « bâtir » *(oed)* ; la partie peut aussi représenter le tout : un soldat agenouillé avec un arc signifie « armée » *(meshê)*.

Mais les idéogrammes ne pouvaient exprimer tous les mots abstraits d'une langue. On utilisa alors des signes non plus pour leur sens, mais pour le son qu'ils représentaient, le signe pouvant perdre son sens

signe	transcription	objet représenté	son approximatif	signe	transcription	objet représenté	son approximatif
𓅃	3	vautour	aleph hébreu	𓉐	h	cour de maison	h
𓇌		roseau fleuri		𓎛	ḥ	écheveau de lin tressé	h emphatique
𓇌𓇌 `\\`	y	double roseau fleuri / double trait oblique	y	𓐍	ẖ	placenta (?)	Kh
		avant-bras	ᶜayin hébreu	𓄡	ẖ	ventre et queue d'un mamifère	peut-être ch comme dans l'allemand *ich*
𓅱 𓏲	w	petite caille / abréviation hiératique du signe	ou	→•	(z)	verrou	s
				𓊪	(ś)	étoffe pliée	s
𓃀	b	pied	b	𓈙	š	bassin d'eau	ch
𓊪	p	siège	p	𓈎	ḳ	pente sablonneuse	q
𓆑	f	vipère à cornes	f	𓎡	k	corbeille à anse	k
𓅓	m	chouette / côte de gazelle (?)	m	𓎼	g	support de jarre	g
𓈖	n	filet d'eau / couronne rouge	n	𓏏	t	galette de pain	t
𓂋	r	bouche	r	𓍿	ṯ	pilon / corde pour entraver les animaux	tch
				𓂧	d	main	d
				𓆓	ḏ	serpent	dj

Alphabet hiérophyphique. *Source :* Naissance de l'écriture, *Éditions de la Réunion des musées nationaux.*

premier, ainsi l'échiquier (représenté par un rectangle surmonté de traits verticaux, évoquant une tête de râteau) représente le son mn (bilitère), quoique ce mot (échiquier) se soit dit *sent*. Ces signes-sons pouvaient être unilitères, bilitères ou trilitères. Ainsi un carré représente le « siège » *(pê)* et la lettre p ; la « bouche » *(ro)* représente la lettre r ; une paire de cornes est wp ; un visage de face est hr ; un scarabée représente le son khpr (kh formant une seule consonne) ; un personnage assis tenant le fouet (idéogramme signifiant « être noble ») représente le son shps (sh étant une seule consonne). Dès lors, chaque mot composé de phonogrammes devient un rébus, ou plutôt une charade, car on a « le tout » à la fin. Par exemple, le « bras », *remen*, s'écrit avec une bouche r + l'échiquier mn ; mais, afin qu'il n'y ait aucune confusion, à ces deux signes est ajouté un nouvel n représenté par une ligne ondulée, ce qu'on appelle un « complément phonétique », et « le tout », c'est-à-dire le bras dessiné, est le « déterminatif ». Les phonogrammes ne représentant que les consonnes, c'est-à-dire le squelette du mot, les déterminatifs sont de la plus grande importance pour distinguer les homophones.

Les signes monolitères ont, par ailleurs, de très bonne heure constitué une sorte d'alphabet composé de 24 consonnes, où se retrouvent les lettres de nos alphabets, excepté le l et le z, mais où sont exprimées, en outre, les consonnes dj, tsh, sh (s emphatique), ch, et kh (ch dur de l'allemand) ; on y retrouve aussi les consonnes faibles ou semi-voyelles, correspondant à l'aleph, au yodh et au ayin hébraïques. Les hiéroglyphes s'écrivent en allant de haut en bas en colonnes, ou de gauche à droite, ou de droite à gauche. La disposition des signes permet au premier coup d'œil de saisir le sens de la lecture, animaux et personnages faisant face au sens de la lecture (si les personnages sont tournés vers votre gauche, il faut donc lire de gauche à droite).

Histoire. Les Égyptiens n'ont pas eu une véritable historiographie. L'histoire telle que nous la concevons est une invention des Grecs. Les scribes égyptiens nous ont laissé des annales*, des autobiographies* et des contes* qui ont peut-être eu quelques

fondements historiques ou qui, pour le moins, représentent un état de fait à une époque donnée ; tels sont les contes de Sinhoué*, d'Ounamon*, la *Prise de Joppé*.

Hittites. Ce peuple, maître de l'Anatolie (plateau central de l'actuelle Turquie), se heurta à l'Égypte lorsque l'ambition des deux pays se tourna vers les plaines de la Syrie. C'est Thoutmôsis III* qui, au cours de sa VIIIe campagne en Asie, rencontra les Hittites. Ceux-ci, impressionnés par la puissance égyptienne, envoyèrent leur tribut au pharaon*. L'inertie d'Aménophis III* et de ses successeurs permit aux Hittites d'affaiblir le Mitanni* et d'intervenir en Syrie. Ce n'est que sous Séthi Ier* que les Égyptiens se heurtèrent réellement aux Hittites sous les murs de Kadesh*, où le pharaon vainquit ses adversaires. Cette même cité fut célèbre pour la bataille qu'y livra, quelques années plus tard, Ramsès II* contre ces mêmes Hittites, coalisés avec les princes syriens. La querelle se termina par un traité* signé entre Ramsès et le roi de Khéta (nom égyptien des Hittites) Hattousil III. Ce traité est un des rares qui aient été scrupuleusement observés par les parties, et même, à la suite d'une famine, les Égyptiens envoyèrent aux Hittites du blé. Vers 1200 av. J.-C. l'Empire hittite fut détruit, à la suite de raids de populations descendues des montagnes de la future Arménie et par les invasions des Peuples* de la Mer.

Horemheb, roi de 1348 (?) à 1320 av. J.-C.

Peut-être originaire d'une noble famille d'Alabastropolis (près d'Amarna), il fit sa carrière dans les armes et fut général sous Akhnaton* ; il avait alors pris le nom atonien de Paatonemheb. Comblé par Akhnaton et ses successeurs (Toutankhamon*, et Ay) de charges et d'honneurs, il monta à leur mort sur le trône, avec l'aide du clergé* d'Amon*. Il fit alors partir son règne de la mort d'Aménophis III*, afin que toute la période de l'hérésie atonienne fût supprimée de l'histoire de l'Égypte. Horemheb s'attacha à rendre à l'Égypte sa puissance à l'extérieur et son opulence à l'intérieur. Il semble qu'il ait conduit une campagne en Asie afin d'y rétablir l'influence de l'Égypte qui s'était fortement amenuisée au cours du règne d'Akhnaton et de ses successeurs. Ainsi commença-t-il la tâche de redressement qui fut brillamment terminée par ses premiers successeurs des dynasties des Ramessides*. Il semble qu'il ait lui-même désigné pour sa succession le futur Ramsès Iᵉʳ. Il s'était fait construire une tombe à Saqqara* alors qu'il était général en chef des armées et Régent, tombe qui a été retrouvée, puis, une fois qu'il eut ceint la double couronne d'Égypte, il se fit aménager un hypogée* dans la vallée des Rois* (Tombeau n° 57).

Horus. L'origine de ce dieu est aussi obscure que sont confuses les traditions mythiques qui le concernent. Il existait à travers toute l'Égypte un grand nombre de sanctuaires d'Horus, dont le dieu portait souvent des surnoms particuliers. Il semble qu'à l'origine il y ait eu un Horus (en égyptien *Harou*) dont le symbole était le faucon (appelé *bik*, par ailleurs) ; cet Horus était maître du ciel, royauté confirmée par des textes de l'Ancien Empire* qui identifient Horus au « dieu grand », divinité du ciel par excellence ; il reste encore à savoir si Horus a été symbolisé par le faucon parce qu'il était originellement dieu céleste, ou bien s'il était primitivement un faucon et que la nature de cet oiseau volant haut dans le ciel ait fait songer à en faire le maître du ciel. Lors du syncrétisme* héliopolitain, Horus fut identifié à Rê* sous la forme de Rê-Harakhti (Horus de l'Horizon), qui apparaît dès l'époque thinite* sous la forme d'un homme à tête de faucon. Cet Horus semble être l'Horus de Létopolis (IIᵉ nome* du Delta), surnommé *Hor Khenti irti*, « Horus qui préside aux deux yeux », les deux yeux étant le Soleil et la Lune. À côté de cet Horus céleste, on trouve aussi, dès l'époque prédynastique*, un autre Horus, dans le mythe duquel certains égyptologues ont voulu chercher une trame historique sur laquelle se serait développée une geste légendaire. À Behedet (l'actuelle Damanhour, dans le XVIIᵉ nome du Delta), on trouve un Horus surnommé l'Ancien ou le Grand (Haroëris), qui a été confondu avec un autre Horus de Chemnis, près de Bouto*, surnommé le Jeune ou l'Enfant (Harpocrate*). Cet Horus, dont on fit le fils d'Isis*

et d'Osiris*, joua le rôle final dans la célèbre lutte entre Seth* et Osiris.

Les *Textes des Pyramides* nous donnent la plus ancienne version de la légende du dieu. Isis, sous la forme d'un vautour, se plaça sur le corps d'Osiris mort et devint enceinte d'Horus, qu'elle mit au monde et éleva afin qu'il vengeât son père. Devenu grand, Horus provoqua Seth ; celui-ci lui arracha son œil dans le combat (→ **oudjat**), mais Horus reprit son œil et vainquit Seth, qu'il châtra. L'assemblée des dieux mit finalement Horus sur le trône de son père Osiris, tandis que Seth fut condamné à porter éternellement Osiris. Plutarque apporte à la légende des éléments qui remontent sans doute assez haut ; il fait d'Horus un fils posthume d'Osiris qu'Isis élève dans les roseaux des marais de Chemnis, afin de le cacher aux recherches de Seth. Devenu homme, il quitte Chemnis et vient à Bouto recevoir la couronne de Basse-Égypte, d'où il part en guerre contre les partisans de Seth, aidé par ses propres partisans, les *Shemsou Hor* (Serviteurs d'Horus*). Selon un document de basse époque (Shabaka), Thot* ou Geb* arbitre la querelle et partage l'Égypte entre les combattants. Geb se ravise et finalement donne toute l'Égypte à Horus. Ces combats entre les Horiens et les Séthiens sont représentés sur les murs intérieurs de la galerie qui entoure le naos d'Edfou. On y voit les *Shemsou Hor* armés de harpons, sur des barques à une voile, d'où ils frappent les partisans de Seth représentés sous la forme d'hippopotames. D'autres textes nous montrent le combat singulier, final, entre Seth et Horus. Ce dernier aurait eu l'œil arraché par son adversaire, mais il réussit à le récupérer et il émascula Seth. Ce combat se serait déroulé dans le désert de Ker-Aha, c'est-à-dire à l'est de l'actuel Le Caire.

Selon certains auteurs, l'Horus de Behedet (Horus l'Aîné), qui devint par la suite un dieu guerrier, serait le fondateur du royaume du Delta, dominé par les séthiens du Sud ; par la suite, c'est Horus le Jeune qui aurait conduit la révolte contre la domination des partisans de Seth. Cet Horus aurait ainsi unifié l'Égypte et imposé le culte d'Osiris à toute la vallée du Nil. Lorsque l'Égypte se scinda de nouveau en deux, à la fin de l'époque prédynastique,

Horus est resté divinité d'État en Haute-Égypte, à Nekhen (Hiérakonpolis*). En Haute-Égypte se trouvait aussi un autre sanctuaire d'Horus, celui d'Edfou*, qui a conservé le souvenir de la lutte des horiens contre Apopis*, c'est-à-dire Seth. Un *Texte des Pyramides* relatif à cette guerre, pourrait jeter une lumière nouvelle sur cet étrange crime d'anthropophagie dont, selon Juvénal, se seraient rendus coupables les habitants de Dendérah*, c'est-à-dire des partisans d'Horus, sur ceux d'Ombos*, partisans de Seth : « (Horus) saisit les partisans de Seth, fracassa leurs têtes, leur trancha les jambes, leur arracha les entrailles, arracha le cœur et but leur sang », y est-il dit. Il semblerait que ce soit là l'écho de combats tribaux dans l'Égypte prédynastique où, comme chez certains peuples dits primitifs, on buvait le sang de l'ennemi, et même on dévorait sa chair crue pour s'approprier sa puissance vitale.

Le roi d'Égypte était l'incarnation d'Horus, et c'est ce caractère divin qui assurait la légitimité du règne.

Suivant un papyrus du Ramesseum*, il semblerait que la geste d'Horus ait été jouée comme une pièce de théâtre, ou plutôt comme un mystère médiéval, dans divers temples lors de certaines fêtes, et en particulier à Edfou au cours de la fête d'hiver qui commémorait la victoire d'Horus sur Seth et ses partisans.

Hou. Né d'une goutte de sang tombée du sexe de Rê, Hou personnifiait la puissance de la parole. Ainsi a-t-il été associé à la langue de Ptah* dans la cosmogonie memphite. Dans les *Textes des Pyramides* il accompagne aussi le pharaon lorsqu'il est devenu une étoile.

Hyksos. Le Moyen Empire* se termine vers 1786 av. J.-C., avec la XIIᵉ dynastie. La seconde période intermédiaire*, marquée par l'invasion des Hyksos, débute avec la XIIIᵉ dynastie, qui continue de régner sur Thèbes ; histoire confuse et obscure, où l'on entrevoit rivalités, coups d'État et finalement morcellement de l'Égypte, qui, comme lors de la première période intermédiaire*, deviendra la proie d'envahisseurs étrangers, dont les Bédouins* formeront les premières vagues. Ces enva-

hisseurs, les Égyptiens les appelleront *Héqa Khasout*, « les chefs des pays étrangers », que Manéthon* a rendu sous la forme grecque de Hyksos, nom qu'il a interprété par « rois pasteurs ». Pour ce qui concerne ces envahisseurs, leur origine, leur histoire, l'étendue de leur empire, nous en sommes réduits à des hypothèses. Une thèse en fait un peuple hétérogène formé de tribus venues du sud du Caucase (futurs Mitanniens, Ourartéens, voire Hittites*), encadrées par des nobles indo-européens et ayant drainé le long de leur route les Sémites de Syrie et de Canaan* ; on admet même l'existence d'un empire qui se serait étendu sur ces deux régions, que d'aucuns agrandissent jusqu'à la Babylonie et la Crète* !

En réalité, il semble que ce soit un groupe de populations sémitiques établies en Canaan et peut-être en Syrie, qui a déferlé sur le Delta*, profitant de l'affaiblissement de l'Égypte. Ces Barbares s'installèrent d'abord dans le Delta oriental, où ils fondèrent Avaris*, fondation qu'on s'accorde à dater des environs de 1730 av. J.-C. ; en un siècle, ils auraient conquis le Delta et une partie de la Haute-Égypte, renforcés par de nouvelles vagues d'envahisseurs. Vers 1633 environ s'éteint la XIIIᵉ dynastie ; cependant, dans le Delta occidental s'établit la XIVᵉ dynastie de Xoïs, connue par une nomenclature, tandis qu'à Thèbes* va débuter la XVIIᵉ dynastie ; ces deux dynasties paient tribut aux Hyksos, dont les rois égyptianisés forment les XVᵉ et XVIᵉ dynasties. Le dieu guerrier des Hyksos est Southekou, forme du Baal cananéen et du Téshoup des Hourrites et des Mitanniens*, dieu de l'Orage et de la Guerre. Sous la forme de Seth*, il restera le dieu d'Avaris, avec lequel les pharaons ramessides* renoueront à la fin du Nouvel Empire.

Les derniers rois de la XVIIᵉ dynastie, Sekenenrê et ses deux fils Kamès et Ahmôsis*, entreprendront une guerre de libération nationale contre les Hyksos, qui se terminera vers 1570 par la prise d'Avaris par Ahmôsis, fondateur de la XVIIIᵉ dynastie. Chassés d'Égypte, les Hyksos se réfugient en Asie, où Thoutmôsis III* aura encore à combattre contre eux, et il est possible que les fondateurs du royaume de Mitanni soient apparentés aux Hyksos.

hymnes. Les hymnes étaient adressés aux dieux, aux rois* et à leurs couronnes*, aux villes*. Les hymnes divins possèdent une structure quasi invariable. Après le titre « adorer » telle divinité, on invoque la divinité : « Adoration à toi, ô Rê* au lever, Atoum* au coucher ! » ou « Salut à toi, Osiris*, Seigneur de l'éternité, roi des dieux dont les noms sont multiples [...] ». Suit une énumération des sanctuaires du dieu et de ses surnoms, et on rappelle parfois au dieu ses aventures mythologiques ; un hymne à Osiris gravé sur une stèle* de la XVIIIᵉ dynastie est caractéristique, qui rapporte en termes lyriques le mythe d'Osiris, d'Isis* et d'Horus*. Le syncrétisme* unit encore plusieurs dieux dans un même hymne, comme dans tel hymne à Min-Horus : « Adoration à Min*, exaltation d'Horus qui lève le bras. Salut, ô Min dans tes manifestations, toi qui portes deux plumes hautes. O fils d'Osiris, enfanté par Isis, dieu grand dans le temple de Senout, puissant dans Apou (Panopolis) et dans Coptos*, Horus au bras armé [...]. »

À côté de ces hymnes chantés dans les temples et qui suivaient une tradition rigide, il existait des hymnes d'un caractère plus spontané. Tel est le célèbre hymne à Aton*. Le dieu y apparaît comme le créateur universel, comme avant lui apparaissait déjà Amon-Rê dans d'autres hymnes. Plus mystiques encore sont deux hymnes à Amon*, l'un gravé dans une tombe thébaine (v. ci-dessous le texte complet) et l'autre écrit par un peintre du temple d'Amon : « Je chante vers toi, ivre de ta beauté, mes mains posées sur la harpe du chantre. J'enseigne aux enfants des chanteurs à louer la beauté de ton visage. » (Trad. Schott.)

La litanie est une forme d'hymne où le nom du dieu est répété à chaque début de verset, suivi de ses lieux de culte et de ses épithètes. Dans ce genre, on peut classer certains hymnes, comme celui de Sésostris III*. C'est une suite de vers qui débutent par la même phrase : « Comme se réjouissent les dieux : tu fais prospérer leurs offrandes [...], comme se réjouissent les Égyptiens, ta puissance a défendu leurs droits [...]. Combien est grand le Seigneur pour sa cité, il est le rempart de Goshen. Combien [...] il est l'asile où nul ne peut

être poursuivi [...]. Combien [...] il est Sekhmet* contre les ennemis qui se pressent à la frontière [...]. »

hypogées, tombes creusées sous la terre (ainsi que l'indique son nom de racine grecque), au flanc des falaises calcaires qui dominent la vallée du Nil jusqu'au Delta*.

Avec la pyramide* et le mastaba*, l'hypogée représente la troisième forme essentielle des tombes égyptiennes. Leur structure perpétue les principes de base qui président à la conception des sépultures* ; l'hypogée se compose d'une chambre d'offrande (ou chapelle) comprenant la table d'offrande, la niche pour la statue* funéraire et la stèle*, et la chambre sépulcrale, soigneusement close, où repose la momie* dans son cercueil. L'hypogée apparaît dès l'Ancien Empire*, mais il est encore exceptionnel ; les courtisans inhumés autour de la tombe du pharaon sur les plateaux de la région memphite ne trouvaient que rarement l'occasion de se faire creuser leur tombe dans la paroi rocheuse. À la fin de l'Ancien Empire, les gouverneurs de nomes* ou de marches lointaines, comme les gouverneurs d'Éléphantine* sous la Vᵉ dynastie, reçurent l'autorisation d'être inhumés dans leur province, où la nature du terrain leur permit de se faire creuser des tombes souterraines. Le puits funéraire est alors utilisé pour donner accès au caveau, qui n'offre en général aucune décoration. Pendant la Première période intermédiaire*, les nobles, ayant acquis une semi-indépendance sur leurs domaines, s'y font ensevelir dans des hypogées qui, au Moyen Empire*, font largement concurrence au mastaba. Au Nouvel Empire, l'hypogée domine partout et devient le type sépulcral des rois, qui se font creuser leurs hypogées dans la vallée* des Rois, nécropole* dynastique du Nouvel Empire thébain. Mais dans les hypogées royaux on ne trouve plus de « salle d'offrande » (qui, pour les pharaons, est toujours un temple) proche du tombeau ; les temples* funéraires sont très éloignés de l'entrée de la vallée des Rois. Le sarcophage* n'est plus déposé dans un caveau, où l'on accède par un puits funéraire, mais dans une salle retirée, qu'on atteint par une suite de galeries

Aménagé au flanc de la côte rocheuse de l'île d'Eléphantine, le nilomètre montre l'échelle graduée gravée en mesures arabes sur l'ordre de Mahmoud bey, en 1870. A l'époque romaine on y avait noté les niveaux des crues les plus exceptionnelles entre le règne d'Auguste et celui de Septime Sévère.
(Phot. G. Gerster-Rapho.)

◀ *Vision éternelle de l'Egypte. Le Nil fécondeur, jusqu'à la construction du barrage d'Assouan, se chargeait des limons qu'il déposait lors de chaque inondation annuelle. Ainsi est née la « terre Noire », la terre d'Egypte (Kemi, « le Noir », selon le nom donné par les anciens Egyptiens à la vallée du Nil), qui de noire devint verte de la végétation qui la recouvrait. Les terres fécondes empiètent sur les immenses étendues ocres du désert stérile, qu'on voit ici, en arrière-plan.*
(Phot. S. Held.)

La chasse dans les marais des bords du Nil est l'un des plaisirs des riches Egyptiens. L'artiste a su ici ▶ *recréer le foisonnement de la vie animale dans ces véritables forêts de papyrus. On voit Nebamon, propriétaire de la tombe, debout sur la barque de papyrus, un oiseau déjà captif dans une main, s'apprêter à lancer le bâton de chasse. Sa famille l'accompagne, et même l'oie familière, debout à l'avant de l'embarcation (Saqqara, Ancien Empire).*
(Phot. Babey-Artéphot.)

Dans ce détail d'un relief peint qui orne une paroi du mastaba de Nêferarê à Saqqara, on assiste à la coupe et au transport des tiges de papyrus et à la conduite d'un troupeau de bœufs à cornes en lyre (Ancien Empire, V^e dynastie).
(Phot. Giraudon.)

Ramsès II, assis sur son trône,
tient dans la main
droite le sceptre heka. Dans
les représentations
cérémonielles le roi tenait dans
l'autre main le
fouet (nekhekh) qu'il croisait
sur sa poitrine avec le
spectre. Il est coiffé de la
couronne bleue,
le képresh (statue en granit,
musée de Turin,
Nouvel Empire,
XIXᵉ dynastie).
(Phot. Scala.)

Ornant l'un des côtés du trône sur lequel est
assis le pharaon Chephren protégé par le
faucon Horus, on peut voir le symbole du
sématoui, les plantes caractérisant la Haute
et la Basse Égypte, le papyrus et le lys, liées
entre elles (statue en diorite, H. 1,68 m.,
Ancien Empire, IVᵉ dynastie, musée du
Caire). (Phot. Giraudon.)

Le scribe, que l'on voit ici dans la position
familière à sa fonction, est l'un des
personnages les plus importants de
l'administration pharaonique (calcaire peint,
Ancien Empire, Vᵉ dynastie).
(Phot. Giraudon.)

L'écriture dite hiératique, issue des hiéroglyphes, pouvait être écrite d'un mouvement continu du pinceau (tablette de bois « Rogers », Nouvel Empire, XXIᵉ dynastie).
(Phot. Giraudon.)

Ce modèle de soldats marchant au pas, portant bouclier oblong et lance, provient d'une tombe d'Assiout (bois peint, H. env. 40 cm., Moyen Empire, IXᵉ-Xᵉ dynasties).
(Phot. Lauros-Giraudon.)

Commencé par Aménophis III, poursuivi par
Amenhotep puis enrichi par Ramsès II, le
temple de Louxor est l'un des plus beaux
monuments du Nouvel Empire. Il accueillait
chaque année la proccession du dieu Amon
venant de Karnak.
(Phot. G. Boutin-Atlas-Photo.)

◀ *Sur cette vignette du papyrus funéraire d'Ounéfer (vers 1300, XIXᵉ dynastie), Anubis conduit le mort devant le tribunal d'Osiris. Le dieu procède lui-même à la pesée de l'âme du défunt sur la grande balance à fléau, une invention des Égyptiens. En haut de la hampe on reconnaît la tête de Maât coiffée de la plume symbolique. Devant la balance se tient la « dévorante » prête à avaler l'âme du mort et Thot, à tête d'ibis, son écritoire à la main. Justifié, Ounéfer est alors emmené par Horus à tête d'épervier.* (Phot. Giraudon.)

Sur le plateau désertique de Gizeh, au nord de Saqqara, s'élèvent les pyramides de Mykérinos, de Chéphren (au centre) et de Chéops. Construites de gros blocs de pierre, elles étaient à l'origine recouvertes d'un parement de calcaire blanc poli, dont il reste des traces au faîte de la pyramide de Chéphren. Celle de Chéops, l'une des sept merveilles du monde antique, mesurait à l'origine 147 m de haut et 230 m de côté, sa base couvrant plus de 5 hectares. Leur forme, issue sans doute du mastaba, marque aussi bien l'évolution de l'architecture funéraire depuis la pyramide à degrés de Djeser que celle du pouvoir pharaonique. Œuvres grandioses de l'Ancien Empire, elles devaient constituer la « demeure éternelle » des pharaons de la IVe dynastie.
(Phot. Ross-Rapho.)

Cette statuette en bronze est représentative de la tendance archaïsante de l'époque saïte (663-525 av. J.-C., XXVIe dynastie). Si la posture de ce prêtre agenouillé, en prière, est familière, son pagne plissé était inconnu des modes de l'Ancien et du Moyen Empire (musée du Louvre).
(Phot. Larousse.)

Parmi ces hiéroglyphes sculptées de la tombe d'Hézirê, « supérieur des scribes du roi » (v. 2700, IIe dynastie), à Abousir, on reconnaît le faucon (Hrw, Horus) et l'hirondelle (wr, qui signifie « grand »).
(Phot. Ross-Rapho.)

Cette pierre gravée représente Akhnaton (379-362) et Nefertiti, jouant avec trois de leurs filles, protégés par les rayons du dieu solaire, Aton, que la réforme religieuse du pharaon a privilégié au point d'en faire un quasi-monothéisme.
(Phot. Harenberg.)

Cette peinture d'une tombe thébaine du Nouvel Empire (XVIIIᵉ dynastie), montre, dans le registre inférieur, les semailles : des paysans creusent des sillons avec leurs houes ; deux autres, attelés à l'araire de bois, précèdent ceux qui sèment le grain. Au-dessus, la moisson réunit hommes et femmes, coupant les épis au haut de la tige à l'aide de faucilles. Dans le registre supérieur, les bœufs sont chargés du dépiquage avant que le grain ne soit emporté pour être stocker. (Phot. Giraudon.)

C'est vers l'entrée de la tombe de Toutankhamon qu'a été retrouvée cette coupe en calcite. Ses anses sont formées par des fleurs supportant le génie « des millions d'années ». On peut reconnaître, sur le flanc de la coupe, la titulature du jeune roi. Au-dessus du premier cartouche le soleil et l'oie signifient sa-Rê (fils de Rê), à l'intérieur le nom « Toutankhamon » ; dans le second, est inscrit son nom de Nesoubity (Nouvel Empire, XVIIIᵉ dynastie). (Phot. Giraudon.)

Une servante présente à sa maîtresse, la petite reine Satamon, fille d'Aménophis III, un collier d'or et de lapis lazzuli (face du dossier du fauteuil de Satamon, musée du Caire, Nouvel Empire, XVIIIᵉ dynastie).
(Phot. Giraudon.)

Cette peinture, retrouvée dans la tombe de Rekhmaza (Vallée des Nobles), illustre une scène d'artisanat ; les ouvriers attisent le feu afin de pouvoir faire fondre les métaux destinés à la fabrication d'objets d'orfèvrerie (Nouvel Empire, XVIIIᵉ dynastie). (Phot. Dagli Orti.)

La vignette du papyrus funéraire d'Hérouben (XXIᵉ dynastie) montre la défunte, aux bords du Nil (ligne bleue), dans la posture de l'adoration devant l'incarnation du dieu Geb. (Phot. Giraudon.)

Jean-François Champollion (1790-1832) avait juste trente-deux ans lorsqu'il écrivit la célèbre lettre à Dacier expliquant la méthode grâce à laquelle il est parvenu à déchiffrer les hiéroglyphes dont le secret était perdu depuis plus de quinze siècles. Huit ans après, il inaugurait la chaire d'Égyptologie au Collège de France et mourait deux ans plus tard. (Portrait par Léon Cognet, musée du Louvre). (Phot. Lauros-Giraudon.)

Sur ce détail de la pierre de Rosette, on distingue les trois types d'écriture de ce décret d'époque ptolémaïque (332-30 av. J.-C.). En haut, les hiéroglyphes; en-dessous, leur traduction en démotique, cette écriture linéaire employée par les scribes de la Basse Époque; enfin, en bas, le texte dans sa traduction grecque, en alphabet grec. C'est ce « trilingue » qui permit à Champollion de lire les noms royaux des cartouches et de commencer à déterminer le sens réel des hiéroglyphes composant ces noms. (Phot. Fleming.)

*Lorsqu'il eut découvert la tombe de Toutankhamon, qu'il ▶
recherchait en vain depuis plusieurs années,
l'égyptologue anglais Howard Carter (1873-1939) en
avisa son mécène lord Carnarvon, alors rentré en
Angleterre. Ce dernier se hâta de revenir à Louqsor pour
assister à l'ouverture. On les voit ici, Carter agenouillé,
et Carnarvon debout derrière lui, lors de l'ouverture des
chapelles dorées.*
(Phot. Hulton Pictures Library.)

*Envoyé en mission en Égypte pour rechercher des manuscrits coptes,
Auguste Mariette (1821-1881) découvrit par hasard une statue de
sphinx qui le conduisit à la découverte du Sérapeum de Memphis, à
Saqqara. Fondateur du musée égyptien du Caire, Mariette
consacrera sa vie à l'étude et la conservation des monuments de
l'antique Égypte.*
(Phot. Nadar.)

*En 1960, une campagne
internationale fut lancée
par l'Unesco pour sauver
les temples d'Abou
Simbel menacés par la
construction du barrage
d'Assouan. Découpés en
milliers de blocs, ils
furent reconstruits sur le
sommet de la falaise
libyque, 64 m plus haut.
L'une des faces d'un
colosse de Ramsès est ici
élevée à l'aide d'une
grue.*
(Phot. Unesco.)

coupées par des salles dont les parois sont ornées de textes tirés des livres funéraires*.

hypostyle, salle dont le plafond est soutenu par des colonnes selon l'étymologie du mot grec.

Dans les demeures privées, c'est là que le maître reçoit ses hôtes et prend ses repas. Dans les temples* cette salle, éclairée par la porte et des fenêtres placées en hauteur, reste dans une fraîche pénombre. Dans cette salle ne sont admis que les prêtres et les fidèles purifiés. C'est là que le dieu reçoit ses offrandes et se montre à ses fidèles : c'est le « lever » du dieu (→ **culte divin**). Les grands temples possèdent souvent trois salles hypostyles : l'une est réservée à l'adoration du dieu (*ouskhet kha*, hall de l'apparition) ; une autre est destinée à la réception des offrandes (*ouskhet hetep*, hall des offrandes) ; la dernière est la salle intérieure *(khent).*

Ialou (champs d'). *Sekhet Ialou* (lu aussi *Iarou*), champ des roseaux (ou des souchets, ou encore des guérets).

À l'origine, ce sont les riches marais du Delta* traversés par le Nil ; idéalisés et reportés dans un Occident vague, les champs d'Ialou devinrent le royaume des bienheureux, idéal prosaïque d'un peuple de paysans. C'est d'abord le roi et quelques féaux *(imakhou)* et parents privilégiés qui accéderont à ce paradis, où le soleil n'est pas trop brûlant et où souffle la douce brise du nord ; l'orge et l'épeautre y sont hauts, et le roi défunt lui-même laboure les champs divins. Le *Livre des morts** nous décrit la muraille de fer qui les clôture et le fleuve qui les traverse. L'âme* du défunt y sème, y récolte et se nourrit, elle laboure et s'adonne à l'amour, elle engendre des enfants, elle empoigne des oiseaux et les mange, elle se promène en barque sur le lac et, le soir, elle s'assied sous le sycomore et joue aux dames. C'est la vie des paysans du Delta, à peine idéalisée, qui fut accordée dans l'au-delà* d'abord au roi et aux grands, et ensuite à tous les mortels. Mais les Égyptiens aimaient peu le travail sur la terre et ils ne pouvaient désirer un paradis où l'on peinerait autant que dans ce monde, d'autant que les grands, qui furent les premiers privilégiés à accéder aux champs d'Ialou, n'avaient guère l'habitude de travailler de leurs mains. De là naquit l'idée de peupler la tombe de serviteurs magiques qui accompagneraient le mort dans l'autre monde et se chargeraient de toutes les besognes pénibles : les oushebti*.

Imhotep, vizir* et architecte du roi Djeser*.

On ne sait que fort peu de chose de cet homme. C'est à lui qu'on doit sans doute la conception de la pyramide* à degrés, car il éleva le premier monument de ce genre pour son maître à Saqqara*. La tradition lui attribue la rédaction de livres et un renom de sagesse* que nous ne sommes pas à même de constater. Dès le Moyen Empire* il est célébré par les scribes* comme grand lettré, et en son honneur ils versaient quelques gouttes d'eau de leur godet.

Cependant, ce n'est qu'à l'époque saïte* qu'il fut divinisé comme dieu guérisseur. Manéthon* nous fait savoir « qu'à cause de sa science médicale il est considéré comme Asklépios (dieu grec de la Médecine) par les Égyptiens ». On lui donna alors une généalogie divine, en le faisant fils d'Héphaïstos (Ptah*) et d'une femme appelée Khrotionakh ; les Grecs l'appelèrent Imouthès. Son culte était répandu à travers toute l'Égypte, depuis l'île de Philæ*, où il avait une chapelle, jusqu'à Karnak*, Deir el-Bahari* et Deir el-Médineh*, et dans la Basse-Égypte à Saqqara. Il avait là une chapelle appelée Asklépiéion par les Grecs, transformée en une sorte d'hôpital où on venait se faire soigner de fort loin.

La tombe d'Imhotep est sans doute dans cette aire ; des fouilles britanniques (1964-65) ont mis au jour à Saqqara, au milieu de la nécropole* de la IIIe dynastie, un « Ibéion », cimetière souterrain d'ibis momifiés en connexion avec l'Asklépiéion hellénique. Ces constructions, faites au milieu des mastabas*, sont peut-être voisines de la tombe d'Imhotep, et il n'est pas impossible que des fouilles ultérieures nous rendent enfin la demeure éternelle d'un des hommes qui font honneur à l'Égypte antique.

impôt. Le mot *bakou*, qui signifie « taxe » ou « impôt », possède aussi le sens de « travail » ; et, en fait, l'impôt était de deux sortes : l'impôt en travail, qui n'est autre que la corvée*, et l'impôt en espèces ou plutôt en nature. Dans le principe, tout Égyptien, appartenant au roi, c'est-à-dire à l'État, lui doit son travail et l'État le nourrit en retour. Dans les faits, seuls les artisans* et paysans*, c'est-à-dire la partie productive du peuple, étaient soumis à l'impôt. Dès l'époque thinite*, le gouvernement procéda à des recensements pour que puisse être tenue une rigoureuse comptabilité des recettes à venir. On évaluait le rendement probable des récoltes et, lors de la moisson, les scribes* venaient calculer le montant de la taxe d'après la récolte sur pied. Les représentations du prélèvement de la part de l'État dans les champs sont courantes dans les tombes et parfois accompagnées de la célèbre bastonnade du paysan récalcitrant. Il semble cependant qu'on ait souvent forcé le tableau de la perception de l'impôt ; les fonctionnaires* spécialisés dans le recouvrement de l'impôt devaient exiger celui-ci selon des normes bien précises ; le montant de la taxe n'était pas laissé à l'arbitraire des scribes ; en outre, la hauteur de la crue du Nil était le plus véridique témoin du rendement des récoltes, qui étaient d'ailleurs évaluées d'avance. C'était donc certainement exceptionnellement qu'on exigeait du paysan le versement de biens qu'il ne possédait pas. Sans doute y eut-il des abus, mais ceux qui se croyaient lésés avaient toujours la possibilité d'adresser une plainte « aux princes », comme le fit sous Ramsès III* le serviteur de temple, Aménémouy, qui se plaignait d'avoir trop à verser, tandis que,

par ailleurs, il ne recevait pas les vivres que l'État devait lui donner. On voit, par cette même réclamation, que si les impôts étaient versés en nature, ces biens étaient cependant évalués en poids en cuivre : peau non travaillée, 4 pièces d'une valeur en cuivre de 8 deben ; canne en bois, travail incrusté, 1 pièce d'une valeur en cuivre de 4 deben ; houe, 1 pièce d'une valeur en cuivre de 2 deben ; grain, 2 heqat et 5/8 ; farine, 1/4 de heqat.

Les impôts étant payés en nature, chaque ville* avait ses entrepôts où étaient déposées les recettes des finances locales ; les listes de paiement nous révèlent une accumulation d'objets les plus disparates ; on trouve à la suite : grains, dattes, farine, poissons, gâteaux, bois façonnés, peau préparées, encens, maillets, divers outils, boîtes en or et en bronze, perruques... Bien qu'ils reçussent de nombreux dons du roi, les temples*, à moins qu'ils n'eussent une charte* d'immunité, ce qui était courant à la fin de l'Ancien Empire*, étaient aussi soumis au paiement d'un impôt, et dans les listes de revenus des temples sous Ramsès III on voit que le temple d'Amon* réservait 744 oies pour le fisc. Cependant, les paysans qui travaillaient sur les terres des temples versaient leur redevance au temple et non à l'État.

inscriptions funéraires. Des inscriptions en plus ou moins grand nombre se trouvent toujours dans les tombes égyptiennes. Le strict minimum réside dans la mention du nom du défunt, celle-ci étant nécessaire pour que subsiste la mémoire du mort ; à quoi il faut ajouter quelques formules puisées dans les livres funéraires* pour aider magiquement le défunt dans son voyage dans l'au-delà*. Si tous les morts ne sont pas accompagnés d'une longue autobiographie* placée dans la chapelle funéraire à l'entrée de leur tombe, ils énumèrent en général leurs titres, leurs fonctions et quelques-unes de leurs actions marquantes. Enfin, pour la protection de leur tombe on inscrit bien en vue des malédictions* contre tous ceux qui oseraient troubler leur repos ; ces malédictions sont d'ailleurs parfois accompagnées de bénédictions : « O vivants qui êtes sur terre, si vous passez devant cette tombe, accordez-moi des libations et qu'à la suite de votre passage sorte pour moi l'offrande créée par la voix. » D'autres textes demandent aux vivants de protéger les inscriptions et de purifier les statues, et elles concluent : « Ne négligez pas ceux qui sont dans les tombes » car l'entrée dans l'Amenti* peut être fermée aux indifférents. Et pour les services, les morts promettent leur intercession afin que le passant charitable en soit récompensé, et de son vivant et après sa mort. C'est ce qu'on a appelé « l'appel aux vivants ». À ces inscriptions on peut encore ajouter les lettres* aux morts, cependant que ces dernières, bien que trouvées dans des tombes, sont écrites par des vivants à l'adresse des morts.

insecte. Parmi les nombreux insectes qui peuplent la vallée du Nil, certains nous ont été conservés dans l'écriture hiéroglyphique. Naturellement, la mouche *(afef)* se retrouvait partout, dans les maisons, dans les rues, dans les campagnes, dans le désert, importunant hommes et bêtes. L'abeille *(bit)*, prolifique dans le Delta, donnait un miel qui tenait une grande place dans la cuisine* ; elle était l'animal symbolique de la Basse-Égypte, et son nom est une des composantes du titre de roi de Haute et Basse-Égypte (→ **titulature**). Le millepattes *(spa)* occupe une place plus modeste, surtout à côté des sauterelles *(senhem)*, qui s'abattaient en nuées sur les récoltes, plaie d'Égypte rendue célèbre par un intermède biblique. Le scarabée* et le scorpion occupent, parmi les insectes, une place privilégiée et nous renvoyons le lecteur à ces noms. Signalons, en outre, la fourmi blanche, dont la voracité a détruit tous les éléments de bois de l'architecture égyptienne.

intronisation. Dès l'époque thinite*, les rites d'intronisation étaient déjà fixés et on les répéta pour chaque roi jusqu'à l'époque ptolémaïque*. Dans le principe, c'est dans le monde des dieux que se déroulaient ces cérémonies. Le roi défunt était Osiris* et son fils était Horus* vivant ; Amon*, son autre père, le présentait aux autres dieux, tandis qu'Horus et Seth* lui remettaient les couronnes* du Nord et du Sud. Ainsi prêtres* et prêtresses déguisés en dieux (Amon, Horus, Seth, Thot*) et en déesses

(Nephthys*, Isis*, Ouadjet*, Nekhbet*...) accomplissaient-ils tout un rituel en compagnie du roi.

On commençait par la présentation aux dieux, suivie par les deux « levers » du roi. Celui-ci montait sur un trône placé sur une estrade, serrant contre sa poitrine la crosse et le fouet (→ **sceptre**) : Seth (ou Thot) le coiffait de la couronne blanche et le roi se « levait » pour se montrer au peuple « tel que le soleil » à l'horizon ; la cérémonie se renouvelait après que le roi eut reçu la couronne rouge des mains d'Horus. Suivait la cérémonie de la « réunion des deux Terres ». Le pharaon est sur son trône, entre les déesses du Nord et du Sud (Ouadjet et Nekhbet) ; il tient la crosse et le fouet et porte le pschent* ou la couronne « *atef* » ; une des déesses présente au roi le pillier « *sma* », enlacé par le papyrus* et le lotus*, plantes* symboliques du Nord et du Sud ; ce pilier est placé sous son trône et le souverain a ainsi ses pieds sur les deux Terres unies. Dans la troisième partie, le roi, suivi d'un cortège (dieux et enseignes), fait le « tour du mur » *(pekher ha ineb)* ; ce mur est le célèbre « mur blanc », la forteresse de Memphis*, élevée par Ménès*, selon la tradition. Par ce rite magique, le roi prend possession de son royaume : « Tu as fait le tour des terres d'Horus, tu as fait le tour des terres de Seth », dit un passage des *Textes des pyramides*. Les rites s'accompagnent de lustrations et de fumigations, et sans doute chantait-on des hymnes*. Ces cérémonies se terminaient par une accolade donnée au nouveau souverain par le dieu de l'Empire (Amon sous les Empires thébains), tandis que Thot ou Seshat*, déesse de l'Écriture, inscrivait pour l'éternité la titulature du nouveau roi sur les feuilles de l'arbre sacré *isched*. Chaque année on fêtait l'anniversaire du couronnement, et celui-ci était reconduit avec des rites nouveaux lors du jubilé, le *Hebsed* (fête Sed*).

Iseum (ou Isaion). Les Grecs ont appelé ainsi tous les sanctuaires de la déesse Isis, et plus particulièrement celui de la cité égyptienne de Pi-Hébet, au nord-est de Sébennytos*. Les ruines importantes du temple dont la construction fut entreprise par Nectanébo* ont été superficiellement explorées dans le site de Behbet al-Hagar, au nord de la route d'Al-Mahalla al-Kubra à Mansourah.

Isis. Son nom égyptien, Iset, signifie « le siège », et on la reconnaît immédiatement dans les figurations, où elle est représentée sous forme de femme coiffée d'un siège semblable à un escalier à trois marches. Ce rapprochement a permis de conjecturer qu'elle aurait pu n'être à l'origine que la personnification du trône. Il semble, par ailleurs, qu'elle ait été originaire du Delta*. À l'époque grecque, un de ses principaux sanctuaires était l'Iseum*, que les Égyptiens appelaient Nétérou (le Divin), situé près de Busiris*. On a pensé que c'était là son sanctuaire primitif et que c'est parce que le plus proche sanctuaire était celui d'Osiris* que la spéculation théologique en a fait l'épouse de ce dernier. D'autre part, étant déesse de Chemnis, elle devint naturellement la mère d'Horus* le Jeune, réfugié dans les marais de Chemnis.

La légende osirienne à laquelle elle fut intégrée lui conféra sa personnalité. Épouse d'Osiris, elle régna avec lui sur les hommes, créant des lois bonnes et, tandis que son époux guerroyait au loin (la recension thébaine en fait un roi conquérant), gouvernant le royaume avec équité. La légende osirienne en a fait le modèle des épouses, et aussi le modèle des mères, qui élève son fils dans le désir de venger la mort de son père. Les innombrables représentations de basse époque nous montrent Isis, devenue la mère universelle, tenant sur ses genoux l'enfant-dieu Horus (ou plutôt Harpocrate*), sauveur des hommes voués à Seth* (devenu le symbole du mal) ; de là la vogue d'Isis et de ses mystères à travers le monde grec et ensuite le monde romain. Dans le mythe osirien qui a été synthétisé à l'époque romaine par Plutarque (IIe s. de notre ère) dans un traité qu'il lui a consacré, nous la voyons partir en quête du corps d'Osiris jeté dans le Nil par Seth et ses partisans et arriver ainsi jusqu'à Byblos, en Phénicie, où elle retrouve le sarcophage du dieu enfermé dans un arbre ayant servi à faire une colonne du palais du roi de la ville. Isis ramène le corps de son époux défunt en Égypte et elle se transforme en vautour pour se placer au-dessus de lui afin d'être

fécondée pour donner naissance à Horus. Cette tradition remonte pour le moins aux *Textes des Pyramides**, selon lesquels Isis aurait conçu Horus après la mort d'Osiris ; ainsi la voit-on souvent représentée sous la forme d'un vautour, assise ou planant au-dessus du ventre d'Osiris couché, Nephthys se tenant souvent debout, près de la tête du dieu. « Isis et Nephthys ont utilisé leur magie sur toi avec les nœuds d'un cordon, dans la ville de Saout (Saïs*) ; car leur seigneur est en toi, dans ton nom de "seigneur de Saout", car leur dieu est en toi, dans ton nom de "dieu". Elles t'adorent ; ne t'éloigne pas d'elles dans ton nom d'Étoile du matin *(Toua neter)*. Elles se présentent devant toi ; ne soit pas courroucé dans ton nom de Djenterou. Ta sœur Isis vient vers toi, se réjouissant dans son amour pour toi. Tu t'assieds sur toi, ton membre pénètre en elle et elle devient grosse d'un fils semblable à l'étoile Sepet (la constellation du Chien). Horus-Sepet vient de toi sous la forme d'Horus-habitant-Setep. Tu le façonnes pour avoir un esprit nommé "Esprit habitant Djenterou". Il te venge dans son nom de "Har-sa-nedj-âtef" (expression signifiant Horus vengeur de son père). »

L'autre aspect d'Isis est celui de la magicienne. Une légende du cycle solaire montre Rê*, souverain terrestre vieilli, qui bave en marchant ; de la terre mouillée de cette salive, Isis fit un serpent, qui piqua le vieux souverain ; celui-ci appelle alors les dieux pour le soulager, mais personne n'y parvenant, Isis se propose de le guérir, à la condition que Rê lui livre son nom secret qui est la source de sa puissance ; Rê tente de ruser en lui donnant divers noms, mais la déesse ne se laisse pas duper et le dieu doit lui livrer le secret qui fait d'Isis la maîtresse de l'univers. Par là, elle prend son caractère de déesse universelle, source de vie, mais aussi de divinité douée de puissance magique. Comme pour les autres grands dieux, le syncrétisme* lui fait absorber des divinités secondaires, à moins qu'elle ne se confonde souvent avec Hathor* dont elle prend la coiffure à cornes. Par ailleurs, elle se révèle sous l'aspect d'une déesse-vautour ; c'est sous cette forme qu'elle est fécondée par Osiris et aussi qu'elle lui rend la vie en secouant ses ailes.

Jardins. Les Égyptiens ont été de grands amateurs de jardins et, dès le début de l'Ancien Empire*, Meten, qui vivait sous Snéfrou*, possédait autour de sa demeure un jardin d'un hectare, pourvu d'une pièce d'eau et où l'on trouve déjà mentionnés la vigne et le figuier. Mais c'est surtout au Nouvel Empire* que nous connaissons les jardins, qui étaient alors très répandus. Les textes et les peintures des tombes nous font connaître ce goût des Égyptiens pour les fleurs et l'ombre des arbres des jardins ; les morts souhaitent venir se poser sur les branches des arbres qu'ils ont plantés et se reposer à l'ombre des sycomores ; Anna, qui vivait au début du Nouvel Empire, s'est fait représenter avec sa femme devant son jardin, qui était son orgueil, car il y avait fait venir vingt-huit espèces de plantes, qui formaient un jardin de près de 500 arbres, parmi lesquels on trouve différentes sortes de palmiers, dont une variété très rare, puisqu'il n'y en avait qu'un, des sycomores, des figuiers, des grenadiers, des perséas, des pieds de vigne, des saules, des tamaris, des acacias, des ifs, des balanites, des jujubiers ; les autres espèces restent encore à identifier. Ainsi en était-il des riches demeures qui se trouvaient au fond des jardins, noyées dans la verdure et les fleurs. Les jardins étaient clos de hauts murs et souvent pourvus de portes monumentales ; les allées étaient tracées parallèlement et se coupaient à angles droits, formant des parterres rectangulaires plantés d'arbres et de fleurs. Des kiosques légers étaient édifiés sous les arbres où les maîtres du logis venaient prendre leurs repas ou se reposer en regardant les oiseaux et les fleurs. Tous les jardins étaient pourvus d'une pièce d'eau, souvent de grande taille, carrée ou rectangulaire ; des lotus et des papyrus s'épanouissent à la surface et abritent poissons et grenouilles, tandis que les canards y nagent avec délice ; on y descend par quelques marches et une barque légère est amarrée devant l'escalier, attendant les maîtres pour leur promenade.

Ces jardins possédaient aussi des potagers, qui demandaient un grand entretien ; c'est pourquoi les riches propriétaires occupaient une quantité de jardiniers, dont la tâche la plus importante était l'arrosage, les potagers étant pourvus de chadoufs (→ **eau**). Les gens moins aisés possédaient aussi des jardins plus exigus, et seuls les pauvres, entassés dans des masures dans les grandes villes, ne jouissaient pas de ce plaisir.

Les rois du Nouvel Empire entouraient leurs palais* de jardins plus vastes encore ; Aménophis III* se fit bâtir un palais pourvu d'un immense parc à l'ouest de Thèbes ; à Amarna*, Akhnaton* fit planter plusieurs jardins, mais c'est surtout Ramsès III* qui se distingua en restaurant les jardins de l'Égypte, renouvelant les plantes, créant des jardins nouveaux et faisant curer les canaux abandonnés qui apportaient aux plantes l'eau vivifiante.

jeu. Le jeu qui avait le plus d'amateurs était le jeu de dames. Les Égyptiens y jouaient partout : chez eux, en famille*, mais aussi dehors, dans les tavernes, dans le jardin*, en attendant son tour chez le barbier. On a une représentation du roi Ramsès III* y jouant avec une femme* de son harem. Le jeu de dames était si commun que beaucoup de tombes en étaient pourvues, afin que le mort puisse y jouer éternellement. Ce jeu, très ancien puisque dans les plus anciens hiéroglyphes* on trouve déjà le signe de l'échiquier portant des pions, comportait un damier de trente cases sur lequel on jouait avec des pions de deux couleurs ou de deux formes, cylindres à base carrée se terminant par un bouton. On en a trouvé aussi ornés de têtes de chien ou de lion. Les damiers étaient en terre cuite, en ivoire, en bois ou en albâtre. On ne sait exactement comment fonctionnait le jeu, pas plus d'ailleurs que d'autres jeux de hasard dont on a des exemplaires.

Le jeu du serpent était une sorte de jeu de l'oie : sur une table ronde, formée par un serpent lové, dont la tête était le centre, on faisait mouvoir six pièces de jeu, trois lions et trois lionnes couchés, et des boules rouges et blanches. Ce jeu est très ancien, puisqu'on en a retrouvé un, pourvu d'une poignée et d'un socle conique, dans le mastaba* de Hézyré, datant de la IIIe dynastie, mais il était connu antérieurement. Un autre jeu était composé d'une sorte de tablette, pourvue d'un tiroir où l'on rangeait les pièces, reposant sur quatre pieds en forme de pattes de taureau. Cette tablette était percée de trous creusés autour du dessin d'un palmier et dans lesquels entraient des bâtons d'ivoire à tête de chien : cinq chiens aux oreilles dressées et cinq aux oreilles tombantes. Dans la tombe de Hémaka (Ire dynastie) on a retrouvé, dans un coffret, un jeu comprenant des disques d'albâtre, d'ébène, de pierre, percés d'un trou dans lequel passaient des bâtonnets. À côté de ces jeux de hasard, il existait divers jeux d'adresse et de force : tir sur une cible, lancer d'objet pointu sur un socle de bois. Les jeux sportifs et violents ne manquaient pas, et souvent il s'agissait simplement de se faire tomber ou, sorte de « main chaude », un individu couché devait deviner qui le frappait (→ **divertissements**). Sauts d'adresse, courses sur les genoux étaient des jeux que pratiquaient surtout les enfants* dans la rue.

jouet. Comme de nos jours, les enfants* avaient des distractions adaptées à leur âge. On a retrouvé, surtout dans les tombes, diverses sortes de jouets : poupées en toile, en bois, avec leur lit, toupies, et aussi des jouets articulés, pantins qui broient des grains, crocodiles qui ouvrent et referment la mâchoire. Les jeux de balle occupaient surtout les filles et les armes miniatures les garçons. Ceux-ci connaissaient aussi les jeux d'adresse et de hasard, mais les adultes ne les dédaignaient pas non plus.

jugement d'Osiris, appelé aussi du nom grec de psychostasie (« pesée de l'âme »).

L'âme, à la suite des pérégrinations* qui la conduisent de la tombe au seuil de l'Amenti*, passe tout d'abord par la « salle des deux Justices », où siège le tribunal d'Osiris*. Anubis*, qui est venu accueillir le mort à son arrivée, le conduit par la main dans la salle, qui est souvent représentée dans la peinture funéraire égyptienne. Au centre se trouve la balance de justice, dans un plateau de laquelle on place le cœur* du défunt, tandis que sur l'autre plateau est posée la plume, symbole de Maât*. Osiris, président du tribunal, siège sous un dais, ayant Isis* et Nephthys* à ses côtés, tandis que 42 assesseurs se tiennent devant eux ; parfois Rê*, le grand justicier, préside l'assemblée. Thot* se tient près de la balance, prêt à noter sur une tablette les résultats du jugement. On retrouve Anubis, qui manie le poids près du fléau de la balance. Alors commence la confession* du mort ; si ses paroles sont véridiques, le cœur, qui ne ment pas, reste en équilibre avec la plume de justice, sinon il se charge du poids des péchés du mort. Si, en définitive, le poids des péchés l'emporte sur la justice, la « dévorante », monstre en général représenté comme un lion à tête de crocodile et à l'arrière-train d'hippopotame, se jette sur le défunt pour le dévorer et finalement l'anéantir. S'il n'a pas menti dans sa confession, le mort est « juste de voix » et Osiris lui ouvre l'entrée de son paradis. Bien qu'on ne trouve qu'au Nouvel Empire* ce tribunal funéraire ainsi constitué avec son caractère moral, dès le début du Moyen Empire* apparut cette conception d'une justification morale, qui sans nul doute procède, par une évolution des idées, de l'interrogatoire que subit le roi avant de monter dans la barque, lors de son voyage dans l'au-delà* (→ **destinée solaire**). Mais alors qu'ici le souverain doit justifier ses droits juridiquement, la justification est devenue morale pour tous les mortels.

justice. Comme toutes les fonctions, la justice était entre les mains du roi, dont un des premiers devoirs était de la faire régner parmi ses sujets. Il se déchargeait, en fait, de cette fonction sur le vizir*, qui aura toujours la justice dans ses attributions. Cependant, l'étendue des charges du vizir et l'ampleur du domaine de la justice l'obligent à confier ses pouvoirs judiciaires à une hiérarchie de fonctionnaires, mais le roi et le vizir conservent également une haute main sur la justice.

Dans certains procès* d'importance, tels ceux de violation* de tombes, le roi est directement représenté par deux fonctionnaires de sa cour, le scribe* royal et l'informateur du roi ; par ailleurs, dans ce qui concerne les affaires criminelles, les tribunaux ne font que constater la culpabilité ou l'innocence du prévenu, et c'est au roi de décider la peine à appliquer ; celle-ci pouvait aller de la bastonnade savamment dosée, à la peine de mort par décapitation (peut-être le bûcher), en passant par l'ablation de la langue pour crime de trahison, l'amputation de la main pour falsification d'actes. Les grands, condamnés à mort, n'étaient pas exécutés, mais on leur suggérait le suicide. Quant au vizir, il lui arrive aussi de contrôler personnellement la véracité des faits retenus à la suite d'une enquête, lorsqu'il ne préside pas lui-même la Haute Cour.

Comme les carrières sacerdotales, les carrières judiciaires s'effectuaient en s'élevant hiérarchiquement. On commençait, sous l'Ancien Empire*, par être greffier d'un tribunal, puis juge et scribe, puis sous-directeur des scribes de justice, directeur des scribes, et enfin le roi élevait le juge méritant au rang de Grand de la Haute-Égypte ; chacun des membres de ce collège, étant « chef des secrets de la pesée des paroles secrètes de la Grande Maison », siégeait à ce titre dans une des six grandes maisons où se rendait la justice. À l'époque thébaine, on ne trouve plus de semblable hiérarchie judiciaire et les tribunaux forment des sortes de conseils de fonctionnaires*, le vizir restant toujours le juge suprême. → **procès, tribunaux.**

Ka. C'est une des notions spirituelles des Égyptiens la plus difficile à cerner. En fait, selon les époques, les sens qu'on attribuait à ce mot ont varié et ont eu une tendance à s'enrichir de valeurs nouvelles. C'est la raison pour laquelle diverses explications du mot ka ont été données, qui toutes n'envisagent qu'un aspect du problème et, pour cela, semblent contestables.

Pour les premiers égyptologues, le ka exprime « l'être, la personne, l'individualité » (Pierret) ; Lepage-Renouf, le premier, a souligné les caractères divers de génie, dieu protecteur et double spirituel du ka. C'est cette dernière vue que Maspero a imposée avec autorité et sous laquelle on montre le ka comme « une projection vivante et colorée de la figure humaine, un double qui reproduisait dans ses moindres détails l'image entière de l'objet ou de l'individu auquel il appartenait ». Mais, par ailleurs, le ka, dont l'homophone est le taureau, exprime la puissance génératrice et la force sexuelle (Lefèbvre, Jacobsohn). D'autre part, le signe du ka est deux bras dressés faisant le geste d'embrasser et de protéger, sur quoi on a pu démontrer que c'était là un de ses aspects de dieu protecteur ; il protège le vivant, mais il le protège encore après la mort, mourir n'étant jamais que « rejoindre son ka ». Principe de vie et de puissance, le ka est encore le symbole « de ce qui, dans l'homme, dépend de la nourriture* et de l'alimentation » (von Bissing), c'est la force

vitale entretenue par la nourriture, support de la vie physique et spirituelle.

Sous sa forme plurielle de kaou, le mot semble avoir eu parfois le sens d'« ancêtres » ; cependant, dans cette forme du ka, on a pu aussi voir « l'aspect d'un génie de la race, qui préexiste à l'individu, grandit avec lui, puis, sans mourir, reçoit le défunt dans son sein » (Moret). Ces kaou se présentent aussi comme des sortes de génies ou, plutôt, comme des personnifications de qualités, en général au nombre de quatorze. Indépendants, ils vivent de leur vie propre et confèrent leurs qualités spécifiques aux personnages auxquels ils sont attachés ; ces qualités sont généralement les suivantes : puissance, force, volonté créatrice, stabilité, noblesse, intelligence magique, rayonnement, connaissance, goût, vue, ouïe, abondance, nourriture, durée de vie (ou sépulture*). Dans sa perfection, Rê* possède tous ces kaou. Chaque individu en est doué à sa naissance*, comme ses qualités propres et son destin.

Kadesh, ville de Syrie, située sur le cours supérieur de l'Oronte, qui joua par deux fois un rôle important dans l'histoire de l'Égypte.

C'est le roi de Qadesh qui, sous le règne de Thoutmôsis* III, forma une coalition des princes syriens contre l'Égypte ; cette coalition fut à l'origine des campagnes asiatiques de ce souverain, qui prit la ville de

Qadesh lors de sa sixième campagne. C'est cependant la grande bataille qu'y soutint Ramsès* II contre les Hittites* qui a rendu célèbre cette cité dans les annales égyptiennes. Cette bataille nous est bien connue grâce aux récits qu'en fit graver le roi dans la pierre, plus particulièrement sur les parois du temple de Karnak* et du Ramesseum*, ainsi qu'au poème de Pentaour*.

Mouwattali, roi des Hittites, avait formé contre l'Égypte la plus formidable coalition jamais constituée. À la tête des quatre armées* d'Amon*, de Rê*, de Ptah* et de Seth*, Ramsès marcha sur la Syrie ; deux espions envoyés par les Hittites trompèrent le roi en lui laissant croire que les ennemis s'étaient retirés au nord, vers Alep ; imprudemment, Ramsès poursuivit sa route vers Qadesh, laissant les quatre armées séparées ; ayant traversé l'Oronte, il alla camper devant la cité en attendant le reste des troupes. Il ignorait que les ennemis s'étaient cachés derrière la ville ; ceux-ci attendirent le passage de l'armée de Rê pour attaquer et mettre en fuite les Égyptiens, qui accoururent vers le camp où se tenait Ramsès avec l'armée d'Amon. Les exagérations du poème de Pentaour laissent entrevoir l'action de Ramsès, qui rallie ses hommes, les entraîne par son courage, repousse les assaillants victorieux, enfin renverse la situation, évitant un désastre, qui fut changé en une victoire par l'arrivée de l'armée de Ptah. Les coalisés auraient mis en ligne 2 500 chars selon certaines sources (ou 1 000 selon d'autres sources plus proches, sans doute, de la vérité). Dans cette bataille périt la fleur de la jeunesse hittite et des princes syriens, et Mouwattali se retira, dans la crainte de l'arrivée de l'armée de Seth. Les pertes égyptiennes ont dû être sévères et la conséquence de cette bataille fut le célèbre traité* égypto-hittite. Cependant, Mouwattali resta maître de Kadesh, ce qui montre la médiocrité réelle de cette victoire dont Ramsès s'est fait une telle gloire. Cette bataille eut lieu l'an 5 du règne de Ramsès, le 16 mai 1299 av. J.-C..

Kahoun → ville.

Karnak, situé sur la rive droite du Nil, au nord de Louqsor*, l'actuel village de Karnak formait un bourg (Opet-Isout) qui fut intégré à l'ensemble qui constitua la ville de Thèbes*.

La célébrité de ce site tient au fait que c'est en ce lieu qu'Amon* avait son temple principal, et qu'actuellement Karnak offre le plus vaste et le plus somptueux champ de ruines de l'Égypte ancienne. Khonsou* et Mout* y possédaient leur temple, mais la merveille était le temple d'Amon, qui, à l'origine (sous la XIIᵉ dynastie), était un temple de proportions modestes, mais qui, avec les ajouts successifs sous chaque roi du Nouvel Empire, atteignit des proportions gigantesques. Six pylônes* se succèdent, dont le premier, d'époque ptolémaïque (→ **Lagides**), est large de 113 m sur 43, 50 m de hauteur et d'une épaisseur de 15 m. La célèbre salle hypostyle*, modifiée par Séthi Iᵉʳ* et Ramsès II*, mesure 103 m de large sur 52 m de profondeur, et son plafond reposait sur 134 colonnes disposées sur 16 rangées. Les colonnes de la nef centrale atteignent 24 m de haut et celles des nefs latérales 14 m. Ces proportions gigantesques apparaissent comme l'expression de la puissance tout aussi formidable de ce dieu et de son clergé*, et de la splendeur des pharaons du Nouvel Empire, qui voulurent élever au dieu une demeure à la mesure de cet empire.

Keftiou → Crétois.

Kemi → Égypte.

Khargèh → oasis.

Khentamentiou → Osiris.

Khéta → Hittites.

Khnoum. Adoré dans toute l'Égypte, Khnoum semble avoir surtout régné sur la haute vallée du Nil, à Esneh* et à Éléphantine* où il est associé à Anoukis et à Satis*. Divinité très ancienne, il semble originaire du nord de l'Égypte, où il avait un culte important à Antinoé*, avec son épouse Heket*. C'était un dieu-bélier, et le fait que son nom était une autre appellation du bélier en égyptien, dont la racine est apparemment sémitique, peut laisser croire qu'il était originellement une divinité venue d'Asie. Il était représenté avec une tête de bélier, surmontée d'une couronne.

Dans les mythes cosmogoniques, il apparaît comme le « créateur », potier divin qui avait façonné, sur son tour, l'œuf d'où allaient sortir le monde et l'homme. À partir de la V⁰ dynastie, les spéculations des prêtres d'Héliopolis* l'associèrent au Soleil, sous le nom de « Khnoum-Rê ».

Khonsou. Divinité de caractère lunaire, Khonsou était adoré à Karnak* à une époque assez ancienne ; il apparaît sous ces traits de dieu-lune dès les *Textes des Pyramides* ; il est, de ce fait, représenté sous la forme d'un homme portant sur sa tête le disque de la lune, cependant que, comme Osiris* et Ptah*, il est enveloppé dans une sorte de linceul ; il apparaît aussi sous la forme d'un enfant. Lorsque Amon* s'installa à Thèbes*, Khonsou lui fut associé comme son fils. À une époque tardive, Khonsou est représenté sous une forme populaire de « divinité qui éloigne les esprits du mal », dieu guérisseur qui apparaît dans le conte* de la princesse de Bakhtan, qu'il va guérir dans une terre lointaine, où il ne manque pas de faire de la propagande pour le clergé* de Thèbes.

Kôm el-Ahmar → Hiérakonpolis.

Kôm Ombo, site de la rive droite du Nil, entre Assouan et Thèbes.

Une bourgade y végétait pendant les grandes époques pharaoniques. Les plus anciens témoignages d'occupation remontent à la XVIII⁰ dynastie. À l'époque de Thoutmôsis III* fut sans doute élevé un petit sanctuaire dont on a retrouvé quelques traces. Ce n'est cependant qu'avec le développement de l'agriculture* et la conquête de nouvelles terres arables, sous les Ptolémées, que l'établissement, sous le nom grec (ou hellénisé) d'Ombos, prit de l'importance. Un temple* fut érigé, sans doute au milieu du II⁰ s. av. J.-C. sous Ptolémée* VI Philométor ; sa décoration ne fut terminée qu'un siècle plus tard, sous Ptolémée XII Aulète.

Le temple était déjà à deux triades de divinités. La première était constituée par Sebek*, Hathor* et Khonsou* ; Sebek, le dieu crocodile et Hathor semblent avoir été les divinités primitives de la région ; la seconde triade, Haroeris (Horus l'ancien), Tasenetnofret (sœur divine d'Horus) et Panebtaoui (le Seigneur des deux pays) n'a sans doute été installée là qu'à une époque tardive. Le temple a ceci de particulier, qu'il est pourvu de deux naos* côte à côte et d'une suite de doubles entrées correspondant à ces deux naos affectés chacun à une triade. Outre cette double cella, le temple présente encore quelques traits originaux : double couloir enfermant l'ensemble, l'un intérieur et l'autre extérieur, ajouté à l'époque romaine, deux puits maçonnés dont l'un, pourvu d'un escalier intérieur en colimaçon, est en correspondance avec une galerie d'accès souterraine.

L'ensemble architectural, en assez bon état de conservation, domine encore le cours du Nil depuis une colline basse. Le mammisi*, au sud-ouest, est maintenant ruiné, mais au sud-est une chapelle dédiée à Hathor est quasi intacte ; elle sert à abriter des crocodiles momifiés.

Koush → Éthiopiens.

Lac sacré. Certains temples possédaient dans leur enceinte un lac sacré, symbole des eaux primordiales d'où avait surgi Rê*.

C'était de vastes bassins en communication avec les eaux du Nil, dont le niveau montait ou baissait avec l'inondation, sans que jamais ils fussent asséchés ; leurs bords étaient maçonnés et des escaliers aménagés latéralement permettaient de descendre dans le bassin où les prêtres venaient faire leurs ablutions à l'aurore.

C'est près d'un lac semblable qu'à Saïs* Hérodote assista aux mystères d'Osiris*.

Lagides. Après la mort d'Alexandre le Grand (323 av. J.-C.), Ptolémée, fils de Lagos (d'où le nom de Lagides donné à cette dynastie), reçut en partage l'Égypte. En 304, il prit le titre de roi, bien qu'il exerçât cette fonction depuis près de vingt ans. Ce Ptolémée Iᵉʳ Sôter (sauveur) fut suivi de treize autres Ptolémées (en comptant les deux frères de Cléopâtre VII et son fils), la lignée comprenant deux reines ayant porté la couronne, Bérénice IV et Cléopâtre VII. À la mort de cette dernière (30 av. J.-C.), l'Égypte devint province romaine. Sous l'impulsion des Ptolémées, l'Égypte connut une structure sociale et économique nouvelle ; par ailleurs, ils firent élever à Dendérah*, Edfou*, Esneh*, Philæ*, Kôm Ombo*, des temples dans l'ancienne tradition. Cependant, leur capitale, Alexandrie*, et la culture qui s'y développa appartiennent à la civilisation hellénique.

Dynastie des Ptolémées

(Les dates sont ici données par : P. W. Pestman, *Chronologie égyptienne d'après les textes démotiques* [1967] et E. J. Bickerman, *Chronology of the Ancient World* [1980].)

Ptolémée 1ᵉʳ Sôter (épouse : Bérénice I)	305-282
Ptolémée II Philadelphe (Arsinoé I, Arsinoé II)	282-246 (29 janvier)
Ptolémée III Évergète I (Bérénice II)	246-222
Ptolémée IV Philopator (Arsinoé III)	222-205
Ptolémée V Éphiphane (Cléopâtre I)	204-180
Ptolémée VI Philometor (Cléopâtre II)	180-145
Ptolémée VI associe au trône Ptolémée VIII et Cléopâtre II en octobre 170.	

Ptolémée VI est chassé du trône entre 164 et 163, puis remis sur le trône.

Ptolémée VII Neos Philopator (ou Eupator)	145-144 (associé au trône)
Ptolémée VIII Évergète II (surnommée Physcon) (épouse Cléopâtre IV puis Cléopâtre V Sélené)	145-116
Ptolémée IX Sôter II (Lathyros) et Cléopâtre III	116-107
Ptolémée X Alexandre I et Cléopâtre III	107-101
Ptolémée X Alexandre I et Cléopâtre Bérénice	101-88
Ptolémée IX Sôter II (reprend son trône d'où il avait été chassé)	88-81
Ptolémée XI Alexandre II et Cléopâtre Bérénice	80
Ptolémée XII Aulète (Cléopâtre Tryphæna)	80-58
Bérénice V (fille du précédent, qui l'a chassé)	58-55
Ptolémée XII Aulète (rétabli par les Romains)	55-51
Cléopâtre VII et Ptolémée XIII (Néos Dionysos)	51-47
Cléopâtre VII et Ptolémée XIV (L'Enfant)	47-44
Cléopâtre VII et Ptolémée XV (Césarion, le fils qu'elle a eu de César)	44-30 (31 août)

lamentations. Les inscriptions funéraires nous ont laissé des lamentations datant des époques les plus diverses. Ainsi connaissons-nous les lamentations des pleureuses qui criaient : « Douleur! Douleur! Lamentez-vous sans répit! Quelle perte immense! Le bon pasteur s'en est allé vers le pays de l'éternité! Toi qui possédais tant de gens, tu es au pays ami de la solitude... » Parmi les lamentations il en est certaines d'une poésie qui rappellent des passages du chant du harpiste* : « Ô mon bien-aimé, mon époux, mon ami... ne te lasse pas de boire et de manger, de t'enivrer et d'aimer... Que sont les années passées sur la terre? L'Amenti* est une région de sommeil et de ténèbres profondes... Ceux qui reposent ne s'éveillent pas pour voir leurs frères, ni leur père, ni leur mère; leurs cœurs sont oublieux de leurs femmes et de leurs enfants... »

Les *Lamentations d'Isis* et *de Nephthys* sur la mort d'Osiris* sont connues par de nombreux papyri ou fragments. Vers la fin de la saison de l'inondation on faisait venir deux chanteuses avec des tambourins qui portaient inscrits sur leurs épaules les noms des deux déesses ; elles étaient chargées de chanter ces lamentations en l'honneur d'Osiris. C'est un chant en duo et parfois alterné où les deux déesses disent ce qu'elles ont fait par amour d'Osiris et chantent cet amour en gémissant sur sa mort.

langue. Rattaché au groupe hamitique (ou chamitique), l'égyptien ancien est apparenté au galla, au somali et aux groupes linguistiques du haut Nil (appelés aussi groupes kouchitiques). Mais, de plus en plus, on a tendance à y retrouver des dominantes libyques ou berbères. Par ailleurs, l'influence sémitique est très sensible dans la morphologie et le vocabulaire. Sur ces données primitives, la langue égyptienne évoluera pendant les cinq millénaires de son histoire, non sans subir de nombreuses influences extérieures. On a divisé par commodité ces périodes sous des vocables différents. Durant l'Ancien Empire* est parlé l'ancien égyptien, connu surtout par les *Textes des Pyramides* et les inscriptions* funéraires. Au Moyen Empire se constitue le moyen égyptien, qui demeure la langue officielle et la langue classique encore utilisée dans les textes littéraires et religieux de la plus basse époque. Au Nouvel Empire, les textes non littéraires (administratifs, épistolaires) et même certains écrits littéraires font connaître une langue contaminée par le langage parlé vulgaire, qu'on appelle néo-égyptien et qui sera utilisé jusqu'à ce que le démotique* le remplace au cours de la Basse-Époque, pour rester la langue officielle pendant un millénaire. Le copte*, qui subsiste de nos jours comme langue liturgique, perpétue l'existence d'une des plus vieilles langues du monde.

légitimité. Le sang divin du pharaon*, fils de Rê*, était la garantie de la légitimité, le principe qui faisait du pharaon un dieu parmi les hommes ; c'est la raison pour laquelle la reine était la sœur ou la demi-sœur du pharaon, le sang du souverain devant être le plus pur possible. Le fils aîné issu du couple royal était l'héritier légitime du trône d'Osiris*, mais si le seul enfant mâle était né d'une concubine du roi, la légitimité était représentée par la fille née du souverain et de la grande épouse royale, c'est-à-dire la reine. Le prince qui épousait ainsi sa demi-sœur gouvernait au nom de celle-ci, le culte des dieux et le commandement des armées ne pouvant être, en théorie, assumés que par un roi ; cependant, la véritable souveraineté appartenait toujours à la reine et c'est ses enfants qui restaient les héritiers légitimes ; à la mort de sa grande épouse, le roi, dans le cas où il lui survivait, ne pouvait continuer d'exercer le pouvoir qu'en s'associant officiellement le fils aîné qu'il avait eu d'elle. Les prêtres étaient les témoins de la succession et c'est eux qui s'arrogeaient souvent le droit de contrôler l'intégrité du sang solaire et d'intervenir dans les affaires de succession dynastique.

Il arrivait cependant que la succession légitime des rois fût interrompue, soit à la suite de l'extinction de la lignée dynastique, soit à la suite d'une révolution de palais ou d'une guerre « féodale ». On pouvait alors toujours se trouver quelque lien avec les anciennes dynasties ou le dieu d'empire. Ouserkaf, premier roi de la Ve dynastie, n'était pas de sang royal, mais il semble qu'au départ il tenait ses droits de sa femme, Khentkaous, la fille de Mykéri-

nos* ; cependant, les souverains de cette dynastie, craignant que ce lien ne justifiât pas suffisamment la légitimité de leur trône, se trouvèrent une filiation divine avec le dieu-soleil d'Héliopolis*, Rê*, et firent précéder leur nom de *sa-Rê* (fils de Rê). Par ailleurs, les cérémonies de l'intronisation*, par lesquelles Amon-Rê présentaient son fils aux autres dieux, tandis qu'Horus* lui-même, aidé de Seth*, remettait les couronnes à l'héritier légitime du trône d'Osiris, représentaient le gage suprême de la légitimité.
→ **naissance divine.**

lettres. Les lettres, écrites sur papyrus* qu'on roulait ou pliait en deux, avant de les lier par un fil scellé par un cachet d'argile, portaient le nom de l'expéditeur et celui du destinataire, et étaient transmises par des messagers, à moins qu'on ne les confiât à quelque voyageur. L'État possédait cependant des messagers royaux chargés du port des missives du palais à travers l'empire. On utilisait parfois des oies ou des oiseaux pour envoyer des messages, qui ne devaient parvenir que rarement à leur destinataire.

La rédaction d'une lettre était un exercice banal de scribe* et lorsqu'ils s'écrivaient entre eux, ils rivalisaient de beau style. Une longue introduction pouvait amener le sujet de la lettre : « Le scribe Méhi au scribe Iéy le jeune. Le scribe Méhi salue le scribe Iéy le jeune, en vie, prospérité, santé et en faveur auprès d'Amon-Rê, le roi des dieux. » Ou encore : « Quel est ton état ? Comment vas-tu ? Quel est ton état ? Vas-tu bien ? Moi je vais bien [...] », les demandes et assurances de santé se poursuivent ainsi un moment avant d'aborder les sujets : « Autre chose : veuille t'occuper de l'officier Mérimès [...]. Autre chose : la chanteuse Isetnofrê te dit : "Comment vas-tu ? Comme je languis de te voir" [...] Autre chose : occupe-toi de l'officier Mérimès [...]. » On voit la liberté de la structure de la lettre, où il est parlé de tout et dans laquelle on revient à un sujet déjà traité, mais incomplètement. La lettre se termine par : « [...] dis-moi tout ce qui a rapport à ta santé, conserve-toi en bonne santé ». Il apparaît que la santé occupait les anciens Égyptiens autant que nos contemporains.

On possède cependant des lettres d'un plus grand intérêt, telle cette longue épître du scribe Hori au scribe Aménémoné : « Ta lettre m'est arrivée en un moment de loisir. Ton messager me trouva tandis que je me tenais auprès de mon cheval ; je poussai alors des cris joyeux, je me réjouis et je m'apprêtai à te répondre. » Après ce prologue courtois, le scribe critique la lettre de son correspondant avec esprit. Ce dernier ayant vanté ses titres, son savoir, ses campagnes en Syrie, Hori reprend la lettre avec une fausse humilité en disant qu'il a bien peu de titres de gloire à côté de son illustre ami, mais il lui montre que sa lettre est mal construite et surtout qu'en réalité il n'a jamais mis les pieds en Syrie, grâce à quoi nous apprenons force détails sur ces régions asiatiques. Cette lettre resta un modèle de style « trempé dans le miel » que tout scribe du Nouvel Empire* étudiait.

lettres aux morts. On possède quelques exemplaires de ces missives que les vivants adressaient à quelque parent mort pour lui faire appel à lui, pour lui demander d'intervenir dans une affaire de famille, d'aider à la guérison d'un malade, de veiller sur le bien de ses héritiers, à moins que ce ne fussent des récriminations contre une épouse qui persécutait son mari par-delà la tombe.

Ces « lettres » étaient écrites sur papyrus* ou, le plus souvent, sur les coupes dans lesquelles le mort recevait ses offrandes, qu'on plaçait ensuite bien en vue afin d'être assuré qu'il puisse les lire lors de ses visites à la tombe. Les plus anciennes lettres datent de la fin de l'Ancien Empire*, mais c'est surtout au Moyen Empire* qu'elles se multiplient.

Ces épîtres se rattachent à la très ancienne croyance selon laquelle les morts peuvent revenir sur la terre et intervenir dans les affaires des vivants.

Libye. L'occident de la vallée du Nil constitue un immense désert* où seule la frange littorale, qui bénéficie de l'humidité bienfaisante de la Méditerranée, reste habitable. Dès la plus haute Antiquité, un peuple de pasteurs et d'arboriculteurs nomadisait dans ces régions, toujours prêt à s'infiltrer dans la riche vallée du Nil. Les Égyptiens appelaient Téhénou (ou Tchéhénou) ces Libyens primitifs, vêtus d'un seul cache-sexe (étui pénien). À côté de ces hommes à l'opulente chevelure noire, les représentations montrent des hommes aux yeux bleus et à la chevelure blonde, les Téméhou, sans doute les ancêtres des Berbères.

De très bonne heure, la Libye joue un rôle plus ou moins important dans l'histoire égyptienne et on voit, sous le règne d'Aha*, des Libyens apporter leur tribut au roi d'une Égypte à peine unifiée. Les souverains de l'Ancien et du Moyen Empire* se contentèrent d'effectuer de fructueuses razzias dans ces régions, d'où ils ramenaient prisonniers et bétail. Il semble que ce soit sous le règne de Séthi Ier* qu'apparaissent en Libye des Égéens* (?), qui créent aussitôt des incidents sur la frontière (v. 1317 av. J.-C.) ; mais la menace va vite se préciser lorsque, sous le règne de Mineptah*, de nouvelles vagues de Peuples de la Mer* renforcent les premiers émigrants et se ruent sur le Delta*. La défaite qui leur est infligée ne refroidit pas leur ardeur et ils se heurteront encore à Ramsès III*, qui en viendra une fois de plus à bout.

C'est parmi ces peuples que se trouvent les Libou, qui donneront leur nom à la Libye, et les Mashaouash. N'ayant pu s'introduire de force en Égypte, ces « Libyens » y entreront comme mercenaires des Ramessides*, si bien qu'à la fin de la dynastie l'armée égyptienne sera composée en majorité de Libyens et surtout de ces Mashaouash d'où vont sortir les deux dynasties libyennes*.

libyennes (dynasties). Installés à travers l'Égypte par les derniers Ramessides*, les mercenaires libyens constituent sous la XXIe dynastie et les rois-prêtres* une caste militaire puissante et redoutée des pharaons*.

Ces colonies étaient commandées par des princes appelés « grands chefs des Ma » (abréviation de Mashaouash) et l'un d'eux, originaire d'Héracléopolis*, mais qui semble avoir aussi dominé sur Bubastis*, Sheshonq, fils d'un certain Nemrod (Nemart) qui s'était fait enterrer dans la ville sainte d'Abydos*, monta sur le trône, succédant à Psousennès II* et fondant ainsi la XXIIe dynastie, dite « bubastite ». Avec lui, les Libyens deviennent maîtres d'une

Égypte convoitée depuis des siècles. Sheshonq Ier (950-929 av. J.-C.) rétablit le prestige de l'Égypte à l'extérieur en pillant Jérusalem et la Palestine, divisée en royaumes d'Israël et de Juda ; une autre conséquence de cette campagne fut de renflouer le Trésor, vide depuis longtemps. Les rois qui lui succèdent sont des Osorkon, des Takélot, d'autres Sheshonq, un Pami.

Vers 817, sous le règne de Sheshonq III, a lieu une scission : Pédoubast, appartenant sans doute à la famille royale, prend la couronne à Tanis* et fonde la XXIIIe dynastie manéthonienne. Pendant plus d'un demi-siècle, les deux dynasties de Tanis et de Bubastis* vont régner parallèlement. Dans cette liste, Osorkon III se distingue pour avoir établi Shapenoupet, sa fille, comme divine adoratrice d'Amon*, ouvrant la liste de cette dynastie du clergé féminin d'Amon, par laquelle les rois se réservent la richesse du temple thébain. À la fin du règne d'Osorkon, on trouve quatre rois régnant ensemble et une quantité de seigneurs féodaux qui dominent dans les nomes*. De cette époque d'anarchie et de féodalité, le souvenir a été conservé dans la geste de Pédoubast, dont le conte* de *l'Emprise de la cuirasse* est le fragment le plus complet. Tefnakht et Piankhi* se chargeront de mettre fin à cette époque libyenne.

littérature. Un pays où la classe dominante était celle des fonctionnaires et où chaque fonctionnaire devait être scribe* ne pouvait manquer d'engendrer une littérature au sens moderne du terme. Ce qui subsiste de cette vaste production, rédigée dans la pierre, mais aussi sur les ostraca*, les tablettes de bois et le papyrus*, est bien mince, mais on peut déjà y prendre la mesure de son haut intérêt. Ces textes étaient écrits en hiéroglyphes* (écriture monumentale) et en hiératiques* et, à basse époque, en démotique*. Les plus anciens textes ont un caractère religieux ; ce sont ceux des pyramides*, qui remontent à l'Ancien Empire*. Cette littérature funéraire connaîtra de plus grands développements, mais sa valeur littéraire reste en général assez médiocre (→ **inscriptions et livres funéraires**). La littérature religieuse s'exprime dans les mythes (cosmogonies* ; légendes divines, telle la geste d'Osiris*) et surtout dans les

hymnes*. Les sagesses* et les enseignements* représentent un genre très particulier qui fleurit dès le Moyen Empire* et renouvelle ses thèmes jusqu'à basse époque. Signalons, en passant, la littérature prophétique, qui semble bien être une invention égyptienne (→ **prophétie**).

Le Moyen Empire est l'époque classique de la littérature égyptienne. C'est à ce moment qu'apparaissent les contes* et le genre satirique (→ **satire des métiers**). C'est aussi au début de cette période, où se développent les thèmes pessimistes conçus pendant la première période intermédiaire, que fut rédigé l'un des chefs-d'œuvre de la poésie égyptienne : le *Chant* du harpiste. Cependant, c'est le Nouvel Empire* qui connaîtra la production la plus vaste et la plus variée : poèmes*, poésie* amoureuse, chants de victoire, chansons* et lettres*, qui deviennent des modèles de style. La variété des formes et des thèmes de la littérature égyptienne est un fait remarquable. Il apparaît, à l'étude de cette masse de documents, que ce peuple était décidément tourné vers la vie et non vers la mort, comme peut le laisser croire une apparence trompeuse.

livres → bibliothèque, écriture, papyrus.

livres funéraires, nom donné à divers textes relatifs aux morts et au monde de l'au-delà, écrits sur les parois des tombes* ou des sarcophages*, sur des stèles*, des papyrus*.

Ils possédaient un pouvoir magique par lequel ils animaient le monde du mort, le guidaient et le protégeaient dans son voyage dans l'au-delà, pour lequel ils lui traçaient son itinéraire et lui fournissaient les formules de conjuration. On en lisait des passages lors des funérailles et des cérémonies du culte* funéraire, et leur effet était alors rendu plus efficace encore par la puissance incantatrice de la parole.

Les plus anciens formulaires sont les *Textes des Pyramides*, puis les *Textes des Sarcophages*, et certains « chapitres » du *Livre des morts*, qu'on peut classer comme des répertoires de formules. Une série d'ouvrages dont le but initial est de décrire la topographie de l'au-delà apparaît avec le *Livre des deux* chemins, suivi du *Livre de l'Am-*

douat*, du *Livre des portes**, du *Livre de la nuit**, et d'autres encore (des cavernes, du jour...). À la basse époque se multiplient des formulaires, dont les plus importants sont le *Livre des respirations** et le *Livre des respirations second* (aussi dénommé « que mon nom fleurisse ») ; les textes qu'on trouve abondamment sur papyri ou ostraca* sont, en général, imités du *Livre des morts* ou du *Livre des respirations*. Ajoutons à cette liste les livres de rituels funéraires, pour l'*Ouverture** *de la bouche* et pour la momification*, et les rituels du culte de Rê* : *Livre d'Apopis*, recueil de conjurations contre Apopis*, qui guette la barque de Rê dans le monde souterrain, le *Livre d'heures de Sokaris**, les *Lamentations** *d'Isis et de Nephthys*, ces derniers ouvrages datant tous de la Basse-Époque.

loi. Selon Diodore de Sicile, c'est Thot* lui-même qui aurait rédigé les livres sacrés de la loi, et il nous donne ensuite quelques exemples de châtiments requis par cette loi, qui révèlent par leur dureté leur caractère antique : la mort punit le meurtre d'un homme libre ou d'un esclave tandis qu'on arrache la langue au parjure et qu'on coupe la main à ceux qui ont falsifié des actes ou des sceaux. La promulgation ne semble cependant pas être réservée aux dieux et aux rois, et, sous Sésostris Ier, Mentouhotep, premier juge et vizir*, se glorifie d'avoir été un législateur.

Il semble qu'un corpus de lois ait dirigé les juges et les hauts fonctionnaires dans le règlement de la justice et des affaires courantes du royaume. Lorsque Rekhmirê* donne audience dans la salle du vizir, un texte de la tombe de ce haut fonctionnaire nous apprend qu'il « siège sur un fauteuil, un tapis sur le sol, un dais sur sa tête, une peau sous son séant, une peau sous ses pieds, un vêtement blanc sur lui, un sceptre à la main, quarante rouleaux de papyrus ouverts devant lui ». Et la peinture accompagnant le texte nous montre ces quarante rouleaux de lois qui lui serviront pour rendre ses jugements, répartis en quatre sections de dix rouleaux, peut-être quatre décalogues. De tout cet appareil législatif, il ne nous est resté qu'une stèle d'Horemheb*, trouvée à Karnak*, dans laquelle le roi déclare qu'il veut mettre fin par les lois

nouvelles aux injustices qui se sont établies dans le pays sous le règne de ses prédécesseurs ; le long texte qui suit est trop mutilé pour qu'on puisse le lire, mais de ce qui est encore compréhensible on voit que ces lois étaient destinées à punir les fonctionnaires qui avaient détourné à leur profit les redevances des paysans* au roi. On voit que rien n'est changé sous le soleil et que l'État commençait d'abord par préserver ses droits. Dans le cas qui nous occupe, les punitions contre les prévaricateurs allaient de la bastonnade — cent coups de bâton, dont cinq particulièrement violents — à l'ablation du nez et à la relégation vers la frontière asiatique, à Zel.

Louqsor, nom de l'actuel village touristique qui s'appelait dans l'Antiquité **Ipet (ou Opet) reset, « le harem du sud », lié au temple d'Amon à Karnak, dont il était le sanctuaire du Nouvel An.**

Lors de la grande fête d'Opet*, vers la saison de l'inondation, Amon de Karnak venait en procession en visite au temple de Louqsor où elle passait quelques jours. Ce temple, qui fut en grande partie érigé par Aménophis III* et terminé par Ramsès II*, offre encore de belles ruines et il était précédé de deux obélisques*, dont l'un est connu de tous les gens qui traversent la place de la Concorde, où il a été transporté en 1836. Ces deux obélisques se trouvaient devant le pylône*, par lequel on pénètre dans la cour entourée d'un portique à double colonnade. Elle a été ajoutée par Ramsès II à l'ancien ensemble monumental. Ce dernier consistait dans le sanctuaire proprement dit, comportant le naos central entouré de nombreuses salles adjacentes et précédé d'une salle à six colonnes où l'on accédait depuis la grande salle hypostyle. Celle-ci s'ouvrait sur une grande cour, elle aussi entourée sur trois côtés d'un portique à double colonnade. Dans le même axe avait été bâtie une longue salle à triple nef d'où partait un dromos qui reliait ce temple à celui de Karnak. Cette salle fut achevée par Toutankhamon qui la fit décorer de reliefs*. C'est sur cette salle galerie que Ramsès II a enté sa grande cour, légèrement désaxée par rapport à l'ensemble des bâtiments. Quoique ses murs et une partie de ses colonnades soient assez bien conservés, le temple a perdu toutes ses antiques couvertures et il n'a pu être que partiellement dégagé (sur l'initiative de Maspero à partir de 1883), une mosquée ayant été bâtie sur sa partie est. C'est sur le pylône de 65 m de largeur, que Ramsès II a fait représenter une fois encore quelques-uns des épisodes de sa campagne syrienne terminée par la bataille de Kadesh*. L'obélisque laissé en place mesure plus de 25 m de hauteur avec une base carrée de 2,51 m de côté. Sur les murs de la galerie à trois nefs, longue de 52 m et large de 20 m sont figurées les scènes de la fête d'Opet. La longueur totale du complexe architectural est de 260 m. Construit sur un premier sanctuaire de la XIIe dynastie, ce temple présente une belle unité en comparaison de Karnak dont la construction s'est étendue sur plus de quinze siècles. On a retrouvé quelques-uns des béliers (en réalité, des sphinx à tête de bélier — criocéphales —) qui bordaient l'allée conduisant à Karnak.

Maât, incarnation de la justice figurée sous forme de femme au chef surmonté d'une plume qui représente son nom dans les hiéroglyphes*.

La théologie en a fait la fille du Soleil (Rê*), dieu à qui rien n'échappe et, qui plus est, père du pharaon*, dispensateur de la justice dans ce monde. C'est elle qui est offerte par le roi dans le culte* divin, c'est elle qui, sous forme de plume, pèse dans la balance, face au cœur lors du jugement* osirien. Sous l'Ancien Empire*, les juges prêtres* de Maât, comme le vizir*, de par ses fonctions judiciaires, est aussi son prêtre. Justice et vérité, Maât est aussi l'ordre universel, la loi par laquelle le monde subsiste dans l'harmonie, la force par laquelle la création de Rê, son père, ne retombe pas dans le chaos primordial.

magie. La magie possède en Égypte un caractère officiel et elle imprègne les manifestations de la vie quotidienne. Les dieux donnent l'exemple. Si Seth* est un redoutable magicien, les grands dieux magiciens restent cependant Thot* et Isis*. La création elle-même par le verbe de Ptah* est un acte magique ; la parole possède une puissance magique de création ; ainsi, par la récitation d'une formule, crée-t-on l'offrande* funéraire ; la connaissance du nom confère une puissance sur celui dont on connaît le nom : de là procède la puissance magique d'Isis. La religion est fortement mêlée de magie, et c'est par des rites magiques qu'elle parvient à son but, maintenir magiquement l'équilibre du monde.

La magie est aussi un moyen de protection des plus efficaces ; c'est par sa puissance propre qu'on chasse les maladies, et c'est la force magique enfermée dans les amulettes* qui protège aussi bien le mort que le vivant des dangers qui les menacent dans les mondes où ils vivent. Il suffisait de boire l'eau dans laquelle avait été dissoute l'encre d'une formule magique ou qui avait coulé sur une stèle représentant Horus* sur des crocodiles et entouré de serpents et de scorpions, pour être guéri de telle maladie ou pour être protégé contre les dangers présentés par ces animaux. Les Égyptiens ont aussi connu les philtres d'amour, l'envoûtement par des figurines piquées d'aiguilles et tout l'arsenal classique du magicien avec ses rituels et ses grimoires. Mais, en Égypte, le magicien n'était pas un homme redouté et qui opérait secrètement ; c'était le médecin ou le prêtre-lecteur, révéré de tous, et qui trouvait son modèle chez les dieux et chez le roi, qui était le plus grand des magiciens.

maison. Au néolithique* et pendant la période prédynastique*, les Égyptiens vivaient dans des huttes, qui furent à la fin de ces périodes remplacées par des cabanes en pisé. Aux époques historiques, les maisons égyptiennes ont notablement varié. Selon

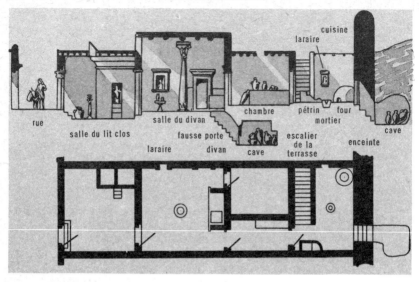

Plan et coupe d'une maison d'ouvriers de Deir el-Medineh.
D'après le Manuel d'archéologie *de J. Vandier.*

les époques, les régions et les classes de la société, plutôt que de donner une vue d'ensemble, il est préférable de fournir quelques exemples. La maison du pauvre n'a guère varié : cabane de terre, offrant une, deux ou trois pièces, où s'entasse toute une famille. Les maisons en terre des actuels fellahin pourraient donner une idée assez juste de ce que fut de tout temps l'habitation du paysan et du pauvre.

On connaît très mal les maisons de l'Ancien Empire*. Une seule a été découverte, à Saqqara* ; elle est en briques crues et comporte en entrée, sur laquelle s'ouvrent trois pièces : on pense qu'elle abritait un chef de chantier de la pyramide* de Djeser*. Les façades des demeures plus aisées nous sont connues par deux tombes-maisons de Gizeh*, où l'on peut voir qu'on accédait dans le corps du logis par une cour, au fond de laquelle s'ouvrait un portique.

Les maisons de la fin de l'Ancien Empire et du Moyen Empire* sont mieux connues par les maisons d'âmes*, les modèles* et les fouilles. Les maisons d'âmes révèlent que,

très souvent, les maisons étaient précédées d'un portique ; un étage apparaît à la Xe dynastie, qui semble avoir d'abord servi de magasin. Au Moyen Empire, la chambre est située soit au rez-de-chaussée, soit à l'étage. L'étage, pourvu de fenêtres, s'ouvre parfois sur un portique qui surplombe la colonnade d'entrée, et où les habitants devaient chercher la fraîcheur par les nuits d'été. Le modèle de Méketrê, datant de la XIe dynastie, montre le portique précédé d'une cour plantée d'arbres ; véritable domaine, la demeure possédait des annexes : boulangerie, brasserie, abattoir, menuiserie, ateliers de tissage et filature, greniers à provisions et écuries. L'intérieur des maisons de cette époque est connu par les fouilles de Kahoun (→ ville). On y trouve deux grands types de demeures : celles des ouvriers et des petites gens, qui comprennent en général trois pièces, mais pouvaient en comporter jusqu'à dix, avec des façades simples s'étirant entre 7 et 11 m ; celles des fonctionnaires et des nobles, qui comportaient jusqu'à 70 salles et galeries et s'étendaient sur des surfaces de 45 × 60 m. Par une demeure dont le plan a été bien conservé, on peut voir combien ces maisons étaient habillement aménagées, les appartements du maître, le harem réservé aux femmes et aux enfants, les communs, les cuisines et les chambres des domestiques étant isolés et distribués autour de cours à préaux, auxquelles on accédait par un jeu de couloirs qui tenaient du labyrinthe et qui justifie les chambres du portier situées à l'entrée et d'où le gardien devait diriger les visiteurs.

Les maisons du Nouvel Empire* sont mieux connues par les fouilles et les représentations figurées. Avec les riches habitations d'Amarna* on se trouve, comme à Kahoun, dans de très vastes demeures formant des ensembles carrés mesurant jusqu'à 70 m × 75 m. Des maisons comme celle du « chef des troupeaux de bœufs du temple d'Aton » évoquent les villas romaines, où les appartements des maîtres sont séparés des communs, où l'on trouve étables, écuries, greniers, offices, où l'on fabriquait tout le nécessaire à la vie de la communauté. La maison du vizir* Nakht est un véritable palais, avec ses salles à colonnades, ses vérandas, ses galeries, formant un ensemble de trente pièces.

Les maisons des artisans et des ouvriers nous sont connues grâce aux fouilles d'Amarna et de Deir et-Médineh*. Elles sont plus ou moins vastes, mais leur disposition ne varie que dans des détails ; nous décrirons ici une maison de Deir el-Médineh. De la rue, on pénètre dans une salle en contrebas, où l'on accède par quelques marches ; c'était la salle de réception, où l'on a trouvé un socle de brique de 0, 75 m de haut et de 1, 70 m × 0,80 m ; on y montait par quelques marches et on ne sait si c'était un banc ou un lit. La salle suivante est une chambre où se trouvait le divan ; son plafond est soutenu par une ou deux colonnettes en bois ; dans la paroi est creusée une niche, qui abritait sans doute un de ces torses qui semblent avoir symbolisé les ancêtres du propriétaire ; on trouve aussi des fausses portes aménagées dans le mur ; dans certaines maisons, un escalier part de cette pièce pour descendre dans une cave. Cette chambre du divan était la salle de séjour, le divan étant souvent fait de briques ; on y trouve parfois un autel ou un brasero

où l'on brûlait des parfums. On accède ensuite à la chambre à coucher et, de là, à la cuisine, d'où part l'escalier conduisant à la terrasse ; dans la cuisine se trouvent les provisions d'eau, le four à pain, le pétrin, et cette salle donne parfois accès à une cave, où l'on enfermait le grain. Toutes ces pièces se succèdent en enfilade. Les maisons des petites gens, ainsi que les grandes demeures d'Amarna, ne possédaient pas de harem, ce qui prouve que les époux partageaient la même chambre et vivaient en commun avec leurs enfants ; ces mœurs, qui diffèrent de celles des grands dans les autres périodes, sont dictées, chez les pauvres, par des nécessités économiques, et, chez les riches de l'époque amarnienne, par une recherche de l'identité familiale, dont Akhnaton* donnait l'exemple.

Il faut remarquer, en outre, que toutes les demeures aisées, dès le Moyen Empire et sans doute avant, possédaient leur salle de bains. Les maisons, et plus particulièrement dans les cités, possédaient parfois plusieurs étages, et dans le conte* de Satni, c'est à l'étage que Tbouboui a sa chambre. Les murs des salles étaient peints et ornés de motifs floraux ou géométriques.

maisons d'âmes, nom donné par les archéologues à des petits modèles de terre cuite, disposés sur les superstructures des tombées.

Les premiers, qui apparaissent à la VIe dynastie, sont des tables* d'offrandes en miniature. À la suite de perfectionnements, celles-ci s'augmentèrent de parapets, pour, finalement, prendre la forme de maisons, qui atteignirent leur achèvement au Moyen Empire*. Cependant, cette coutume tomba en désuétude à la fin de la XIIe dynastie. Elles présentent le plus haut intérêt pour la connaissance de l'architecture des maisons* pendant ces périodes.

maisons de vie. Aux grand temples* étaient attachés des centres de culture appelés « maisons de vie ». Ces institutions sont assez mal connues, mais il apparaît que c'est à ces centres qu'étaient attachés les scribes* qui copiaient les livres* funéraires vendus aux particuliers pour être placés dans leurs tombes. Des prêtres*, des savants, des professeurs semblent aussi avoir fait partie de ces collèges qui détenaient le savoir. C'est là que se sont élaborées les connaissances scientifiques des Égyptiens, c'est là que les prêtres conservaient les traditions religieuses, qu'ils approfondissaient inlassablement. C'est aussi sans doute des professeurs de ces maisons de vie qui distribuaient l'enseignement littéraire et sacerdotal aux enfants placés dans les écoles* des temples. L'histoire* et la littérature* nous ont aussi laissé des cas où les rois vont consulter les scribes des maisons de vie pour leur soumettre des questions de caractère religieux ou culturel. Les maisons de vie semblent ainsi avoir été des sortes d'Académies de la civilisation égyptienne.

malédictions. Les Égyptiens essayèrent de protéger leurs tombes par tous les moyens possibles : lourdes dalles de fermeture des portes, sépulture* cachée, gardiens de nécropoles* et enfin malédictions contre les violateurs. Dès l'Ancien Empire* on trouve des inscriptions où le mort en appelle au jugement du dieu grand (assimilé à Osiris*) et se propose de se venger lui-même sous la forme d'un oiseau de proie contre tout homme qui voudrait s'approprier sa tombe, qui détériorerait la sépulture, qui entrerait avec de mauvaises intentions ou sans se purifier, enfin qui effacerait le nom du défunt. Les souhaits contre le violateur sont fort variés, l'intervention d'animaux dangereux est requise, ou encore on le menace dans sa postérité, dans ses biens ; son nom sera détruit, son culte funéraire sera négligé, les offrandes ne sortiront pas au son de sa voix, il ne sera pas enseveli dans la montagne. Pour tout crime contre sa momie*, Senmout* réclame comme châtiment l'exclusion des fonctions publiques, une mort prématurée, la privation de sépulture ; cette inscription est d'autant plus intéressante qu'elle révèle que les Égyptiens savaient à quoi s'en tenir quant aux violateurs, qui n'étaient pas toujours des gens du peuple, mais aussi des fonctionnaires ; à moins qu'il n'ait songé à la vengeance posthume de Thoutmôsis III* contre Hatshepsout*, dont il fut lui aussi la victime. Sans doute ces malédictions sont liées à la croyance en la valeur magique des paroles et des écrits et à leur efficacité réelle ; il semble cependant que bien des

Égyptiens ne leur aient guère attaché d'importance quand on constate combien peu de tombes ont échappé aux voleurs (→ violation de tombes).

mammisi, mot copte*, qui signifie « lieu de naissance », donné par Champollion à de petits édifices élevés en avant des pylônes* à l'époque ptolémaïque*.

Les temples étant habités par une triade, lorsque la déesse-mère allait enfanter le petit dieu (le fils de la triade), elle était censée aller le faire dans le mammisi ; l'enfant divin semble avoir été assimilé au roi dont il prenait les traits, et chaque année des cérémonies répétaient les mystères de la naissance* divine. Par les mammisi les mieux conservés (Dendérah*, Edfou*, Philæ*), on voit qu'ils étaient entourés d'un péristyle, et à l'intérieur de la chapelle on représentait les scènes de la hiérogamie (mariage divin) et de la naissance du dieu-roi.

Mandulis. Dieu solaire de la basse Nubie*, il est représenté coiffé d'une couronne faite de deux cornes de bélier dominée par de hautes plumes, le disque solaire et des cobras. Son temple principal était à Kalabsha, mais il avait des chapelles en divers lieux, et en particulier à Philæ*.

Manéthon. Bien qu'ayant rédigé en grec les divers ouvrages qu'on lui attribue et plus particulièrement son *Histoire d'Égypte (Aegyptiaca)*, Manéthon était un prêtre* égyptien, sans doute versé dans la connaissance des hiéroglyphes* et des anciennes traditions mythologiques et historiques. Il vivait à Sebennytos*, dans le Delta*, au IIIe s. av. J.-C. ; et, selon les sources, il fut formé à Mendès* ou à Héliopolis*. De ses *Aegyptiaca*, il ne nous reste que des fragments conservés par des historiens ou des compilateurs d'époque plus récente, et en particulier Flavius Josèphe, historien juif qui vivait au Ier s. de notre ère... C'est à lui que nous devons la division en dynasties des souverains de l'Égypte, dont on a conservé une liste où les noms égyptiens transcrits en grec sont souvent difficilement identifiables. Cependant, c'est de lui qu'est venu l'usage, au reste contestable, d'appeler les Amenhotep, Aménophis*, les

Amenhemat, Amménémès*, les Sénousret, Sésostris*, etc. Si ses traditions historiques s'apparentent en général aux contes, ses listes dynastiques restent cependant une des bases de notre connaissance de la chronologie des dynasties égyptiennes. Par ailleurs, il est le seul auteur, avec le papyrus* de Turin, à nous donner des éléments « chronologiques » sur les dynasties préhistoriques que les Héliopolitains avaient divisées en Ennéades*.

mariage. « Si tu es sage, recommande Ptahhotep*, bâtis une maison et fonde un foyer. » Cela semble être le désir unanime des Égyptiens. La poésie* amoureuse nous montre toujours la femme* désireuse d'entrer chez son bien-aimé en maîtresse de sa maison, et, bien souvent, ces chants d'amour sont chantés par des époux heureux d'avoir uni leurs destinées. La liberté dont jouissaient les jeunes gens leur permettait de se connaître eux-mêmes et de trouver l'âme sœur sans l'intervention de leurs parents, qui se contentaient la plupart du temps d'accepter la décision de leurs enfants. Toutefois, aucune dépravation de mœurs ne résultait de cette liberté, et le sentiment amoureux et ses manifestations apparaissent en Égypte dans leur perfection.

Les cérémonies du mariage ne devaient pas avoir grande importance, car il ne nous en reste aucune relation et il ne semble pas que cet événement ait été consacré par une cérémonie religieuse ou par un acte officiel (S. Allam semble bien avoir mis en évidence l'aspect « non juridique » du mariage). On sait seulement que l'épousée se rendait chez son mari, avec une dot plus ou moins importante, et que le fiancé offrait généralement des cadeaux. Néanmoins, un conte d'époque ptolémaïque fait allusion à une cérémonie de mariage et une inscription de Ramsès II permet de penser que des noces sanctionnèrent son mariage avec une princesse hittite*. Mais il apparaît que ce sont là des cas pour le moins exceptionnels, sinon douteux. À l'époque grecque, la dot *(phernè)* était devenue une pratique généralisée, contractuelle sinon légalisée. Cette dot de la mariée consistait en biens divers, bijoux, mobilier, vêtement, parfois bétail, le tout étant évalué non en monnaie mais selon son poids de métal précieux. Cette dot, suivant les clauses des contrats, était remboursée par l'époux en cas de divorce à ses torts.

Les Égyptiens avaient des enfants* dans la plupart des cas, car il était honteux et considéré comme égoïste de n'en pas avoir. À basse époque, on dressait une sorte de contrat pour légaliser le mariage, et il est possible que cette pratique ait été plus ancienne. Les mariages consanguins étaient exceptionnels dans l'Égypte ancienne, sauf pour les Ptolémées*, où il était d'usage, non seulement pour le roi, mais aussi pour les particuliers, que le frère épousât sa sœur. Seuls quelques rois, aux époques anciennes, se marièrent avec leur sœur ou leur fille. De même, la polygamie n'existait pratiquement pas ; les rois pouvaient disposer d'un harem, peuplé parfois de plusieurs centaines de femmes, filles de rois voisins, nobles égyptiennes, mais ils n'avaient qu'une grande épouse royale, plus rarement deux. En ce qui concerne les particuliers, on ne peut citer que très peu de cas de bigamie officielle. Cependant, il n'était pas rare qu'à côté de leur épouse les hommes aient une ou plusieurs concubines, qui ne jouissaient, elles, d'aucun droit légal, pas plus que leurs enfants, si elles en avaient. Mais, en règle générale, l'« Égyptien moyen » n'a qu'une femme, et les textes nous le montrent mari attentionné et fidèle (→ divorce, enfant, famille, femme.)

marine. On connaît fort mal l'organisation de la marine de guerre égyptienne. Dès l'époque thinite*, les Égyptiens sont en rapports commerciaux avec les Phéniciens* de Byblos, mais ces relations pacifiques sont assurées par des vaisseaux de commerce. On connaît la flotte de Chéops*, placée sous les ordres de Mérib, mais il faut attendre le règne de Sahourê, deuxième roi de la Vᵉ dynastie, pour voir, sur les murs de son temple funéraire, à Abousir, la représentation d'une expédition navale en mer Rouge*. Sous la dynastie suivante, Ouni, dans une de ses campagnes contre les Bédouins du Sinaï*, utilise une flotte de débarquement, mais on ne sait pas si ces vaisseaux étaient équipés pour soutenir des combats sur mer. On reste dans la même ignorance pendant le Moyen Empire et il ne semble pas que les bateaux envoyés au pays de Pount* aient été des navires de guerre. Ce n'est que sous le Nouvel Empire qu'apparaissent sûrement les unités de combat ; celles-ci sont appelées *monshou*, en opposition avec les barques de plaisance, *ban*. Tout à fait à l'orée du Nouvel Empire, nous savons, grâce à l'autobiographie d'Ahmès, fils d'Abana, qui servit dans la marine sous Ahmôsis, qu'il y eut, sur le Nil, des combats contre les Hyksos*.

Thoutmôsis III* semble être le véritable organisateur de la marine égyptienne ; ses campagnes en Asie* l'obligeaient à posséder une flotte pour assurer la protection des côtes et pour transporter son armée ; l'année de la prise de Kadesh*, il débarqua avec ses troupes à Simyra, port phénicien le plus proche de Kadesh, et l'année suivante c'est encore à la tête de sa flotte qu'il reçoit la soumission des ports phéniciens. Il semble cependant que c'est Ramsès III* qui organisa les plus solidement sa marine, sans doute parce qu'il prévoyait les assauts de ces marins qu'étaient les Peuples* de la Mer. C'est d'ailleurs par les reliefs qu'il fit graver sur son temple de Médinet Habou* que nous assistons à un combat naval dans l'ancienne Égypte : la flotte égyptienne avait été massée à une bouche du Nil, formant un véritable rempart ; les vaisseaux ont cargué leurs voiles, archers et frondeurs ont pris place sur le pont et dans la gabie, tandis qu'en proue se tiennent les guerriers armés de massues et d'un bouclier ; les bateaux égyptiens ont leur proue ornée d'une tête de lion, tandis que ceux de leurs ennemis ont les deux extrémités redressées en col de cygne. Les Égyptiens épuisent leurs traits avant de passer à l'abordage contre leurs ennemis, seulement armés d'épées ; certains vaisseaux sont retournés, mais on voit fort bien que l'éperonnage est inconnu, bien que Maspero ait voulu voir des éperons de fer (!) dans les vaisseaux du Pount de la reine Hatshepsout. En fait, un combat naval ne se différencie aucunement d'un combat sur terre, et il faut attendre les Grecs pour voir naître une stratégie navale autonome. Les soldats de marine étaient, par ailleurs, appelés *ouêou*, comme les fantassins ordinaires ; les navires étaient commandés par un officier, peut-être sorti du rang, le « commandant de l'équipage des navires » ; on trouve aussi le titre de « supérieur des voiles de la flotte du pharaon », qui correspond à amiral. C'est cependant au vizir* qu'incombait l'entretien de la flotte, et c'est à lui que les officiers de marine venaient remettre leurs rapports. À l'époque saïte*, nous savons par Hérodote* que c'est aux Grecs que Néchao* confia le soin de lui créer une flotte de trières, qui furent sans doute commandées par des officiers grecs. Quant aux flottes des Ptolémées*, qui revêtirent une importance toute nouvelle dans l'histoire de l'Égypte, c'étaient des flottes entièrement conçues et dirigées par des Grecs, à la manière grecque.

mastaba, nom qui signifie banquette, donné par les Égyptiens modernes aux superstructures rectangulaires aux côtés obliques qui recouvraient les tombes de la région memphite.

Les Mastabas consistent en un conglomérat de cailloux et de sable, enfermé dans un coffrage de pierre, qui coiffe un ou plusieurs puits funéraires, au fond desquels sont déposés les morts. Dans les plus anciens mastabas, on plaçait du côté tourné vers le soleil levant une stèle* représentant une porte fermée (stèle fausse porte) où étaient inscrits le nom et les dignités du défunt ; devant était disposée la table* d'offrandes. Par la suite, on aménagea une salle d'offrandes à l'intérieur même du mastaba ; cette chapelle, qui s'agrandit peu à peu, reçut la stèle fausse porte dans sa paroi opposée à l'entrée, devant laquelle resta toujours la table d'offrandes ; on y aménagea aussi des niches et les parois furent revêtues de peintures et d'inscriptions. Le serdab* accueillit la statue funéraire.

Le nombre de pièces accessibles du mastaba se multiplia, au point de former souvent, vers la fin de l'Ancien Empire, un véritable dédale de couloirs et salles. Alors qu'au début de l'Ancien Empire, la pyramide* devint le type de la tombe royale, les mastabas restèrent les tombes que les grands obtenaient de la faveur royale. On ne les rencontre que dans la région de Memphis*, rangés autour des pyramides, formant des nécropoles* aux longues rues se coupant à angle droit. À la fin de l'Ancien Empire, on ne trouve plus que de grossiers mastabas qui révèlent le déclin de la monarchie centralisatrice ; les grands, libérés de la domination royale, se construisaient eux-mêmes leur tombe sur leur propre domaine. On retrouve le mastaba au Moyen Empire, toujours autour des pyramides royales ; au Nouvel Empire, il disparaît pour faire place à l'hypogée*.

matériaux de construction. Le bois, la terre et la pierre étaient les matériaux de construction communs. Le bois (→ **arbre**) était utilisé dès l'origine pour soutenir les légères huttes des gens du néolithique*. À l'époque thinite* on construisait encore de petits sanctuaires en bois. Il était couramment utilisé pour édifier les clôtures (au Moyen Empire*, des monuments funéraires possèdent des clôtures en bois) et pour les charpentes dans l'architecture domestique. Les colonnes* prédynastiques* en tronc de palmier furent très tôt remplacées par des éléments en pierre. La terre servait d'abord à faire le pisé, simple mélange de terre et de boue, auquel on ajoutait parfois de la paille hachée (torchis) ; avec ce matériau grossier étaient bâtis les demeures des paysans et des pauvres, les greniers à grains aux formes arrondies, limités des anciennes huttes, des murs de jardin et même des murailles d'enceinte, jusqu'à l'époque thinite. Des sanctuaires

primitifs, comme celui de Min*, étaient aussi construits en boue. L'argile servait à fabriquer la brique, que les Égyptiens utilisèrent, toujours crue, ce n'est qu'à l'époque saïte* qu'apparaît timidement la brique cuite, à Karnak*. Triturée avec de l'eau, l'argile était moulée en pains rectangulaires au soleil ; on y ajoutait parfois de la paille hachée. L'assemblage des briques s'effectuait avec un mortier composé de terre et d'eau qui durcissait en séchant. Selon les époques, la taille des briques a varié et elle permet parfois d'aider à la datation d'un monument. Utilisée dès la fin de l'époque prédynastique, la brique est restée le matériau le plus couramment employé pour la construction des maisons particulières, des palais*, des remparts. Dans les temples* et les tombes*, elle était utilisée pour la construction des cloisons. Les murs des maisons en terre étaient en général recouverts d'un enduit à base de terre qui servait surtout à égaliser la surface de la paroi. Employée pour la couverture, elle donna naissance à la voûte.

La pierre apparaît dans l'architecture funéraire (→ **sépulture**) à l'époque thinite assez timidement. Le calcaire, dont la vallée du Nil est si riche, fut le premier utilisé, mais bien vite les Égyptiens surent travailler pour l'éternité avec le grès et surtout le granit (→ **carrière**). C'est dans la construction des montants de portes, et

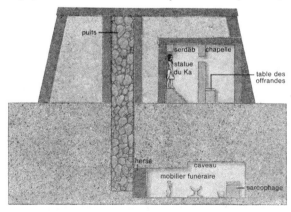

Coupe d'un mastaba (Ancien Empire)

cela pour des raisons d'ordre pratique, que les Égyptiens firent leurs premiers essais dans l'architecture* en pierre. La première porte de pierre remonte à l'époque de Kha-sékhemoui (fin de l'époque thinite*) où les montants de pierre sont utilisés dans un monument de briques, ce dernier matériau n'offrant pas suffisamment de solidité dans ses parties saillantes. La porte commune se compose de deux montants et d'un linteau en pierre, encastrés dans la maçonnerie. À la fin de la XVIIIᵉ dynastie apparaît le linteau brisé, dans lequel ne subsistent que les deux montants et les amorces du linteau qui est lui-même supprimé ; on le trouve dans des pavillons royaux (comme à Médi-net Habou*), mais aussi dans des entrées de riches villas (représentées sur des peintures de Tell el-Amarna) ; il est aussi utilisé dans la construction des portes disposées dans un entre-colonnement. Cette technique connut sa plus grande vogue à l'époque ptolémaïque.

Il ne nous reste parfois que les seules portes monumentales : un grand nombre de murs de brique ou de terre ont disparu.

Mais souvent on éleva sur ces derniers le même type de mur en pierre qui nous ont été conservés. Appelés murs en dos d'âne, ces murs de hauteurs variables (5 à 8 m), étaient larges à la base et allaient s'amenui-sant en offrant un fruit accentué sur la face externe ; la crête était arrondie, formant une courbe plus marquée du côté extérieur, ce type de mur, qui apparaît à l'Ancien Empire* resta en usage jusqu'à la fin du Moyen-Empire*. Un autre type est le mur « à redans », constitué d'une suite de pan-neaux dont l'un est en avancée et l'autre en retrait de manière à former un crénelage vertical. À Saqqara* où une enceinte de ce type clôt l'ensemble funéraire de Djeser*, le mur à redans atteignait sans doute une hau-teur de 10,48 m (20 coudées). Dans la construction de pierre, on utilisa très tôt un mortier de liaison à base d'un plâtre mat cuit mêlé de sable ; cependant, ce mortier servait surtout à combler les vides, la masse des pierres parfaitement lissées et l'enche-vêtrement des blocs aux angles assurant la parfaite stabilité de l'édifice.

mathématiques. Les mathématiques égyptiennes, que nous ne connaissons que

par quelques papyrus*, sont restées à un stade élémentaire qui s'explique du fait qu'elles ont toujours eu des fins pratiques et qu'on ne les utilisait que pour une appli-cation directe. Il s'agissait, pour un archi-tecte, de tracer un plan de maison* à l'échelle, de calculer les volumes d'une pierre cubique ou rectangulaire, d'un cy-lindre (colonne), d'une pyramide* ; l'arpen-teur devait savoir calculer une surface, qui pouvait être rectangulaire ou carrée le plus souvent, mais aussi triangulaire ; le scribe* devait pouvoir calculer quelle quantité de grains enfermés dans des paniers pouvait être contenue dans un grenier dont le vo-lume était connu, ou encore se livrer à quel-que calcul élémentaire pour procéder à la répartition des vivres tenant lieu de salaire ou pour évaluer une marchandise en poids d'or, d'argent ou de cuivre. Ainsi les Égyp-tiens connaissaient-ils les opérations élé-mentaires (addition, soustraction, multipli-cation et division), et encore, pour faire leurs divisions, effectuaient-ils une multi-plication inversée, agissant d'une manière tout empirique et ignorant la table de mul-tiplication ; leurs multiplications consti-tuaient une série de calcul où le multiple était toujours 2 ; ainsi, pour obtenir 8 x 8, on multipliait 8 par 2, le résultat par 2 et le nouveau résultat par 2, ce qui amenait à des calculs longs et compliqués lorsqu'il s'agis-sait de nombres moins simples. Les frac-tions étaient largement utilisées, le partage proportionnel étant un calcul nécessaire à la juste répartition des biens de consomma-tion. Par ailleurs, il semble que les Égyp-tiens aient approximativement calculé la valeur de « pi » (correspondant à 3, 16, ce qui est une bonne approximation). Avec le calcul des volumes (auquel on procédait se-lon une méthode compliquée et mala-droite), c'est la plus grande gloire de la ma-thématique égytienne

Maximes d'Any. Cet enseignement du scribe* Any à son fils date de la XVIIIᵉ dynastie ; le papyrus hiératique* (Chester Beatty) où il est conservé a été pu-blié par Gardiner. Dans ces maximes d'une sagesse parfois un peu simple on découvre cet amour de la famille si caractéristique des anciens Égyptiens et de grands élans de piété religieuse. « Prends une épouse tant que tu es jeune et instruis-la. Alors que tu es vigoureux, elle te donnera un fils par qui tu auras une descendance [...]. Vois, je t'enseigne les devoirs de celui qui fonde un foyer : cultive ton jardin, plante des courges dans ton champ. Soigne tes fleurs qui sont sous ton regard [...]. Donne à ta mère le double des pains qu'elle t'a donnés et porte-la comme elle t'a porté ; tu lui fus une charge pendant des mois jusqu'à ta naissance, puis elle te porta sur son dos et t'allaita pendant trois ans [...]. Garde-toi de la femme du dehors qu'on ne connaît pas dans la ville [...], elle est comme une eau profonde dont on ne connaît pas les détours [...]. (Envers les dieux) ne perds pas ton temps en vaines paroles, le silence est préférable. Dieu a les cris en horreur. Prie avec un cœur rempli d'amour, sans discourir ; Dieu écoutera ta prière et recevra ton offrande. »

Médamoud. La Madou des anciens Égyptiens a conservé une partie de la forme de son nom dans l'arabe Médamoud, ou, plus exactement, Nag al-Madamoud. Située à une huitaine de kilomètres au nord de Louqsor*, elle était un centre du culte de Montou*. Ce dernier y avait un petit temple dès l'Ancien Empire*, remplacé par un monument plus important au Moyen Empire*. Des nombreux monuments anciens dus aux rois du Moyen Empire, de la deuxième Période Intermédiaire* et du Nouvel Empire, il ne subsiste que des inscriptions. Ne restent que les ruines du temple consacré à Montou, Harpocrate* et Raït-Taoui qui date de l'époque grecque et romaine et celles d'un second petit temple dédié au taureau sacré de Montou. La porte du mur d'enceinte en brique date du règne de Tibère et les kiosques constituant la façade du temple de Montou ont été bâtis sous Ptolémée Aulète, au 1er s. av. J.-C.. La salle hypostyle extérieure date de Ptolémée VIII.

médecine. Nous savons par le papyrus médical Ebers qu'il existait trois espèces de praticiens : le *sinou* (ou *saounou*), qui est le médecin pratiquant d'après les livres et a une connaissance empirique de son sujet ; les prêtres* *(ouabou)* de Sekhmet*, qui, sous l'inspiration de la déesse, emploient une

médecine de caractère religieux ; les magiciens, sorciers ou rebouteux *(saou)*, qui utilisent des procédés magiques pour guérir les malades. On voit par là l'évolution des conceptions médicales. Pour les Égyptiens, comme pour tous les peuples de mentalité archaïque, la maladie a toujours un caractère surnaturel. C'est un démon (esprit ou âme d'un mort), qui s'est emparé du corps, à moins qu'elle ne soit un des effets de la colère de Sekhmet. On comprend alors qu'à l'origine ce soit par des formules magiques ou des incantations religieuses qu'on ait tenté de parer au mal ; le côté rationnel de la médecine ne s'est dégagé que lentement, l'expérience montrant l'efficacité de certains remèdes.

Dès l'Ancien Empire* on trouve des médecins à la cour ; les rois avaient leur médecin chef, qui pouvait prendre, en outre, le titre de « directeur général des médecins de la Haute et de la Basse-Égypte. Ces médecins étaient sont souvent aussi prêtres et, en tant que scribes* et savants, ils vénéraient plus particulièrement Thot*. Hérodote* nous apprend que « chaque médecin soigne une seule espèce de maladie [...]. Ils se trouvent en nombre en tout lieu, s'occupant, les uns des yeux, d'autres de la tête, d'autres encore des dents, du ventre, des maux internes ». Cette spécialisation remonte à une haute époque et s'explique dans un pays où l'on souffre plus particulièrement des yeux (cataracte, trachome, héméralopie), de la vessie (hématurie parasitaire appelée bilharziose), de l'intestin (dysenterie). Il semble qu'il existait des écoles*, sans doute rattachées aux temples*, où la médecine était enseignée, et le rédacteur du papyrus Ebers se fait une gloire d'être sorti d'Héliopolis*, en compagnie des princes de la Grande Maison, et de Saïs*, « afin de chasser » les maladies. Les médecins s'aidaient d'ouvrages qui leur indiquaient la manière de diagnostiquer et proposaient en même temps les remèdes à ordonner. « Si tu trouves une personne qui a des enflures à la nuque et qui a des douleurs aux deux muscles de la nuque, et qui a des maux de tête, et dont la colonne vertébrale est raide, en ce cas dis : il a des enflures de la nuque ». Les remèdes étaient préparés par le médecin et sa tâche n'était alors pas toujours simple ; après avoir décrit les symptômes du mal d'estomac et indiqué la recette du médicament, le maître qui a rédigé l'ouvrage précise que le praticien doit chaque jour se lever de bonne heure pour aller examiner ce qui sort de l'anus de son client; et ce n'est que si « ce qu'il évacue ressemble à des noyaux noirs » que le médecin pourra dire « cette inflammation est évacuée ».

Dans ces traités, on voit que des maîtres ont marqué leurs appréciations en marge, où l'on peut lire « bon », « très bon » ou « mauvais ». Sans doute, les médecins ne devaient pas diagnostiquer un livre à la main; on voit dans un conte* la femme de Satmi qui imite le médecin auprès de son époux malade; elle passe sa main sous ses vêtements et déclare : « Mon frère Satmi, nulle fièvre dans la poitrine, membres souples. Maladie : cœur triste. » Les aides-mémoire devaient aussi être particulièrement précieux dans la chirurgie. On possède ainsi un traité où sont exposés quarante-huit cas concernant les lésions et les plaies, depuis la tête jusqu'à la colonne vertébrale (papyrus Edwin Smith, dont il manque la fin); on voit que dans certains cas on utilisait les bandages serrés et les massages dans les luxations ou les fractures.

En chirurgie dentaire, les Égyptiens connaissaient encore le « plombage », qui s'effectuait à l'aide d'un ciment minéral. Cependant, on se rend compte par ces traités que les connaissances anatomiques restaient très élémentaires; par exemple, ils ignoraient la fonction des reins et faisaient partir du cœur toutes les « humeurs », aussi bien le sang que l'urine, les larmes, le sperme, véhiculés par une multitude de vaisseaux qui partiraient de cet organe.

On ne sait rien de la condition des médecins. Ceux qui étaient prêtres devaient sans doute pratiquer dans les temples, et de leur compétence ressortissaient les « sanatoria » attachés au culte d'hommes déifiés comme Imhotep* ou Amenhotep*. Les médecins de la cour* occupaient sans doute une fonction enviée qui leur permettait d'approcher le roi et de se voir comblés d'honneurs par leur patient; pour les autres, on peut penser qu'ils s'installaient à leur compte dans les villes, où, une fois leurs impôts payés, ils pouvaient à leur guise pratiquer leur art (→ magie.)

Médinet Habou. C'est sur ce site, au sud de Thèbes*, sur la rive gauche du Nil (du côté de la nécropole*) que se trouvait la butte de Djémé, où se manifesta initialement Amon* et où vinrent mourir les dieux de l'Ogdoade* hermopolitaine, encore adorés en ce lieu à l'époque ptolémaïque*. Une partie de Thèbes s'est étendue sur cette rive où les fouilles américaines ont rendu des quartiers et trois palais superposés. Cependant, le site reste intéressant pour le temple funéraire que s'y fit construire Ramsès III* et qui est l'un des plus remarquables monuments de ce genre. Le temple lui-même est enclos dans une enceinte pourvue d'une entrée monumentale, qu'on a longtemps cru être une sorte de petit palais et qu'on a surnommé pour cette raison le « pavillon », que Ramsès III éleva sur le modèle des forteresses (migdol) cananéennes. L'enceinte a enfermé un premier petit temple dont la construction remonte à Aménophis Ier, mais qui fut poursuivie et étendue par Thoutmôsis Ier son successeur.

Le pavillon de Ramsès III était entouré de constructions en briques qui ont disparu et constituaient une résidence royale. Il reste encore quelques représentations du roi dans son harem, parmi ses concubines, qui nous montrent qu'aussi bien le pharaon que ses femmes y vivaient dépouillés de tout vêtement. Le temple funéraire est le monument de ce type le mieux conservé de la vallée du Nil. C'est un monument colossal, reflet de la puissance de ce pharaon et de la richesse de l'Égypte sous son règne. Le pylône*, de 63 m de large sur une hauteur de 22 m, donne accès à une vaste cour bordée sur ses deux côtés de portiques, constitués au nord-est par des piliers osiriaques représentant le pharaon, et au sud-ouest par huit colonnes* à chapiteaux campaniformes. Un second pylône, de 16 m de haut, donne accès à une seconde cour à portiques.

Le reste du sanctuaire est très ruiné, mais il subsiste des tambours des colonnes de la salle hypostyle et de nombreux éléments architecturaux. Les murs du temple, aussi bien intérieurs qu'extérieurs, sont couverts de représentations du roi, soit à la chasse, soit lors des victoires qu'il a remportées au cours des guerres contre les Peuples de la Mer*.

C'est derrière les murailles de briques de ce temple que la vie de Thèbes (côté rive gauche) se concentra à basse époque et où les adoratrices d'Amon eurent leur chapelle funéraire. Chabaka, Nectanébo, les Ptolémées* y ont ajouté divers monuments, portes, pylônes et cours.

Meidoum, site de la rive gauche du Nil, vers l'entrée du Fayoum*, intéressant pour sa nécropole* de la IVe dynastie.

Autour d'une pyramide* attribuée à Snéfrou* s'étend un grand nombre de mastabas* appartenant à des fonctionnaires de ce souverain. La pyramide marque une étape entre la pyramide à degrés de Saqqara* et la véritable pyramide. Il apparaît qu'on a d'abord élevé une pyramide de sept degrés ; par la suite, les degrés furent rehaussés, tandis qu'un huitième gradin terminal était ajouté, et l'ensemble fut revêtu de calcaire de Toura. Enfin, dans un projet définitif, on supprima les inégalités entre les gradins avec des débris et on couvrit les côtés d'un revêtement lisse, qui se terminait sans doute en pointe de manière à obtenir une véritable pyramide. L'état de détérioration du monument fait qu'il se présente comme une pyramide à trois degrés irréguliers. L'ensemble funéraire était constitué par la pyramide accolée à une plus petite pyramide enfermée dans une enceinte carrée, à laquelle on accédait par une longue chaussée à ciel ouvert qui partait d'un temple d'accueil ; le temple funéraire était situé devant la pyramide.

Memnon. Ce personnage homérique qui, dans l'*Iliade*, apparaît comme le roi des Éthiopiens, fils de l'Aurore, est devenu thébain par les jeux de l'imagination grecque. Du temple funéraire* qu'Aménophis III* se fit construire à l'occident de Thèbes*, il n'est plus resté que deux statue colossales du roi (statues monolithiques de 15 m de haut) dressées à l'entrée du monument. Le souverain, assis sur son trône, regarde vers le Nil. Ce temple, qui était sans doute gigantesque, avait été érigé par Amenhotep* fils d'Hapou. Il avait servi de carrière dès l'Antiquité pharaonique et il était déjà rasé à l'époque grecque. Un tremblement de terre, survenu en 27 av. J.-C., avait abattu

ce qui en subsistait. Des deux colosses il avait détruit la partie supérieure. Ce monument était devenu l'objet d'un phénomène, constaté par ailleurs en Égypte, selon lequel, du fait de la différence de température, la statue émettait, au moment du lever du soleil, un son qui, selon Strabon* qui le vit peu après le séisme, était analogue à un petit coup sec. Notre géographe, qui l'entendit, s'est interrogé pour savoir si le bruit venait de la base de la statue ou de la statue elle-même ; et il a supposé qu'il aurait pu être produit par l'une des personnes qui se trouvaient auprès du socle. Les Grecs virent dans ce colosse la représentation de Memnon, fils de l'Aurore et roi des Éthiopiens, tué par Achille lors de la guerre de Troie, qui saluait sa mère l'Aurore à son lever. Sous l'empereur romain Septime Sévère, à la fin du IIe s. de notre ère, la statue fut restaurée et cessa alors d'émettre un bruit, mais les deux géants de pierre restèrent désormais les colosses de Memnon.

Memphis. À la pointe sud du Delta*, à la charnière de la Basse et de la Haute-Égypte, les premiers rois thinites* firent élever une forteresse qui fut appelée « le mur blanc » *(Ineb hedj)* ; Hérodote* et Manéthon* attribuent à Ménès* la construction de cette place forte, dont certains font à Adjib (5e ou 6e roi de la Ire dynastie thinite) l'honneur de l'érection. Dans les environs se trouvaient les sanctuaires de Ptah* (appelé *Het-ka-Ptah* → **Égypte**) et de Sokaris* qui deviendra le seigneur de la nécropole* de Memphis lorsqu'on aura établi sur le territoire de sa juridiction la nécropole de la IIIe dynastie, qui conservera son nom jusqu'à notre époque sous la forme de Saqqara* (ou Sakkara). Les unificateurs de l'Égypte avaient compris l'intérêt stratégique de ce point où les deux États rivaux trouvaient leur équilibre. « Horus et Seth* sont en paix », dit l'hymne à Horus de l'époque de Shabaka (→ **nubienne**). « Ils sont unis, ces deux frères et ils ne se combattent plus. Ils sont dans Het-ka-Ptah, la balance des deux terres, à l'endroit où les deux pays se trouvent en équilibre. »

On a pensé que c'est sur le plateau voisin que les premiers rois thinites ont été ensevelis. La chose est certaine pour les trois premiers rois de la IIe dynastie, qui devaient avoir leur capitale dans les environs. Ce fut ensuite la règle à partir de Djeser*, de qui date la période dite « memphite » et l'Ancien Empire. Ce sont les rois de la VIe dynastie qui établirent leurs pyramides — et partant leur capitale — le plus près du mur blanc, et c'est de la pyramide de Pépi Ier que le bourg bâti alentour prit le nom de Men Nefer (« stable est la beauté ») qui fut donné à l'ensemble de toutes les agglomérations, et dont les Grecs ont fait Memphis.

Le nom de la forteresse du Mur Blanc qui dominait Memphis fut conservé au nome* dont la cité devint la capitale aux époques ultérieures, et la forteresse elle-même continua d'exister à basse époque, les Perses y tenant une garnison aux ordres du gouverneur (satrape). Même lorsque Thèbes fut devenue la capitale officielle de l'Empire, Memphis continua de grandir, restant la ville la plus importante de l'Égypte, dans laquelle les rois possédaient toujours un palais et un harem. Au Nouvel Empire, résidence du vizir* de Basse-Égypte, elle resta l'arsenal de l'Égypte, la place où l'on fabriquait le matériel de guerre et où l'on armait les vaisseaux de guerre, la plaque tournante de l'Égypte et le plus important centre de trafic. Dès la XVIIIe dynastie on y trouve un sanctuaire consacré aux divinités sémitiques Baal et Ashtarté, qui révèle l'importance de l'élément syro-phénicien dès ce temps, et, à basse époque, des « rues » concédées aux négociants étrangers : Phéniciens, Grecs, Cariens... Sous les Ptolémées* elle n'avait encore rien perdu de sa richesse, bien que commençât son déclin en suite de la concurrence d'Alexandrie*. Mais elle restait la capitale religieuse de l'Égypte.

De cette opulence, il ne reste, en fait, plus que les nécropoles voisines des dynasties memphites et les pyramides de quelques rois du Moyen Empire. Une grande partie des pierres ayant servi à construire les monuments de la ville et en particulier le grand temple de Ptah, a été utilisée pour construire Le Caire, le reste a été enseveli sous les limons du Nil. Les fouilles ont rendu un petit secteur de l'immense cité, près du village moderne de Mit Rahinèh, dont les témoins sont avant tout une statue colossale de Ramsès II* et un grand sphinx* en pierre.

Mendès, ville située vers l'est du Delta, datant de l'époque prédynastique*.

Ce n'est cependant que sous la IVe dynastie que son nom est pour la première fois mentionné. Par son nom égyptien *Djedet*, on voit que c'était, comme Busiris *(Djédou)*, une ville du pilier Djed*, consacré à Osiris* et symbole solaire. On y adorait Bandebdjed, divinité incarnée sous la forme d'un bélier (Hérodote nous parle à tort d'un bouc), et identifiée à Osiris ; c'est là que, selon la légende théologique, Rê* et Osiris auraient uni leurs *Ka* en une seule âme incarnée dans le bélier. Selon Manéthon*, c'est à la IIe dynastie que remonterait le culte du bélier.

Capitale du XVIe nome de Basse-Égypte, elle prit une certaine importance à partir de la VIe dynastie. Les fouilles ont rendu des tombes et des mastabas* de l'Ancien Empire* et des bases de maisons en briques de la première période intermédiaire*.

Mais ce n'est réellement qu'à basse époque qu'elle joua un rôle, lorsqu'un dynaste de cette ville, Néphéritès Ier (398-392 av. J.-C.) fonda la XXIXe dynastie. Il eut pour successeur Achoris (392-380), et la dynastie se termina avec Psammouthis et Néphéritès II, qui régnèrent en tout deux ans. Ils luttèrent contre les Perses, s'alliant aux Spartiates, puis à Évagoras, roi de Chypre, qu'ils ne purent soutenir efficacement. Nectanebo*, de Sebennytos, mit fin à la dynastie.

Les fouilles ont porté sur les deux grands tells, voisins de l'actuel village des Simbellaouein. Tell Roba recouvre l'ancienne ville pharaonique dont le monument principal subsistant est l'enceinte d'un temple datant d'Amasis* (VIe s. av. J.-C.), mais construit sur un monument plus ancien comme en témoignent des blocs de la XIXe dynastie. Il ne reste plus du temple qu'un beau naos en pierre portant le cartouche d'Amasis. Au nord-ouest de l'enceinte du tell Roba se trouvait la nécropole des béliers sacrés ensevelis dans des sarcophages.

Le tell Tmai a conservé le nom ancien de Thmuis, la cité grecque bâtie à côté de la ville ancienne. On y a recueilli de nombreuses poteries, mais les demeures et monuments, en briques, ne forment plus que des ruines informes.

Ménès, forme grecque de Ménéi, unificateur de l'Égypte et fondateur de la Iʳᵉ dynastie selon la tradition.

Les Grecs en ont fait une sorte de démiurge, premier législateur ayant apporté aux hommes divers agréments de la civilisation. Son nom *men* est peut-être inscrit sur une tablette d'Aha*, mais il semblerait plutôt que ce terme désigne le pavillon du Sed*. Comme, d'après les monuments, on a pour les noms des unificateurs de l'Égypte Aha et Narmer*, on a pu broder de nombreuses hypothèses autour de ces trois noms. De ces constructions fragiles, il reste trois solutions possibles : ou bien Ménès est une figure mythique, ou, s'il a existé, il est l'Horus Aha, ce qui semble controuvé par les annales* de Palerme, ou enfin il est l'Horus Narmer, hypothèse la plus acceptable.

Mentouhotep. Les personnalités et l'ordre de succession des Mentouhotep ont posé aux égyptologues un certain nombre de problèmes qui semblent avoir été résolus. L'onomastique a donné cinq noms de Mentouhotep qui ont fait penser qu'il avait existé cinq rois de ce nom ; on n'en reconnaît plus que quatre et l'ordre de succession des deux derniers reste encore douteux. Le premier du nom, l'Horus Tepya (« l'Ancêtre »), est le fondateur de la XIᵉ dynastie. Il était le successeur du nomarque de Thèbes, un Antef* (ou Inyotef). On trouve son nom sur la liste de Karnak* et sur une statue de son plus jeune fils, Antef II. Antef Iᵉʳ lui succéda, qui est aussi considéré comme le fondateur de la dynastie, dans la mesure où il semble que ce soit lui qui ait réuni plusieurs nomes autour de sa capitale, Thèbes.

Nebhpetrê Mentouhotep II fut le plus grand des Mentouhotep. Monté sur le trône en 2060, il a connu un règne d'un demi-siècle. Il détruisit définitivement le royaume héracléopolitain (→ **périodes intermédiaires**), refaisant ainsi l'unité de l'Égypte ; c'est donc de son règne qu'on peut légitimement faire débuter le Moyen Empire*. À l'extérieur, il effectua des campagnes en Nubie, contre les Libyens et contre les Bédouins* du Sinaï*, afin de pacifier les régions frontalières de l'empire. Les campagnes nubiennes furent complétées

lors des douze dernières années de son règne par des expéditions conduites par ses officiers, Achthoès et Mery-Teti. Ce dernier vainquit les Ouaouat qui disposaient d'une flotte sur le Nil. Les expéditions ne dépassèrent cependant pas la seconde cataracte. À l'intérieur, Mentouhotep s'attacha à parachever l'œuvre d'unification en assurant son pouvoir par la suppression de l'hérédité de la charge de nomarque et en centralisant le pouvoir. La route de l'ouadi Hammamat, qui conduisait aux ports d'embarquement pour le pays de Pount*, fut ouverte à nouveau en plusieurs expéditions militaires. Mentouhotep éleva de nombreux sanctuaires en Haute-Égypte et se fit construire un temple funéraire à Deir-el-Bahari*.

Seankhtouyef Mentouhotep III avait déjà un certain âge lorsqu'il succéda à son père. Il héritait d'un royaume pacifié et régna en paix une douzaine d'années. Grand constructeur, il se consacra à l'édification ou à la réfection de nombreux temples, comme en témoignent les reliefs de dédicaces qu'on rencontre en Haute-Égypte, entre Abydos* et Éléphantine*. Sous son règne, le chancelier Henou conduisit lui-même une expédition dans l'ouadi Hammamat pour préparer une navigation* vers le Pount*, et c'est sans doute à cette époque que fut fondé le port Sâou, d'où partirent les expéditions vers le Pount sous la XIIᵉ dynastie. Le papyrus de Turin* fait de ce roi le dernier de la XIᵉ dynastie. Néanmoins, un laps de temps de sept ans sépare sa mort du début de la XIIᵉ dynastie. Dans cet espace se situe le règne de l'Horus Nebtaouy, Mentouhotep IV. Du fait que son nom ne se rencontre pas dans le canon royal de Turin, on a supposé qu'il était un usurpateur. On pense maintenant qu'il a été plutôt le fils de Mentouhotep III, sa mère Imi, connue par ailleurs, ayant été une dame du harem royal. Des inscriptions vers les mines d'améthystes de l'ouadi el-Hûdi, au sud-est d'Assouan*, et dans les carrières de pierre de l'ouadi Hammamat, attestent que lors de ses deux premières années de règne eurent lieu des expéditions dans ces régions. L'expédition du ouadi Hammamat fut dirigée par le vizir et gouverneur de la Haute-Égypte, Amménémès*. Il semble bien que ce soit ce puissant personnage qui a finalement usurpé le trône et fondé la XIIe dynastie.

Mérikarê (Enseignements pour...).

Rédigés à l'époque thébaine, ces Enseignements* nous sont connus par un papyrus hiératique de Saint-Pétersbourg, publié par Golénischeff. Ils mettent en scène Mérikarê, encore prince et son père Achthoès (Khéti III), roi de la Xe dynastie héracléopolitaine (→ **périodes intermédiaires**). Le roi enseigne à son fils le métier de roi « qui reste une bonne fonction ». Après avoir décrit la crise sociale qui suivit la révolution de la fin de l'Ancien Empire*, le souverain expose comment le roi doit agir pour rétablir l'ordre et rendre son lustre à la monarchie. « L'homme violent jette le désordre dans la cité et crée des partis chez les jeunes gens. Le pays est divisé [...], ce qui était entre les mains d'un seul est partagé entre dix [...]. Si tu découvres qu'un gouverneur de la ville a violé la loi [...], (si tu rencontres) un fauteur de désordre, supprime-le [...], détruis sa race [...] et ses partisans [...]. Dieu a créé les chefs pour qu'ils soient les protecteurs des faibles [...]. Sois un artiste en discours afin d'être puissant, car la langue est une épée et la parole est plus efficace que le combat. L'homme intelligent ne peut être surpris et un roi sage est un modèle pour ses grands [...]. Honore les grands et protège ton peuple. Un homme qui peut dire : « Je voudrais posséder » ne peut être juste ; il se tourne vers celui qu'il aime, il est soumis à celui qui le nourrit [...]. Exalte celui qui est entouré de nombreux nobles [...] (mais) ne fais pas de distinction entre le fils d'un riche et celui d'un pauvre [...], choisis pour te servir des hommes qui soient capables [...]. L'éternité est le destin de l'homme, celui qui parvient (dans l'autre monde) sans avoir péché vivra comme un dieu, mais le complaisant est anéanti [...] et nulle magie ne peut le sauver. »

mérimdien.

Le nom de cette culture néolithique* vient du site de Mérimdé-Béni-Salamé, situé à une cinquantaine de kilomètres à l'ouest du Caire, où l'on trouve un village composé de huttes et de greniers.

Meskhnet,

déesse présidant à l'accouchement, représentée sous la forme d'une brique terminée par une tête de femme.

Il semblerait qu'elle symbolisait les briques sur lesquelles s'accroupissaient les femmes pour accoucher. Un hymne d'époque tardive, provenant d'Esneh*, évoque quatre Meskhnets aux côtés de Khnoum*, chargées de repousser les démons dans les incantations.

mesures → poids et mesures.

métal.

Comme la métallurgie, c'est sans doute d'Asie* que les métaux sont parvenus en Égypte. Le plus ancien métal connu dans la vallée du Nil est le cuivre, qui fait son apparition au badarien*, période à la charnière du néolithique* et du prédynastique*, à la fin du Ve millénaire av. J.-C..

Cependant, ce n'est qu'au début de la période thinite* que l'usage de ce métal se répandit largement ; on l'utilisa alors pour la fabrication des outils et des instruments, et on en fit des statues en martelant le métal et des feuilles pour revêtir les murailles des temples. Jusqu'au Nouvel Empire*, les armes seront en cuivre, alors que les peuples d'Asie et de l'Égée utilisaient le bronze depuis plus d'un millénaire. Ce retard vient de la pauvreté de l'Égypte en minerais. Le cuivre indigène venait des mines* du Sinaï, mais c'est surtout de Chypre que les Égyptiens importaient leur cuivre. S'ils n'utilisèrent largement le bronze qu'à partir du Nouvel Empire, les Égyptiens le connurent dès le Moyen Empire. Il semble qu'ils aient souvent acheté aux Asiatiques les lingots de bronze tout préparés, mais ils ont dû aussi importer de l'étain (on ne sait d'où) pour procéder eux-mêmes au mélange avec le cuivre. Ils connaissaient plusieurs sortes de bronze, bronze noir, bronze de six (qui représente sans doute une proportion dans le mélange cuivre-étain), qui remplacèrent au Nouvel Empire le cuivre dans la production courante.

L'argent et l'or apparaissent en perles à l'amratien* (IVe millénaire). Jusqu'au Nouvel Empire, l'argent fut considéré comme plus précieux, étant plus rare que l'or ; les Égyptiens l'appelaient le « blanc » et y voyaient une variété de l'or ; l'argent fut utilisé dans l'orfèvrerie pour l'incrustation des meubles précieux ; devenu plus courant au début de la Basse-Époque, les rois tanites* se firent ensevelir dans des cercueils d'argent. Les Égyptiens achetaient aux Syriens ce métal, qui provenait sans doute d'Asie Mineure. En revanche, le territoire du pays étaient riche en or ; il provenait des mines de Nubie* ou du désert à l'est et au sud-est de Coptos*, mais les rois d'Égypte étaient si avides de ce métal qu'ils en réclamaient comme tribut à leurs vassaux asiatiques, et ils en ramenaient de leurs expéditions en mer Rouge*. Les orfèvres égyptiens connaissaient ainsi une grande variété d'ors, de Coptos, de Nubie, d'Asie, bon or, de première, deuxième ou troisième qualité.

L'or possédait un haut sens mystique. Il est le corps des dieux, Hathor est « la Dorée », le roi est l'Horus d'or ; il est le métal incorruptible, symbole de la survie et d'immortalité. À ses soldats méritants, le pharaon distribuait des mouches d'or et il donnait des colliers d'or aux fonctionnaires qu'il voulait récompenser. L'or était utilisé dans la fabrication des bijoux*, mais on le martelait encore en fines feuilles pour en revêtir les pointes des obélisques*, les meubles, les sarcophages, ou pour modeler les masques mortuaires des momies*. Les Égyptiens connaissaient aussi l'alliage d'or et d'argent appelé électron par les Grecs.

On a trouvé des lingots de fer météoritique dans certaines tombes de l'Ancien Empire ; au Nouvel Empire, ce métal fut mieux connu, mais guère plus utilisé que par les autres peuples d'Asie. Au reste, même à basse époque, alors que l'usage du fer était commun chez tous les peuples voisins, les Égyptiens continuaient d'utiliser le bronze, même dans leur armement. Ils connaissaient aussi le plomb, qu'ils n'ont que fort peu employé, en général dans l'architecture.

métallurgie. Bien que l'Égypte ait été en retard, dans ce domaine, sur ses voisins asiatiques, les ouvriers égyptiens se sont montrés fort habiles et nous avons conservé de nombreux exemplaires de leur industrie : armes, outils, statues, objets d'usage courant (parures, miroirs, instruments de toilette*) ; par les représentations

nous savons qu'ils coulaient aussi des portes de bronze pour les temples ; ainsi la tombe de Rekhmirê* nous montre la confection d'un battant de porte pour le temple d'Amon-Rê. On voit trois hommes sous la conduite d'un scribe*, fonctionnaire chargé de contrôler les entrées du métal, amener les lingots de métal dans des paniers ; au fond de la forge, un feu vif est entretenu à l'aide de deux paires de soufflets maniés par deux hommes qui se tiennent debout sur les peaux des soufflets ; le métal est fondu dans un creuset dont se saisissent deux forgerons à l'aide de longues pinces, et il est versé dans le long moule de la porte, à l'aide de petits entonnoirs qui conduisent le métal en fusion dans le moule et le répartissent sur toute son étendue.

Une représentation de l'Ancien Empire* nous fait encore pénétrer dans une forge où l'on fabriquait des vases et des objets de petite taille. On voit aussi l'enregistrement par un scribe du métal distribué qui est pesé ; le soufflet était encore inconnu et pour attiser le feu, les ouvriers soufflent dans des chalumeaux, en quoi certains égyptologues avaient cru reconnaître le travail du soufflage du verre, technique que les Égyptiens ont ignorée. Les fourneaux étaient alimentés au feu de bois, et ce n'est sans doute pas sans mal qu'on parvenait à fondre le métal ; ce dernier était ensuite martelé sur une sorte d'enclume plate en pierre. Dans les mêmes ateliers, on assiste au martelage à froid et au ciselage de l'objet, qui a pris sa forme essentielle. Les Égyptiens étaient d'ailleurs d'admirables ciseleurs, comme on peut le voir à travers les innombrables bijoux* exposés dans nos musées.

Et cependant, bien que certain orfèvres aient été tenus en haute estime par les rois, les métallurgistes ne connaissaient pas un sort très envié. « Jamais je n'ai vu d'ouvrier en métaux envoyé en ambassade, ni d'orfèvre chargé de quelque mission. J'ai vu le forgeron à son travail, devant la gueule de son fourneau : il avait les doigts comme la peau du crocodile et il puait plus que le frai de poisson ».

Ce tableau que nous dresse l'auteur de la *Satire des métiers** n'est pas très avantageux ; cependant, les orfèvres et les forgerons, qui travaillaient en famille et se transmettaient les secrets de leur art de père en fils, paraissent avoir été fiers de leur talent, si l'on en croit les inscriptions trouvées dans quelques-unes de leurs tombes.

Min, dieu de Coptos* et de Panopolis (Apou, capitale du IXe nome de Haute-Égypte) et protecteur des pistes du désert oriental.

Il était représenté sous la forme d'un homme coiffé de la calotte plate à hautes plumes, que porte aussi Amon* ; il ne laisse apparaître qu'un bras levé, sur lequel est plié le flagellum. Divinité génératrice, il est représenté avec ses caractères ithyphalliques, qui l'ont fait confondre avec Pan par les Grecs. Incarné dans un taureau, il avait pour mère et épouse Khentet-Iabet, « celle qui préside à l'orient », laquelle fut très tôt assimilée à Isis*, tandis que Min était uni à Horus*, comme on le voit par un hymne de la XIIe dynastie. Min est un dieu fort ancien et on a pu soutenir qu'il fut dieu d'État pendant la période prédynastique*. Le syncrétisme* l'identifia cependant à Rê* et à Amon ; Min prend aussi la forme d'Amon générateur de Karnak, *Kamoutef*, « le taureau de sa mère », qui devient un de ses surnoms. La grande fête* du dieu, qui avait lieu le premier mois de l'été, fut célébrée depuis l'époque thinite* jusqu'à la période romaine. C'était une fête qui ouvrait la saison de la moisson et qui fut associée au culte royal, sans doute au début du Nouvel Empire*, grâce à quoi nous la connaissons par les représentations du Ramesséum* et de Médinet Habou*. Le roi, élevé sur une litière et entouré d'un brillant cortège, allait au-devant du dieu dans son temple, tandis que Min, dressé sur un immense pavois, sortait du sanctuaire à la rencontre du roi ; un taureau blanc est amené, qui se joint au cortège, dont le roi prend la tête pour conduire Min sur son reposoir lorsqu'il est parvenu auprès du dieu. Le roi coupe ensuite un épi rituellement, puis il fait le tour du reposoir, et enfin quatre oiseaux sont lâchés pour annoncer aux quatre points de l'horizon le renouveau de la royauté ; toutes ces cérémonies sont accompagnées de chants et de danses*.

mines. Les mines exploitées par les Égyptiens étaient toutes situées dans le désert ; c'étaient les mines de cuivre, de malachite et de turquoises du Sinaï*, et les mines d'or à l'est de Coptos* et en Nubie*. Le manque d'eau, la chaleur insoutenable, les attaques des Bédouins* rendaient très difficile l'exploitation de ces mines. Aux hautes époques, on organisait de véritables expéditions armées pour aller chercher le minerai. Il semble qu'au Nouvel Empire il y ait eu des exploitations permanentes. Séthi 1er* et son fils Ramsès II* firent creuser des puits le long de la route qui conduisait en dix-sept jours de marche, à partir de Kouban (Contra-Pselkhis), en Nubie*, aux mines nubiennes d'Ekayate ; on a retrouvé ce site, où subsistent trois cents cabanes de pierre pour abriter le personnel, deux citernes et des galeries qui s'enfoncent dans la montagne en étroits boyaux. De la même époque nous possédons une carte — la plus vieille du monde — des mines d'or du désert arabique à l'est de Coptos*, et de leurs voies d'accès. Nous ignorons tout de la condition des mineurs aux grandes périodes, mais on peut penser qu'elle était la même que celle que nous rapporte Diodore de Sicile, selon une source qui remonte à l'époque ptolémaïque*. La description de notre historien est digne du meilleur cinéma à grand spectacle. On voit les prisonniers nus et enchaînés qui travaillent inlassablement sous le bâton inexorable des geôliers et sous la garde de soldats étrangers ignorant la langue des forçats ; ceux-ci, minés par la maladie, travaillent jusqu'à l'épuisement et la mort. Les hommes se glissaient dans les boyaux, éclairés par de petites lampes, et faisaient éclater la pierre au moyen du feu avant d'extraire les blocs avec un pic. Des enfants enlevaient les morceaux de quartz, qui étaient broyés par les hommes les moins solides ; les femmes et les vieillards étaient chargés de réduire en poussière le minerai, dans des meules de pierre. Le lavage consistait à faire passer de l'eau dans cette poussière étalée sur des pierres inclinées de manière que seules les paillettes d'or, plus lourdes, restassent en place. Selon les époques l'or était fondu sur place et réduit en lingots ou enfermé à l'état de poudre dans des sacs pour être ramené en Égypte. Si l'on en croit les comptes de certaines époques, il semble que le rendement de ces mines ait été important puisque, sous Thoutmôsis III*, on enregistra une livraison d'électron pesant plus de 3 tonnes. On comprend que les pharaons aient attaché une grande importance à l'exploitation de ces mines, qui représentaient une telle richesse pour l'Égypte.

Mineptah (1236-1223 av. J.-C.), dernier roi important de la XIXᵉ dynastie, et treizième fils de Ramsès II*.

Favori de son père et nommé prince héritier, il exerça la régence pendant douze ans, du vivant de son père, et lui succéda. La gloire de son règne est d'avoir écrasé une invasion des Libyens et des Peuples* de la Mer, dirigée par le roi Meriaï, à Pert-irt, dans le Delta* occidental, en 1227. Il semble aussi qu'il ait fait une campagne victorieuse en Asie ; nous la connaissons par une stèle* donnant une liste des peuples cananéens vaincus, appelée « stèle d'Israël » parce que ce peuple est nommé pour la première fois dans des annales historiques. On avait fait de Mineptah, dont on a retrouvé la momie, le pharaon de l'Exode (des Hébreux avec Moïse), mais cette thèse a dû être abandonnée du fait que, sous son règne, Israël est déjà signalé comme étant établi en Canaan*.

Mitanni. Cet État, qui, pense-t-on, aurait été fondé par une noblesse guerrière indo-européenne au sud des montagnes du Caucase, sur le haut Tigre, apparaît dans l'histoire égyptienne après l'expulsion d'Égypte des Hyksos*. D'abord adversaire de l'Égypte, les Mitanniens forment plusieurs coalitions contre elle, coalitions que Thoutmôsis III* brisera au cours de ses glorieuses campagnes asiatiques. Le Mitanni enverra alors son tribut à l'Égypte et renouvellera cet acte d'allégeance envers Aménophis II*, lorsque celui-ci aura brisé une nouvelle coalition asiatique. Sous son successeur Thoutmôsis IV*, le Mitanni passe dans l'alliance de l'Égypte, pour rester son alliée contre les Hittites* et les Assyriens*. Pour sceller cet accord, Thoutmôsis IV épousa Moutemouïa, qu'on a dit être fille du roi de Mitanni (v. 1420 av. J.-C.). Son fils Aménophis III* fit entrer dans son harem une autre princesse mitannienne — peut-être aussi son petit-fils Akhnaton*. Cependant, le Mitanni ne joua plus qu'un

rôle secondaire jusqu'à ce qu'il disparaisse de la scène politique après la prise une première fois de sa capitale Vashougani par les Hittites (1355) ; il devint bientôt la proie des Hittites et des Assyriens.

Mnévis. C'est le nom donné par les Grecs au taureau sacré élevé dans le temple de Rê*, à Héliopolis*, et appelé « Mérour » par les Égyptiens. Divinité agraire et symbole de force génératrice comme Apis*, il était devenu l'incarnation, l'âme vivante de Rê, le « héraut de Rê ». Bien que son nom n'apparaisse pour la première fois qu'à Amarna*, où les stèles d'Akhnaton* annoncent la construction d'un tombeau à Mnévis, son culte doit remonter plus haut et Manéthon* attribue à Kekhôos (Nebrâ ?), second roi de la IIᵉ dynastie, l'établissement des cultes d'Apis à Memphis*, de Mnévis à Héliopolis et du Bouc à Mendès*. Mnévis était un taureau noir que les prêtres distinguaient par des signes, en l'occurrence des épis sur le corps et la queue. Comme Apis, il était coiffé du disque solaire et de l'uræus*, il possédait son harem de génisses, son culte, et il était enseveli dans une nécropole* après avoir été embaumé. Sa nécropole est imparfaitement fouillée.

mobilier. Les maisons égyptiennes étaient meublées fort simplement ; souvent même, les pauvres n'avaient que quelques nattes, sur lesquelles ils s'accroupissaient pour manger et qui leur servaient aussi de lits, des jarres contenant les aliments, et un brasier servant à faire la cuisine. Chez les personnes plus aisées, la pièce principale du mobilier est le lit : cadre de bois, tendu de bandes de toile, supporté par des pieds en forme de pattes de taureau ou de lion, et pourvu d'un chevet*. Parfois même, au lieu d'imiter simplement des pattes d'animaux, les pieds figuraient l'animal lui-même. Les lits peuvent être très décorés, de dessins en creux ou en relief, représentant Bès* ou Thouéris*, de pierres de couleur, de feuilles d'or, d'argent. Des couvertures et des coussins les rendaient tout à fait confortables. Parfois, ils étaient si hauts qu'on devait monter quelques marches pour y accéder.

Jusqu'au Nouvel Empire*, les sièges étaient réservés aux classes aisées. On en a trouvé de plusieurs sortes : la simple chaise, sans dossier, qui ressemble plutôt à un tabouret, aux pieds droits ou en X ; le fauteuil, au fond généralement canné, qui possédait un dossier et des accoudoirs élevés, ou un dossier très court. Dans le premier cas, le dossier est souvent fort orné, des deux côtés, de scènes, diverses, surtout familières, ou de motifs décoratifs en pierres de couleur ou en or ; ou encore, des motifs de bois, délicatement ciselés, ajourent les côtés du fauteuil et en font une véritable œuvre d'art. Les pieds sont fréquemment sculptés en forme de nattes d'animaux et les accoudoirs portent aussi des figures d'animaux ou d'enfants. Tous les sièges étaient pourvus de coussins d'étoffe ou de peaux.

Les grandes tables n'existaient pas, car les Égyptiens mangeaient seuls ou par deux, les aliments étant posés sur des petits guéridons en bois, en pierre ou en métal, de forme ovale ou carrée, à trois ou quatre pieds ; ou encore c'était un simple disque de pierre posé sur pied sculpté. Les vêtements* étaient rangés dans des coffres eux aussi très ouvragés, et des coffrets de toutes tailles et de toutes matières contenaient les divers objets courants et de toilette. À ce mobilier, on peut ajouter les fourneaux des cuisines et les jarres servant de garde-manger, ainsi que les braseros. Les riches maisons étaient aussi pourvues de salles de bains dont la baignoire consistait en une cuve creusée dans le pavement. → **éclairage** et **toilette**.

modèles. Si, dès l'Ancien Empire*, on dessina sur les murs des tombes les objets et, dans leur labeur quotidien, les serviteurs qui devaient accompagner le mort dans l'au-delà*, on eut l'idée, dans un même dessein, de représenter ces serviteurs par la statuaire. Les modèles de l'Ancien Empire sont assez rares, taillés dans le calcaire et d'un style assez lourd. Cependant ils se multiplient au cours de la Première période intermédiaire* pour devenir communs aux époques suivantes. Ils sont alors taillés dans le bois et rendent une image complète de la vie égyptienne ; ouvriers et paysans dans leurs ateliers et dans les granges, pêcheurs dans leurs barques, soldats défilant, tout ce petit monde parfois gauchement

taillé, mais toujours charmant et vivant, anime les vitrines de nos musées en un monde enchanteur. Les maisons* d'âmes sont aussi des modèles pleins d'enseignements sur l'architecture* civile aux hautes époques.

Mœris (lac), **l'actuel Birket Karoun qui occupe le centre du Fayoum*, dont le nom grec de Mœris est une transcription de *Merour* (Grand Lac).**
Hérodote* rapporte à tort qu'il fut creusé par le roi Mœris et il donne pour preuve deux pyramides* qu'il vit surgissant de l'eau du lac. Comme le fait remarquer Maspero, il dut sans doute voir le Fayoum lors de l'inondation, ce qui explique la vaste étendue qu'il donne au lac et les deux pyramides en partie immergées. Le niveau du lac a fortement baissé depuis la plus haute Antiquité, et si les Égyptiens y ont fait quelques aménagements, il ne fut en tout cas jamais un réservoir artificiel qui aurait permis une irrigation de la basse vallée du Nil, comme on a pu le penser. La spéculation théologique a voulu y voir un affleurement de l'océan circulaire (→ **géographie**) ainsi que l'image de l'océan primordial (→ **cosmogonies**).

momie. Les tombes prédynastiques de l'amratien* révèlent souvent un démembrement rituel du cadavre, pratique plus courante dans le groupe méridional que dans la région d'Abydos* ; on en peut rapprocher, quant à l'esprit, les mutilations intentionnelles du gerzéen*, dont les textes des pyramides ont conservé le souvenir. Or, c'est sans doute un écho de ces conceptions qu'on peut trouver dans le mythe du démembrement de l'Osiris* nordique par Seth*, divinité du Sud, ainsi que sa mutilation ; les parties de son corps ainsi dispersées à travers l'Égypte, Osiris ne pouvait revivre dans l'au-delà*, et pieusement Isis* rassembla les membres épars, Thot* et Anubis* embaumèrent son corps pour le préserver de la décomposition et Anubis l'emmaillota dans les bandelettes. Ainsi Osiris devint-il l'archétype divin de la momie qui conserve le corps pour l'éternité. Le corps momifié s'identifie à Osiris, en prenant alors son nom, qui est ajouté au nom porté par le vivant. Néanmoins, le défunt ne se fond pas en Osiris; il conserve sa propre personnalité, mais il devient un féal d'Osiris, qui lui garantit la vie éternelle. Il ne suffisait cependant pas d'être transformé en momie *(séhou)*; celle-ci restait un être inanimé tant que la vie ne lui avait pas été rendue par le rite de l'ouverture* de la bouche, qui en faisait réellement un corps éternel.

momification. La croyance religieuse selon laquelle le corps doit subsister après la mort dans sa forme matérielle pour pouvoir poursuivre sa vie dans l'au-delà* a conduit les Égyptiens à chercher des moyens artificiels de conservation. Dès l'époque prédynastique*, les Égyptiens avaient dû remarquer les propriétés de leur sol, dans lequel, tout au moins en Haute-Égypte, les téguments et les peaux de bêtes et tissus dans lesquels on inhumait les morts se conservaient; des fragments de bitume retrouvés dans certaines tombes sont peut-être les témoins des premières tentatives de momification. Ce n'est cependant qu'à l'époque thinite* qu'on trouve les premiers essais certains de momification; on se contentait alors d'imprégner de natron ou de résine le linceul ou les bandelettes enveloppant le corps. Le perfectionnement des méthodes sous l'Ancien Empire* conduisit à pratiquer l'incision du corps pour extraire les viscères, et sous la VIᵉ dynastie est attestée l'existence d'une classe d'embaumeurs professionnels. La momification est encore réservée au souverain et à quelques privilégiés.

Au Moyen Empire*, l'embaumement se vulgarise et se fait plus minutieusement mais l'état de conservation des momies laisse encore beaucoup à désirer. Ce n'est qu'au Nouvel Empire* que la momification atteint sa perfection et qu'on parvient à conserver au visage son expression, ce qui est une grande nouveauté, les momies antérieures n'offrant que des téguments noircis collés au squelette. Hérodote* et plus tard Diodore* de Sicile nous ont laissé une description de l'embaumement qui est en grande partie confirmée par les rituels.

Il existait trois classes d'embaumement, la plus chère n'étant accessible qu'aux riches. Pour les pauvres, on se contentait d'injecter dans les intestins du jus de *syr-*

maïa, qui en grec signifie en général « raifort » (sorte de radis noir), puis de sécher le corps dans un bain de natron. Pour la momification de prix moyen, on injectait de l'huile de cèdre dans l'abdomen avant de plonger le corps dans le natron; lorsqu'on l'en retirait, l'huile de cèdre sortait, emportant les viscères qu'elle avait liquéfiés; le corps était rendu dans cet état.

La véritable momification est celle de la 1ʳᵉ classe, qui coûtait fort cher (1 talent d'argent à l'époque de Diodore). On commençait par extraire le cerveau à l'aide d'un fer introduit dans les narines; puis un scribe marquait sur le flanc, avec un pinceau, la place où le *paraschyte* (« coupeur ») pratiquait une large incision; les *taricheutes* (« embaumeurs ») retiraient du corps par cette incision les viscères, excepté le cœur et les reins, qu'ils lavaient avec du vin de palme et des liqueurs avant de les déposer dans les canopes*. Ils remplissaient alors le corps avec de la gomme de cèdre, de la myrrhe, de la cannelle et d'autres parfums, l'encens excepté, avant de le recoudre et de le plonger dans le bain de natron pendant les soixante-dix jours prescrits. On le lavait après l'en avoir retiré; les *coachytes* l'enveloppaient de bandelettes fines imprégnées de gomme arabique; des amulettes* étaient insérées à l'intérieur du réseau de bandelettes, en des points rituellement prescrits. Des linceuls de toile plus forte terminaient l'opération de l'enveloppement du corps.

Les officiants possédaient un caractère sacerdotal et les Égyptiens les appelaient prêtres-*out*; près d'eux officiait un prêtre lecteur, qui récitait les passages du rituel qui correspondaient aux opérations; à propos des ingrédients utilisés, il est dit : « Ils entrent dans tes substances, ils sont pour toi le témoignage que tu marcheras sur une terre d'argent, sur un sol d'or […] Tu es le phénix *, forme du soleil, pour voir ton nom en toute terre, ton âme au ciel, ton corps dans la région inférieure. Viens dans les temples; tu es vivant une deuxième fois, à perpétuité; tu es jeune une deuxième fois, pour l'éternité. »

monarchie. Le pharaon*, fils de Rê*, incarnation d'Horus*, héritier d'Osiris*, est un monarque d'essence divine, dont la légitimité est prouvée par sa naissance* divine.

Véritable « dieu grand » sous l'Ancien Empire*, « dieu bon » aux époques thébaines, c'est par lui que subsistent la vie sur terre et la prospérité de l'Égypte ; de lui dépend la crue du Nil aussi bien que l'« eau qui tombe du ciel » dans les pays étrangers, car il domine les éléments avec l'aide des dieux, ses parents, dont, en principe, il est le seul à pouvoir accomplir les rites qui permettent aux dieux eux-mêmes de subsister. L'harmonie universelle est suspendue à l'existence du roi, qui, sa vie terrestre accomplie, va rejoindre ses ancêtres, les autres dieux, qui vivent auprès de Rê (ou encore dans les champs d'Ialou*), comme nous l'apprend la doctrine de la destinée* solaire du roi. Sur terre, il est cependant le père de ses sujets, chargé de faire régner la justice parmi eux. Il est vrai que ce n'est qu'après sa mort, qu'on rendait au pharaon dans son temple* funéraire ; et lorsque Aménophis* III, le premier, se fera construire un temple de son vivant, où on le verra adorer lui-même « son image vivante sur la terre », ce sera en Nubie*, afin de faire pénétrer chez les barbares l'idée de la divinité du roi d'Égypte ; c'est là une innovation de caractère politique.

Les Égyptiens n'étaient pas aussi dupes qu'on pourrait le penser, en prenant connaissance de la doctrine* royale. À côté de la théorie, édifiée en grande partie par le clergé* héliopolitain et par celui de Thèbes*, il y avait les réalités de la vie quotidienne. Ceux qui vivaient près du roi, gens de la cour, personnes de sa famille et du harem, qui voyaient le roi vivre comme n'importe quel homme dans l'intimité, capable de vieillir et d'être malade, savaient parfaitement à quoi s'en tenir quant à la divinité du pharaon. Et, de fait, les intrigues de cour et de harem n'ont pas manqué aux annales* de la « grande maison ». Sous l'Ancien Empire, c'est à la suite d'une sorte de coup d'État que les rois de la Ve dynastie accèdent au trône ; à la fin de cette période, le pharaon est si peu craint que les nomarques* se rendent indépendants dans leurs provinces, tandis que le peuple lui-même croit si peu à la divinité des rois morts qu'il pille leurs augustes tombes*, détruit les momies*, brise les statues. Au Moyen Empire*, c'est encore, sans doute, par un coup d'État qu'Amménémès 1er*

inaugure la XIIe dynastie. Au Nouvel Empire*, si l'épisode d'Hatshepsout* n'est encore qu'une querelle de famille, c'est par la force des armes qu'Horemheb* et ensuite Ramsès Ier s'imposeront comme pharaons, tandis que Ramsès III* sera victime d'un attentat et dans son harem d'un complot qui lui a sans doute coûté la vie. À basse époque, les renversements de dynastie et les complots ne se comptent plus, et la vie de la cour sous les derniers Lagides* n'est plus qu'une chronique des révolutions de palais*. Quant au respect réel que le peuple, ou tout au moins une partie du peuple égyptien, portait aux rois morts et devenus Osiris, il suffit, pour en mesurer la valeur, de se rappeler qu'à peu près toutes les tombes royales, depuis l'Ancien Empire, et peut-être même depuis les premiers rois thinites*, ont été pillées, que les momies ont été maltraitées par les anciens Égyptiens eux-mêmes, qui redoutaient sans doute bien moins que la plupart de nos contemporains la « malédiction des pharaons ».

monnaie. Les Égyptiens n'ont connu la monnaie qu'aux époques grecque et romaine. Les échanges se faisaient par troc (→ **commerce**). Cependant, en tout cas sous le Nouvel Empire*, les paiements pouvaient se faire à l'aide de métal (→ **poids et mesures**). Le dében se présentait sous forme d'un fil replié en métal qu'on coupait pour lui donner le poids voulu. On payait aussi avec des anneaux de métal *(shaty)* qui valaient en principe un douzième de dében. On a des représentations de la pesée de ces anneaux dans une balance.

Montou, divinité astrale, originaire du Delta*.

Lorsque la Basse-Égypte eut conquis le Sud et que la capitale fut transférée à Hermonthis* (Iouni), Montou s'assimila le dieu-faucon local et devint le dieu d'Hermonthis et le patron du nome* thébain. Il parvint à l'apogée de sa gloire quand les rois de la XIe dynastie en firent le dieu suprême. Mais, à la XIIe dynastie, les Amménémès* firent de leur dieu, Amon*, le patron de la Thébaïde, au détriment de Montou, qui resta cependant le dieu de Médamoud* et de Tôd*, forteresses avancées de Thèbes*. Il était alors représenté sous les traits d'un homme à tête de faucon, coiffé du disque solaire en conséquence de son association avec Rê*, le dieu solaire.

Dès le Moyen Empire*, il semble avoir revêtu le caractère d'un dieu guerrier, armé d'une hache et d'un arc, tel qu'il apparaîtra normalement au Nouvel Empire*. Par ailleurs, on honorait à Hermonthis, depuis la plus haute Antiquité, un taureau sacré, appelé par les Grecs Boukhis, qui devint son animal sacré, au point que, à basse époque, Montou fut représenté avec une tête de taureau. Un taureau, image vivante du dieu, était enterré après sa mort dans la nécropole taurine d'Hermonthis, le Boukhéon des Grecs, appelé « Château d'Atoum », par les Égyptiens. Cette nécropole remonte au règne de Nectanébo* II. Aménophis III* éleva à Montou un temple à Karnak*.

morts (Livre des). On donne ce nom à une collection de textes magiques et d'incantations funéraires dans laquelle se sont glissés quelques hymnes* à Rê* et à Osiris*, dont le but était de protéger le mort dans son voyage dans l'au-delà* ; ces formules devaient être prononcées dans certaines circonstances et elles permettaient au mort de surmonter les dangers qui le menaçaient alors. Ces textes étaient, en plus ou moins grand nombre, réunis sur des papyrus* et placés dans des coffrets dans les tombes, déposés dans le sarcophage* ou encore glissés entre les bandelettes de la momie*. Les papyrus varient autant dans le nombre et dans le choix des formules que dans les vignettes qui les illustrent.

Champollion avait nommé « rituel funéraire » ces collections de textes ; ce n'est qu'en 1842 que Lepsius en fit une édition en Allemagne d'après un papyrus de Turin* comportant 165 formulaires, auquel il donna le nom de *Todtenbuch* (Livre des morts), qui lui est resté, tandis qu'il plaçait un formulaire dans chaque chapitre. « *Livre de la sortie au jour* » conviendrait mieux pour désigner un ensemble dans lequel une grande quantité d'incantations sont destinées à permettre au défunt de revenir sur la terre pendant le jour, bien que ce titre ne parvienne pas à coiffer une collection de textes aussi disparates. Si le manuscrit de Turin date de basse époque, si c'est le Nou-

vel Empire* qui a fourni quelques-uns des plus beaux exemplaires merveilleusement ornés de vignettes en couleurs de cet ouvrage, la première version du livre remonte au début du Moyen Empire* ; ces formules trouvées dans des sarcophages de cette époque se complètent et se multiplient avec le temps en prenant un caractère osirien de plus en plus marqué.

C'est le *Livre des morts* qui nous décrit les pérégrinations* de l'âme après la mort, le jugement* osirien, la vie dans les champs d'Ialou*. Il donne le modèle de la confession* négative et les formules abondent pour animer les oushebti*, pour recevoir les offrandes* boire, manger, respirer l'air frais, revenir dans le monde des vivants aussi bien que rejoindre le soir la barque de Rê*, se défendre contre les crocodiles et tous les monstres qui peuplent l'au-delà. En fait, s'il n'est pas le moins du monde une « Bible » des anciens Égyptiens et s'il n'a tenu que peu de place dans leur vie, il a été leur grand compagnon dans l'au-delà et il a recueilli dans ses incantations la plus complète vision d'un fantastique monde des morts qu'aient jamais eue les Égyptiens.

Mout, déesse-vautour d'Achérou, près de Karnak*, où elle avait son temple*.

Elle était l'épouse d'Amon*, duquel elle tient son nom d'Amaunet ; avec Amon et leur fils Khonsou*, elle était honorée, en particulier pendant la grande fête d'Opet*, au cours de laquelle on présentait des offrandes devant leur barque* sacrée. Par ailleurs, elle semble aussi assimilée à une déesse léonine, et sous cet aspect elle apparaît affublée d'une tête de lionne et revêt, comme Sekhmet*, un caractère guerrier.

Moyen   Empire.   → Empire (Moyen).

Moyenne-Égypte. On donne ce nom à la partie du cours du Nil s'étendant entre la pointe du Delta*, soit le sud de Memphis* et la région d'Assiout*. Néanmoins, ce n'est là qu'une division arbitraire des géographes modernes. Les Arabes incluent dans le Saïd* la Moyenne et la Haute-Égypte et, sur le plan historique, ce Saïd constituait la partie sud de l'Égypte tandis que le Delta en était la partie nord, autrement appelée Basse-Égypte. Aussi, dans notre appellation de Haute-Égypte, nous incluons ce qu'on appelle parfois la Moyenne-Égypte.

musique. Présente dans la plupart des occupations de la vie, la musique est, en Égypte, un art très important : naissances*, manifestations religieuses, banquets, simples loisirs ou même travaux des champs s'accompagnent de musique. La musique est surtout chantée (et exécutée) par des hommes à l'époque ancienne et plutôt par des femmes au Nouvel Empire. Cependant, le chant est toujours accompagné, soit par de simples battements de mains, soit par des instruments. Généralement, les musiciens et musiciennes sont des professionnels, qu'on convoque, par exemple, pour des banquets. Les temples ont des musiciennes attachées à leur service, mais aussi des prêtres* musiciens, des harpistes surtout. Les femmes*, dans le harem, occupaient leurs loisirs en faisant de la musique dont elles divertissaient leurs époux lors de ses visites. Même le pharaon, dans certaines parties du culte, ne dédaigne pas le chant et la danse ; ainsi pour la « Dorée » (Hathor*), un hymne dit : « O Dorée, comme ces chants sont merveilleux, semblables aux chants d'Horus lui-même, Pharaon chante en maître de chœur. Il est l'enfant qui agite les sistres... », et le refrain : « Dame souveraine, vois comme il danse ! Épouse d'Horus, vois comme il saute ! » Hathor est souvent appelée « la maîtresse de la musique ».

L'instrument de musique le plus courant est la harpe, qui apparaît dès les premières dynasties ; sa forme variera à l'infini au cours des temps, depuis la harpe moyenne à six ou sept cordes jusqu'à la harpe monumentale à vingt cordes, qu'on maniait en restant debout ; elles étaient très souvent ornées et les plus grandes différences entre les harpes sont surtout celles de la caisse de résonance. La flûte, originaire d'Égypte, est aussi un instrument très ancien. On en connaît trois sortes : la flûte longue, dont on jouait en la tenant vers le bas en arrière ; la flûte courte, horizontale ; la double flûte, formant un angle aigu. D'autres instruments, venant d'Asie, sont utilisés seulement à partir du Nouvel Empire* et obtiennent une grande faveur, telles la cithare et la lyre, dont les formes sont diversifiées. Les tambourins interviennent dans presque toutes les réjouissances, ainsi que les crotales et les sistres, utilisés surtout dans les cérémonies du culte. Ajoutons encore une trompette, qui servait principalement à des fins militaires. Dans les temples et le palais royal, il y avait toute une hiérarchie de musiciens et de chanteurs, sous les ordres d'un directeur des chants (ou des chanteurs), sorte de chef à la fois d'orchestre et de chœurs.

Mykérinos (en égypt. Menkaouré), un des derniers rois de la IVᵉ dynastie, fils de Chéops* ou plutôt de Chephren*, qui régna à peu près 28 ans, aux environs de 2533 av. J.-C.

On ne sait que fort peu de chose de lui, sinon qu'il a fait construire la troisième et la plus petite des pyramides de Gizeh*. On possède de lui une statue où il apparaît avec un air bonasse, tenant par la taille son épouse. Ce physique pourrait répondre au portrait moral que nous en donne Hérodote*, qui le montre, au contraire de ses deux prédécesseurs (Chéops et Chéphren), doux et attentif au bonheur de son peuple, qu'il rendit à ses travaux habituels tandis qu'il rouvrait les temples fermés par ses parents. Le reste du récit d'Hérodote appartient à la légende.

mystères. On donne ce nom à des fêtes qui, d'une part, comportaient des manifestations publiques où étaient plus particulièrement commémorés des faits de la geste des dieux qu'on mimait, et, d'autre part, connaissaient des rites effectués dans le secret des temples*. Ces fêtes étaient en général consacrées à la passion d'Osiris*, à la quête d'Isis* et surtout aux luttes entre Horus* et Seth*. Nous les connaissons plus particulièrement par les auteurs grecs, à commencer par Hérodote* ; celui-ci nous donne de nombreux éléments, quoiqu'il montre toujours la prudence d'un homme pieux devant les choses divines. « Sur ce lac (le lac voisin du temple de Neith* à Saïs*), nous dit-il, les Égyptiens donnent pendant la nuit des représentations où sont mimés des faits réels et qu'ils appellent mystères. Je les connais et sais tout ce qui s'y rattache, mais un silence religieux doit voiler ces choses. » À Busiris*, on dressait le pilier Djed* et on sacrifiait un bœuf couvert d'offrandes, qui était ensuite consumé, tandis que la foule se portait de grands coups (les représentations nous montrent aussi la foule dansant). De toute part venaient en barque à Bubastis* des familles, les hommes jouant de la flûte, tandis que les femmes maniaient des castagnettes et chantaient en battant des mains. Parvenues dans la ville, les femmes des pèlerins injuriaient les femmes de Bubastis, puis on faisait des sacrifices et on consumait une grande quantité de vin. C'est sans doute là la commémoration de la quête d'Isis à Byblos et à travers l'Égypte. À Saïs avait lieu la fête des lampes ; pendant une nuit, on allumait des lampes à travers toute la ville, et cette coutume aurait été suivie à travers toute l'Égypte, la raison de cette fête se trouvait dans le récit de légendes sacrées, qui étaient sans doute la passion d'Osiris. À Paprémis, autre ville du Delta consacrée à Seth*, la statue du dieu allait en procession sur un char et lorsqu'elle revenait dans son temple, des prêtres*, armés de bâtons, lui

en interdisaient l'entrée ; le peuple venait alors à son secours et une bataille rangée mimait un mythe selon lequel Seth, ne pouvant rentrer chez sa mère, repoussé par des serviteurs, allait chercher du secours pour forcer l'entrée. À Ombos*, cité de Seth en Haute-Égypte, avait lieu un semblable combat contre les gens de Dendérah*, ville d'Hathor*, assimilée ici à Isis. À Abydos*, autre cité osirienne, une procession sous la conduite d'Oupouat*, dieu-loup du Delta qui accompagna Horus dans ses luttes, se heurtait aux partisans de Seth, qui interdisaient l'entrée du sanctuaire, que les processionnaires forçaient à la suite d'un combat.

On mimait aussi la mort d'Osiris, puis sa résurrection, qui se manifestait par son retour dans une barque* sacrée, ce qui était une cause de grandes réjouissances populaires. Il semble que ces mythes étaient mimés ou joués par des acteurs professionnels en des sortes de représentations qui avaient lieu dans les temples. On a retrouvé à Edfou* une stèle d'un acteur qui semble avoir fait partie d'une troupe ambulante qui allait à travers l'Égypte jouer la geste des dieux, constituant ainsi une sorte de théâtre de mystères.

Nagadien. Le village de Nagada (ou Negadeh), au nord de Karnak, a rendu plus de 3 000 tombes, qui s'étagent chronologiquement sur les quelques siècles qui précèdent *l'époque historique* (→ **prédynastique**). On a donné le nom de nagadienne à cette période qui a été divisée en deux sous-périodes, l'amratien* et le gerzéen*. Flinders Petrie, qui fouilla au siècle dernier la nécropole de Nagada, établit, sur l'étude des poteries exhumées de 900 tombes, une chronologie relative, appelée système des « sequence-dates » ; cette période, qui s'étend sur une grande partie du IVe millénaire, fut divisée en 80 parties, cette échelle chronologique étant fondée sur l'observation de l'apparition, de la disparition, des filiations et des survivances des poteries étudiées. Ainsi, l'amratien occupe les dates de succession (sequence-dates, abrégé en S.D.) 30 à 38 (que certains préhistoriens repoussent jusqu'à 45) ; le gerzéen embrasse les S.D. suivantes jusqu'au 77 ; la S.D. 79 correspond à la Ire dynastie. Avec prudence, Petrie avait réservé les numéros allant du 1 au 30 à des civilisations qui pourraient être découvertes par la suite, et, en fait, le badarien* est à situer entre les S.D. 20 et 29.

Les poteries nagadiennes ont été réparties, par le même Petrie, en 9 classes : classe R, où ont été rassemblées toutes les poteries usuelles, vases grossiers et peu caractéristiques ; classe P, comprenant des vases rouges polis, qu'on retrouve pendant toute la période nagadienne et qui apparaissent au badarien ; classe B, vases rouges à bord noir, qui occupent toute la période nagadienne, à laquelle ils ont survécu en Nubie ; la classe F réunit une grande variété de vases, doubles et triples, à bec, à formes animales, etc. ; on les retrouve du début du nagadien jusqu'à la S.D. 73 ; encore attestés dans toutes les périodes du nagadien sont les vases noirs à décors blancs incisés de la classe N, qui rappellent par leur technique les coupes tasiennes ; les poteries rouges à décor blanc (motifs géométriques, figurations humaines et animales, plantes...) sont typiques du nagadien I (amratien) ; la classe D, comprenant des vases rouges clair à décor blanc (lignes ondulées, spirales, flamants, bateaux), est propre au gerzéen ; cette seconde période nagadienne est aussi caractérisée par des vases à anses ondulées de couleur claire, en général non décorés (classe W), où se découvrent des influences palestiniennes ; enfin, appartiennent à la classe L des vases aux formes et aux couleurs variées, d'époque tardive, qui apparaissent dans la dernière période du gerzéen et se retrouvent à l'époque thinite*. Bien qu'on fasse succéder le gerzéen à l'amratien, il faut remarquer que le second ne s'est développé qu'en Haute-Égypte, tandis que le premier, né en Basse-Égypte, s'est étendu à toute la vallée du Nil ; d'où l'on a pu conclure qu'à partir de la S.D. 38 (fin de l'amratien), les gens du

Delta ont envahi le sud de l'Égypte et imposé leur civilisation à toute la vallée du Nil.

naissance. Les Égyptiens aimaient les enfants* et, bien entendu, chaque naissance était une occasion de réjouissances, surtout s'il s'agissait de celle d'un garçon. Nombreuses étaient les divinités qui venaient assister aux accouchements : Isis* et Nephthys* aident la parturiente, assise ou accroupie, tandis qu'Heket*, épouse de Khnoum*, fait office de sage-femme et que Meskhenet* donne un nom* au nouveau-né. Khnoum parachève le travail en modelant les membres et en donnant au corps la santé. Auprès du berceau se tiennent aussi les sept Hathor*, qui font au bébé des cadeaux heureux ou malheureux. Mais, à côté des agissements divins, en ce qui concerne les faits simplement humains, un horoscope (→ **astrologie**) précis déterminait, selon la date de la naissance, le destin de l'enfant. Le nom*, donné par la sage-femme, était le fait marquant de cet événement. Aux enfants royaux on donnait une nourrice, et une « berceuse », femme ou parfois un haut fonctionnaire, chargée de les bercer.

naissance divine. L'essence divine du roi se transmettait de génération en génération ; c'était un principe vital d'origine divine, qui s'exprimait par le ka*, puissance divine et souffle vital que le dieu transmettait au roi qui, à son tour, répandait sur les mortels cette puissance dont il était l'héritier et le détenteur sur la terre. Ainsi le roi, Horus* incarné, était fils d'Osiris*, et il devenait lui-même Osiris après sa mort, mais à partir de la Ve dynastie il fut en même temps fils de Rê*, c'est-à-dire du Soleil et, par voie de conséquence, du dieu d'Empire syncrétisé avec Rê, lequel a été Amon* à partir de la XIIe dynastie. C'est donc le dieu Amon-Rê qui, sous la forme du pharaon, s'unissait à la reine pour enfanter l'héritier du trône. Les textes nous montrent constamment le roi, fils aîné du dieu, engendré par lui ; cependant, nous ne possédons que peu de représentations figurées de cette naissance divine : celle d'Aménophis III* sur les murs du temple de Louqsor* et, la plus célèbre, celle que la reine

Hatshepsout* fit représenter dans la partie publique de son temple funéraire de Deir el-Bahari*. À ces scènes de naissance royale répondent les scènes d'allaitement du roi enfant par la déesse Isis*, représentée sous la forme d'un arbre, comme Thoutmôsis III* a voulu apparaître dans une peinture de son hypogée. Sans doute a-t-il choisi Isis parce qu'Hatshepsout s'était fait représenter agenouillée sous le pis de la vache Hathor*.

naos, châsse qui servait de demeure au dieu et qui abritait la statue ou le symbole de la divinité.

Le naos était placé dans le saint des saints, au fond du temple. À l'origine, cette châsse était en bois, la tradition sacrée restant ici impérieusement conservatrice ; on se contenta tout d'abord de substituer des bois précieux aux bois plus ordinaires. Les premiers naos en pierre semblent faire leur apparition au Moyen Empire*, mais ils restent rares, même au Nouvel Empire*, et ce n'est qu'à basse époque qu'on trouve le naos monolithe, complètement constitué avec ses motifs décoratifs variés. On peut voir dans le naos (appelé *per our*, « grande maison » en égyptien) la tradition du temple primitif de la Haute-Égypte.

Napata, cité édifiée en aval de la quatrième cataracte sur le Nil, dans la région appelée Karou par les Égyptiens, devenue la capitale du Koush* au Nouvel Empire.

C'est Thoutmôsis III* qui étendit jusque-là l'influence égyptienne en Haute Nubie (Éthiopie grecque), et sous Aménophis II* on y trouve les Égyptiens solidement établis ; c'est sans doute de ces époques que date la fondation de la cité au pied d'une petite montagne, appelée par les musulmans Gebel Barkal, « la montagne pure ». Houy, vice-roi de Koush sous Toutankhamon* et dont la tombe a été retrouvée à Thèbes*, y résidait et y éleva un temple d'Amon, agrandi par les premiers Ramessides*. On a supposé que, lors de l'avènement de Sheshonq*, une partie du clergé thébain alla s'installer à Napata, y emportant le culte d'Amon*, qui devint la religion d'État lorsque, vers 800 av. J.-C., une famille y domina, d'où sortirent les rois qui ont formé la XXVᵉ dynastie nubienne. Napata resta la capitale du royaume éthiopien jusqu'à ce que, vers le début de l'époque ptolémaïque*, la capitale ait été transportée plus au sud, à Méroé. Les fouilles américaines ont rendu le temple d'Amon et les tombes des rois nubiens ensevelis sous des pyramides* imitées des monuments de l'Ancien et du Moyen Empire.

Narmer. Ce roi nous est connu par deux objets trouvés à Hiérakonpolis* : une palette* et une tête de massue. La palette est un objet votif en schiste vert, scutiforme ; sur une face on voit le roi portant la couronne* blanche du Sed frapper un ennemi de sa massue à tête piriforme ; son nom est inscrit dans le serekht (→ **cartouche**), en haut de la palette, entre deux têtes d'Hathor* ; il est représenté par un poisson *(nar)* et un ciseau *(mer)* ; sur l'autre face on voit, au bas du registre, le roi sous forme de taureau démolir à coup de cornes les murs d'une cité ennemie, et sur le registre supérieur le roi, accompagné des porte-enseignes, est représenté avec la couronne rouge du Nord. Sur la tête de massue apparaît le roi coiffé de la couronne rouge, mais protégé par Nekhbet* et assis sous un dais, entouré de sa cour ; on a voulu y voir, sans doute à tort, la première représentation de la fête Sed*. Ce roi semble bien être l'unificateur de l'Égypte et on a voulu l'identifier à Ménès* ou à Aha*.

navigation. Habitués aux longues navigations sur le Nil, les Égyptiens ne reculèrent pas devant les aventures maritimes ; cependant, leurs expéditions restèrent circonscrites à deux régions : en Méditerranée la Phénicie et plus particulièrement Byblos, et en mer Rouge* le Pount*. Les navigations vers la Crète paraissent invraisemblables et restent en tout cas à démontrer.

Dès la fin de l'époque thinite, les Égyptiens naviguèrent vers Byblos, utilisant des bateaux* de haute mer, appelés kébénit. Tant que le pharaon était respecté, ces voyages se passaient sans incident, et les vaisseaux d'Égypte revenaient chargés des précieux bois du Liban. Cependant, lorsque le pouvoir central s'affaiblissait, les envoyés du roi subissaient toutes les vexa-

tions et risquaient même leur vie, comme on le voit par le récit du voyage d'Ounamon*.

Les premiers voyages en mer Rouge vers le Pount datent de la Vᵉ dynastie ; à cette époque, les navires partaient de l'actuel golfe de Suez pour naviguer le long des côtes africaines. Cependant, ces expéditions n'allaient pas sans risques dès le départ. Il semble que, souvent, les marins aient eux-mêmes construit leur bateau au moment de s'embarquer ; ainsi, sous Pépi II, une expédition traversa le désert et vint s'établir sur les rives du golfe de Suez pour construire le bateau qui devait la conduire jusqu'au Pount ; pendant les travaux, les Égyptiens furent surpris par les Bédouins*, qui les massacrèrent tous. Arrêtées pendant la période de troubles qui suivit la fin de l'Ancien Empire, les expéditions reprirent sous Mentouhotep III* ; un haut fonctionnaire, Henou, prit la tête de 3 000 soldats et ouvrit à nouveau la route de l'ouadi Hammamat, par laquelle on accédait à la mer Rouge ; il fit creuser des puits et des citernes le long de cette piste, jusqu'à la mer Rouge. Parvenu sur la côte, dans la région de lieu où il fit construire un bateau sur lequel il fit le voyage maritime du Pount, après avoir sacrifié des bœufs et des ibex. Il n'est rien dit sur cette navigation et on a même pu penser qu'Henou n'y aurait pas participé.

Les grands souverains de la XIIᵉ dynastie continuèrent d'organiser des expéditions sur les côtes de la mer Rouge. Après la césure qui suivit la fin du Moyen Empire*, la reine Hatshepsout* reprit la tradition en envoyant dans le Pount cinq vaisseaux placés sous le commandement de Senmout et Nehsi. C'est par les reliefs et les inscriptions du temple funéraire de la reine, à Deir el-Bahari*, que nous connaissons cette entreprise d'une manière assez détaillée. Poursuivies sous les règnes suivants, les navigations furent interrompues au temps d'Akhnaton*, pour être reprises dès le règne d'Horemheb*. Ramsès II*, lui, n'hésite pas à placer les gens du Pount parmi les peuples qu'il a vaincus et c'est une véritable expédition militaire qu'y envoya Ramsès III*, avec des bateaux de transport, des vaisseaux de guerre, montés par un grand nombre de soldats. On connaît encore une expédition envoyée par Ramsès IV, puis il faut attendre l'époque ptolémaïque pour voir reprendre la tradition des grandes navigations en mer Rouge.

Quant à la manière dont se passaient ces voyages, nous n'avons aucun document pharaonique qui en parle, mais on peut penser que, comme à l'époque des Lagides*, les vaisseaux avaient à redouter les tempêtes et surtout les pirates des côtes arabiques ; considérant la manière affable dont les gens du Pount recevaient les Égyptiens, on ne peut expliquer le formidable armement de l'expédition organisée par Ramsès III que par la menace que les pirates des côtes d'Arabie faisaient peser sur la cargaison de produits d'échange qu'emportaient les flottes à l'aller, et surtout sur les précieuses marchandises ramenées du Pount au retour.

On peut encore signaler le périple de l'Afrique qui fut effectué sous le règne de Néchao*, mais il avait fait appel aux habiles marins phéniciens pour accomplir ce périlleux exploit.

Néchao, roi de la XXVIᵉ dynastie saïte (609-594 av. J.-C.), fils de Psammétique Iᵉʳ*.

La seconde année de son règne, il passa en Asie à la tête de son armée de mercenaires grecs* pour venir au secours du roi d'Assyrie Assour-Ouballit II attaqué par les Babyloniens. Dans sa tentative de reconstituer l'Empire égyptien d'Asie, il porta ses armes jusqu'à l'Euphrate. Le roi de Babylone Nabopalassar envoya alors contre lui une armée conduite par son fils Nabuchodonosor ; le pharaon fut vaincu à Karkémish (605 av. J.-C.) et les Babyloniens* poursuivirent les Égyptiens jusqu'à l'orée du Sinaï* ; il semble que seule la mort de son père empêcha Nabuchodonosor d'envahir le Delta*. Se sentant inférieur sur terre, Néchao espéra dominer sur mer. Il se fit construire par les Corinthiens une flotte de trières destinées les unes à la Méditerranée, les autres à la mer Rouge*. Afin d'unir les deux mers, il entreprit de remettre en état le vieux canal* de Ramsès II*, qui faisait communiquer la mer Rouge avec la branche tanitique du Nil (→ **Delta**). Ce désir de maîtrise des mers n'allait pas sans un développement des relations maritimes

et commerciales. C'est dans le dessein d'ouvrir des débouchés africains à sa flotte qu'il organisa, avec l'aide de marins phéniciens*, la première circumnavigation de l'Afrique. Néchao mourut sans avoir pu prendre sa revanche sur ses adversaires babyloniens.

nécropole. Dès le néolithique, les Égyptiens ensevelirent leurs morts dans des nécropoles situées hors des villages ; le site de Mérimdé*, où les tombes se trouvent dans le village même, représente la seule exception. On plaçait, en général, les nécropoles vers l'occident de la cité, c'est-à-dire sur la route qui conduisait aux demeures de l'Amenti*. On les aménageait sur des buttes aux confins du désert, afin qu'elles ne fussent pas touchées par l'inondation du Nil. Les Égyptiens appelaient leurs nécropoles « villes d'éternité », mais les différentes nécropoles portaient des noms comme Rosétaou, qui est la nécropole de Memphis*. Les nécropoles égyptiennes étaient de véritables cités vivantes, où, dans le jour, on rencontrait les ouvriers chargés de l'entretien des anciennes tombes et de la construction de tombes nouvelles, les prêtres* funéraires qui assuraient le service d'offrandes*, les particuliers qui venaient participer à quelque banquet funéraire, apporter quelque lettre* au mort ou simplement prendre l'air. La nécropole possédait aussi son centre administratif, où l'on surveillait le travail des ouvriers, où l'on distribuait les concessions et où l'on entretenait des inspecteurs chargés de la police de la nécropole et du contrôle des prêtres. Cependant, lorsque tombait la nuit, la surveillance des gardes ne pouvait empêcher les violations* de tombes.

Rappelons aussi l'existence des nécropoles d'animaux* sacrés et surtout celles des Apis* à Memphis, le sérapéum*.

Nectanébo → Sebennytos.

Néfertiti, épouse d'Aménophis IV ou Akhnaton*.

Son nom signifie « la belle est venue » mais on ne sait rien de sûr quant à son origine. On a pensé que Néfertiti serait le nom égyptien qu'aurait pris la princesse mitanienne Tadoughépa, envoyée en Égypte à la demande d'Aménophis III* pour épouser ce pharaon mais qui aurait finalement échoué dans le harem d'Akhnaton après la mort survenue très rapidement d'Aménophis III. Selon d'autres égyptologues Néfertiti serait une fille d'Aménophis III, donc une sœur d'Akhnaton, ce qui paraît douteux. Il semblerait plutôt qu'elle ait été une Égyptienne de petite noblesse, fille d'Ay*, fonctionnaire de la cour destiné à devenir pharaon et d'une épouse dont on ignore le nom car sa femme Ti n'est jamais dite que « nourrice » de Néfertiti. On ne sait donc ni quand ni pourquoi Akhnaton a épousé Néfertiti.

Il n'est pas, dans l'histoire de l'Égypte, de reine qui ait été plus étroitement associée au trône de son époux. Dans toutes les représentations royales amarniennes on la rencontre toujours aux côtés du roi avec leurs filles dont le nombre augmente sur les stèles et les peintures à mesure de leur naissance, ce qui est pour nous un témoin chronologique. Ainsi voit-on le couple royal dans l'intimité, mangeant en famille, s'enlaçant lors d'une promenade en char, en compagnie de la reine Tiy, ou au cours de cérémonies officielles, recevant sujets ou ambassadeurs, officiant lors du culte, distribuant l'or aux hauts fonctionnaires. Parmi les filles du couple royal, l'aînée, Meritaton, épousa Smenkhkarê ; la seconde, Maketaton, mourut prématurément, certains ont prétendu en accouchant d'un enfant qu'elle aurait eu d'Akhnaton lui-même ; sa tombe a été retrouvée dans la nécropole d'Amarna ; la troisième, Ankhsenpaaton, épousa Toutankhamon* (elle prit ensuite le nom d'Ankhsenamon) ; selon certain égyptologues elle aurait eu auparavant de son propre père, Akhnaton, Ankhsenpaaton-Tashéry. Les trois autres filles ne sont pour nous que des noms : Néfernéferouaton, Néfernéferourê et Sétépenrê ; on a supposé, légitimement, que ces deux dernières ne seraient pas nées d'Akhnaton mais d'un amant de Néfertiti, peut-être son sculpteur favori Djehoutimès. Dans les dernières années du règne d'Akhnaton (sans doute trois ans avant sa mort), Néfertiti se sépara de son époux sans cependant avoir été répudiée. Retirée dans le palais septentrional appelé Het Iten (le Château d'Aton) il semble qu'elle ait conti-

nué de régner parallèlement à son époux, après avoir recueilli Toutankhamon et son épouse. On peut dater de cette période la représentation de la barque royale sur laquelle on voit Néfertiti vêtue d'un pagne et portant sa couronne caractéristique, menaçant d'une massue un ennemi du nord de l'Égypte qu'elle tient par la chevelure. Jamais aucune reine, même pas Hatshepsout*, n'a été représentée dans cette fonction guerrière propre au pharaon. On ignore totalement ce qu'est devenue Néfertiti après la mort de son époux ni quand elle mourut.

Néfertoum. Le nom de cette divinité peu caractérisée implique une notion de perfection et de beauté. C'est le lotus bleu primordial duquel s'élance le soleil le jour de la création. La théologie memphite en a fait le fils de Ptah* et de Sekhmet*. Il est représenté sous la forme d'un homme portant une coiffe en forme de lotus ou un homme à tête de lion.

Neith, déesse sans doute originaire de Saïs*, où elle fut adorée de tout temps.

Il semble qu'à l'origine elle ait été une divinité de caractère guerrier, ce qui explique ses attributs : un arc et des flèches (propres aux Bédouins* du désert). À l'époque prédynastique*, elle est devenue déesse du Delta* et elle porte la couronne* rouge du Nord, qui resta l'un de ses attributs. Son aspect de déesse industrieuse, qui enseigna aux hommes l'art du tissage, la fit confondre par les Grecs avec Athéna. Son culte s'étendit en Haute-Égypte et on la trouve à Esneh*, formant une triade avec Khnoum* et Satis*. Par ailleurs, elle était avec Isis*, Nephthys* et Selkis*, la gardienne des viscères des morts. À l'époque saïte*, sa cité étant érigée en capitale, elle devint divinité d'État pendant quelques décennies.

Nekhbet, déesse-vautour d'El-Kab*.

Les rois se mettaient sous sa protection et elle est souvent représentée au-dessus d'eux, sous l'apparence d'un vautour. Elle symbolisait la Haute-Égypte, de même que Ouadjet (→ **uræus**) symbolisait le Delta* ; en conséquence, dans le protocole royal, le roi portait le titre de nebty (→ titulature). Elle présidait aussi aux naissances*.

néolithique. Cette période préhistorique, vulgairement appelée à tort « de la pierre polie », est représentée en Égypte par divers sites types : dans le Nord au Fayoum*, à El Omari* et à Mérimdé-Beni-Salamé, dont on a fait le méridien* ; au Sud, cette culture est représentée par le tasien*, d'après le site témoin situé au nord de Deir Tasa, dans la région de Mostagedda, à côté de stations de peu d'importance à Gourna et Assouan*. Chacun des quatre grands sites caractéristiques est décrit dans des articles différents.

On découvre une véritable solution de continuité entre les cultures paléolithiques de l'Égypte et son néolithique, qui apparaît comme l'ancêtre réel de la civilisation pharaonique. Il semblerait que ce soit en Asie qu'il faille chercher les origines des cultures néolithiques égyptiennes. Cependant, si l'on trouve des analogies entre les stations néolithiques du Delta et du Fayoum, il y a des différences profondes entre le néolithique du Nord et celui de la Haute-Égypte (tasien). Les différences sont marquées autant dans les usages funéraires que dans les formes et les techniques des poteries et la morphologie des outils. Néanmoins, on retrouve dans toutes les stations les grands caractères du néolithique : apparition d'agglomérations stables, voire d'un essai d'urbanisme (Mérimdé), groupement des familles sous une autorité, forme élémentaire de la propriété familiale, visible dans les greniers appartenant en propre aux habitations, domestication des ovins, des bovidés, des porcs, des chiens, naissance de l'agriculture, découverte du tissage, de la vannerie, de la céramique ; il est cependant à remarquer que les habitants du Fayoum n'ont que peu pratiqué l'élevage (seulement celui du porc), s'adonnant plus particulièrement à la pêche, à la chasse et à une agriculture proche du jardinage primitif. La séquence des cultures ainsi révélées est délicate à établir et reste un beau sujet de discussion entre les spécialistes. Avec la datation moyenne de 4 300 av. J.-C., le néolithique A du Fayoum semble le plus ancien, tandis que la station d'El-Omari est plus récente de près d'un millénaire. Entre ces

deux cultures du Nord peut se placer le méridien. La civilisation tasienne ayant été datée d'environ 4 000 av. J.-C., elle serait contemporaine du méridien et elle conduit directement au badarien, qui ouvre, en Moyenne-Égypte, la période énéolithique ou prédynastique*.

Nephthys. Nebet Het en égyptien, nom qui signifie « maîtresse du château », sans doute originaire de Diospolis Parva (Behedet, actuellement Damanhour), dans le Delta*, où Horus* possédait un sanctuaire.

La spéculation des prêtres* d'Héliopolis* l'intégra dans l'Ennéade* et en fit la sœur et épouse de Seth*, sans doute pour faire pendant au couple Osiris*-Isis* ; cependant, Nephthys ne prend pas parti pour Seth, mais pour Osiris, et c'est avec lui qu'elle se lamente sur le sort de leur frère et qu'elle participe à l'œuvre de résurrection du dieu. Compagne stérile de Seth, dieu du désert* stérile, elle est appelée, dans un texte des Pyramides*, « concubine sans matrice ».

Nil (→ Hapy.)

nilomètres. On donne ce nom à des puits aux parois graduées creusés souvent près des temples et en correspondance avec la nappe souterraine du Nil. Le plus célèbre de ces nilomètres est peut-être celui d'Éléphantine* ; on y accède par un escalier coudé de 90 marches, qui descendent dans le fleuve, et sur les parois sont marquées les graduations. Le bassin sacré du temple de Dendérah*, avec ses bords maçonnés en pierre, ses escaliers à chacun de ses angles, dans un remarquable état de conservation, faisait aussi office de nilomètre ; à Edfou* ce n'est qu'un escalier en descente aménagé dans l'épaisse muraille servant de péribole, sur le côté intérieur est. Ainsi, au début de la montée des eaux, on pouvait, selon qu'elles correspondaient aux graduations normales, les dépassaient ou restaient en dessous, prévoir quelle serait la hauteur de la crue afin de parer dans la mesure du possible aux dangers d'une crue trop forte ou trop faible.

nom. Les Égyptiens n'ont pas connu de nom tribal, et on ne trouve le nom familial

« fils d'un tel » que dans les familles li-byennes de basse époque, ou, plus tard en-core, sous la dynastie des Lagides. En géné-ral, les anciens Égyptiens connaissaient trois sortes de noms : le « grand nom », le « beau nom » et le surnom. Le grand nom est constitué par un phrase qui possède toujours une signification et revêt souvent un caractère religieux ; ainsi, Sénousret (grec Sésostris) signifie « Fils de la déesse Ousret » ; Amenhotep (grec Aménophis), « Amon est satisfait » ; Thoutmès, « Toth a engendré ». Au Nouvel Empire*, les parti-culiers portent le nom d'un dieu : Horus, Khons, Hathor, Sekhmet. Les noms mas-culins furent aussi donnés à des femmes, mais, en général, les noms féminins se dis-tinguaient nettement ; elles étaient « Fille d'Hathor » ou « Servante de Rê ». On pla-çait aussi les enfants sous la protection royale, et, à côté d'un premier nom divin, on pouvait s'appeler « Amménémès est vic-torieux », au point que cet autre nom pou-vait être changé lors d'un nouveau règne. Mais on trouve couramment des noms pro-fanes qui expriment souvent un souhait des parents ou leur joie ; ainsi : « Sois le bien-venu », « Richesse est arrivée », ou encore « Son père vit » lorsque le nouveau-né a perdu son père, qui vit en lui ; parmi les noms féminins de cette série, Néfertiti, qui signifie « La belle est venue », est certaine-ment le plus célèbre.

Le « beau nom » était l'abréviation du grand nom, par laquelle on désignait com-munément la personne qui le portait ; ainsi, Ouahsouamon était appelé « Ouah », Am-ménémès se transformait en « Améni » et Amenemheb en « Méhé ». Ce beau nom est cependant souvent sans rapport avec le grand nom et apparaît alors comme un véri-table surnom ; ainsi trouve-t-on couram-ment usités des noms comme Chéry, « le Petit », ou Nekhti, « le Fort ». À côté de ces noms, les rois avaient droit à une titulature* des plus complexes.

Pour un Égyptien, le nom n'était pas une simple désignation ; il adhérait à l'individu dont il était une partie essentielle et vi-vante, et apparaissait comme le support de son moi. Ainsi, par la connaissance du nom, on pouvait dominer magiquement un individu ; le prototype de cette croyance se trouve dans le mythe d'Isis*, qui domine

Rê* par la connaissance de son nom. Ayant aussi sa vie propre, il pouvait donc être tué, et entraîner par là son porteur dans le néant. C'est pourquoi, dans les rituels funé-raires, intervenaient des formulaires pour la conservation du nom, en particulier à la basse époque, où on les trouve développés dans le second *Livre des Respirations** et dans les abrégés de ces livres qu'on faisait pour les pauvres. C'est aussi ce qui fait comprendre pourquoi, lorsqu'on voulait anéantir totalement un individu, on suppri-mait son nom des inscriptions en le martel-ant, comme on le fit pour Hatshepsout* ou Akhnaton*.

nomarque. Le rôle de directeur de l'agriculture du nome* et l'aspect écono-mique de la province sont marqués par le plus ancien nom du nomarque, « Celui qui creuse les canaux ». Le nomarque est le prince (*hétya*) de la province et ses attribu-tions sont administratives, judiciaires, mili-taires et religieuses. Il est le premier prêtre* de la divinité locale et des clergés* de son nome ; sous l'Ancien Empire*, il recrute les troupes qui constitueront l'armée du pha-raon, et aux époques thébaines il disposera de forces militaires pour assurer la sécurité intérieure du nome. Directeur des fonction-naires* du nome, il a sous sa juridiction les chefs de ville (*heqa nyout*) et les chefs de château (*hequa het*), dont on ne connaît d'ailleurs pas les attributions exactes.

Durant l'Ancien Empire, les nomarques étaient choisis dans la famille du roi et rési-daient plus souvent à la cour que dans leur nome. À partir de la V⁰ dynastie, la direc-tion du nome devient héréditaire, et de plus en plus les nomarques résident dans leur province et se font ensevelir dans leur pe-tite capitale, où ils tiennent leur propre cour. Pendant la première période intermé-diaire, ils se rendent indépendants et constituent une noblesse maîtresse de son territoire. Les rois du Moyen Empire*, issus eux-mêmes de vieilles familles de no-marques, composent avec leurs anciens pairs, tout en modifiant leur statut. Sans doute, ils tiennent compte du droit héré-ditaire, mais c'est du roi que le nomarque tient sa province et il se pique d'être un fonctionnaire fidèle et méritant ; cepen-dant, il cherche plus encore à être aimé de son peuple, dont il défend l'intérêt plus que celui du souverain. À cette époque, le nomarque possède une administration financière, militaire, judiciaire, calquée sur l'administration centrale. Cette noblesse disparaîtra pendant l'époque hyksos* et ses domaines reviendront à l'État et aux temples*.

Les nomes subsisteront, mais pendant le Nouvel Empire* l'administration provinciale perdra ses prérogatives au profit d'une administration fortement centralisée. Le nomarque, encore puissant et conservant de nombreuses fonctions, ne sera jamais qu'un haut fonctionnaire entièrement soumis aux décisions du pouvoir central pour ce qui est des questions d'importance ; malgré de nombreuses différences, on pourrait le comparer à nos actuels préfets. Ce n'est qu'à basse époque que les princes des nomes reconstitueront à leur profit des fiefs héréditaires jusqu'à ce que les Ptolémées* et les Romains en fassent à nouveau de fidèles et ponctuels fonctionnaires.

nome. Au néolithique*, les clans nomades se fixèrent le long du Nil pour pratiquer le jardinage, la pêche* et la chasse* avant de constituer des villages permanents permettant une culture suivie des terres adjacentes. Les territoires où s'étaient ainsi établis les clans formèrent des petites principautés qui furent fédérées en royaumes (à certaines époques, deux dans le Delta* et un en Haute-Égypte), avant que les rois d'Hiérakonpolis* n'unissent la Basse et la Haute-Égypte en un empire. Après cette unification les anciens territoires de clans constituèrent des provinces de caractère économique (agricole) et fiscal. Appelées nomes par les Grecs et *sepat* par les Égyptiens, ces provinces possédaient un chef-lieu, ville *(nyout)* bâtie à un croisement de routes, comme l'indique l'hiéroglyphe* du mot, représenté par une croix dans un cercle, un temple de la divinité de clan devenue dieu tutélaire de la cité (*Het neter*, « château du dieu »), un autre château du nomarque* *(Heqa het)*, son enseigne, dont le caractère primitif est très marqué, ses fêtes locales, ses interdictions rituelles et alimentaires.

Sous l'Ancien Empire*, il y avait en tout environ XXXVIII nomes ; certains nomes ayant été par la suite dédoublés, leur nombre se fixa à XX pour le Delta et XXII pour la Haute-Égypte. Lorsque les rois fondaient un nouveau nome ou un nouveau village, cette fondation était accompagnée de rites et des bornes limitaient la juridiction du nomarque. Les nomes eux-mêmes étaient de petite étendue, 30 à 40 km en longueur, à cheval sur le Nil si la vallée était étroite, ou limitée par le fleuve et le désert si la vallée était plus large. Sans doute les limites des nomes varièrent selon les époques, mais la division administrative en nomes subsista pendant toute l'histoire égyptienne.

Noun. À l'origine, c'est l'Océan primordial, dont le Nil débordant dans le Delta* ou le vaste lac Mœris* furent les modèles. On verra, en se reportant aux articles Cosmogonie, Ennéade et Ogdoade, ce qu'en a fait la spéculation théologique.

nourriture. La base de l'alimentation en Égypte était le pain et la bière. Le pain était fait à partir de blé surtout, mais aussi d'autres céréales et même de lotus. Les pauvres se contentaient de cette nourriture, tout en y adjoignant des dattes, des figues ou des raisins, ou parfois préparaient une oie ou un canard rôti sur le foyer de charbon de bois. Les habitants des marais mangeaient aussi les tiges de lotus, le fruit du lis et les tiges de papyrus. Les gens aisés, toutefois, ne se contentaient pas d'une nourriture aussi simple et les repas pouvaient être somptueux ; sur les tables royales étaient présentées plusieurs sortes de volailles : oie, canards, pigeons, cailles, et de la viande, bœuf surtout, dont les Égyptiens étaient de grands consommateurs. Les poissons du Nil n'étaient pas prisés partout également, mais ils pouvaient être mangés soit cuits, soit seulement séchés et salés. À côté des légumes variés et des fruits frais et secs, on servait aussi, aux repas, des « douceurs » à base de miel et de grains de caroubier, qui servaient à sucrer. En ce qui concerne les produits laitiers, on ne peut savoir avec certitude si le beurre et les fromages étaient connus. Les Égyptiens faisaient sans doute trois repas par jour, mais on ne sait lequel était le plus important ; tous les aliments étaient mangés avec les doigts, et on mettait à la disposition des convives des rince-doigts. → **agriculture, arbres, boissons, céréales, plantes.**

Nout. Dans les conceptions cosmogoniques primitives, Nout, le Ciel, épouse de Geb*, la Terre, donna naissance à Rê*, le Soleil. Elle est représentée sous les traits d'un femme dont le corps est recourbé en arc de cercle, les mains vers le couchant, les pieds à l'orient. Elle avalait chaque soir Rê, pour le faire renaître le matin. Mais dans le système héliopolitain (→ **Ennéade**), Geb et Nout sont les enfants de Shou* et Tefnout*, l'air et l'humidité. Nout, après avoir été séparée de Geb par Shou, donna naissance à Isis*, Osiris*, Seth*, Nephthys* et Horus* l'Aîné (Haroeris), pendant les cinq jours épagomènes (→ **calendrier**) que Thot* créa pour elle, après qu'elle eut gagné contre lui une partie de jeu. Elle est figurée aussi sous l'aspect d'une vache, soutenue par Shou et par d'autres dieux. Sans doute, la déesse locale à laquelle elle avait été assimilée était-elle une déesse-vache. Nout était honorée à Héliopolis*.

Nouvel Empire → Empire (Nouvel).

Nubie. Le nom grec de Nubie viendrait soit des Nubae, peuple de race éthiopienne qui occupait la rive gauche du Nil depuis Méroé, au sud de Napata*, jusqu'aux grandes boucles du Nil, soit de Noub, qui signifie « or » en égyptien ; et, en fait, ce métal est l'une des grandes richesses de la Nubie, avec le bétail, l'ivoire, l'ébène, les peaux des bêtes fauves ; la gomme, les céréales, les Pygmées*, l'encens, les animaux de ménagerie représentaient aussi des richesses appréciées des pharaons. Les Égyptiens faisaient commencer la Nubie à la première cataracte, à Éléphantine*, dont le nome *ta satet* appartenait à l'origine à la Nubie et fut rattaché à l'Égypte dès la Ire dynastie.

Selon une tradition de basse époque, ce serait sous le règne de Djeser* qu'aurait été rattachée à l'Égypte la partie nord de la Basse Nubie qui s'étend d'Assouan à Tacompso, et que les Grecs appelèrent Dodécaschœne (territoire s'étendant sur douze schœnes, mesure de longueur grecque). Sous les rois de la VIe dynastie, les princes

des tribus s'échelonnant le long du Nil : Irthet, Ouaouat, Yam, Medja, payaient un tribut en bois et en guerriers, et fournissaient déjà un corps de police. Au Moyen Empire, Sésostris Ier* et Sésostris III* annexent la Basse Nubie *(ta Sit)* et parviennent aux confins de la Haute Nubie, le Koush*, dont il est question pour la première fois. Sésostris III bâtit une forteresse sur la nouvelle frontière où il dédie un sanctuaire à Khnoum* et un au dieu tutélaire de la Nubie, Dédoun*. Le Nouvel Empire fait de la Basse Nubie et du Koush (appelé aussi Éthiopie par les Grecs) une vaste colonie possédant son administration propre sous la direction d'un gouverneur, appelé « fils royal de Koush », véritable vice-roi, aux pouvoirs les plus étendus. La Nubie s'étend alors jusqu'au-delà de Napata*, qui deviendra par la suite la capitale du royaume d'où sortira la dynastie nubienne.

nubienne (dynastie). On ne sait à peu près rien de Kashta, roi de Napata* au VIIIe siècle av. J.-C. Son fils Piankhi lui succéda vers 751. Lorsque Tefnakht* pénétra en Moyenne-Égypte (v. 730), Piankhi, qui occupait la Haute-Égypte on ne sait depuis quand, s'opposa à la marche du prince saïte, qui fut vaincu et dût redescendre vers le Delta*. Piankhi enleva Memphis* et reçut la soumission des princes du Delta et de Tefnakht. Piankhi, qu'on considère comme le fondateur de la XXVe dynastie (nubienne) rentra alors à Napata*, d'où il régna sur la Haute-Égypte, par l'intermédiaire de la divine adoratrice d'Amon*, Aménardis.

Le successeur de Piankhi, qui était peut-être son frère, Shabaka (716-701), vint s'installer à Thèbes*, et il semble qu'il dut faire une nouvelle conquête du Delta, qui avait échappé à la domination de Piankhi. Son fils Shabataka lui succéda, mais le véritable pouvoir appartenait à Taharqa, fils de Piankhi.

C'est à Taharqa que la tradition attribue la reconquête du Delta sur Bocchoris* en 715. Quelques années plus tard, il marcha à la tête d'une armée contre le roi d'Assyrie Sennachérib, qui assiégeait Jérusalem. Les Assyriens* se retirèrent sans combattre, et en 689 Taharqa succéda à Shabataka. Son règne fut marqué par des constructions, surtout à Thèbes*, et par une guerre contre

Assarhaddon. Lorsqu'il mourut en 664, Tanoutamon, fils de Shabataka, lui succéda. Il fit une campagne victorieuse dans le Delta contre les princes égyptiens soumis aux Assyriens, mais il dut fuir à Thèbes et finalement à Napata, devant l'armée assyrienne d'Assourbanipal. On a des traces de sa domination sur Thèbes encore en 655, puis la dynastie ne continua plus de régner que sur son royaume primitif de Napata.

nuit (Livre de la). Datant du Nouvel Empire*, il a été ainsi nommé par les égyptologues, car il décrit les douze régions qui correspondent aux douze heures de la nuit, et qui rappellent le *Livre de l'Amdouat*.

Oasis, mot qui nous vient, par l'intermédiaire du grec, de l'ancien égyptien *ouhat.*

Les Égyptiens appelaient les « sept oasis » ces régions de verdure riches en eau au milieu des déserts voisins de la vallée du Nil, les actuelles oasis de Khargèh, Dakhlèh, Baharièh, Farafra, Siouah et l'ouadi Natroun, d'où venait, dès l'Ancien Empire, le natron nécessaire aux embaumements*. Les Égyptiens de l'Ancien Empire* occupèrent temporairement certaines oasis, l'ensemble n'ayant été intégré à l'Égypte qu'au Moyen Empire. Néanmoins, l'archéologie n'a rendu que peu d'éléments remontant à ces époques.

Une exception d'importance, cependant. Dans le village de Balat, dans l'oasis de Dakhlèh, ont été identifiés des habitats du néolithique et surtout des ruines de constructions de l'Ancien Empire.

La plupart des habitats dans l'ensemble des oasis datent de basse époque, et surtout de la période grecque. La principale de ces oasis est celle de Khargèh, que mentionne Hérodote* sous le nom de « Ilc des Bienheureux ».

Les habitants, des oasis (Oasiens, égypt. *ouhatyou*), et plus particulièrement ceux de l'ouadi Natroun, lequel n'a rendu aucune ruine pharaonique, venaient dans la vallée du Nil vendre leurs produits locaux, natron, dattes et surtout vins réputés, et ânes*, dont faisaient un élevage intensif ces gens qui devaient sans cesse affronter les pistes du désert.

obélisque. Ce terme (du grec *obeliskos*) désigne un long bloc de pierre, quadrangulaire à la base, qui s'élève en s'affinant pour se terminer en pointe ; les Égyptiens l'appelaient *tekhen* et en avaient fait le symbole du dieu-soleil d'Héliopolis*, Rê* ; il est alors étroitement lié au phénix*. On a voulu y voir la pétrification des rayons du soleil (« Les obélisques représentent les rayons de l'astre », écrit Pline l'Ancien qui ajoute que le premier à en avoir érigé un fut Mesphrès qui régnait dans la ville du Soleil, à la suite d'un rêve), mais cette vue, justifiée pour les pyramides*, paraît ici erronée ou ne peut être qu'une interprétation secondaire. En fait, l'obélisque se rattache au culte des pierres levées et il faut plutôt y voir l'évolution de la pierre sacrée primitive sur laquelle se dresse le soleil à son lever. On le voit apparaître pour la première fois dans les temples solaires de la Ve dynastie, où il est le centre du sanctuaire et couronne une pyramide tronquée. C'est alors un monument massif, relativement bas et trapu qui devait atteindre dans les 36 m de hauteur. C'est aussi de la Ve dynastie que sont datés de petits obélisques en calcaire qu'on plaçait de part et d'autre des portes des tombes, en particulier à Héliopolis, Memphis* et Gizeh*. Sur la face frontale de l'obélisque étaient inscrits les noms et les titres du propriétaire de la tombe, lequel pouvait aussi bien être un simple particulier : tel est le cas de Sheshi, scribe d'Héliopolis.

Ce n'est qu'au Moyen Empire* qu'on trouve l'obélisque classique, toujours taillé dans le granit rose d'Assouan, désormais lié à un temple. Le Nouvel Empire voit les obélisques se multiplier ; on les dresse par paires devant les pylônes*, plus rarement on les trouve dans l'axe des temples*. Ils étaient érigés par les souverains lors de leur jubilé (→ Sed [fête]) et représentaient un hommage à Rê. On ne les consacrait qu'à des divinités solaires, c'est-à-dire Rê et les dieux qui s'y étaient associés : Amon*, Shou*, Isis*, Rê-Harakhti, Osiris*, Khnoum*, Ptah*, Thot*, Neith*, Atoum*, Khepri, Mnévis*. Leurs faces étaient couvertes d'inscriptions dédicatoires, frappées du cartouche* du pharaon qui les avait fait édifier, ce qui nous permet de les dater avec précision. Les plus grands obélisques datent des époques de plus grande puissance de l'Égypte, le plus haut qui nous reste étant celui de Thoutmôsis III*, avec 37,77m ; certains textes nous apprennent que ce roi en fit ériger un mesurant 57 m.

Grâce aux représentations égyptiennes et aux monuments en place dans les carrières (obélisque non terminé d'Assouan*), nous savons qu'ils étaient taillés sur place, dans la carrière d'où on avait extrait la pierre en un seul bloc. Il était alors traîné jusqu'au Nil sur des rouleaux de bois et embarqué sur une énorme barge traînée par plusieurs bateaux à rames, pour être conduit par cette voie jusqu'auprès du temple auquel il était destiné. Il était alors mis en place grâce à une rampe en terre au bout de laquelle on le faisait basculer pour le dresser. Engelbach a calculé que, pour ce travail, on avait dû employer environ 6 000 hommes tirant 40 cordages épais de 18,4 cm. Les plus grands obélisques qui subsistent, outre celui de Touthmôsis III déjà cité, sont ceux de la place San Giovanni in Laterano, à Rome, qui mesure 32, 18 m et pèse 105, 60 tonnes, d'Hatshepsout à Karnak (29, 56 m et 97 t), de la place Saint-Pierre à Rome (25, 37 m et 83, 25 t), de Ramsès II à Louqsor (25 m et 82 t) de la place del Popolo à Rome (23, 20 m et 76, 10 t), de Ramsès II à Paris, place de la Concorde

(22, 55 m et 74 t). C'est Rome qui possède le plus grand nombre de ces monuments (treize), transportés dans l'Antiquité.

offrande. Lors du culte divin quotidien, les offrandes étaient symboliques et consistaient en l'œil d'Horus (→ oudjat) et dans une statuette de Maât*. Cependant, des offrandes choisies étaient disposées sur les tables* d'offrandes qu'on déposait lors de la cérémonie du culte, devant la statue du dieu et devant les effigies des autres divinités habitant le temple, ainsi que devant celles des rois ou des hommes divinisés qui y étaient logés. Les jours de fête, les autels se chargeaient même d'offrandes extraordinaires. Ces offrandes provenaient des fondations royales, lesquelles étaient généralement des dons de terres destinées à assurer les offrandes, et des terres des temples. Elles consistaient en cruches de bière et de vin, viande de bœuf, volailles, oiseaux, légumes, pains et gâteaux.

Selon les jours et les fêtes, le nombre de ces offrandes variait énormément ; cela vient du fait que, après avoir été proposées aux dieux, les offrandes étaient partagées entre les participants. Lors des cérémonies journalières, il n'y avait que quelques prêtres et quelques laïcs, et les offrandes, qui servaient ensuite à les nourrir, étaient proportionnées à leur nombre. Mais lors des grandes fêtes, où se rencontrait un grand concours de peuple, il fallait des milliers de pains, des centaines de cruches de boissons, des centaines de volatiles et de gâteaux et plusieurs bœufs pour pouvoir nourrir tout ce monde. On remarquera alors que, dans la plupart des cultes, ce sont les fidèles qui apportent aux dieux les offrandes, qui seront ensuite consommées par le peuple ; dans les fêtes égyptiennes, ce sont les rois et les domaines du dieu qui fournissent les offrandes qui iront enfin réjouir le cœur des fidèles.

offrandes funéraires. Le mort, qui survivait dans sa tombe, possédait les mêmes besoins que les vivants et il lui fallait de la nourriture pour subsister. Une des choses les plus redoutées par le mort était de manquer de nourriture, au point de devoir manger ses excréments et de boire son urine. Dans l'Ancien Empire*, le roi accordait à ses courtisans comme suprême faveur de leur faire partager son immortalité solaire ; il les autorisait à se faire ériger une tombe auprès de sa pyramide* et il se chargeait de leur nourriture dans l'au-delà. C'est pourquoi, aux époques ultérieures, dans les formules d'offrandes, les dons sont toujours attribués au roi et à une divinité funéraire, Osiris* ou Anubis*. Cependant, dans le principe, la continuation du culte primitif des ancêtres attribuait au fils le devoir de pourvoir au service d'offrandes. Mais, connaissant les défaillances humaines, les Égyptiens avaient inventé d'autres moyens pour assurer leur culte funéraire. Déjà le roi avait ses prêtres funéraires, « serviteurs du ka », qui touchaient des revenus pour assurer son service d'offrandes. Les grands entretinrent aussi des prêtres dans le même dessein.

La vulgarisation des sépultures particulières fit qu'au Moyen Empire* les propriétaires de tombes ne se choisirent qu'un seul prêtre*, avec lequel ils passaient un contrat. Mais cela ne paraissait pas suffisant et on se mit à peindre sur les parois des tombes les biens nécessaires à la vie d'outre-tombe : les tables* d'offrandes furent représentées peintes, croulant sous la nourriture, et afin de leur donner une réalité, on les accompagna de formules qui, magiquement, les rendaient efficaces. Ces formules commencent toujours par les mots *hotep di nesou*, « présent donné par le roi » ; une des formules d'offrandes les plus courantes est celle-ci : « Offrande que le roi donne à Osiris*, seigneur de Busiris* le grand dieu, seigneur d'Abydos*, sortie de la voix, étant du pain et de la bière, du bœuf et de la volaille, des (plats) d'albâtre et des vêtements, toutes choses bonnes et pures de quoi vit un dieu ; à l'esprit de l'imakhou un tel, justifié. » Il y a là un don du roi au dieu Osiris et un don créé par la voix (sorti de la voix), fait à l'esprit du mort divinisé ; l'imakhou est le féal du roi, c'est-à-dire ici celui qui est nourri. Il suffisait qu'une formule semblable soit inscrite dans la tombe, ou simplement prononcée sur la tombe par un vivant, pour que le ka* puisse trouver la nourriture qui était nécessaire à sa survie.

Ogdoade. Alors que de nombreux systèmes de cosmogonie admettaient des groupes primordiaux de neuf dieux (ennéades*), l'originalité du système d'Hermopolis* fut d'imaginer une ogdoade, collège de huit dieux, d'où le nom de Khémnou (ville des « huit ») que portait Hermopolis. Le soleil avait été créé par ces quatre couples divins, dont les formes étaient inspirées par la faune grouillante des marais du Delta*, grenouilles et serpents (symbolisant ainsi l'eau primordiale que les Égyptiens imaginaient comme les étangs du Delta). Ces dieux possédaient cependant un autre caractère, qui apparaît dans leurs noms. Le premier couple est celui formé par Noun* et Naunet, l'Océan primordial ; le second est Heh et Hehet, l'infinité de l'espace (symbolisée par l'eau qui s'étale et qui cherche (heh) sa voie ?) ; le troisième est Kek et Keket, les ténèbres ; le quatrième est Niaou et Niat (qui s'écarte, disparaît) ou encore Amon* (le caché) et Amaunet.

Le clergé de Thèbes*, qui ne pouvait accepter une telle place pour Amon, s'empara de cette ogdoade et imagina un serpent hypostase d'Amon, appelé Kématef, « celui qui a accompli son temps », qui mourut après avoir engendré le serpent Irta, autre hypostase d'Amon, lequel créa l'Ogdoade. Kématef fut le dieu créateur primordial, l'Amon de Karnak*, Irta, l'Amon ithyphallique de Louqsor*. Ils firent de Thèbes le berceau des dieux de l'Ogdoade qui, après être allés à Hermopolis effectuer leur acte créateur, seraient revenus à Thèbes pour mourir sur la butte de Djémé (Médinet Habou*), où ils recevaient encore un culte à la fin de l'époque grecque.

oiseau. La vallée du Nil et les marais du Delta étaient riches en oiseaux de toutes espèces, et les peintures égyptiennes nous ont laissé de multiples représentations de ce petit monde aux plumes éclatantes de couleurs, qui volent dans les arbres et les papyrus*.

Mais, au-dessus d'eux, dans le ciel imperturbablement bleu, volaient les puissants oiseaux de proie. Le premier d'entre eux est le faucon, *harou*, dans lequel s'est incarné Horus*. À côté de lui volent le milan et le busard. Ce dernier est souvent confondu, dans les représentations hiéroglyphiques, avec le vautour d'Égypte *(Neophron percnopterus)*, différent de cet autre vautour commun *(Gyps fulvus)*, symbole de la déesse Mout. La nuit devient le domaine du hibou, de l'effraie, de la chevêche, de la chouette.

Dans les marais vivaient le vanneau, le flamant rose, le héron cendré — qui n'est autre que le phénix* —, la grue, le canard et l'oie sauvages, gibiers goûtés du chasseur. La cigogne noire a été choisie pour symboliser l'âme* ba, dans les représentations hiéroglyphiques, tandis que l'akh est figuré par l'ibis à crête *(Conatibis comata)* ; l'ibis sacré *(Ibis religiosa)* est, lui, l'incarnation de Thot*.

Ennemis des jardins sont le moineau *(nedjes)*, le loriot *(genou)*, le rollier *(sourout)*. Le pigeon, engraissé, la sarcelle, la caille, qui venaient par vagues au moment des migrations, étaient goûtés des gourmets, et sans doute aussi le *neh*, qui semble être la pintade de Guinée. Autres oiseaux migrateurs étaient l'hirondelle et ces oiseaux du Pount*, parfumés de myrrhe, qu'on capturait avec des filets. L'autruche *(niou)* était pourchassée dans le désert, recherchée pour la beauté des plumes ornant sa queue. Ajoutons à cette liste, qui est loin d'être exhaustive, la huppe, le cormoran et le vulgaire corbeau, sans oublier les volatiles de basse-cour*, dont il est parlé ailleurs.

Ombos. Cette ville (qu'il ne faut pas confondre avec Kôm* Ombo) était appelée par les Égyptiens Nebet (Ombos est son nom grec), et elle était la ville du dieu Seth*. Son nom signifie « (la ville de) l'or », nom qui lui serait venu du fait qu'elle se trouvait à l'aboutissement des caravanes qui ramenaient l'or du désert oriental (sans doute celui qui venait de la mine de Fuakhir, dans l'Ouadi Hammamat). Remontant à l'époque Prédynastique*, la cité aurait été la capitale d'un état amratien* et aurait, un moment, fait triompher le dieu Seth. Même après la victoire d'Osiris*, son adversaire, Seth aurait continué d'être adoré dans sa cité, et ses adorateurs auraient eu de violentes altercations avec les partisans d'Osiris de la cité voisine, Dendérah*, à peu de distance au nord, si l'on en croit le satirique romain Juvénal qui rapporte une sanglant combat entre les deux parties, qui aurait eu lieu à Coptos* au début du IIᵉ siècle de notre ère.

On avait d'abord songé à situer sur le site de Kôm Ombo cette ville. Mais les fouilles de Flinders Petrie aux environs de Nagada (→ **nagadien**), à la fin du siècle dernier, ont montré que l'antique cité se trouve sur la rive gauche du Nil, face à Coptos*, dans le voisinage de la moderne Kous. On y a retrouvé les substructures du temple de Seth qui remontent au début du Nouvel Empire*. Des remaniements indéterminés ont été aménagés sous les règnes de Thoutmôsis III*, Aménophis II* et Ramsès II*. Parmi le mobilier recueilli, il convient de citer un linteau de porte où l'on voit un prêtre de Seth adorer Amon* et Seth « Bel enfant du Soleil ».

onguents → cosmétiques et parfums.

Onouris, dieu de This et de Sebennytos.

Sa véritable personnalité est difficile à saisir. Son nom égyptien, *inher*, signifie « celui qui a ramené la (déesse) lointaine », et sa personnalité semble forgée en fonction de cette légende. C'est la raison pour laquelle il est identifié à Shou*, époux de Tefnout*, qui apparaît comme une forme de cette déesse. On l'assimile aussi au Thot* de Panébès, différent du Thot d'Hermopolis* et la déesse lointaine devient alors Hathor*. On le représente aussi sous la forme d'un dieu guerrier, coiffé de deux hautes plumes droites, et tirant une corde venue du ciel, qui semble n'être rien d'autre qu'une lance. Il est ainsi apparenté à Horus* le héros, prototype des dieux guerriers égyptiens, et, en tant que dieu guerrier protecteur, chassant les animaux sauvages, il est le « sauveur » qui apparaît sur des stèles ayant servi de modèles aux stèles magiques d'Horus sur les crocodiles*.

Opet (fête d'.) Chaque année, au milieu du mois de l'inondation, avait lieu la « belle fête d'Opet » au cours de laquelle Amon quittait son temple de Karnak pour faire une visite à Louqsor*, où régnait son hypostase Amon-Min. Le roi officiait en personne, et, après diverses cérémonies au temple de Karnak*, on amenait, sur des barques* portées sur les épaules des prêtres*, Amon*, Mout* et Khonsou*, le roi ayant droit à une quatrième barque. Les reliefs de la colonnade du temple de Louqsor, dus aux artistes du règne de Toutankhamon*, nous ont conservé les épisodes de ces cérémonies (certains d'entre eux ont été malheureusement endommagés). Le cortège, ouvert par un soldat donnant le départ et un joueur de tambour, parvenait au fleuve, où les barques sacrées étaient placées sur les barques fluviales, et, suivi des embarcations des pèlerins, au milieu des hymnes, des sons des sistres, des tambours et des luths, le dieu remontait le fleuve vers Louqsor. La barque d'Amon *(Ouserhet)*, était couverte d'or et de pierres rares. La flottille était suivie sur la berge par le reste du cortège : prêtres, soldats, musiciens et musiciennes, chanteurs, danseuses et acrobates, outre la foule du peuple (qui n'est pas représentée sur les reliefs). La procession quittait enfin le fleuve pour se rendre dans le temple en effectuant des offrandes dans des chapelles disposées le long du parcours. Les barques sacrées étaient portées dans leurs chapelles dans le temple de Louqsor où les dieux qui y étaient établis recevaient des offrandes. Des cérémonies, que nous ne connaissons pas, avaient lieu à Louqsor pendant les vingt-sept jours que durait la fête à l'époque ramesside. Le retour du dieu à Karnak se faisait à peu près dans les mêmes conditions que le voyage d'aller. À cette occasion étaient sacrifiés des bœufs aux cornes ornées de fleurs. Sous la XVIII\ᵉ dynastie, la fête débutait le quinzième jour du deuxième mois de l'inondation et il retournait à Karnak le 26. Mais à l'époque ramesside la fête débutait le dix-neuvième jour, pour se prolonger pendant vingt-quatre, puis vingt-sept jours.

oracles. Les oracles jouaient un rôle d'une certaine importance, surtout dans la vie privée. Sans doute, l'oracle d'Amon* confirma-t-il l'accession au trône de certains rois et les souverains eux-mêmes l'interrogeaient-ils parfois sur des questions d'intérêt politique ; mais on consultait plus volontiers un oracle pour des questions de moindre intérêt. Pour un vol : « Un tel est-il en possession de ce qu'on ne parvient plus à trouver ? Un tel n'a rien de ce qu'on ne parvient pas à trouver ? » le dieu avait le choix entre les deux questions, qu'on pouvait poser une seconde fois pour confirmer la première réponse ; mariage : « Épouserai-je la dame Une telle ? » ; vie professionnelle : « Serai-je blâmé ? Deviendrai-je un chef ? ». Les questions les plus naïves et les plus inattendues étaient ainsi soumises à la clairvoyance divine.

Les techniques oraculaires étaient tout aussi variées. Lorsqu'on posait une question au dieu lors d'une procession dans sa barque, il « contraignait » ses porteurs à avancer ou à reculer pour signifier oui ou non ; les dieux guérisseurs envoyaient des rêves aux patients pour leur indiquer une cure ; les prêtres*, qui facilitaient la tâche du dieu, avaient aménagé des conduits acoustiques dans les statues, afin de leur prêter leur voix pour répondre directement aux questions qui leur étaient posées par les dévots ; les questions pouvant se faire par écrit sur ostracon*, on rendait de même la réponse par oui ou non. Des oracles pouvaient enfin être rendus par les dieux qui pénétraient dans le corps d'un homme, qu'on voyait alors entrer en transes. De tous ces oracles, le plus universellement connu à basse époque est celui d'Amon dans l'oasis de Siouah, que nous connaissons surtout par les auteurs grecs et la visite qu'y fit Alexandre le Grand.

Osiris. Au cours des siècles, la personnalité d'Osiris s'est nourrie au point de former une divinité très complexe et cependant logique dans son développement, et particulièrement proche de la sensibilité de peuples qui vivent une religion de salut fondée par un homme-dieu qui a connu une « passion » parmi les autres hommes. C'est à Busiris* qu'apparaît Osiris, où il succède au dieu-pasteur Andjty, dont il prend tous les attributs. Il est tentant de voir dans cette figure un personnage historique, le premier peut-être qui, pendant la période obscure du prédynastique*, aurait unifié les clans du Delta*, voire l'Égypte entière. La plus ancienne version de sa geste se trouve dans les *Textes des Pyramides** ; il est alors intégré à l'Ennéade* héliopolitaine et il est montré comme enfant de Geb* et de Nout*, avec Isis*, Seth* et Nephthys*. Il apparaît dans ces textes que c'est aidé par Thot* que Seth, afin sans doute d'usurper le trône, fait périr Osiris, qui a succédé à son père Geb. Isis et

Nephthys recherchent son cadavre avec force lamentations*, et lorsqu'elles l'ont retrouvé les dieux lui rendent la vie.

Certains traits de la légende apparaissent à une époque plus tardive, comme l'embaumement par Anubis, qui est relaté dans un des *Textes des Sarcophages** (Moyen Empire) ; cependant, les *Textes des Pyramides* ne prétendant pas rapporter la légende dans son ensemble et n'y faisant que des allusions à divers propos, il semble que de nombreux éléments, qu'on ne trouve que dans le mythe rapporté par Plutarque (dans son traité *sur Isis et Osiris*), doivent remonter à une très haute époque. Dans ce texte, Geb et Nout ont leurs quatre enfants, auxquels est ajouté Haroeris (Horus* l'Aîné) ; ces cinq enfants naissent successivement pendant les cinq jours épagomènes (→ **calendrier**). Osiris succède à leur père Geb, et il règne avec sa sœur et épouse Isis ; il apporte aux hommes la connaissance de l'agriculture et les pratiques de la religion. Jaloux de ce règne bienfaisant, Seth et soixante-douze conjurés enferment Osiris dans un coffre au cours d'un festin et le jettent dans le Nil. Isis part alors en quête de ce cercueil que les flots ont apporté jusqu'aux rivages phéniciens de Byblos, où un érica pousse sur le coffre contenant le corps d'Osiris, le roi de Byblos fait tailler ce bel arbre en un pilier et Isis, qui parvient à Byblos, se fait donner la colonne et le cercueil, qu'elle ramène dans les marais de Chemnis, près de Bouto*, où elle enfante Horus. Seth, ayant appris l'aventure, profite d'une absence d'Isis pour s'emparer du coffre et dépecer le corps d'Osiris en quatorze morceaux qu'il disperse à travers l'Égypte. Isis recherche les morceaux, qu'elle ensevelit sur place et là furent élevés des sanctuaires osiriens, à la suite de quoi autant de cités d'Égypte se vantèrent de posséder la tombe du dieu. Osiris resta dans le royaume des morts, dont il devint le souverain. Selon une autre version, Thot, Anubis, Isis et Nephthys réunirent les morceaux et en firent un corps immortel par la momification. Le lieu où aurait été noyé Osiris était localisé : son nom était *Nédit* et il était situé sur le bord du fleuve, près d'Abydos. Dans l'Osireion d'Abydos était conservée la tête d'Osiris ; l'importance de cette partie de la dépouille du dieu justifie les pèlerinages en ce lieu saint. Quant à la nature de la tête du dieu, et son origine réelle, on en est réduit à des hypothèses. Il paraît cependant probable qu'il ne s'agissait pas d'une tête humaine momifiée, mais plutôt d'un symbole. La tête aurait été conservée dans une corbeille ou une cruche en terre cuite, et, soit ces contenants auraient été identifiés au contenu, soit ils auraient renfermé un simulacre de tête, peut-être en papyrus. Ce qui explique cette remarque (ironique) de Lucien, Syro-grec du IIe siècle de notre ère, selon qui dans certains villages d'Égypte « les uns considèrent l'épaule droite comme une divinité, tandis que ceux d'en face adorent la gauche. Ceux-ci révèrent la moitié de la tête, ceux-là un pot de terre ou un plat ».

Voici donc la légende constituée. Osiris est un roi mort et divinisé ; la conception de l'essence divine de la royauté est aussi vieille que l'institution elle-même, mais ici est intervenu un facteur capital : ce roi se distingua par sa bonté, et sa mort violente, qui forme contraste, a été le point de départ de sa légende et de sa fortune. Gardiner a fortement souligné cette relation d'Osiris avec la monarchie égyptienne. De fait, le dieu est donné comme le roi de l'Égypte entière, bien qu'il ne porte que la couronne* blanche du Sud (ce qui semble paradoxal, mais peut-être est-ce pour souligner que ce roi du Nord était aussi le maître du Sud). Il est toujours représenté comme le roi mort qui devient Osiris, tandis que son successeur est l'incarnation d'Horus, fils d'Osiris. Dès les *Textes des pyramides* le pharaon défunt est déjà identifié au dieu Horus : « Tu (à l'adresse de l'âme de Pépi) navigues sur la rivière du nome de This, tu navigues vers Abydos. Tu ouvres la porte des cieux dans l'horizon, les dieux joyeux viennent vers toi. Ils tirent ton âme dans le ciel, et ton âme prend place parmi eux. Tu apparais dans le ciel comme Horus issu de la matrice céleste, en cela ta forme qui sort de la bouche de Rê est celle d'Horus, le Premier des esprits. » Les fêtes d'Osiris célébrées à la fin de l'inondation ne prennent que secondairement un caractère agraire ; c'est avant tout la célébration de la résurrection du roi défunt dans son fils ; cette fête, « drame de la royauté », renouvelle l'histoire mythique d'Osiris et d'Horus. Les autres caractères religieux du culte d'Osiris se greffent sur cette légende. Osiris est en relation avec l'eau du Nil*, à laquelle son corps donne la force fécondante ; dans certaines variantes de la légende, au lieu de descendre le Nil dans un coffre, il est noyé directement dans le fleuve ; par ailleurs, lorsque Seth le déchiquète, seul son membre viril ne peut être retrouvé, car, tombé dans le Nil, il est avalé par l'oxyrhynque, poisson qui, dans le nome* de l'Oxyrhynque, est assimilé à Seth. Dieu fécondant, c'est aussi un dieu de la végétation ; comme elle, il meurt lors de l'inondation, pour renaître au printemps, après un séjour sous la terre, comme le grain semé. Cet aspect était marqué par les Égyptiens, qui, lors des fêtes d'Osiris, qui avaient lieu avant les semailles, façonnaient en limon un corps du dieu, où ils mettaient des grains qui levaient, couvrant la statuette de végétation ; on a retrouvé dans des tombes un certain nombre de ces Osiris végétant.

Par ailleurs, la spéculation héliopolitaine en a fait un dieu cosmique. Cette conception s'explique si l'on admet que, dès l'époque prédynastique, le roi défunt était assimilé à Osiris et qu'il a fallu faire entrer cette conception dans le cadre du dogme de la destinée* solaire du roi ; ce dernier rejoint Rê dans le ciel en tant qu'Osiris, qui, par le même coup, revêt le caractère céleste du roi mort. À la fin de l'Ancien Empire*, Osiris fut aussi assimilé au Dieu Grand (dieu céleste), comme l'avait été Horus avant lui. Cette conception est liée, en outre, à celle d'Osiris, dieu des Morts. Le roi mort continue de régner dans le monde inférieur, qui est une image du monde terrestre, comme Osiris mort règne dans ce monde « antipodique ». Par ailleurs, le soleil éclairant le monde des vivants, tandis que la lune illumine le monde des morts, Osiris fut identifié à la lune (Aah). C'est sans doute cette conception du roi continuant de vivre et de régner sur l'au-delà qui a finalement fait d'Osiris un dieu des morts ; à ce titre, il a assimilé les divinités funéraires des nécropoles égyptiennes et plus particulièrement Khentamentiou, « le maître (celui qui préside) des Occidentaux » à Abydos*, près de This, qui sera le berceau des premières dynasties thinites. Ce caractère chthonien triomphe surtout à

partir du Moyen Empire, lorsque la doctrine osirienne de salut (survie de l'âme donnée à tout homme) eut triomphé de la doctrine solaire et monarchique de l'Ancien Empire. Par ailleurs, le caractère d'Osiris, dieu du grain enfoui sous la terre pendant la germination, n'a pas peu contribué à consolider, par analogie, le caractère chthonien d'Osiris. À basse époque, lorsque les doctrines de salut écloses en Grèce et dans le Proche-Orient auront envahi le monde antique, Osiris ne conservera plus que ce caractère de dieu sauveur et chthonien.

Osorkon → libyennes (dynasties).

ostracon (pluriel ostraca), coquille, tesson de poterie.

Dès l'Ancien Empire*, on trouve ces éclats de roche et ces fragments de poterie sur lesquels les Égyptiens faisaient leurs comptes et leurs brouillons, dressaient les listes d'ouvriers*, rédigeaient des lettres, mais aussi copiaient des œuvres appartenant à tous les domaines de la littérature ; ces dernières étaient, en général, des brouillons d'écoliers et des exercices. Mais les ostraca ne servaient pas qu'aux scribes*, qui les couvraient de leur fine écriture (cursive hiératique) ; ils étaient pour les peintres un champ d'exercice où, échappant aux contraintes de l'art officiel, ils donnaient libre cours à leur verve satirique et à la spontanéité de leur sens de la vie.

Ouadjet → uræus et Bouto.

oudjat, signe, représenté par un œil fardé sous lequel est placée la marque caractéristique de la tête du faucon, qui signifie « celui qui est en bonne santé ».

C'est l'œil du dieu-faucon Horus*, qui, originellement, était l'œil du dieu du Ciel, c'est-à-dire le Soleil. Lorsque Rê* eut accaparé l'œil solaire, à l'époque héliopolitaine (Ancien Empire*), l'œil d'Horus devint l'œil lunaire. Cet œil d'Horus, arraché par Seth* lors de leurs luttes légendaires, puis rendu à son propriétaire triomphant, tient une grande place dans les mythes osiriens et dans la religion funéraire qui leur est attachée. Symbole de santé physique, mais aussi de fécondité et de voyance, l'œil oudjat se trouve représenté dans de nombreuses tombes* et il est devenu l'une des amulettes* les plus communes parmi les Égyptiens.

Ounamon. On ne sait si le personnage d'Ounamon est historique ni s'il a réellement accompli son voyage aux côtes de Syrie ; le fond du conte*, qui nous est connu par un papyrus hiératique*, représente bien une réalité historique : celle d'une Égypte affaiblie, dont les envoyés en Phénicie doivent essuyer toutes sortes de vexations. À la fin du Nouvel Empire*, Hérihor*, premier prophète* d'Amon* à Thèbes*, envoie Ounamon à Byblos pour ramener le bois nécessaire à l'entretien du temple d'Amon. Volé dans le pays des Tekkel, sur les côtes sud de la Phénicie, il parvient à Byblos, où le roi le reçoit froidement et réclame un supplément de cadeaux pour livrer le bois qu'autrefois il donnait en tribut. Ounamon repart poursuivi par les corsaires Tekkel et aborde à Alasia (Chypre), où il est mal reçu par la population ; il est conduit devant la reine du pays, qui lui fait un meilleur accueil. Le conte s'arrête là, mais on peut penser qu'Ounamon rentra enfin en Égypte, protégé par Amon-du-Chemin.

Ousret. Déesse sans doute originaire de la région thébaine, elle semble avoir été, avant Mout*, donnée pour épouse à Amon*. Son nom signifie « la puissante ».

oushebti. Ce mot, qui signifie « répondant », est une glose égyptienne de shaouabtis, dont on ne connaît pas l'étymologie. Lorsque, sous l'Ancien Empire*, le roi et ses proches rejoignaient dans l'audelà* les champs d'Ialou*, ils devaient eux-mêmes les labourer, semer et récolter pour assurer leur propre subsistance, encore que le roi eût la possibilité de faire travailler pour lui les sujets qui l'accompagnaient. Mais au Moyen Empire*, lorsque le pays des bienheureux fut ouvert à tous, on ne put se résigner à y aller travailler comme un paysan ; on inventa alors l'oushebti, statuette pareille à une momie* et portant deux houes dans les mains et un sac sur le dos. Il accompagnait le mort dans les champs d'Ialou, où il devait travailler à sa place, ainsi que nous l'apprend le Ve cha-

pitre du *Livre des morts** : « O toi, oushebti d'Un tel, entends-moi ! Si je suis appelé et condamné à exécuter un quelconque travail que l'on fait faire aux âmes dans l'au-delà, sache, ô oushebti, qu'avec tes outils, c'est à toi qu'incombera cette tâche. À tout moment tu seras nommé à ma place par les surveillants du *doua* (le paradis oriental) pour ensemencer les champs ou pour les irriguer, ou pour transporter du sable de l'orient à l'occident : "Me voici, je suis à tes ordres, voici ce que tu dois répondre." »

Si, au Moyen Empire, chaque mort n'est accompagné que d'un seul oushebti, au Nouvel Empire les riches en accumulent un nombre considérable dans leur tombe, esclaves dans l'Amenti, tandis que les pauvres se contentent de peu de serviteurs, modelés en terre cuite grossière, alors que ceux des nobles sont soigneusement travaillés dans la pierre, le bronze, le bois et surtout la terre émaillée, bleue sous le Nouvel Empire et verte à basse époque.

ouverture de la bouche, rite qui avait pour but de donner (ou de rendre) à un être l'usage de la bouche (et des yeux, le rite concernant en général l'ouverture de la bouche et des yeux), c'est-à-dire de lui donner les facultés par lesquelles la vie se manifeste.

On l'accomplissait sur les statues dans les ateliers de sculpteurs, sur les momies, dans les temples sur les représentations des dieux et sur les animaux sacrés. À l'origine, le rituel, destiné à animer les statues des dieux et des rois, était accompli sous forme d'un dialogue, dans l'atelier sacré appelé Château de l'Or *(Het Noub)*, par les artisans sans l'intervention de prêtre. Le rituel fut définitivement fixé, avec le texte l'accompagnant, au Nouvel Empire.

Lors des funérailles, ce rite *(oupra)* est effectué avant que le corps momifié ne soit définitivement emmuré, après avoir déjà été pratiqué sur la momie dans la salle d'embaumement. Le prêtre *sem*, représentant à la fois Horus en tant que fils d'Osiris et le fils du défunt, touche le visage du mort avec une herminette d'une part et d'autre part avec un ciseau, afin de lui rendre l'usage de la bouche et des yeux, avec lesquels il pourra à nouveau parler, manger et

voir. Ce rite était accompagné de fumigations, de lustrations, de sacrifices et d'une
multitude d'actes divers, qui variaient selon
les objets auxquels il s'adressait.

ouvrier. Les temples* et les grandes ad-
ministrations possédaient leurs artisans* et
leurs ouvriers. Parmi ces derniers, nous
connaissons plus particulièrement la condition des ouvriers qui travaillaient à la nécropole* de Thèbes* et qui étaient groupés
dans un village bâti à leur intention, la moderne Deir el-Medineh*. Les ouvriers travaillaient par équipes, sous le contrôle d'un
contremaître, le « grand de l'équipe ». Celui-ci tenait un « registre » concernant ses
ouvriers, où était notée leur assiduité. On
peut ainsi voir qu'il existait des travailleurs
exemplaires, jamais absents, et d'autres qui
étaient notés comme « paresseux ». Certains manquaient environ la moitié du
mois, pour les motifs les plus variés depuis
la maladie, motif banal, et la piqûre d'un
scorpion, jusqu'à des raisons assez peu in-
voquées à notre époque, comme l'indispo-
sition de leur femme ou de leur fille. Travaillant ou chômant, les ouvriers recevaient
leur rétribution en nature : céréales*, légumes secs, cruches d'huile et de bière,
poisson* en abondance quatre fois par
mois, bois à brûler. Comme il est question
d'un écritoire et de deux coffres donnés par
les ouvriers en gratification à quelqu'un qui
était intervenu en leur faveur, on peut penser que ces denrées étaient suffisamment
abondantes pour qu'ils puissent nourrir
leur famille et vendre le superflu, ou plutôt
l'échanger contre des objets manufacturés.
Lorsque, sous les derniers Ramessides*, les
rétributions tardaient à venir, les ouvriers
se mettaient en grève et, cessant le travail,
ils quittaient la nécropole, allaient s'asseoir
derrière des temples ou ailleurs, en récla-
mant leur dû aux fonctionnaires intimidés,
qui leur faisaient de belles promesses ou
donnaient des demi-rations pour les faire
patienter. Les grévistes nommaient aussi
des représentants, qui faisaient part de
leurs griefs au vizir* par l'intermédiaire des
officiers de police.

Il est remarquable que bien souvent les
ouvriers savaient lire et écrire. L'administration* leur donnait une maison, où ils vivaient avec leur femme ou leur concubine,
et nombreux étaient ceux qui possédaient
leur tombe, ce qui représentait pour les
Égyptiens une marque d'aisance, sinon de
richesse.

oxyrhynchos, Per-medjet en égyptien, capitale du XIXe nome de Haute-
Égypte.

Son nom d'Oxyrhynchos, qui lui fut
donné par les Grecs*, est celui d'un poisson
(le *Marmyrus*) divinisé par les gens de la région aux yeux de qui s'était incarné le dieu
Seth*. Ce n'est qu'à l'époque gréco-romaine qu'elle prit de l'importance. Il n'en
reste que des tertres défoncés auprès de
l'actuelle Bahnassa, en Moyenne-Égypte,
entre le Nil et le Bahr Yusuf. Les premières
fouilles, conduites par Grenfell et Hunt
entre 1896 et 1907, ont en particulier rendu
une quantité considérable de papyrus en
grec, qui ont largement contribué à nous
faire connaître la vie municipale de
l'Égypte romaine et nous ont aussi restitué
un certain nombre de textes d'auteurs classiques. Les fouilles, reprises par la suite par
des missions italiennes, ont, en particulier,
mis au jour un gymnase et un théâtre romain très ruiné.

Pakhet, déesse-lionne, chasseresse régnant sur le désert oriental, adorée dans la région de Beni Hassan*.

Les Grecs l'assimilèrent à leur Artémis et le petit temple rupestre qui lui était consacré près de Beni Hassan fut appelé par eux *Speos Artemidos* (Sanctuaire d'Artémis).

palais. Les pharaons ont couvert de palais la vallée du Nil, car bien que conservant les palais hérités de leurs ancêtres, qu'ils remaniaient ou agrandissaient à l'occasion, ils se faisaient aussi bâtir des palais selon leur goût ou pour diverses occasions : ainsi Ramsès II*, pour recevoir sa fiancée, fille du roi des Hittites*, fit élever un somptueux palais dans le désert sur le chemin de la Syrie. Rapidement construites de briques et de bois, ces demeures terrestres n'ont guère résisté au passage des siècles, et les fouilles n'ont rendu que peu d'éléments de cette architecture royale. On ne sait rien des palais de l'Ancien Empire*, mais le protocole royal nous permet d'imaginer l'étendue des palais de ces rois-dieux qui accomplissaient leurs levers comme le soleil, devant des courtisans privilégiés, et qui vivaient entourés d'une cour d'adorateurs. Les palais du Moyen Empire ne nous sont guère mieux connus, et c'est surtout ceux du Nouvel Empire qui peuvent éclairer notre ignorance en ce domaine, grâce à quelques parties de palais élevés par les pharaons près de leurs temples funéraires,

à quelques éléments retrouvés des palais d'Aménophis III* à Thèbes*, de Ramsès II* à Qantir dans le Delta*, de Séthi Ier à Abydos, * de Mineptah* à Memphis*, et surtout de Ramsès III* à Médinet Habou* et d'Akhnaton* à Amarna*.

Ces palais se composaient souvent de plusieurs groupes de bâtiments ; ils étaient articulés en trois quartiers : les demeures des serviteurs, petites maisons rappelant les habitations privées du type de celles de Deir el Medineh* ; la résidence privée des souverains ; les salles officielles. La résidence privée comprenait les appartements du roi et le harem, où vivaient la reine, les concubines royales et les enfants royaux, administré par une armée de fonctionnaires et de scribes, mais d'où l'éternel eunuque est absent. Les salles officielles comportent un enchevêtrement de cours, de portiques, de salles hypostyles*, de galeries et de chambres d'apparat. A Tell el-Amarna, on accède au quartier officiel du palais sud par une entrée monumentale, l'*ouben Aton* (l'« éclat d'Aton »), qui donnait sur une immense cour bordée à l'est et au sud de statues colossales du roi et de la reine ; au sud s'ouvraient les portes qui donnaient accès à un grand nombre de vastes salles, dont plusieurs étaient ornées de colonnes et qui conduisaient à la gigantesque salle du couronnement, suite de salles hypostyles, dont la plus vaste formait une forêt de piliers (17 rangs de 32 piliers). Tous les palais possédaient encore un large balcon donnant sur une place, le balcon des apparitions, où le roi se montrait à ses sujets avec sa famille et d'où il distribuait récompenses et distinctions.

Palestine → Canaan.

palette. Les palettes apparaissent en Égypte dès le néolithique* et elles deviennent très courantes au badarien*. Leur destination ne fait alors aucun doute : leurs surfaces polies offrent souvent des vestiges de couleurs, qui révèlent que ce sont bien des palettes à fards. Au badarien, elles sont presque toutes en schiste, matière qui sera toujours utilisée aux époques ultérieures, et sont trouvées près du visage ou des mains du mort. Comme les palettes du tasien*, elles sont approximativement rectangulaires, pour devenir, à l'amratien et surtout au gerzéen*, rhomboïdales (en forme de losange) ou scutiformes (ovoïdes, aplaties à l'un des sommets). Les décorations animales gravées sur ces palettes annoncent les décorations des palettes sculptées de la fin du prédynastique* et de l'époque thinite*. Ce sont alors de remarquables œuvres d'art, de caractère votif. Un godet central, qu'on a voulu expliquer de différentes manières, servait sans doute à la préparation du fard. Il est certain qu'un grand nombre d'entre elles était destiné à commémorer des événements, comme on le voit dans la plus célèbre de ces palettes, celle de Narmet*, qui rappelle le fait le plus considérable de l'histoire de l'Égypte, sa constitution en État unifié.

papyrus. Des forêts de papyrus qui couvraient le Delta* marécageux, il ne subsiste plus rien. Cette plante, dont le nom *(ouadi)* signifie la « verdeur » et la « jeunesse » était l'une des grandes richesses de l'Égypte. L'écorce de papyrus servait à tresser des cordes, des nattes et des paniers, à fabriquer des voiles, des pagnes bon marché, des sandales ; des longues tiges serrées en faisceaux qu'on liait ensemble on confectionnait de frêles embarcations pour naviguer dans les marais. Mais surtout, le papyrus était la plante royale, dont le cœur fibreux servait à faire un papier blanc et solide qui, dès le début de l'époque thinite*, servit de

support à l'écriture. Collées ensemble, les feuilles formaient de longs rouleaux *(medjat)*, les livres et les cahiers des Égyptiens. On suppose que le mot grec de *papyros*, d'où vient notre nom de « papier », est une transposition de l'égyptien *pa-pero*, « le royal » ou « celui du palais » ; et, en fait, la fabrication du papier était un monopole d'État, l'administration ayant été la première à utiliser ce matériau pour former ses archives, avant que les scribes*, appartenant à l'administration* civile ou à l'administration religieuse, se servent de cette précieuse découverte pour nous transmettre les trésors de la pensée et de la sensibilité poétique des anciens Égyptiens.

parfums. De nombreux parfums entraient dans la composition des onguents et des cosmétiques*. On les utilisait plus particulièrement dans ce qu'on appelle les « cônes à parfum » qui étaient placés pardessus la perruque que portaient les femmes ; c'est une sorte de bloc conique de pommade, formé de matières grasses parfumées, qui répandait sur la chevelure une huile odorante. Il est possible que ce cône fondît sur la tête de son porteur, se répandant aussi sur ses vêtements, ou, plus vraisemblablement, il était suffisamment imprégné de parfums pour exhaler une odeur pénétrante par sa seule présence. On utilisait aussi les parfums mélangés à du miel pour former de petites boules, qu'on mâchait afin de se parfumer la bouche.

Pour de nombreux usages était utilisé ce que les Grecs appelèrent kyphi, le *koupit* des Égyptiens. Les recettes de fabrication et la composition ne nous sont connues que par des textes d'époque tardive : deux inscriptions provenant de la salle des parfums du temple d'Edfou*, une autre du temple de Philæ* (ce n'est qu'une copie fragmentaire des textes hiéroglyphiques d'Edfou), et des textes d'auteurs d'époque gréco-romaine (Plutarque, Dioscordide, Galien). En réunissant tous ces documents, on distingue seize ingrédients entrant dans sa composition, mais, en réalité, il existait plusieurs recettes. Néanmoins, les produits de base étaient : la résine de térébinthe, le djabaït (fleur de genêt ?), le jonc odorant, le souchet, le genièvre, le safran, la cannelle, la cardamone, le cinnamome, le nard, le safran, la menthe, le lentisque... Le laboratoire du temple de Dendérah* a conservé la liste des baumes et des neuf huiles parfumées, rituellement utilisés pour oindre les statues des dieux. Une liste des recettes pour la préparation des parfums est donnée sur le linteau de la porte de la même salle. On y trouve aussi figurés ces parfums sous forme de personnages qui, à la suite du pharaon, offrent les onctions à la déesse Hathor*.

Les plantes servant à la composition de ces parfums provenaient des déserts d'Égypte, mais surtout de terres étrangères. De Phénicie, on importait plus particulièrement le « sonter », cette essence de térébinthe qui imprègne certains passages de la poésie* amoureuse égyptienne : « Voici que tous les chemins où tu passes sont imprégnés du parfum de térébinthe et que leur odeur est semblable à celle que répand Byblos » (trad. Loret).

Mais c'est du Pount* que venaient les parfums les plus subtils : « Tous ces oiseaux du Pount s'abattent sur l'Égypte, enduits de parfums, celui qui vole devant eux saisit mon appât, exhalant les odeurs du Pount et ses pattes sont enduites de gommes aromatiques... ». Du Pount on ramenait ces bois à parfum, dont l'un donnait sans doute l'oliban ; c'était la terre de l'encens, des gommes aromatiques et aussi du térébinthe, d'où l'on tirait ces parfums qu'on brûlait dans les temples en l'honneur des dieux et du roi, mais aussi dans les maisons afin que l'air lui-même fût plein de parfums. Ces parfums était confectionnés dans des laboratoires sacrés attenant aux temples, sous l'égide de Chesmou, dieu de la Parfumerie, dont le nom s'écrivait parfois par un hiéroglyphe* représentant une presse à huiles et à essences. Le temple d'Horus* à Edfou* présente ainsi une salle destinée à la préparation des parfums utilisés dans le culte. Ses murs sont couverts de hiéroglyphes* donnant les recettes pour la préparation de ces parfums et onguents. Les parfums étaient aussi préparés à l'aide de cuisson des ingrédients, comme, par exemple, on le voit dans la tombe de Rekhmirê*. Les pains de résine (encens, myrrhe) étaient broyés dans des mortiers ; on y mêlait ensuite les graines et les plantes, ainsi que les huiles servant d'excipients, et l'ensemble était chauffé modérément pendant des heures. Le produit obtenu était filtré et mis dans des récipients, vases aux formes élégantes. L'excipient fait de graisse permettait de former l'onguent comme un cône, et, si on désirait le conserver sous forme de pastilles destinées à être consumées sur les braises, on mêlait la pâte de plâtre ou d'amidon.

Parfums et onguents étaient largement utilisés dans la momification* et dans les rites funéraires où les statues étaient largement couvertes d'onguents. Ces parfums sont en général à base d'huile, mais l'identification n'est pas toujours évidente. Ainsi connaissons-nous l'huile-ihety (?), l'huile-sfetj (huile de cade obtenue à partir de bois de genévrier calciné), l'huile de ben (macération de fruits du Moringa Aptera), l'huile d'oliban, l'huile-âch (obtenue à partir du pin de Cilicie), l'huile-tehenout (autrement dit de Libye, faite sans doute à partir d'huile d'olive mêlée de ce que les Grecs appelaient métopon, une gomme de l'oasis d'Ammon), l'huile satj-heb (à base de benjoin ?)... Les textes funéraires nous font aussi connaître des produits parfumés à base d'eau : eau de mestenou, eau d'oliban, eau de gomme d'ébénier, eau de plante-tekhou. On peut voir que les Égyptiens ont essayé de nombreux mélanges, mais pour beaucoup d'entre eux nous en ignorons la composition et nous avons, pour la plupart d'entre eux, à imaginer quel était leur senteur réelle.

Paroles d'Ankhou. Cette méditation d'un prêtre* d'Héliopolis* nommé Ankhou a été conservée dans un texte du Nouvel Empire* ; elle se rattache à la littérature pessimiste issue des troubles de la Première période intermédiaire*, et c'est sans doute à cette époque qu'il faut faire remonter le texte primitif. Pour la première fois, on voit un penseur qui, en méditant sur la transformation des choses, découvre qu'on ne peut plus se rattacher à la tradition, car « rien ne vaut plus de ce qu'ont pensé nos ancêtres », et qui souhaiterait un langage nouveau pour formuler des idées qui lui appartiennent en propre : « Je sonde mon cœur afin d'exprimer ce qui est en lui ; j'oublie tout ce que j'ai appris », et l'auteur exprime la volonté de dire les choses telles qu'il les a vues, souhaitant comprendre ce qui échappe aux autres en méditant sur ce qui arrive : « Tout change, rien n'est plus comme l'an dernier, et chaque année est plus pesante que la précédente... Le pays tombe dans la misère, ce n'est plus que deuil et les villes et les nomes pleurent... »

paysan. Sous l'Ancien Empire*, les paysans sont des *meretou*, qu'on peut traduire ici par « serfs ». Ils sont attachés à la terre, et, lorsque le roi fait un don de cette terre, on y comprend les paysans et le bétail qui vivent dessus. Ils étaient astreints aux corvées, aux impôts, à l'entretien des messagers royaux ; ils travaillaient par équipes familiales, sous la juridiction de la maison du grenier *(per shens)*, tenue par des scribes* royaux. Cependant, dès la V⁰ dynastie, les chartes* d'immunité, que commencèrent à promulguer les nomarques* en fondant des villes libres, rendirent une certaine autonomie aux paysans qui venaient travailler sur les terres libérées. C'est le premier pas vers l'affranchissement des paysans, qui sera la conséquence de la révolution sociale de la fin de l'Ancien Empire. Sous les Empires thébains, les paysans deviennent « ceux des champs » *(sehhetiou)* ; la terre est divisée en lots, confiés aux familles pour qu'ils soient mis en valeur sous la direction d'un membre de la famille ; à ces lots, inscrits sur des registres avec les paysans qui les cultivent, était attachée une redevance fixée par avance, mais qui pouvait être diminuée si la crue était mauvaise. Cet impôt payé et la corvée acquittée, le paysan disposait librement de ce champ, il pouvait le céder à sa femme et à ses enfants, l'échanger contre un autre champ ou une autre valeur monnayable, bien que l'État conservât la propriété éminente de la terre. En somme, le roi donnait sa terre à bail et peu lui importait quel était celui qui jouissait du bail, du moment qu'un répondant lui acquittait annuellement les charges stipulées dans les clauses du bail. Sans doute, le sort du paysan n'était pas parmi les plus agréables et on voit que le bâton intervenait dans leur existence, comme d'ailleurs dans celle de presque tous les Égyptiens, mais le tableau que les *satires* des métiers* en font est sans nul doute noirci à plaisir par les scribes, qui voulaient s'attacher leurs élèves.→ **agriculture**

pêche. De temps immémoriaux, les Égyptiens ont cherché dans la pêche un moyen de se nourrir, comme en témoigne déjà l'époque néolithique* (méridien* et tasien*) où ont été utilisés harpons et hameçons en os et en coquillages. L'État avait organisé les pêcheries sur un plan quasi industriel ; le poisson était ramassé à l'aide de vastes filets, puis, séché et empaqueté, il était distribué à travers toute l'Égypte, constituant une des denrées de base du petit peuple. Selon les auteurs grecs, les pêcheries du lac Mœris rapportaient quotidiennement un talent d'argent (26 ou 36 kg environ) à l'État. Par ailleurs, les pharaons organisaient des colonies d'exploitation employant parfois plus de 8 000 hommes.

Les particuliers pêchaient à la nasse simple ou double, qu'ils immergeaient depuis une barque, puis il attendaient qu'elle se remplisse pour la retirer avec précaution. Le latès (perche du Nil) était si gros qu'il était préférable de l'attraper au harpon après l'avoir guetté, dressé sur une barque de papyrus. La pêche à la senne se faisait à l'aide de deux barques, entre lesquelles on tirait la vaste filet rectangulaire qui rabattait le poisson vers le rivage ; il était alors si chargé qu'il fallait pour le haler un certain nombre d'hommes s'arc-boutant sur la corde placée sur l'épaule. Plus paisible était la pêche au hameçon ; cependant, avant qu'on invente la canne à pêche, au Nouvel Empire*, il fallait tenir le filin à bout de bras, le tirer vivement et assommer aussitôt le poisson avant qu'il ne parvienne à se détacher.

Si l'on pouvait se passer d'être pêcheur chez les vivants, il n'en était pas de même chez les morts ; le chapitre CLIII du *Livre des morts** montre les esprits pêcheurs, embusqués on ne sait où, qui tendent les pièges de leurs nasses et de leurs hameçons afin de prendre les démons infernaux ; pour ne pas être pêché avec eux, le défunt qui s'aventure dans ces régions infernales déclare qu'il est lui-même pêcheur, montrant ainsi qu'il se trouve du côté des esprits pêcheurs et non du côté des démons.

peinture. Les artistes égyptiens peignaient à la détrempe à l'aide de pinceaux, brosses, godets à eaux et tessons servant à la préparation des couleurs. Les teintes de base étaient obtenues avec le noir de charbon, le blanc de chaux, l'ocre jaune et rouge, le bleu du lapis-lazuli, le vert de la malachite ; les mélanges de ces couleurs permettaient d'obtenir une riche gamme de teintes dans lesquelles on coloriait les statues*, les reliefs*, les colonnes*, certaines parties de l'architecture* des temples*, les hiéroglyphes* sculptés sur les parois des édifices religieux, les murs* des palais* et des maisons*.

Auxiliaire de l'architecture et de la sculpture*, la peinture était aussi un art en soi (dans la mesure où on ne peut pas la dire auxiliaire du dessin). Dès l'époque prédynastique*, on savait représenter la nature par le dessin rehaussé de couleurs, mais ce sont cependant des tombes* dont les parois étaient entièrement revêtues de scènes peintes qui nous font connaître le degré de perfection auquel les artistes égyptiens étaient parvenus dans ce domaine, comme dans tous les autres domaines de l'art. Néanmoins, avant de « regarder » la peinture égyptienne, il faut se défaire des normes qui, depuis le classicisme grec, s'imposent à nous lorsque nous voulons juger un art étranger à ces conceptions. La peinture égyptienne possède ses propres normes, fixées dès l'origine de l'Ancien Empire* et régies par des considérations de caractère religieux, social et esthétique. La différence entre l'image déformée d'un personnage pris dans une perspective et la réalité interdisait de rendre par le dessin cette déformation causée par l'éloignement qu'est la perspective ; il ne faut pas oublier, en effet, que l'art égyptien possède un caractère religieux et que les personnages qui peuplent les tombes ne sont pas des ornements gratuits, mais doivent représenter les êtres qui s'animent magiquement pour servir le ka* du défunt. De même, une convention de caractère social voulait que plus un personnage était important, plus on le représentait de grande taille, conception qui ne pouvait pas, par ailleurs, s'harmoniser avec le réalisme optique de la perspective. Les personnages sont généralement représentés de profil, et lorsqu'ils sont tournés vers la droite ils ne peuvent avancer que le bras et le pied gauches la raison esthétique ; de cette convention tient à ce que, dans le cas contraire, les lignes du corps se croiseraient et nuiraient à l'élégance et à l'harmonie du dessin. Ainsi s'expliquent toutes ces conventions suivies par les artistes égyptiens dans toutes les représentations officielles de leur art. C'est le protocole de la cour qui régit l'art, dont les créations sont destinées à la gloire des dieux, du roi et de ses courtisans ; ainsi représente-t-on les parties du corps dans la position qui les caractérise le mieux : œil de face, tête de profil, mains dans leur largeur du côté externe, pieds de profil, face interne. Les grands personnages ne peuvent être représentés que de cette manière, mais on verra que tout le petit peuple qui s'anime, sur les fresques, à ses travaux quotidiens échappe à cette loi de frontalité, bien que certaines conventions soient conservées même pour eux. Et c'est précisément cette vie intense, qui anime tous les personnages des peintures dues aux grands artistes égyptiens, qui font qu'on ne voit plus toutes les déformations qui pourraient choquer au premier abord et qu'on se trouve ébloui et emporté dans le tourbillon étincelant de ces grandes scènes qui nous rendent tout un peuple dans sa totalité.

Pentaour. On doit à ce scribe* le poème héroïque rapportant les exploits de Ramsès II* à la bataille de Kadesh*. On connaît le texte, avec des variantes, par plusieurs papyrus et par des inscriptions sur les temples de Karnak*, Louqsor*, Abydos*, où elles sont accompagnées de nombreuses scènes en relief. Le poème nous rapporte tous les épisodes depuis la marche en Syrie et la trahison des transfuges du camp hittite*, jusqu'à la fin du combat, qui se transforme en une victoire éclatante grâce à la valeur du roi. Dans ce poème, Ramsès apparaît comme un héros d'épopée, qui à lui seul détruit ses ennemis et ramasse les lauriers de la victoire. On assiste là à la naissance d'une geste épique où l'on peut voir une fausse victoire érigée en triomphe et une action d'éclat d'un prince, qui assistait à la défaite de ses soldats, transformée en une vision héroïque, où un seul homme défait toute une armée.

pérégrinations de l'âme. Une fois le corps momifié, l'âme* du défunt partait pour le grand voyage qui devait le conduire devant le tribunal d'Osiris* et dans les champs d'Ialou*. Afin que l'âme ne se perde pas dans ces régions inconnues, on plaçait dans la tombe des cartes de l'au-delà* qui indiquaient l'itinéraire à suivre ; ces précautions apparaissent au Moyen Empire* dans le *Livre des Deux Chemins** ; par ailleurs, tout en indiquant les dangers qui vont attendre l'âme dans son voyage, le *Livre des morts** lui donnait des formules et des recettes magiques qui, unies aux charmes et aux amulettes*, devaient lui permettre de sortir victorieuse de toutes les épreuves.

Quittant la tombe, l'âme, sous la forme du mort, s'engageait dans le désert occidental, comme un pèlerin appuyé sur un bâton. Elle rencontrait un sycomore habité par une divinité (Hathor*, en général), qui lui offrait de la nourriture et de l'eau ; le fait d'accepter ces dons interdisait à l'âme de retourner sur ses pas. Alors commençaient les épreuves sur les chemins mystérieux de l'occident : l'âme rencontrait des démons* à tête de crocodile, des serpents, le démon Apopis*, les démons *Am-aou, Hai* et *Haas*, qui cherchaient à la dévorer ou à la mordre ; il lui fallait traverser une rivière dont l'eau était en ébullition et elle devait boire de cette eau ; elle s'engageait ensuite dans des marais où des singes jetaient des nasses en silence pour attraper les démons et les âmes égarées... seules les charmes et la récitation des formules magiques du *Livre des morts*, par lesquelles l'âme se déclarait hautement identifiée à divers dieux, lui permettaient de parvenir au bord du lac au-delà duquel on apercevait les rives du royaume d'Osiris*. Dans le *Livre des Deux Chemins*, l'âme parvient au pays de Rosetaou, gardé par une porte de feu, ou au lac de Rosetaou, gardé par un crocodile à tête de bélier et armé d'un couteau. Pour traverser le lac, on trouve deux traditions déjà consignées dans les *Textes des Pyramides** : dans l'une, Thot*, sous forme d'ibis, emportait l'âme sur ses ailes (ce lac est appelé *kha* dans les *Textes des Pyramides*) : dans l'autre, une barque pilotée par un génie passait le mort ; mais auparavant celui-ci subissait du nautonier et de chaque partie du bateau un interroga-toire au cours duquel il devait dire à chacun quel était son nom ; cet interrogatoire se retrouve sous une forme différente dans le *Livre des morts*. Enfin, parvenue dans le royaume d'Osiris, l'âme était accueillie par les dieux qui assistaient Osiris, et qui la conduisaient devant le tribunal pour subir le jugement osirien.

périodes intermédiaires. On donne ce nom aux deux périodes de transition entre, d'une part, l'Ancien et le Moyen Empire* et, d'autre part, le Moyen et le Nouvel Empire. On inclut aussi comme période intermédiaire les siècles qui séparent la fin du Nouvel Empire de l'époque saïte* (dans son ouvrage fondamental, *The Third intermediate period in Egypt*, 1986, K.A. Kitchen situe cette période entre 1 100 et 650 av. J.-C.). Cette dernière époque de fractionnement de l'empire égyptien est traitée dans ce dictionnaire aux entrées : tanite (dynastie), nubienne (dynastie) et libyennes (dynasties). La XXV⁵ dynastie nubienne ayant un moment réalisé une unification de la vallée du Nil depuis le sud de Napata* jusqu'à la plupart des villes du Delta*, on peut aussi limiter cette troisième période intermédiaire à 715, date du début de l'établissement des rois nubiens.

La première période intermédiaire commence avec la révolution* qui mit fin à la VI⁵ dynastie. Cette révolution peut se placer aux environs de 2180 av. J.-C., et fut sans doute suivie d'une invasion des Asiatiques : « Partout des Bédouins* remplacent les Égyptiens [...], le pays est désert, les nomes* sont dévastés [...], il n'y a plus de protection pour le Delta* [...]. Le vil Asiatique occupe les ateliers du Dleta [...], pleure la Basse-Égypte » (*Admonitions d'un sage Égyptien**). Selon Manéthon*, la VII⁵ dynastie comprend 70 rois qui régnèrent soixante-dix jours ; l'exagération se fait l'écho de la précarité d'une période où chacun, chef de bande, ancien brigand, donnait le titre de roi, pour être tué le lendemain par un autre usurpateur. A Memphis*, la VIII⁵ dynastie maintint pendant un petit demi-siècle un semblant de pouvoir ; mais les nomarques*, devenus indépendants dans leur nome*, s'érigeaient en roitelets qui cherchaient à consolider leur position, tandis que le Delta semble bien avoir été un temps sous la domination des gens du désert. Dans le même temps, à Coptos*, en Haute-Égypte, un nomarque érigea son petit État en monarchie et se donna les titres de roi de Haute et de Basse-Égypte. Ces nomarques eurent à lutter contre les roitelets voisins et plus particulièrement contre Ankhtifi, nomarque d'Edfou* et d'Hiérakonpolis*. Vers 2160 Khéti, nomarque d'Héracléopolis*, à l'entrée du Fayoum*, prit les titres de roi de Haute et Basse-Égypte, sans doute après avoir absorbé Memphis* et sa dynastie expirante ; ainsi fut fondée la IXe dynastie héracléopolitaine, qui domina sur la Moyenne-Égypte, tandis que la Haute-Égypte passait sous la domination des nomarques de Thèbes*, les Antef*. Méribrê Khéti Ier, dont on ignore la longueur du règne, fut suivi de cinq rois, mal connus, dont on peut situer approximativement les trois derniers : Néferkarê, Khéti II et Setout, avant que, vers 2130, un certain Mérihathor (connu uniquement par une inscription dans les carrières d'albâtre de Hat-Noub en Moyenne-Égypte, fonde la Xe dynastie héracléopolitaine. Son successeur, appelé aussi Néferkarê, n'est connu que par sa mention dans le canon de Turin*. Le plus important des rois de cette dynastie (en qui on a aussi vu son véritable fondateur) est Ouakhrê Khéti III, qui monta sur le trône vers 2125. Il chassa les Asiatiques du Delta et, bien qu'il conseillât à son fils Mérikarê*, dans ses *Enseignements*, de laisser le Sud en paix, il alla s'emparer de This, que bientôt reprit Antef II. La lutte se poursuivit sous son fils Mérikarê (2100-2080) et sous Nebkaourê Khéti IV, qui fut définitivement vaincu par Mentouhotep II, qui refit l'unité de l'Égypte et inaugura réellement le Moyen Empire.

Si l'art de cette époque est pauvre et maladroit, si de la monumentale grandeur de l'Ancien Empire on tombe dans la petitesse, si la majesté de l'art est remplacée par une expression populaire de la création dont la spontanéité fait tout le charme, la littérature s'humanise et elle nous touche en profondeur par une nostalgie des accents et l'apparition d'un pessimisme né de l'insécurité et des misères de l'existence. C'est à cette période qu'on peut rattacher quelques-unes des œuvres les plus marquantes de la littérature égyptienne : les *Admonitions* d'un sage Égyptien, les *Paroles* d'Ankhou, le *Dialogue* d'un Égyptien avec son âme, les *Enseignements pour Mérikarê*, le *Chant* du harpiste.

Pour la deuxième période intermédiaire → Hyksos.

perruque → coiffure.

Perses. Au début de la seconde moitié du VIe s. av. J.-C., Cyrus unit sous son sceptre les peuples du Proche-Orient asiatique, fondant l'Empire perse. Son fils Cambyse conquit l'Égypte en 525, mettant fin à la dynastie saïte*. L'Égypte devint alors une province de la Perse, et cinq de ses rois (Cambyse, Darius Ier, Xerxès, Artaxerxès Ier et Darius II) constituèrent la XVIIe dynastie perse (525-404). Amyrtée rendit à l'Égypte son indépendance et il régna sur une Égypte unifiée jusqu'en 398, formant à lui seul la XXVIIe dynastie. Les XXIXe et XXXe dynasties de Mendès* et de Sebennytos* lui succédèrent, jusqu'à ce qu'Artaxerxès III Ochos réintègre l'Égypte à l'Empire perse (341 av. J.-C.) ; il eut pour successeurs Arsès et Darius III, qui dut céder la place à Alexandre* le Grand (cette seconde domination perse forme la XXXIe dynastie). Sujets des Perses, les Égyptiens leur donnèrent des médecins et des marins, mais le seul bien que retira l'Égypte de cette domination fut la remise en état par Darius du canal* de la mer Rouge.

pesée de l'âme → jugement osirien.

Pétosiris, grand prêtre de Thot* à Hermopolis*, mort dans les dernières années du IVe s. av. J.-C.
Nous connaissons sa biographie et ses ascendances grâce aux inscriptions de son mausolée, la plus belle tombe de la nécropole d'Hermopolis, actuelle Tounah el-Gebel. La tombe monumentale, dont la façade épouse la forme d'un petit temple, a été construite sous sa direction et représente le modèle d'une œuvre dans laquelle se fondent les antiques traditions égyptiennes et les nouveaux canons helléniques. Elle se compose d'une salle d'entrée ou vestibule et d'un petit sanctuaire (chapelle) que Péto-

siris a dédié à son père Nes-shou (ou Sis-hou) et à son frère aîné Djed-Thot-efankh. Sur ses parois sont représentées des scènes de caractère religieux, encore traitées selon l'ancienne tradition égyptienne : funé-railles, adoration par le père et les deux frères des divinités égyptiennes, banquet devant la table d'offrande... En revanche, les parois du vestibule sont couvertes de scènes de la vie quotidienne qui nous donnent des renseignements sur les travaux agricoles et les métiers artisanaux vers cette époque charnière qui voit la fin de la domination perse et le début du règne du premier des Lagides*. Ici, les personnages sont vêtus selon les modes hellénisantes, témoignant de l'influence grecque dès cette époque.

Les inscriptions couvrant le mur oriental de la chapelle nous donnent une histoire succincte de la famille de Pétosiris sur cinq générations, l'office de grand prêtre de Thot se transmettant de père à fils aîné. Lui-même succéda à son frère aîné dans cet office, lors de la seconde occupation de l'Égypte par les Perses (341-332). Pendant sept ans il occupa aussi la charge de contrôleur du temple. Ce dernier ayant souffert des suites de la guerre, il le fit partiellement reconstruire. Sur les piliers de la chapelle sont aussi gravés des discours tenus par le père de Pétosiris et par son fils Thothrekh qui poursuivit les travaux d'aménagement de la tombe. Une partie des inscriptions est consacrée à un ensemble de maximes morales qui constituent ce qu'on est convenu d'appeler une « sagesse* ».

Peuples de la Mer, nom donné par les Égyptiens aux habitants des « Iles qui sont au milieu de la Grande Verte ».

Ces îles sont l'habitat des Égéens*, mais d'après les listes de ces Peuples de la Mer que nous possédons, il paraît que ces populations dépassaient largement le cadre des îles et de l'Égée et il faut y inclure les peuples de culture mycénienne qui occupaient les îles et les rivages de la mer Égée, y compris la Crète*. Quelques noms de ces peuples nous sont connus par la correspondance* d'Amarna, époque à laquelle ils apportaient encore des tributs aux pharaons. Mais c'est surtout à partir du règne de Ramsès II* que les textes égyptiens vont nous les faire connaître, non plus comme tributaires mais comme ennemis de l'Égypte. C'est contre eux que lutteront les grands Ramessides jusqu'à leur écrasement définitif par Ramsès III.

Pharaon. Ce titre du roi d'Égypte nous vient sous cette forme par le grec, où on ne le trouve qu'à très basse époque. C'est la transcription du mot égyptien *Per-aâ* (ou aussi *Pir-à*), qui signifie « grande demeure ». Sous l'Ancien Empire*, on désignait ainsi le palais* royal où se tenait la cour du souverain. Au Moyen Empire*, cette expression désigne toujours le palais, mais on y trouve accolés les mots « vie, santé, force ». Ce n'est cependant qu'à la fin de la XVIIIe dynastie qu'on peut lire dans une lettre adressée à Akhnaton* « *Per-aâ ankh oudja seneb neb* » c'est-à-dire « Pharaon, vie, santé, force, le seigneur », qui désigne pour la première fois celui qui règne sur la grande maison, le roi. À la XIXe dynastie, on retrouve le mot Pharaon dans le sens de « Sa Majesté » ; ainsi : « Pharaon dit... ». Ce n'est qu'à partir de la XXIIe dynastie qu'on rencontre enfin dans les textes égyptiens le mot pharaon, suivi du nom du roi : « Pharaon Sheshonq* ». Ce titre semble avoir été dès lors suffisamment courant pour que les Juifs l'utilisent leurs textes à peine postérieurs par la transcription en *piraah*. C'est ainsi, par un anachronisme, que nous avons pris l'habitude de donner le nom de Pharaon à tous les rois d'Égypte, même à ceux qui sont bien antérieurs à l'époque où ce terme fut utilisé dans cette acception.

Outre la titulature officielle et le nom de Pharaon, les rois d'Égypte possédaient d'autres noms et attributs. Avant que ne fût utilisé le terme de Pharaon, on désignait le roi par les mots : *nesou* (titre du roi de Haute-Égypte, qu'on trouve dans l'expression Nesout-biti), qu'on peut traduire par « roi » ; *ity* (différent de *iti*, « père »), « souverain » ; *neb*, « seigneur ». Les épithètes qu'on traduit par « vie, santé, force », mais dont la traduction plus exacte serait « vie, prospérité, santé », sont l'abréviation d'une formule de souhait adressée aux dieux, auxquels on demande qu'il soit accordé ces bienfaits aux objets (comme le *Per-aâ* du Moyen Empire) ou aux personnages aux noms desquels ils sont accolés. Bien que dans les contes, dont la rédaction date pour la plupart de basse époque, on trouve couramment le terme de Pharaon suivi de ces trois épithètes lorsqu'on cite le nom d'un souverain, cette formule n'était cependant pas réservée aux rois seuls ; on l'adressait, et plus particulièrement dans la correspondance, à des personnes de haut rang qu'on désirait honorer.

Dans le protocole, les Égyptiens connaissaient encore une appellation que nous traduisons par « Majesté », faute de mieux ; c'est le mot *hem* suivi de suffixes ; il est curieux que ce mot désigne aussi l'esclave mâle et que les deux termes, dans l'écriture hiéroglyphique, ne se distinguent que par le déterminatif. Ainsi trouve-t-on *hemen* dans le formulaire de ce type : « À telle date (de règne) sous la Majesté *(hemen)* du « dieu bon » (*nouter nefer*, épithète du pharaon), maître des Deux-Terres, un tel (suit le prénom du roi entouré du cartouche), fils de Rê* un tel (suit le nom, toujours introduit par fils de Rê et entouré du second cartouche). Ce terme est aussi utilisé par le roi, qui, lorsqu'il parle, commence ses phrases par *hemy*, « Ma Majesté » ; lorsqu'on s'adresse au roi, on emploie le régime direct, *hemke*, « Ta Majesté », ou indirect, *hemef*, « Sa Majesté ».

pharmacopée. À côté de procédés purement magiques, comme celui que nous rapporte le Conte* de Satni et qui consiste à écrire des formules sur une feuille de papyrus*, à faire dissoudre de l'encre dans de la bière et à boire cette infusion pour guérir une maladie, la pharmacopée égyptienne proposait des préparations souvent étranges, où étaient utilisés les plantes et les ingrédients les plus divers.

Le papyrus médical Ebers nous a conservé un bon nombre de ces recettes. « Pour le mal de foie, il faut débarrasser le ventre, ce pourquoi le malade doit boire pendant quatre matins consécutifs un mélange de pulpe et de noyaux de dattes délayé dans de l'eau. Pour purger : semences de *tehoua*, herbe *khasyt*, herbe *anaouaou*, herbe *ank*, graines rouges de *sekht* (orge ?) ; cuire dans l'huile, faire boire au malade. Pour débarrasser le ventre : lait de vache, graines, miel ; piler, passer, cuire ; prendre

en quatre fois. Pour rafraîchir la tête du malade : farine, encens, bois d'*ouas*, plante *ouanb*, menthe, corne de cerf, graines de sycomore, graines de *nouterit*, plâtre de maçon, graines de *zart*, eau ; piler, appliquer sur la tête. » La pharmacopée égyptienne a aussi connu des sortes de pilules et des médicaments réservés aux enfants et aux adultes. Dans certains papyrus, on trouve les recettes accompagnées de notes de praticiens qui signalent les bons et les mauvais médicaments. → **médecine.**

Phéniciens. Venus peut-être de l'Arabie, les Phéniciens apparaissent au IIIe millénaire en Canaan*, où Néouserrê (V^e dynastie) capture des Fenkhou, qui semblent bien être les Proto-Phéniciens ; c'est dans cette inscription du temple de Néouserrê qu'apparaît pour la première fois ce nom de Fenkhou ; ils sont ensuite signalés à Byblos dans des textes de la XIIe dynastie. Maîtres des côtes de Syrie et du Liban, les Phéniciens ne leur donneront leur nom (Phénicie) que tardivement.

Cependant, dès la fin de l'époque thinite*, les Égyptiens entrèrent en contact avec les cités déjà florissantes qui s'étageaient le long des Échelles du Levant pour y chercher les parfums*, les résines et surtout les bois (cèdre, sapin) nécessaires à leurs constructions.

Le port le plus important était alors Byblos (actuelle Djebaïl, égypt. Kébén), et pendant presque toute l'histoire de l'Égypte, Byblos conservera fidèlement ses relations commerciales avec sa puissante voisine. Il est possible qu'au Moyen Empire certaines cités phéniciennes aient reconnu une sorte de suzeraineté de l'Égypte, mais ce n'est qu'au Nouvel Empire que la Phénicie deviendra un protectorat égyptien, qui, dans les moments de faiblesse du grand empire (sous Akhnaton*), lui sera disputé par ses adversaires hittites*.

Les ports phéniciens cités dans les textes hiéroglyphiques sont Arvad, Béryte (Beyrouth), Ougarit (Ras Shamra), Sidon, Simyra, et naturellement Byblos ; à quoi on peut ajouter Gaza et Ascalon, qui seront donnés aux Peuples* de la Mer (Philistins) sous Ramsès III*. Tyr n'est pas nommée. À basse époque, l'Égypte luttera, mais en vain, pour conserver son influence sur les royaumes phéniciens nouvellement constitués, qui tomberont dans l'orbite des Assyriens et des Perses.

Phénix. Hérodote rapporte que le phénix est un oiseau qu'il n'a jamais vu qu'en peinture et qui est représenté semblable à un aigle avec un plumage rouge et or; il ne vient en Égypte que tous les cinq cents ans selon les gens d'Héliopolis*, et c'est chaque fois un nouvel animal, puisqu'il y vient pour déposer dans le temple du Soleil à Héliopolis son propre père, enveloppé dans de la myrrhe modelée à la forme d'un œuf; c'est d'Arabie qu'il prend son vol pour apporter ce dépôt mortuaire dans la vallée du Nil.

Les auteurs postérieurs ont embelli la légende en faisant le phénix se consumer dans les flammes et renaître de ses cendres. Le nom du phénix est la transcription du nom égyptien *boynou* (ou *benou*), le héron (*Ardea cinera* ou *Ardea purpurea*); c'est avec l'inondation qu'il apparaissait ce bel oiseau, qui planait lentement sur les eaux débordées du Nil, signe de l'abondance future. Son apparition à l'aurore sur le fleuve le fit associer au soleil, dont il devint le symbole.

Mais il semble possible que cette association soit fondée sur un jeu de mots. La racine du nom de cet oiseau est *bn*, elle est redoublée (*bnbn*) lorsqu'elle désigne la pierre sacrée dressée dans le temple d'Héliopolis*, pierre qui fut par la suite représentée sous la forme de l'obélisque*. Le temple de Rê*, à Héliopolis, était « la demeure du *Benben* »; « Tu brilles sur le *Benben* » chante un hymne à Rê. Et déjà dans les *Textes des Pyramides* on lit : « O Atoum*, dieu créateur, tu deviens grand parmi les grands, tu te lèves sur le *Benben* dans la demeure du Phénix à Héliopolis* ».

Le phénix, sous la forme du héron, est représenté dans des tombes où il est adoré par le défunt. Selon le *Livre des morts*, le défunt s'identifie à lui. « Je suis le *benou* qui réside à Héliopolis, celui qui connaît tout ce qui est et ce qui sera. Qui est-il (le benou)? Il est Osiris [...] Il est l'éternité et il est l'Infini, l'Éternité est le jour, l'Infini est la nuit. » Ainsi, au Nouvel Empire, le phénix apparaît-il comme un symbole d'immortalité et de transformation spirituelle, à qui s'identifie l'âme* du mort. C'est en tant

que symbole semblable que le décriront Hérodote et les auteurs romains : oiseau qui vit éternellement en s'engendrant lui-même en un cycle sans fin.

Philæ. (Transcription grecque de l'égyptien Pilak), petite île située près de la première cataracte du Nil.

Il est possible que le culte d'Isis* remonte à une certaine antiquité dans l'île de Philæ, culte justifié par l'Abaton, sanctuaire interdit d'Osiris*, qui se trouve dans l'île voisine de Biggèh. Cependant, ce n'est que de Nectanébo* Ier que datent les plus anciennes constructions qui maintenant couvrent cette île de leurs ruines. Ces monuments, grand temple d'Isis, Mammisi*, chapelles d'Osiris et d'Horus*, temples d'Hathor* et d'Imhotep*, chapelle d'Auguste, pavillon de Trajan, sont tous d'époque ptolémaïque* et romaine.

Actuellement, le visiteur est accueilli par le pavillon de Nectanébo qui offre encore son portique aux quatorze élégantes colonnes. L'esplanade qui s'étend devant l'entrée du temple d'Isis épouse une forme triangulaire. Elle est bordée à l'ouest d'un beau portique qui date des premières décennies de notre ère (Auguste et Tibère), le portique oriental étant resté inachevé. Il est terminé par les restes d'un petit temple d'Imhotep*.

Le temple lui-même est l'un des plus beaux monuments de l'Égypte ptolémaïque*. Il fut entrepris sous le règne de Ptolémée Philadelphe, sur l'emplacement d'un ancien sanctuaire d'Isis. Un pylône de 18 m de haut sur un front de 45, 50 m, sur lequel sont sculptées les scènes classiques de sacrifice royal (ici il s'agit de Ptolémée XIII Néos Dionysos) et de massacre d'ennemis. La cour à laquelle il donne accès est flanquée à l'ouest par le mammisi de l'époque d'Évergète II et de Néos Dionysos. Un second pylône de 22 m de haut sur une largeur de 32 m donne accès à une salle hypostyle de dix colonnes. Le fond du sanctuaire est occupé par le naos* entouré d'une dizaine de salles et pourvu d'une crypte*. La plupart des autres monuments de l'île sont très ruinés (temple d'Hathor, chapelle d'Osiris, temple d'Arensnouphis) excepté le pavillon de Trajan (début du IIe siècle de notre ère), constitué par un portique de quatorze colonnes, qui servait sans doute de reposoir lors des cérémonies du culte et de débarcadère.

À la suite de la construction du haut-barrage d'Assouan*, ces monuments ont tous été démontés et reconstitués sur l'îlot voisin d'Agilkia, énorme travail accompli entre 1972 et 1980. L'ancienne île de Philæ a été engloutie lors de la mise en service du barrage.

Piankhi → nubienne (dynastie).

pilier. Le pilier se distingue de la colonne par sa forme massive carrée. Il semble dériver du montant de porte, dont il a la forme, et les plus anciens piliers connus sont des piliers « engagés », c'est-à-dire encore attenants à la maçonnerie de la paroi ; on les trouve dans les tombes* de la période thinite*. Au début de l'Ancien Empire*, le pilier autonome apparaît comme soutien du toit dans la galerie qui donnait accès à la chapelle funéraire de Khâbaousokar. Le pilier simple, constitué par un bloc monolithe, se développe dans l'architecture des temples* funéraires de la IVe dynastie. À la fin de l'Ancien Empire, le pilier a tendance à être remplacé par la colonne, mais on le retrouve encore au Moyen et au Nouvel Empire*, où il est souvent orné de longs motifs floraux sculptés en haut-relief : iris, papyrus, lotus, ou encore pilier Djed*. La hauteur de ces piliers fait qu'ils sont formés de plusieurs tambours.

Le pilier osiriaque est un pilier, en général sculpté de reliefs, sur une face duquel est dressée une statue d'Osiris ayant les traits du roi régnant. Ces piliers apparaissent au Moyen Empire, pour subir une éclipse sous la XVIIIe dynastie, avant de redevenir d'un usage courant à la fin du Nouvel Empire, pour disparaître à basse époque. Le pilier d'ante est engagé dans la maçonnerie, plaqué contre le pylône*, appuyé au mur au départ d'une colonnade ; comme les autres piliers, il peut être pourvu d'une base et d'une corniche, mais ce n'est pas une règle générale.

Pi-Ramsès. À l'époque de Ramsès II*, la menace que les Asiatiques et plus particulièrement les Hittites* faisaient peser sur l'Égypte et son Empire d'Asie conduisit le grand pharaon à abandonner la trop lointaine capitale de Thèbes* pour s'installer dans un lieu où il pourrait plus rapidement intervenir en Canaan* et en Syrie ; il établit donc sa capitale dans une cité du Delta oriental, qu'il appela Pi-Ramsès, ou plus exactement Per Ramsès, « la maison de Ramsès », à quoi il ajoutait l'épithète de « grand en victoires ». Selon la tradition conservée dans le récit de l'Exode, les Hébreux auraient été contraints de préparer les briques qui servirent à la construction de la nouvelle cité. Il semble que la région ait été riche en vignes, car on a retrouvé à Qantir des jarres ayant contenu du vin de Pi-Ramsès. Cette trouvaille a d'ailleurs représenté un argument majeur pour les égyptologues qui ont voulu identifier Qantir avec Pi-Ramsès ; en tout cas, Qantir existait avant le règne de Ramsès II et s'appelait Khent-néfer ; le roi n'aurait fait que l'agrandir et changer son nom. Au siècle dernier, c'est avec Péluse, située plus à l'orient du Delta, à la lisière du désert et à peu de distance de la Méditerranée, que Chabas a voulu identifier Pi-Ramsès. Enfin, Pierre Montet, interprétant les fouilles qu'il dirigea à Tanis, a voulu voir dans ce site l'emplacement de Pi-Ramsès. Selon Montet, Ramsès II y aurait fait bâtir sa capitale dans le site de la ville abandonnée d'Avaris*, ancienne capitale des Hyksos. Le nom de Tanis lui aurait été donné plus tardivement. Néanmoins, les fouilles entreprises à Qantir par le Pelizeaus-Museum d'Hildesheim depuis 1983, au cours desquelles ont été découverts des éléments architecturaux et de la céramique d'époque ramesside et une salle hypostyle où ont été réutilisés de nombreux blocs portant le cartouche* de Ramsès II, permettent de supposer qu'il s'agit bien là de l'antique Pi-Ramsès, ce dont ne doute pas le directeur des fouilles E.B. Pusch qui unit les noms de Qantir et « Piramesse » dans les titres de ses publications.

plantes. Dans le désert, on ne trouvait que des épineux, des herbes drues, et rarement des térébinthes, dont les Égyptiens recherchaient la résine *(sonter)*. L'approche des eaux bienfaisantes du Nil s'annonçait par de maigres pâturages où paissaient des troupeaux de bovidés à demi sauvages. La végétation du Delta et de la vallée était dense ; les marais du Delta* étaient couverts de papyrus* et de lotus, qui étaient consommés, ces deux plantes ayant inspiré les architectes* qui ont inventé les colonnes*. Les arbres* étaient nombreux, mais ce sont surtout les plantes cultivées (→ **agriculture**) et les céréales qui occupaient la plus grande place dans la flore égyptienne. La vigne, cultivée au moins dès la fin de l'époque thinite, donnait des vins largement consommés dans tout le pays (→ **boissons**). Dans les jardins étaient cultivées toutes sortes de fleurs, dont les Égyptiens étaient amateurs. Il faut encore signaler la plante appelée *sout*, symbole de la Haute-Égypte, qu'on identifie avec le lis ou le roseau.

poème. L'Égypte nous a laissé un grand nombre de poèmes de toute sorte, écrits sur papyrus* ou sur ostracon*, gravés sur des stèles* ou des murs de temple*, peints sur les parois des tombes* ; on les chantait ou on les psalmodiait, souvent en s'accompagnant de musique* et de pas de danse*. C'étaient des hymnes*, des lamentations*, des chansons*, des poésies* amoureuses. Si le *Chant* du harpiste représente encore un genre de poésie qui fut imité à toutes les époques, nul n'égale en beauté celui de la tombe d'Antef*. Mais, à côté de ces genres bien définis, il existe un grand nombre de poèmes qu'on ne peut classer ; ainsi ce poème à la nuit : « La voûte céleste a porté la nuit. La voûte céleste a enfanté la nuit. La nuit appartient à sa mère. À moi appartient le repos de la santé [...]. La nuit appartient à sa mère, à la Dorée (Hathor*). À moi appartient le repos de la vie » ; ou ce poème intitulé : *Nostalgie de Memphis* : « Vois, mon cœur est parti en silence. Il s'en va vers un lieu qu'il connaît. Il va vers le sud afin de voir Memphis. Ah ! que ne suis-je à sa place ! [...] » ; ou encore cette fête dans un jardin pour Aménophis II* : « Réjouir le cœur, voir quelque chose de beau, des récitations, des danses, des chants, se réjouir à cœur content. Assister au passe-temps de Sa Majesté dans le jardin de la belle apparition. Mettre de la myrrhe, s'enduire d'huile parfumée, vivre une belle journée [...] ».

poésie amoureuse. Ce n'est qu'au milieu du Nouvel Empire* que la poésie amoureuse fait son apparition en Égypte. Elle reste, cependant, la plus ancienne poésie de ce genre dans l'histoire de l'humanité (les papyri* et ostraca* sur lesquels ces poèmes sont inscrits datent réellement des XIIIe et XIIe s. av. J.-C., contrairement à des textes appartenant à d'autres civilisations datés d'une haute époque, mais, en réalité, rédigés à des époques très postérieures). Ce n'est cependant pas une poésie légère et libertine ; chez ce peuple où le sentiment de la famille* était si fort et où l'amour de la nature reste une des dominantes du caractère, on ne pouvait trouver qu'une poésie où cette même nature intervenait délicatement, tandis que les sentiments exprimés ne pouvaient qu'être ceux d'un amour unique et souvent passionné. Il est possible que ces poèmes aient été chantés au cours de banquets et que dans la recherche précieuse de certaines images on sente le travail du scribe*, mais d'un sens profondément poète, car on n'y sent jamais la froideur des poètes grecs de l'Égypte d'Alexandrie* ; certains de ces poèmes sont parcourus d'un souffle poétique profond et d'un sentiment sincère. « Voici sept jours que je n'ai vu la bien-aimée. La langueur s'est abattue sur moi, mon cœur devient lourd, j'ai oublié jusqu'à ma vie ! » « O toi, le plus beau des hommes ! mon désir est de prendre soin de tes biens en maîtresse de ta maison, c'est que ton bras repose sur mon bras et que mon amour te serve. » « Ta main est posée sur ma main. Mon corps est heureux. Mon cœur est dans la joie, car nous marchons ensemble. » « Je descends dans l'eau et traverse les vagues. Dans l'onde, mon cœur est plein de force. L'eau est aussi ferme que le sol à mes pieds. Car mon amour pour elle me rend invulnérable, comme si pour moi elle avait chanté le charme des eaux. » « Tu désires que nous soyons ensemble au milieu des champs... »

poids et mesures. La mesure de longueur étalon était la coudée royale *(meh)*, représentée par un bras de 0,523 m et valant 7 palmes *(shesep)* et 28 doigts *(djeba)*. Le multiple était la canne *(khet)* de 100 coudées. Pour la construction, les architectes* utilisaient la petite coudée, qui ne valait que 6 palmes et 24 doigts. L'*iterou* était une mesure itinéraire équivalant approximativement au *schoene* grec et représentant à peu près 4 000 coudées (environ 2 km). Les mesures de surface étaient le *setshat* de 1 *khet* carré (2 735 m²), avec ses sous-multiples, le *remen* de 1/2 setshat, le *keseb* de 1/4 de *setshat*, le *sa* de 1/8 de *setshat*.

Les mesures de volume variaient selon les denrées à mesurer. La mesure de base pour le grain était le *heqat*, valant 4, 54 litres (ou 4, 785 litres); les multiples étaient le double, le quadruple *heqat*, les sous-multiples étaient des fractions du *heqat*. Le signe hiéroglyphique du *heqat* était le barillet. Dès la IIIᵉ dynastie, la tombe d'Héziré a livré des représentations de mesures de tailles différentes et peintes de couleurs vives, qui devaient servir à mesurer le grain. Sous la XVIIIᵉ dynastie, le *cher* est utilisé comme équivalent du quadruple du *heqat*; ainsi, 2 *cher* valent 8 *heqat*. Les mesures des liquides étaient différentes. La mesure étalon était le *henou* (jarre) de 0,46 litre, le *des* était utilisé pour mesurer la bière, le *hebent* pour le vin et l'encens, le *meni* pour l'huile et l'encens; on ignore la valeur de ces mesures.

Le poids étalon était le *deben*, valant 10 *kite* de 9 g; pour les poids inférieurs, on utilisait des fractions. À l'époque ramesside*, on distinguait le *deben* ou le *kite* en or, en argent ou en cuivre, afin de leur attribuer une valeur monétaire (→ **monnaie**). Les tombes ont rendu un grand nombre de poids en pierre (granit, albâtre, hématite) et en bronze. Ils ont des formes rondes et plates ou en tronc conique, imitent la tête du taureau, de la gazelle ou divers animaux, mais ils ne portent aucune marque.

poisson. Le Nil, les lacs et les marais recelaient les poissons les plus variés : carpes, anguilles, mulets, chromis, muges, silures... Excepté le tétrodon, qui, pareil à une outre gonflée, se laissait dériver au fil de l'eau, tous les poissons étaient comestibles ; cependant, un tabou en interdisait la consommation aux prêtres* et aux rois.

Le poisson séché était à l'origine d'une véritable industrie d'État et le poisson frais ou séché restait la base de la nourriture carnée des Égyptiens du commun ; cependant, même pour eux, des tabous pouvaient leur interdire la consommation de certains poissons, selon les nomes ; ainsi, la grande perche du Nil, le latès, qui avait donné son nom au nome* latopolite (chef-lieu Esneh*), ne pouvait être mangé par les gens de ce nome, aux yeux duquel il était sacré. D'autres poissons furent ainsi considérés comme sacrés et ne pouvaient être consommés par les gens du nome qu'ils patronnaient ; le plus connu est l'oxyrrhynque (*Mormyrus kannume*), appelé *shet* par les Égyptiens, et qui a donné son nom à une cité chef-lieu de nome ; ses habitants entrèrent en guerre contre une cité voisine où l'on mangeait de leur poisson divin. Par ailleurs, à certaines occasions, tous les Égyptiens mangeaient du poisson obligatoirement rôti, ou encore ils devaient s'en abstenir.

Les paysans* égyptiens vivaient en amitié avec les poissons, ce que nous rappelle la chanson des laboureurs, qui, après la crue, travaillent dans la boue : « Le bêcheur est dans l'eau, au milieu des poissons ; il parle avec le silure, il échange des saluts avec l'oxyrrhynque. » Dans la course nocturne de Rê*, ce sont des poissons qui pilotent la barque solaire et avertissent le dieu de la présence d'Apopis*. Mais, par ailleurs, les compagnons de Seth* s'étaient transformés en poissons pour fuir Horus*, qui « débarrassa l'eau des poissons » ; ce sont aussi des poissons, le phagre, le barbeau et l'oxyrrhynque qui étaient censés avoir dévoré le sexe d'Osiris*. C'est peut-être pour cela qu'il n'y avait pas de poissons dans le paradis égyptien.

police. Comme tout État hautement organisé, l'Égypte eut sa police, distincte de l'armée*. Les membres de ce corps de fonctionnaires étaient chargés de faire rentrer l'impôt* régulièrement, à grands coups de bâton le cas échéant, de contrôler le poids réel des marchandises mises en vente et d'éviter toute fraude, de retrouver les esclaves* en fuite et surtout de rechercher voleurs et criminels ; les procès-verbaux soumis aux tribunaux* sont dressés par des officiers de police qui pouvaient assumer en même temps la fonction de juge.

Parallèlement à cette police chargée de maintenir l'ordre à l'intérieur, les pharaons avaient organisé une police du désert*, les *nouou*, qui sillonnaient les pistes, secondés par de robustes chiens. Excellents connaisseurs du désert, ils surveillaient les mouvements de nomades bédouins*, protégeaient les caravanes, à l'occasion traquaient les criminels qui cherchaient refuge dans ces solitudes ; par ailleurs, ils chassaient au profit de l'État ou reconnaissaient les routes des mines*. Signalons encore ces auxiliaires nubiens de la police intérieure, les *medjaï*, qui dominent cette institution au Nouvel Empire*.

population → Égyptiens.

portes (Livre des). Dans la tradition du *Livre des Deux* chemins et du *Livre de l'Amdouat**, ce texte, qui date sans doute de la fin de la XVIIIe dynastie et orne souvent les parois des salles des tombes royales du Nouvel Empire*, est une géographie de l'au-delà*. Il doit son nom (il est aussi appelé *Livre des porches*) à ses portes qui étaient gardées par des dragons crachant du feu.

poterie. Apparue avec le néolithique*, la technique et la forme des poteries vont se perfectionnant et se diversifiant au cours des temps. Le nagadien* offre une gamme très variée de formes, dont certaines persisteront aux époques historiques. Le tour apparaît à l'époque thinite*, mais la poterie de terre cuite ne fera que peu de progrès dans les époques suivantes, sans doute parce qu'elle resta destinée à la vaisselle courante et à l'entrepôt des grains et de l'huile, les grandes jarres destinées à cet usage étant en partie enterrées. Quelques formes restent cependant caractéristiques de certaines époques, mais, en règle générale, les poteries égyptiennes de l'époque historique ont leur base ronde ou oblongue, de manière qu'il fallait les placer en terre ou les poser sur des supports circulaires en terre cuite ; une autre caractéristique de ces vases est le manque d'anses. La surface en était mate ou lissée et, selon la cuisson et les terres utilisées, les teintes étaient le noir, le rouge (ces deux couleurs pouvant être réunies sur un même pot) ou le gris. On utilisait comme matière de base le limon du Nil ou, pour les céramiques moins ordinaires, les terres plus fines de

Ballas, de Qéné ou d'Assiout*. À partir du Nouvel Empire, on prit plaisir à orner les panses de motifs aux couleurs vives : couronnes fleuries, guirlandes, figures animales.

La poterie lustrée est d'origine grecque et n'apparaît qu'au VIe s. av. J.-C. Le tour n'était pas mû au pied, mais avec la main gauche, tandis que le potier modelait l'argile de l'autre main. Les poteries étaient cuites dans des fours hauts, le feu étant entretenu à la base du four de briques, tandis que les vases étaient placés au-dessus. Les vases en faïence* (ou en terre émaillée), d'abord faits d'argile, étaient traités d'une manière identique, le plus ancien vase semblable ayant été trouvé à Abousir el-Meleq*. → vase.

Pount. Dès l'Ancien Empire*, les Égyptiens effectuèrent des navigations* vers le pays de Pount, quelque part dans la mer Rouge*. Pount est la forme égyptianisée d'un nom indigène *(Poun)* que d'aucuns ont rapproché des Puniques (les *Poeni* des Latins), les Carthaginois étant, en effet, des Phéniciens, et le berceau de ces derniers étant situé, à ce qu'on croit, en Arabie.

Le Pount est un pays à l'orient et dans l'hymne* à Amon-Rê* on voit le dieu-soleil venir de « Pount » pour descendre au pays des Matiaou, c'est-à-dire chez les Libyens, à l'occident ; Hathor*, protectrice du Sinaï*, est aussi appelée « dame de Poun ». Il semble donc que ce nom se soit attaché à tous les rivages de la mer Rouge, ou plutôt qu'il ait désigné une région toujours plus lointaine à mesure que les navigations des Égyptiens leur révélaient des terres nouvelles.

Les inscriptions du temple de Deir el-Bahari* nous renseignent sur ce pays de Pount à l'époque d'Hatshepsout*. Les bateaux égyptiens arrivent près d'un rivage bas, bord de mer tropicale selon les uns, ou berge d'un fleuve que les vaisseaux ont remonté selon d'autres exégètes ; il y pousse des palmiers et des arbres, palétuviers ou plus certainement arbres à encens, et les indigènes habitent des huttes élevées sur pilotis. Les gens du Pount sont ici assez semblables aux Égyptiens ; leur peau est rouge brique, ils portent une barbe coupée en pointe et les cheveux longs tressés en nattes ; ils sont vêtus comme les Égyptiens, mais la jambe droite du roi est couverte d'anneaux de cuivre, tandis que la reine est un être difforme atteint de stéatopygie ou d'éléphantiasis. Les Égyptiens sont courtoisement reçus et après un banquet on commence à procéder au troc ; contre la pacotille égyptienne, on échange des produits dont la liste nous est donnée : bois précieux, gommes aromatiques, arbres à encens (sycomores d'aromates verts), ébène et ivoire pur, or frais du pays d'Amou, bois à parfum de trois sortes *(tosheps, khasyt, ihmet)*, dont deux sont peut-être la casse et l'oliban, poudre d'antimoine (collyre noir), singes, lévriers, peaux de léopards du Midi, et des gens du pays avec leurs enfants.

Plus tard, Horemheb* enverra une expédition dans le Pount, et on voit que ce même nom désigne un lieu différent, car les habitants ont le visage arrondi, le nez épaté, une petite bouche et des cheveux frisés et courts ; cependant, ils portent une barbe ; leurs dons au roi sont de la gomme parfumée, de la poudre d'or, ou encore des plumes d'autruche. À l'époque d'Hatshepsout, le Pount semble être situé dans la partie sud de la mer Rouge, aussi bien sur la côte africaine que sur la côte arabique ; le texte de Deir el-Bahari parle du Pount « sur les deux rives de la Grande Verte » ; cependant, c'est sur la côte des Somalis que se déroule la scène reproduite sur les reliefs, et si c'est bien un fleuve qui est représenté, ce ne peut être, comme le fait remarquer Maspero, que la rivière de l'Éléphant, située près de l'actuel cap Gardafui.

prédynastique, nom donné à la longue période qui prépare l'avènement de la Iʳᵉ dynastie historique.

Sur le plan archéologique, le prédynastique englobe toute la période dite énéolithique ou chalcolithique, c'est-à-dire l'époque pendant laquelle, tout en continuant la tradition néolithique de la taille de la pierre, les métaux font leur apparition, sous la forme du cuivre ; ainsi le prédynastique pourrait débuter avec le badarien*, mais on préfère, en général, le faire commencer avec l'amratien*, c'est-à-dire qu'il est synonyme de nagadien*. Ainsi, le prédynastique ancien correspond à l'amratien, le prédynastique moyen à la plus grande partie du ger-

zéen*, le prédynastique récent à la période qui précède l'avènement de la Iʳᵉ dynastie (on emploie aussi pour l'ultime période contemporaine du roi-scorpion* les noms de protodynastique ou préthinite). Toutes ces appellations restent, cependant, en partie arbitraires et varient selon les auteurs. Lorsqu'on a pris connaissance des cultures matérielles exhumées par l'archéologie et qui révèlent un aspect de cette période, on ne peut que se demander quels pouvaient être les événements historiques qui ont jalonné cette époque obscure, événements d'autant plus importants qu'ils préparent l'avènement de l'Égypte historique ; c'est dans le prédynastique que les faits politiques, religieux, économiques et matériels de l'Égypte des premières dynasties plongent leurs racines. En se fondant sur des éléments contemporains (archéologiques, ethniques, monuments figurés) ou postérieurs (mythes, traditions, allusions dans des documents historiques), on a proposé de nombreuses hypothèses, qui ressemblent souvent trop à des romans historiques. En prenant pour canevas le tableau de l'Égypte prédynastique proposé par Kurt Sethe en 1930, on peut ainsi schématiser l'histoire du prédynastique, en précisant combien toute théorie est hypothétique et critiquable, au point que Kees a pu établir un tableau qui prend le contre-pied de celui proposé par Sethe. À l'origine, les familles étaient groupées en clans vénérant le même totem, représentation animale ou végétale de l'ancêtre mythique ; la réunion des agglomérations où vivaient les clans constitua la préfiguration de ce qui allait devenir les nomes* de l'Égypte historique. Dans le Delta* se formèrent, par la fédération des nomes, deux États, l'un à l'ouest, l'autre à l'est ; Horus* était le dieu du premier, qui aurait eu pour capitale Behdet (l'actuelle Damanhour, dont le nom cache l'ancien égyptien « ville d'Horus ») ; le nom d'Osiris*, dieu du second, se retrouve dans sa capitale Busiris* ; bientôt ces deux États s'unirent en un seul royaume, avec Saïs* et ensuite Behdet pour capitale. Certains auteurs ont repoussé à la fin du néolithique* la formation de ce premier royaume, mais si l'on admet son existence il est difficile de la placer plus haut qu'au prédynastique ancien ; c'est à cette époque que serait née la filiation d'Horus avec Osiris. Par un phénomène analogue se serait constitué dans le Sud un État de culture amratienne, avec pour capitale Ombos*, au nord de Louqsor, et pour divinité Seth*. Le royaume du Delta conquit le royaume du Sud au prédynastique moyen, imposant à toute l'Égypte sa civilisation gerzéenne (vers la S.D. 40 → **nagadien**). Busiris devint la capitale de cet État unifié jusqu'à ce qu'une révolte du Sud le disloque. De nouveau, le Delta, avec son dieu Horus, reconquit le Sud, dominé par Seth, et c'est un écho de ces guerres qu'on retrouve dans la légende d'Osiris.

La capitale du nouvel État unifié fut Héliopolis*, où était adoré le dieu solaire Rê* : c'est alors que serait née la conception de Rê-Harakhti, afin d'intégrer le dieu d'État Horus dans le système héliopolitain. Le couteau du Gebel el-Arak qui représente un combat d'hommes au crâne rasé contre des hommes à tresse libyenne, dont ils triomphent, pourrait conserver le souvenir de cette seconde conquête, qui se placerait alors à la S.D. 63 ; ces conquérants, en partie d'origine asiatique et établis dans le Delta depuis déjà quelque temps, y auraient alors peut-être constitué un royaume à leur profit et seraient les porteurs des influences asiatiques qui apparaissent à cette époque dans le Sud ; les Asiatiques, étant portés vers les cultes solaires, auraient choisi ainsi de préférence pour capitale Héliopolis, pour son culte de Rê. C'est à cette époque que certains auteurs situent l'invention du calendrier*. C'est encore une révolte qui éclata dans le Sud, à Hermopolis*, qui provoqua une nouvelle scission du royaume unifié en deux royaumes indépendants.

La nouvelle capitale du Delta fut Pé, ville d'Horus, qui s'élevait face à Dep (Bouto*), ville de la déesse Uræus* ; la capitale du Sud devint Nekhen, sur le site de l'actuelle el-Kab* ; Nekhen était aussi cité d'Horus et l'on voit ainsi Horus, qui a définitivement triomphé de Seth, devenir divinité dynastique des deux États. La période préthinite (ou protodynastique) est remplie des luttes entre les deux royaumes ; mais, cette fois, c'est le Sud qui se révèle comme le conquérant. Le roi-scorpion*, qui nous est connu par une tête de massue, semble avoir porté ses armes jusqu'à Memphis* ; mais c'est un

de ses successeurs (ou son successeur immédiat), Narmer*, qui unira les deux royaumes en un État centralisé, qui est l'Égypte des époques historiques. → **couronne, monarchie.**

préhistoire de l'Égypte.

L'industrie humaine est attestée dans la vallée du Nil dès le paléolithique ancien. Le fleuve occupait alors toute la largeur de la vallée, et sa régression peut être suivie grâce aux terrasses qu'il a laissées, chacune de celles-ci semblant caractérisée par une industrie paléolithique. Aucune n'a encore été trouvée dans les terrasses les plus hautes (90 m, 65 m, 48 m), contemporaines du début du quaternaire. Le Chelléen africain est établi sur la terrasse de 30 m et correspond à un climat humide et équatorial (pluvial). L'Acheuléen est typique de la terrasse de 15 m ; la phase climatique reste au pluvial. Le Levalloisien se trouve sur les terrasses de 9 m et de 3 m.

Au paléolithique récent et au mésolithique, où l'on assiste à un assèchement progressif, le Nil est approximativement parvenu, en Haute-Égypte, à son niveau actuel. Cependant, le Delta* continue sa formation, les atterrissements du fleuve gagnant sur la mer, remodelant sans cesse le littoral méditerranéen. On remarque une solution de continuité entre le paléolithique égyptien et le néolithique*, dont certaines causes sont à rechercher en Asie. Néanmoins, les 30 m de limon accumulés dans le Delta depuis le paléolithique final recèlent peut-être des cultures qui combleront ce qui, dans l'état actuel de la prospection archéologique, apparaît comme un hiatus. C'est donc au néolithique et à l'énéolithique (ou prédynastique*) qu'il faut faire débuter la civilisation égyptienne ; pendant cette période obscure se sont, en effet, constitués deux éléments dominants de cette civilisation : la race (→ **Égyptiens**) et la langue*.

prêtre.

Le corps sacerdotal égyptien comptait une grande variété de membres auxquels on peut donner le nom de « prêtres ». Signalons d'abord les prêtres des morts, prêtres funéraires (→ **offrandes funéraires**) et prêtres présidant à la momification*, et qu'on retrouve au moment des funérailles*.

Le clergé*, c'est-à-dire le personnel sacré des temples divins, était composé des « prophètes* », constituant le haut clergé, des prêtres du bas clergé, des horaires (laïcs) et d'un personnel féminin. Les Grecs avaient donné le nom de « prophètes » (interprètes de l'oracle du dieu) aux prêtres que les Égyptiens nommaient *itou neter*, « pères divins », ou *hémou neter*, « serviteurs du dieu ». Ils formaient une hiérarchie à la tête de laquelle se trouvait le grand prêtre, ou « premier prophète ». Cependant, le clergé de certains dieux était dirigé par un pontife, qui portait un titre remontant aux plus lointaines époques ; ainsi, le « Grand Voyant » *(Our Maou)* de Rê* était le chef du clergé de Rê à Héliopolis*, et ce fut aussi le titre du chef du clergé d'Aton* ; le premier prophète du temple de Ptah* à Memphis* était le « Grand Maître de l'art » *(Our Kherp hemat)*. Représentant du roi dans le temple, le pontife était nommé par l'oracle du dieu, mais, en réalité, selon la volonté du pharaon*. Ce pouvait être un prêtre du clergé du dieu ou d'un autre clergé, mais il pouvait tout aussi bien être choisi parmi les hauts fonctionnaires de la cour* ou les chefs militaires. C'est lui qui devait accomplir la célébration du culte au nom du roi et qui avait la haute main sur l'administration des biens du temple. Il se déchargeait de ses fonctions religieuses sur le second prophète lorsqu'il devait s'absenter, ce dernier ayant, en outre, des fonctions administratives, comme celles de recevoir le tribut étranger que le roi cédait au temple ou de diriger des champs et des ateliers des dieux. Ce second prophète était assisté par les troisième et quatrième prophètes et par les simples prophètes.

Dans le bas clergé, on peut comprendre diverses fonctions. Les « purs » *(ouêbou*, singulier *ouêb)* étaient chargés des soins des instruments du culte et des objets sacrés ; c'est eux qui tenaient propres le temple par des aspersions (purifications) ainsi que les objets du culte, et qui fardaient et paraient la statue du dieu ; lors des processions, c'est eux qui portaient la statue du dieu ou sa barque* sacrée. Ils avaient à leur tête le chef des prêtres, *ouêbou*, et un grand prêtre *(ouêb)* qui, dans le culte d'Amon*, était res-

ponsable du culte* divin journalier. Certains clergés, comme celui d'Osiris* à Abydos, ne comprenaient pas de prophètes et étaient dirigés par un grand *ouêb*. Les *ouêbou* possédaient souvent des charges civiles. Les « prêtres lecteurs » *(Kériou-hebet)* avaient pour fonctions d'ordonner les cérémonies selon le rituel et de réciter à haute voix les hymnes* sacrés pendant le culte ; c'est surtout à eux que les Égyptiens attribuaient des pouvoirs magiques par la connaissance des formules contenues dans les rituels. Ils étaient dirigés par un chef, le *heri-tep*. Les « horologues » devaient déterminer les heures de chaque cérémonie par l'observation de la course diurne du soleil et de la marche diurne des étoiles (→ **heures**). Les « horoscopes » devaient déterminer les jours fastes et néfastes de l'année (→ **astrologie**). Enfin, la dernière classe de prêtres est celle des *imiouset-a*, dont on ne sait à peu près rien, mais ils semblent avoir été des gens chargés de tous les travaux manuels à l'intérieur du temple, des sortes d'hommes de peine.

Tous les membres du bas clergé, ainsi que les prophètes ordinaires, étaient divisés en quatre tribus *(phylè* d'époque ptolémaïque*)*, qui prenaient à tour de rôle pendant un mois leurs charges religieuses ; le reste du temps, ils vivaient chez eux de la vie normale des laïcs, dont ils ne se distinguaient en rien. Il ne faut cependant pas les confondre avec les vrais laïcs, appelés « horaires » *(ounout)*, sans doute parce que, à l'origine, ils ne donnaient leur service au temple que pendant une heure d'affilée. C'étaient des fidèles qui vivaient à l'extérieur et ne venaient au temple que pour y prendre leur service. Sous l'Ancien Empire, leur place était prépondérante, le clergé n'étant pas encore structuré et régularisé comme il le fut par la suite. Sous le Moyen Empire*, les « prêtres horaires » sont à peine mentionnés et on ne parle plus guère d'eux au Nouvel Empire. Leurs charges, importantes à l'origine, ne semblent plus avoir été par la suite que de menues besognes matérielles.

Parmi les prêtres du bas clergé, signalons encore les musiciens et les chanteurs, qui, en général, étaient aveugles, ce qui s'explique dans une société où chacun a sa fonction et où un aveugle peut difficilement trouver un moyen de subsistance autre que la musique.

Le personnel féminin des temples était théoriquement dirigé par la reine, censée être l'épouse du dieu dynastique, c'est-à-dire Amon* pour les Empires thébains. À basse époque, la divine adoratrice d'Amon remplacera la reine et régnera en principe sur le clergé thébain. Les *ouèbouit*, femmes attachées aux temples, formaient un véritable clergé féminin. Divisées, comme les prêtres, en tribus, elles prenaient leur service pendant un mois à tour de rôle; elles figuraient dans les processions et les cérémonies publiques. À côté de ces prêtresses, que les Grecs appelèrent pallacides, des musiciennes, des chanteuses et des danseuses étaient attachées aux temples, mais elles étaient des laïques qui se contentaient de prêter leur concours lors des cérémonies.

Sous l'Ancien Empire, les prêtres ne se distinguaient guère du commun par leurs vêtements. Dans les époques ultérieures, ils continueront de porter le pagne et souligneront leur souci d'archaïsme, évitant d'arborer les robes mises à la mode par le goût du jour, en tout cas lorsqu'ils sont dans l'exercice de leurs fonctions sacrées; ils revêtent cependant la peau de léopard comme signe de leur dignité. Par ailleurs, ils devaient se raser la tête (mais ils portent la perruque lorsqu'ils n'officient pas), être circoncis, se purifier et observer diverses prescriptions alimentaires et rituelles.

prince. On traduit parfois par ce titre l'égyptien *hétya* qui désignait plus particulièrement le prince d'une province, auquel on donne de préférence le nom grec de nomarque*.

procès. L'Égypte nous a conservé peu de documents concernant les procès, qui n'ont pas dû être moins nombreux que dans d'autres nations. Les plaintes étaient remises par écrit ou enregistrées au greffe du tribunal*. L'affaire était ensuite conduite oralement, le demandeur exposant sa requête au tribunal, dont les membres siègent assis; après avoir entendu la défense, le tribunal statue, tandis qu'un scribe* dresse un procès-verbal de l'audience. Pour les affaires civiles, la décision du tribunal fait force de loi, mais on peut recourir à l'appel; celui auquel le tribunal a donné gain de cause se tourne vers le perdant et lui demande des dommages légitimes, à quoi l'autre parti doit répondre qu'il se soumet à cette décision. Pour ce qui relève du droit pénal, le tribunal décide de la culpabilité du prévenu, laissant au roi la décision du châtiment, tandis que c'est le vizir* ou son représentant qui est l'accusateur, ayant enregistré la plainte.

Certaines affaires touchant de près la monarchie requéraient des tribunaux d'exception. Sous l'Ancien Empire*, nous apprenons par l'autobiographie d'Ouni qu'étant « juge, gardien de la bouche de Nekhen », c'est lui que le pharaon alla chercher plutôt « qu'aucun juge de la porte, vizir* ou sar », mais lui tout seul, avec un seul juge, pour mener une enquête dans le harem du palais pour une affaire dans laquelle était impliquée la grande épouse royale Ametsi. On trouve une autre affaire, sans doute plus grave, qui fut jugée à huis clos à la fin du règne de Ramsès III*. C'était une véritable conspiration des gens du harem, qui nous est assez bien connue par divers papyrus (pap. judiciaire de Turin, pap. Lee et Rollin, publiés par Devéria). Le roi charge un tribunal d'instruire l'affaire et on assiste à une corruption de juges, lesquels se retrouvent bientôt sur le banc des accusés; l'affaire se termina par plusieurs condamnations à mort. Dans un procès public à propos de violation* de tombes, qui se déroula à Thèbes* sous le règne de Ramsès*, on voit le vizir lui-même présider le tribunal. Une longue enquête était ordonnée auparavant par le tribunal, qui lisait le rapport avant de faire comparaître témoins et inculpés, dont on arrachait des aveux par la bastonnade et qu'on conduisait ensuite sur le lieu de leur crime, afin de procéder à une reconstitution. Dans le cas qui nous occupe, en attendant la décision du roi, les coupables furent enfermés dans la prison du temple d'Amon-Rê.

procession. Les fêtes* religieuses étaient souvent accompagnées de processions. À cette occasion, le dieu était placé dans la barque* sacrée et porté sur les épaules des prêtres pour être montré au peuple dans la plus grande liesse. Ces processions étaient souvent de véritables voyages. Les barques sacrées avec l'idole étaient placées sur des embarcations qui, suivies d'un grand nombre de bateaux, naviguaient sur le Nil, soit pour le traverser simplement, comme lors de la fête d'Amon dans la Vallée, soit pour conduire le dieu dans l'un de ses nombreux sanctuaires, comme dans la fête d'Opet*. Les dieux se rendaient plus souvent visite entre eux : Ptah* allait visiter sa fille Nébet-Néhet au sud de Memphis*, Oupouat de Saouti (Assiout*) allait voir Anubis* dans son sanctuaire voisin, Hathor* de Dendérah* se rendait chez son époux, l'Horus* d'Edfou*. Dans ce dernier cas, Horus venait galamment au-devant de la déesse, qui avançait lentement en faisant des arrêts dans chacun de ses sanctuaires. Ce voyage, réglé par tout un cérémonial, était suivi de treize jours pendant lesquels le peuple s'abandonnait à la joie du triomphe d'Horus sur ses adversaires séthiens.

prophètes d'Amon. Ce n'est qu'au Nouvel Empire* que nous commençons à connaître la constitution du clergé* d'Amon*, qui épousera la fortune des rois de cette époque dont Amon est le dieu d'État. Les conquêtes des rois de la XVIIIe dynastie, qui enrichirent l'Égypte, ont enrichi plus encore le temple d'Amon thébain. Très tôt on vit les prophètes d'Amon jouer un grand rôle politique et Thoutmôsis III* se montra un des plus actifs artisans de la fortune d'Amon ; à la suite de ses campagnes asiatiques, il combla le clergé d'Amon de champs, de jardins, de vergers, de bétail, de métaux précieux, de captifs nubiens et asiatiques, et il lui céda même le tribut* annuel de certaines villes conquises. C'est en partie contre la formidable puissance du clergé thébain que se fit la révolution atonienne d'Akhnaton*, déjà amorcée par son père, Aménophis III*.

Le retour à l'orthodoxie rendit le clergé d'Amon plus puissant encore, et bien que les rois de la XIXe dynastie aient promu au rang de dieux d'Empire Ptah*, Rê* et Seth*, cela ne nuisit en rien à la puissance du clergé du dieu de Thèbes, bien au contraire. En effet, Bakenkhons, devenu sous Ramsès II* premier prophète d'Amon, fut enfin nommé « directeur des prêtres de tous les dieux », c'est-à-dire qu'il avait sous sa tutelle tout le clergé égyptien. Et afin que sa domination des prophètes d'Amon fût plus assurée, on vit tel prêtre d'Amon détenir en même temps de hauts postes dans certains autres clergés, jusqu'à être deuxième prophète d'Amon et grand prêtre de Ptah* à Memphis*. Dans sa biographie, Roui, qui vécut sous Mineptah* et Séthi II, nous apprend qu'il est premier prophète d'Amon et que son fils aîné est deuxième prophète ; le puîné est prêtre- *sem*, et enfin son petit-fils sera père divin et quatrième prophète d'Amon.

Bien que devant gravir toutes les marches du sacerdoce, les fils des premiers prophètes leur succèdent enfin dans leur fonction, et à partir de Ramsès III* cette succession de père en fils est établie avec Ramsesnakht et ses deux fils, Nesamon et Amenhotep, qui lui succédèrent l'un après l'autre.

Dans les temples, le premier prophète, qui autrefois était souvent ignoré, est maintenant représenté d'une taille aussi grande que celle du pharaon, et c'est l'épouse du premier prophète qui est, à la place de la reine, la « première concubine du dieu » et qui dirige le « harem du dieu » avant de remplacer finalement la reine dans ses attributions d'« adoratrice* divine ».

prophétie. L'Égypte a connu le genre prophétique, qui s'est développé pendant des époques de troubles. La plus ancienne prophétie se trouve dans le *Conte de Chéops et des magiciens*, où le vieux sage Didi prédit au roi l'accession au trône des rois de la Ve dynastie, fils de Rê et de Rouddidit, femme d'un prêtre d'Héliopolis* ; il semble que le papyrus Westcar, qui contient le conte, remonte à la fin de la période des Hyksos*, mais, d'après le style, la rédaction originale daterait du Moyen Empire* et, selon certains, c'est de l'Ancien Empire* qu'il faudrait dater la prophétie.

C'est aussi à l'Ancien Empire que prétend faire remonter le scribe qui les a rédigées, les *Sentences* *(ou prophéties) de Néferehou* où le sage lui débite un conte prophétique annonçant les malheurs qui mettront fin à l'Ancien Empire et la venue finale d'un sauveur dans la personne d'Amménémès*, fondateur de la XIIe dynastie.

Le tableau de la dévastation de l'Égypte par des étrangers n'est pas sans évoquer la période troublée qui vit la fin des dynasties indigènes écrasées par les Perses, et l'avènement des Ptolémées* engendra aussi un mouvement prophétique dont la Chronique* démotique reste un modèle.

protocole. Il existait tout un cérémonial qui présidait à la vie du pharaon, mais on ne le connaît qu'assez mal, par des allusions ou, pour l'Ancien Empire*, par des rapprochements entre le protocole divin des *Textes des Pyramides** et celui qui régissait l'existence divine du roi dans son palais. Le roi-dieu vit au milieu d'une cour* de parents, de grands, d'« amis uniques », de prêtres*, de serviteurs. Il se lève comme le soleil, à l'aurore, entouré des femmes du harem, qui le saluent par des hymnes* et de la musique*. Des serviteurs le conduisent dans sa salle de bains, puis il prend son repas, avant de se rendre dans sa salle du conseil, où se tiennent les scribes*, qui attendent les ordres royaux, tandis que ses fonctionnaires lui soumettent les affaires du royaume. Il reçoit en audience le vizir*, qui, après s'être informé de la santé de son seigneur, lui fait son rapport sur les affaires du royaume car, dans le principe, c'est le roi qui règle toutes les questions, et il sait tout et entend tout grâce à ces hauts fonctionnaires qui sont « les yeux et les oreilles du roi ».

Dès le Moyen Empire* et sans doute avant, tout sujet du roi, quelle que soit sa condition, peut lui présenter une pétition écrite pour demander justice contre tout abus de pouvoir. Des enquêteurs vont à travers le pays recueillir les plaintes en faire part au souverain qui juge de leur légitimité. Pour ses audiences officielles, le pharaon apparaît au milieu de sa cour, paré de tous ses attributs. Il porte la double couronne* surmontée de l'uræus* et tient dans ses mains le flagellum et la crosse (→ **sceptre**) ; paré de colliers et de bracelets, il est vêtu du pagne royal bouffant orné d'or, et dans certaines cérémonies il revêt par-dessus un long pagne transparent ou même une robe ample de très fin tissu. Il prend place sur son trône, le « trône des vivants », autre insigne de la royauté ; le caractère divin du trône se révèle dans son

nom : *iset*, le « siège », est le nom d'Isis*, qui, dans sa forme originelle, semble avoir été l'incarnation du trône royal. Sous l'Ancien Empire, les marques de respect données au « dieu grand » sont poussées à l'extrême ; devant lui, on « flaire la terre », et c'est une faveur éclatante que de permettre à un courtisan, à cette époque proche parent du roi, de baiser le pied royal. Au Nouvel Empire, il semble que cet usage ait été supprimé pour les hauts fonctionnaires, qui saluaient le roi de la manière utilisée par tous les Égyptiens pour marquer leur respect à un supérieur, en s'inclinant les mains baissées vers les genoux ou levées vers le ciel. Dans le protocole, le courtisan ne s'adresse pas au roi, il parle devant lui, nuance subtile qui restait toute théorique !

Quand le roi sort, seul ou avec sa famille, il est porté sur un palanquin ou il est monté sur un char ; devant marchent deux coureurs, qui écartent la foule avec leurs bâtons ; puis vient le roi avec ses gardes du corps et ses flabellifères ; à ses côtés marche un noble porteur d'un petit éventail, qui a en titre ce que les porteurs d'éventail font en réalité ; suivent la reine et les enfants royaux, et les dames de la cour, entourés de serviteurs armés de bâtons. Ainsi le roi va au temple remplir ses fonctions sacerdotales ou rendre son culte à son père défunt dans son temple funéraire.

Le pharaon mettait la plus grande pompe dans ses apparitions publiques, en particulier lorsqu'il recevait les ambassadeurs étrangers ou lorsqu'il se montrait à son peuple au balcon de son palais ou sur le pylône des temples. Mais tout ce cérémonial était oublié quand le roi se trouvait dans l'intimité ; on le voit, sous l'Ancien Empire, quand le « dieu » va se promener à travers les beaux fourrés de son lac, sur un bateau manié par les femmes de son harem, ou lorsqu'« il se réjouit le cœur » en écoutant ses chanteurs et ses musiciennes, tout en regardant les danseuses ou les Pygmées ramenés du Soudan. Le Nouvel Empire ne se contente pas de nous faire connaître par les textes les distractions du roi ; on nous montre sur les reliefs et les peintures Akhnaton* avec son épouse sur ses genoux, ses filles jouant autour de lui, Toutankhamon* chassant avec sa femme, qui lui tend des flèches tout en lui désignant des cibles,

Ramsès III* évoluant dans son harem, seulement paré de bijoux, la tête couverte de la couronne bleue, jouant aux « dames » avec une femme du harem qui porte une fleur à son nez.

Psammétique, nom porté par trois rois de la XXVI° dynastie saïte*.
Psammétique I°ʳ 663-609 av. J.-C.), fils d'un Néchao* qui régnait sur Saïs*, tandis que les Assyriens* étendaient leur suzeraineté sur le Delta*. En courtisan, Néchao avait donné un nom* assyrien à sa cité ainsi qu'à son fils, pour qui il obtint d'Assourbanipal la ville d'Athribis*. Psammétique venait de succéder à son père lorsque Tanoutamon* défit, à Memphis*, les dynastes du Delta* encore fidèles aux Assyriens ; avec les vaincus, il s'enferma dans sa forteresse de Saïs ou, encore, il se réfugia à la cour assyrienne avant d'être rétabli dans ses domaines par Assourbanipal. Hérodote* nous a laissé un récit populaire de la fortune de Psammétique ; mais, en réalité, on ne sait comment il se rendit maître du Delta en vainquant les autres roitelets, ni comment il chassa les garnisons assyriennes, à moins que ces dernières n'aient été retirées pour faire face à des révoltes qui éclatèrent dans d'autres provinces de l'Assyrie*. Ce qui est certain, c'est que Psammétique appuya sa puissance sur des mercenaires ioniens et cariens. Ayant pénétré en Palestine peut-être à la poursuite des Assyriens, il mit le siège devant Ashdod, qu'il ne prit que vingt-neuf ans après. Maître du Delta, Psammétique voulut étendre son autorité sur la Haute-Égypte. Il usa pour cela de diplomatie et, après de longues tractations, l'adoratrice divine d'Amon* à Thèbes*, Shapenoupet II, adopta Nitocris, fille de Psammétique, tandis que Mentouemhat, gouverneur de la région, reconnaissait son autorité. Psammétique consacra le reste de son long règne à réorganiser l'Égypte unifiée, inaugurant, par ailleurs, la politique philhellène que poursuivront ses successeurs.
Psammétique II (594-588 av. J.-C.), fils et successeur de Néchao*. Son règne, de courte durée, fut marqué par une expédition contre les Nubiens, connue par les graffiti laissés, sur les colosses de Ramsès II* à Abou-Simbel* par les mercenaires grecs* au service du souverain. On ne sait

quels furent les résultats de cette campagne. Par ailleurs, il fit aussi un pèlerinage dans le pays de Kharou, sans doute la Phénicie et peut-être Byblos. Il mourut au retour de ce voyage.
Psammétique III (525 av. J.-C.), fils d'Amasis*, il ne régna que quelques mois. Les Perses*, sous leur roi Cambyse, marchaient contre Amasis*, lorsque mourut ce dernier. Un des anciens généraux grecs d'Amasis étant passé aux Perses, il guida ces derniers de Gaza vers Péluse par l'antique route militaire qui unissait l'Égypte à l'Asie. Psammétique, à la tête de ses troupes grecques et égyptiennes, fut vaincu à Péluse et se retira à Memphis*. Après un long siège, Psammétique dut capituler (fin mai 525). Cambyse semble d'abord avoir bien traité son adversaire, mais celui-ci, ayant tenté de se révolter, dut se donner la mort. Avec lui se termine la dynastie saïte*.

pschent → couronne.

Psousennès → tanite (dynastie).

psychostasie → jugement d'Osiris.

Ptah, dieu local de Memphis*, représenté, comme Min* et Osiris*, sous la forme d'un homme enveloppé étroitement dans un linceul.
Sa gloire tient à son lieu d'origine, la région de Memphis, où s'établit la monarchie des époques anciennes. Il devint ainsi patron de la monarchie*, et c'est lui qui présidait aux fêtes Sed*. Un taureau était adoré dans la région depuis la plus haute Antiquité, il fut assimilé à cet animal, appelé en ce lieu Apis*, comme il fut assimilé à Sokaris*, patron de la nécropole de Saqqara*, et à Osiris*, autre patron de la monarchie et des nécropoles*. La spéculation des prêtres memphites en fit le dieu créateur maître de l'Ennéade* (→ cosmogonie) et il apparaît ainsi comme le protecteur des artisans*. Il est le mâle de la triade* memphite, avec pour épouse Sekhmet* et pour fils Néfertoum, dieu issu du lotus. Son clergé fut un des plus puissants de l'Égypte.

Ptahhotep (Enseignements de...).
On sait que Ptahhotep était vizir de Djedkarê Isési, avant-dernier roi de la V° dynas-

tie. Il s'est rendu célèbre pour avoir écrit un enseignement, recueil de préceptes, qui fut par la suite largement utilisé dans les écoles*. Cette solide morale pratique, qui enseignait le respect des usages et de la hiérarchie, convenait à de futurs fonctionnaires royaux. Le texte nous est connu par le papyrus Prisse (Bibliothèque nationale), qui date du Moyen Empire, et a été publié par Jéquier avec de nombreuses variantes connues par des fragments de manuscrits plus récents, mais qui diffèrent souvent dans le détail. Dans ces sentences écrites il y a au moins 4 000 ans, on trouve des enseignements qui restent éternels : « Ne t'enorgueillis pas de ce que tu sais et ne mets pas ton assurance dans ton instruction ; prends conseil auprès de l'ignorant autant que du savant. Nul ne parvient plus aux limites de son art, nul artiste n'atteint à la perfection. Un sage propos est plus rare qu'une pierre précieuse, mais on peut l'entendre auprès des servantes courbées sur la meule [...]. Si tu es un sage, construis une maison et fonde un foyer. Aime ta femme comme il convient, nourris-la et habille-la [...], rends son cœur heureux pendant toute ta vie [...]. Obéis à ton cœur tant que tu vis [...], ne prends pas sur le temps consacré au plaisir, car rien n'est plus odieux à l'âme que de lui prendre son temps [...]. Ce qui se réalise, c'est ce qu'a décidé Dieu et non ce que veulent les hommes. »

ptolémaïque → Lagides.

Ptolémée → Lagides.

pylône, nom (du grec *pylon*, en égyptien *bekhent*) servant à désigner les deux tours massives qui flanquaient la porte de pierre donnant accès aux temples*.

Ces deux massifs de plan rectangulaire s'élevaient fort haut, dominant les salles du sanctuaire, qu'ils semblaient protéger ; le fruit très prononcé de leurs murailles leur donne un aspect trapézoïdal. L'intérieur de ces tours était creux, en général pourvu d'un escalier conduisant aux terrasses, certains offrant des salles réparties sur plusieurs étages, dont la destination est encore discutée, mais qui semblent avoir servi de magasins. Devant les façades se dressaient de hauts mâts, qui souvent dépassaient le sommet de la construction et où flottaient des banderoles ; le fruit des murs faisait que les mâts de bois s'encastraient dans le mur, vers la base, où était creusé une gorge ; ces mâts sont représentés dans des tableaux et des reliefs, et, si certains temples en étaient dépourvus, les petits sanctuaires en possédaient deux, les autres quatre, mais le grand temple de Karnak* en avait huit, et celui d'Akhetaton* dix.

Les parois des pylônes étaient le plus souvent ornées de reliefs en creux, représentant des scènes guerrières ou religieuses.

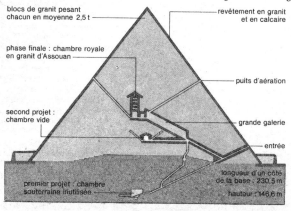

blocs de granit pesant chacun en moyenne 2,5 t

revêtement en granit et en calcaire

phase finale : chambre royale en granit d'Assouan

puits d'aération

second projet : chambre vide

grande galerie

entrée

premier projet : chambre souterraine inutilisée

longueur d'un côté de la base : 230,5 m

hauteur : 146,6 m

Coupe de la pyramide de Chéops à Gizeh (Ancien Empire, IVᵉ dynastie)

En règle générale, les temples ne possédaient qu'un seul pylône, mais de nombreux temples du Nouvel Empire offrent plusieurs pylônes successifs, dont les tailles vont en diminuant ; le temple d'Amon à Karnak en possède six. Le pylône ainsi constitué apparaît au début du Nouvel Empire*, où on le retrouve communément. Son origine reste cependant obscure ; il semble avoir existé au Moyen Empire, mais on ne possède que de maigres éléments ; les fouilles ont révélé des fondations de pylônes dans un temple d'Hermopolis* datant de la XIIᵉ dynastie, à Memphis*, Flinders Petrie a retrouvé des éléments de pylône qu'il date aussi de la XIIᵉ dynastie. Le temple de Médamoud*, qui remonte sans doute à la première période intermédiaire*, était pourvu d'un pylône ; dans la partie du temple d'Abydos*, contemporaine de la VIᵉ dynastie, on a trouvé des blocs creusés de rainures qui, selon Petrie, seraient des restes des parties de pylônes où étaient encastrés les mâts. Enfin, dans le temple solaire de Niouserrê (Vᵉ dynastie), la façade de l'enceinte de la pyramide* aurait été talutée dans deux parties assez éloignées, formant ainsi deux sortes de tours, prototypes du pylône classique.

pyramide. Appelée en égyptien *mer*, l'origine du nom grec est obscure (on l'a rapproché de *pyramous*, « gâteau de sésame », en grec ; on a aussi proposé une transcription grecque du nom d'un des côtés de la pyramide appelé sur un papyrus de Londres *pri-em-ous*) ; en revanche, la destination funéraire de ce monument caractéristique de l'Égypte ne peut être mise en doute, et les spéculations mystiques de la pyramidologie sont fondées sur des interprétations gratuites ou erronées ; sujettes à caution sont aussi les spéculations déjà mises de mode par Jamblique dans l'Antiquité, selon lesquelles elles auraient été des centres initiatiques où se seraient déroulées de mystérieuses cérémonies. Les seules cérémonies dont les pyramides ont été le théâtre sont les offrandes* funéraires et le culte royal qui avaient lieu dans les temples placés auprès des pyramides.

La forme de la pyramide est une évolution géniale dont le départ est le mastaba*. Jusqu'à la IIIᵉ dynastie, les tombes* royales

ne semblent pas s'être distinguées des tombes particulières par leur superstructure. Ce fut une idée d'Imhotep*, vizir et architecte de Djeser*, de surélever le mastaba du roi à Saqqara* par une succession de six mastabas, de plus en plus exigus : on obtint ainsi la pyramide à degrés, d'où allait sortir, par une évolution logique, la pyramide classique. Il est possible qu'il y ait eu une influence réciproque entre la ziggourat (tour à degrés sumérienne) et la pyramide à degrés ; cependant, la destination du monument s'explique fort bien par lui-même ; par un tel monument, le corps du roi semblait mieux protégé et la tombe du pharaon se distinguait des demeures éternelles des autres mortels ; mais surtout, le monument semble être lié aux nouvelles conceptions héliopolitaines de la destinée* solaire du roi : celui-ci doit monter au ciel pour rejoindre Rê* et la pyramide apparaît alors comme un « escalier du ciel », ainsi que le dit l'un des *Textes des Pyramides*. La pyramide de Snéfrou* à Meidoum* et la pyramide « rhomboïdale » de Dahchour* marquent les étapes qui aboutissent aux grandes pyramides de Gizeh*. Leur destination symbolique reste identique à celle de leur ancêtre de Saqqara, mais il est certain qu'ici la forme du monument rappelle celle des rayons du soleil qui tombent de derrière un nuage. La pyramide restera jusqu'au tout début du Nouvel Empire la tombe royale par excellence.

Alors que les premières pyramides de Djeser et de Snéfrou offraient intérieurement un puits funéraire comme dans les mastabas, dans les pyramides ultérieures on parvient directement à la chambre funéraire par une suite de salles et de couloirs ; cependant, le type à puits funéraire se retrouve toujours et plus particulièrement dans les pyramides de la XIIᵉ dynastie, à Licht. Les pyramides appartenant aux pharaons des IIIᵉ, IVᵉ et Vᵉ dynasties sont dépourvues de décorations intérieures ; celles-ci apparaissent dans la pyramide d'Ounas, dernier roi de la Vᵉ dynastie, avec les inscriptions hiéroglyphiques qui nous ont valu les *Textes des Pyramides*. Sous la Vᵉ dynastie, le motif architectural de la pyramide sera, par ailleurs, utilisé dans les temples solaires. De même, sous la XIᵉ dynastie, Mentouhotep II se fit élever à Deir el-Bahari* un temple funéraire surmonté d'une pyramide.

Alors que les pyramides étaient allées s'amenuisant dans leur taille dès la Vᵉ dynastie, les rois de la XIIᵉ dynastie recommencèrent à se faire élever des monuments de grande taille, mais ici l'intérieur est en brique, seul le revêtement extérieur étant en pierre de taille. Ces pyramides, élevées dans la région du Fayoum* et de Memphis* (Licht, Kahoum, Illahoun, Dahchour, Hawara), sont en mauvais état de conservation.

On connaît quelques pyramides de la XIIIᵉ dynastie (du roi Khendjer et anonymes), mais on n'a trouvé aucune pyramide des trois dynasties suivantes, bien qu'un procès en violation* de tombe de la fin du Nouvel Empire permette de penser que les tombes royales de cette période intermédiaire étaient pourvues de pyramides. Les roitelets de la XVIIᵉ dynastie se firent encore construire de petites pyramides en brique dans la région de Thèbes*. Mais la pyramide n'était déjà plus un privilège royal, car dès la XIᵉ dynastie apparaissent des mastabas surmontés de pyramides.

Au Nouvel Empire, les particuliers se plurent à placer au-dessus de l'entrée de leur hypogée un pyramidion, sur la façade duquel était ménagée une niche qui recevait une stèle* (stèle de lucarne) représentant le défunt adorant le soleil. À l'époque ptolémaïque, les royaumes éthiopiens de Napata* et de Méroé ont aussi utilisé la py-

ramide pour se rattacher à une tradition dont ils avaient cependant perdu le sens et la grandeur.

pyramides (Textes ou Livre des). On donne ce nom au recueil des textes gravés sur les chambres de cinq pyramides de Saqqara* : la plus ancienne est celle du roi Ounas, dernier de la Vᵉ dynastie ; les autres sont celles de rois de la VIᵉ dynastie : Téti, Pépi Iᵉʳ, Mérenrê, Pépi II. Découverts en 1881, ces textes ont été publiés pour la première fois l'année suivante par Maspero. Il convient de remarquer ici que les grandes pyramides n'ont donné aucun texte et que Mariette, jusque sur son lit de mort, n'a pas cru à l'existence possible de pyramides présentant des inscriptions. Concernant la survie du roi, ils constituent, comme tous les livres funéraires, dont ils sont en quelque sorte l'archétype, un recueil d'incantations grâce auxquelles le roi défunt rejoindra dans l'au-delà* la place qui lui est réservée auprès des dieux. C'est dans ces textes qu'est développée la conception de la destinée* solaire du pharaon d'origine héliopolitaine, mais où déjà apparaissent les premières traces de l'influence osirienne. C'est aussi là que sont décrits les champs des offrandes et les champs d'Ialou*. Ces incantations étaient récitées avec les offrandes* journalières faites dans les temples* des pyramides. On retrouve des éléments de ces textes repris à leur profit par les nobles qui, entre les IXᵉ et XIᵉ dynasties, les utilisèrent pour leur propre usage funéraire.

Qadesh → Kadesh.

Ramesséum, nom donné au temple funéraire que Ramsès II se fit construire dans la nécropole thébaine, face à Louxor, appelé en égyptien Khnemetouaset.

Il subsiste de belles ruines de cet ensemble avec ses pylônes, ses cours à portiques, sa salle hypostyle, son sanctuaire voisin de la salle dite de la barque; et, à l'extérieur, de nombreuses annexes et des magasins en brique aux toitures voûtées. Comme dans le temple de Médinet Habou*, on trouve des appartements royaux aménagés sur le côté de la première cour, vers le sud-ouest. Les murs sont couverts de reliefs, et en particulier on trouve le rappel de la fameuse bataille de Kadesh* dont le pharaon Ramsès II s'est encore glorifié sur les murs de Karnak* et dans son temple d'Abou Simbel*.

Ramessides. On donne parfois le nom d'époque ramesside aux XIXe et XXe dynasties, où domina le nom des Ramsès*.

Seuls les trois premiers Ramsès méritent quelque attention. Les huit derniers (de Ramsès IV à Ramsès XI) furent les assistants plus ou moins passifs de la décadence de l'Égypte et de la monté du clergé d'Amon*, qui va leur succéder avec les rois-prêtres*.

Ramsès, nom, qui signifie « engendré par Rê », porté par onze rois des XIXe et XXe dynasties.

Ramsès Ier (1320-1318 av. J.-C.), issu d'une noble famille de Tanis*, Pa-Ramsès fit comme son père Séthi, une carrière militaire et lui succéda comme « chef des archers ». Il devint le favori d'Horemheb*, qui le désigna comme son successeur ; déjà âgé quand il monta sur le trône, il s'associa son fils Séthi Ier, qui lui succéda.

Ramsès II (1304-1237 av. J.-C.) succéda à Séthi Ier. C'est un des plus célèbres pharaons et, somme toute, un des plus grands. Grand vivant, il eut six ou sept épouses royales et un nombre incalculable de concubines, qui lui donnèrent près de deux cents enfants. Grand chasseur, il abattit un nombre fabuleux de lions. Grand constructeur, il laissa des traces de ses monuments à Abydos*, Karnak*, Tanis* dont il fit une capitale, pour ne citer que les lieux les plus importants ; il fit bâtir plusieurs temples rupestres, dont le plus célèbre est celui d'Abou-Simbel*, et il couvrit l'Égypte de villes qui portèrent son nom, dont la plus connue est Pi-Ramsès* ; Pithom semble aussi être une de ses créations. À l'extérieur, toute sa politique tendit vers la conservation de l'Empire égyptien, attaqué par les Hittites*, qu'il rencontra à Kadesh*, lutte qui se termina par un célèbre traité avec ses adversaires. Cependant, son règne de soixante-sept ans laissa l'Égypte dans un état de faiblesse annonçant la décadence. Son treizième fils, Mineptah*, lui succéda. Il est l'un des rares rois dont on ait conservé le temple funéraire dans la nécropole thébaine, le Ramesséum*.

Ramsès III (1198-1166 av. J.-C.), sans doute rattaché à la famille de Ramsès II, hérita de son père Sethnakht, qui ne régna que deux ans, un pays épuisé par une longue période d'anarchie et menacé par ses voisins. Il commença par défaire les Peuples de la Mer*, venus d'Occident et d'Orient, en quatre campagnes victorieuses, deux en Libye* (1194 et 1188) et deux en Asie* (1191 et 1187 ?). Ces campagnes nous sont connues par les reliefs de son temple funéraire à Médinet Habou*, où est représentée la plus ancienne bataille navale. Dans le grand papyrus Harris, il nous a laissé un témoignage de son activité de constructeur et de restaurateur de l'Égypte : plantation d'arbres, fondations de jardins et de temples, restauration de l'autorité royale. Le règne, encore glorieux, de Ramsès III se termina par un sombre complot de harem, dans lequel le roi trouva peut-être la mort. Son fils Ramsès IV lui succéda.

Rê. C'est, à l'origine, le soleil visible dont s'empara la théologie héliopolitaine, mais qui auparavant devait être adoré en plusieurs points de l'Égypte. Le premier aspect du mythe, c'est le dieu qui dans sa barque diurne parcourt le ciel pendant le jour pour monter la nuit dans la barque nocturne qui parcourt de même le monde inférieur (→ **Amdouat*** [Livre de l'], au-delà*). Afin de concilier son existence avec deux autres dieux solaires, le scarabée* Khepri et Atoum*, il fut au matin Khepri sous la forme d'un enfant, à midi Rê triomphant sous la forme d'un adulte, et le soir Atoum, soleil couchant sous la forme d'un vieillard. C'était aussi là un rappel du mythe du règne terrestre de Rê : dieu créateur et père de l'Ennéade*, Rê régna sur terre parmi les hommes et les dieux. Pendant son règne, il éprouva les vicissitudes humaines et vieillit ; c'est à ce moment que, profitant de sa faiblesse, les hommes se révoltèrent contre lui, et il dut se défendre en envoyant son œil (Hathor* ou Sekhmet*) pour les châtier. Isis* profita aussi de sa vieillesse pour lui

dérober sa puissance magique. Fatigué, Rê se fit élever au ciel sur le dos de Nout* ; mais celle-ci étant prise de vertiges, Shou* se glissa sous elle pour la soutenir.

À ce cycle se rattachent les légendes de la déesse lointaine (→ **Tefnout**) et de l'œil de Rê (→ **uræus**). C'est sans doute ce règne terrestre à l'origine des temps qui justifia l'appellation de « fils de Rê » *(Sa Rê)* que les pharaons prendront à partir de Chephren* et qui suivra leur « nom », cinquième de la titulature*.

Pendant toute l'histoire égyptienne, Rê saura conserver une sorte de prééminence en solarisant le panthéon ; les grands dieux seront Amon*-Rê, Montou*-Rê, Khnoum*-Rê, Sobek*-Rê. Dans sa destinée* solaire, le roi rejoint Rê dans le ciel et celui-ci, d'abord maître de l'au-delà, qu'il traverse dans sa course nocturne, trouvera son complément dans Osiris, qui lui fut un rival.

reclus L'Égypte ptolémaïque* a connu une forme de réclusion religieuse qui préfigure le cénobitisme des ascètes chrétiens de Thébaïde. On connaît ainsi des gens qui vivaient dans le sérapéum* de Memphis* dans une réclusion volontaire ; on appelait catoques (le grec *katokhos* a le sens de « tenu captif » et aussi d'« inspiré ») ces sortes de moines qui se consacraient à Sérapis* et vivaient dans son sanctuaire sans en sortir ; et lorsqu'ils recevaient la visite du roi ou de quelque haut personnage, ils ne pouvaient les entretenir que de leur cellule à travers une lucarne. Ces reclus étaient souvent hantés par des songes et il est bien possible que ceux-ci aient été utilisés pour quelque mantique ; on voit aussi qu'ils prenaient sous leur protection des vierges, en général consacrées aux cultes d'Isis* et de Nephthys* ; il est possible que, comme les prêtres* dont parle saint Jean Chrysostome, leurs relations avec ces prêtresses n'aient pas toujours eu un caractère régulier car il est souvent parlé de dénonciations au grand prêtre (de Sérapis) dont ils devaient dépendre ; il existait une sorte d'antagonisme entre les Grecs reclus et les prêtres égyptiens car on voit souvent des Égyptiens dénoncer ainsi les Grecs.

Les occupations de ces reclus consistaient principalement en méditations, exercices d'ascèse, lecture de livres édifiants et prières ; on voit qu'ils priaient pour le roi en échange de sa protection et leurs activités nous révèlent une vie morale et religieuse qui plonge ses racines dans la profondeur des préoccupations métaphysiques de l'âme égyptienne.

Rekhmirê. Vizir* et gouverneur de Thèbes sous les règnes de Thoutmôsis III* et d'Aménophis II*.

Sa tombe a été aménagée dans la nécropole thébaine, près du village de Cheikh Abd el-Gournah. Son intérêt tient, sans doute, à ce que c'est l'une des mieux conservées parmi les tombes de particuliers, mais c'est surtout à cause de ses inscriptions et des scènes l'accompagnant. On y retrouve, évidemment, les scènes habituelles de la vie quotidienne, mais son plus grand intérêt réside dans ce qui concerne la fonction du vizir.

C'est principalement par cette tombe que l'on connaît les détails de cette fonction. On y voit la cérémonie de son investissement accompli par le pharaon, et sont détaillées toutes les charges lui incombant : judiciaires, financières, armée, marine, agriculture, gestion des affaires intérieures, réception du tribut.

Les textes accompagnant les représentations figurées rendent la vie à ces tâches qui occupaient l'existence de ce second personnage de l'État après le roi, et montrent l'étendue de ses pouvoirs et le poids de ses responsabilités.

relief. Les Égyptiens ont largement utilisé la technique du relief depuis le prédynastique* jusqu'à la fin de leur histoire ; ils ont aussi bien utilisé le bas-relief, dans lequel les figures se détachent en méplats, que le relief en creux ou incisé, où les figures sont creusées dans le matériau utilisé. Ce matériau est des plus varié, depuis l'ivoire, l'os et le bois, jusqu'à la pierre, en passant par le cuivre et le bronze. La taille des reliefs est aussi très variable. On couvrait les murs des temples d'immenses reliefs, alors que les palettes* offrent de petits reliefs, souvent d'une facture très délicate. La technique du relief était utilisée pour les ornements de tombes, les stèles*, les meubles, voire les scarabées*. Les reliefs

étaient peints et les canons étaient les mêmes que ceux qui étaient appliqués pour la peinture*.

religion. La religion égyptienne apparaît comme un ensemble hautement constitué, bien que la multiplicité de ses aspects puisse déconcerter au premier abord, autant que l'étrangeté de certaines de ses formes. Dès l'origine, la religion des Égyptiens se révèle sous un double aspect, divin et funéraire. La religion funéraire occupe une place dont l'importance apparaît dans les sépultures* des anciens Égyptiens ; elle était fondée sur la survie de l'âme* conçue sous un triple aspect, le ka*, le ba et l'akh. Mais, dès l'époque thinite*, plusieurs courants se mêlent, qui constitueront la religion funéraire classique ; procédant d'une croyance préhistorique en la survie matérielle de l'âme auprès de la tombe, la croyance populaire de la vie du défunt dans l'Amenti* ou dans les champs d'Ialou* triomphera au Moyen Empire, après avoir été plus solidement structurée par la vulgarisation des conceptions osiriennes ; on la trouvera étroitement mêlée à la conception plus théologique de la destinée* solaire du roi, qui procède de la doctrine de l'essence divine de la monarchie.

On a essayé d'expliquer par le totémisme, filiation mystique des membres d'un clan à un ancêtre divin incarné dans un animal ou une plante, l'origine de la religion égyptienne ; on peut, à la rigueur, expliquer par ce moyen ces cultes d'animaux* sacrés si caractéristiques de l'Égypte, encore que ce ne soit là qu'une hypothèse qui manque d'une parfaite rigueur. En ces animaux s'incarnait la force immanente de la divinité, celle-ci se manifestait sous les multiples aspects des dieux primitifs des clans, devenus dieux tutélaires des cités nées de la fixation des clans unis en tribus. Le caractère de ces protecteurs de cité permet le développement de conceptions à tendances monolâtriques (plutôt que monothéistes) ; néanmoins, sous cette apparente monolâtrie locale, c'est un véritable panthéisme (ou, plus précisément, hénothéisme) qui s'affirme en arrière-plan de la religion égyptienne, panthéisme souligné dans le syncrétisme* ; la force divine, immanente à l'univers, se rend sensible aux hommes en s'incarnant dans un objet (idole, symbole divin), que les fidèles chargent d'un symbolisme exprimant un aspect déterminé des phénomènes qui constituent l'univers accessible à la pensée humaine. Ainsi, quand on fait d'Hathor* la déesse de l'Amour, de Rê* le dieu Soleil, de Sekhmet* la déesse de la Guerre, etc., on définit grossièrement des notions complexes et subtiles qui s'attachent à ces entités divines, et cela d'une manière si élémentaire qu'on conclut péremptoirement à un polythéisme (naguère on parlait plus dédaigneusement encore de zoolâtrie ou d'idolâtrie) des anciens Égyptiens. Parallèlement, la théologie développe une religion « sacerdotale », dont la fin est la conservation de l'univers et des phénomènes (lever et coucher du soleil, retour des saisons, crue du Nil, etc.), dont le renouvellement est la condition de la pérennité de la vie.

À cette religion intimement mêlée à la conception panthéistique de l'univers qu'on vient de dégager appartiennent les manifestations matérielles et spirituelles qui constituent les fondements sensibles de toute religion évoluée : temples* et culte* divin (l'unité de la structure des temples et des rites du culte, à quelque divinité que ceux-ci soient consacrés, est la conséquence de l'unicité de l'idée de dieu à travers ses expressions multiples), sacrifices* et offrandes*, cosmogonies*, conceptions théologiques d'ennéades*, d'ogdoades*, de triades (familles divines, prototypes des familles humaines), oracles* par lesquels les dieux font connaître aux hommes leur volonté et, naturellement, formation d'un clergé*, qui, de l'Ancien au Nouvel Empire*, passera d'un état sacerdotal transitoire à un état permanent. Par ailleurs, le caractère magique du culte primitif s'affirmera de plus en plus, pour envahir à basse époque toutes les manifestations de la religion.

Le caractère divin du roi faisait de celui-ci le seul officiant accrédité ; en cela, toute la religion égyptienne était une religion d'État, ce qui favorisa la domination de divinités d'État dont l'ascension dépendait de la cité d'où était issue la dynastie. Ces dieux d'État se multiplièrent sans jamais complètement se remplacer mutuellement ; à l'époque prédynastique*, ce furent Osiris* et Seth*, Horus*, Rê* (qui triompha sous l'Ancien Empire), Montou* et surtout Amon* et Ptah*, qui restera le protecteur de la monarchie. À côté de cette religion d'État se développa une croyance populaire, qui partagea ses fêtes* avec la religion officielle, peupla la terre de démons* et de « héros » (→ **déification**), chercha d'efficaces protections dans la magie* et les amulettes*. Une autre création de la mentalité religieuse des Égyptiens fut les mystères*, aux cours desquels se répétaient les actes primordiaux qui soutenaient la création au même titre que le culte divin. Et au-dessus de toutes ces manifestations collectives se développa une religion personnelle dont les enseignements et les sagesses*, qui parviendront à une haute conception morale et philosophique de la divinité, seront la plus haute et la plus noble expression.

Renenoutet, déesse-cobra, représentée sous la forme d'une femme à tête de serpent.

Protectrice du pharaon, on l'a bientôt assimilée à la déesse Ouadjet*. Déesse des récoltes de fruits et des moissons, on l'a aussi associée à Osiris. Elle symbolise la puissance magique du vêtement de lin porté par le pharaon, et préside à la destinée des humains. Elle est encore parfois identifiée à Maât*.

repas → nourriture.

respirations (Livre des). Ce formulaire de basse époque est appelé ainsi d'après son préambule qui débute, dans les manuscrits complets, par : « Commencement du Livre des respirations que procura Isis à son frère Osiris pour vivifier son âme, pour enfanter son corps, pour rajeunir toutes ses substances de nouveau... » Inspiré du *Livre des morts*, il reste un recueil de formules pour rendre au défunt sa seconde vie pour l'au-delà*. Il semble que ce recueil ait été utilisé uniquement dans la région thébaine.

Il existe un autre recueil de prières et de formules qui se donne souvent en début de texte le titre de *Second Livre des respirations*, et que nous connaissons par des abrégés. Ces titres sont ceux que leurs donnaient les Égyptiens, mais on a aussi donné au *Second* *livre* le titre de *Que mon nom fleurisse* (ou *prospère*), le recueil contenant un hymne où le défunt souhaite que son nom fleurisse « au-dedans de Thèbes*, au-dedans de son nome, pour les siècles et pour l'éternité, comme fleurit le nom de... », et suivent les noms de trente et un dieux.

révolution. Au cours de sa longue histoire, l'Égypte connut un grand nombre de révolutions, révolutions de palais ou révoltes militaires, qui amenèrent ou préparèrent l'avènement d'une nouvelle dynastie, événements sans grande conséquence sur la destinée du peuple, qui ne faisait que changer de maître. Le pays fut cependant le théâtre d'une véritable révolution sociale qui mit un terme à l'Ancien Empire*. À la fin du long règne de Pépi II, dernier roi de la VIe dynastie, le pouvoir royal s'était amenuisé et les nomarques* de Haute-Égypte s'étaient rendus indépendants. Une révolution populaire d'une violence inouïe éclata alors, dirigée contre la noblesse et le roi. Si les documents officiels restent muets sur ces événements, la littérature contemporaine ou à peine postérieure est pleine d'échos significatifs. « La confusion règne dans le pays... il n'y a plus de droit et le Mal siège dans la chambre du Conseil » *(Paroles* *d'Ankhou)*. « Il advient ce qui ne s'était jamais vu : [...] on fabrique des lances de cuivre pour nourrir son pain dans le sang » *(Sentences* de *Neferrehou)*. C'est dans les *Admonitions* d'un sage Égyptien* qu'on trouve le tableau le plus complet de la révolution : « Le pays est en pleine sédition et le laboureur porte un bouclier... Les lois de la Salle de justice sont dispersées [...], les portes et les murailles sont incendiées [...], les pauvres sont riches et les riches sont dépouillés [...], les esclaves deviennent maîtres d'esclaves [...], les fils des nobles sont jetés à la rue [...], les enfants des princes sont écrasés contre les murs [...], le roi est enlevé par les pauvres [...], la Pyramide est vide de ce qu'elle enfermait [...]. Des hommes de rien ont renversé la royauté, ils ont osé se révolter contre l'uræus défenseur de Rê [...]. » On trouve encore un écho de ces violations de la majesté royale dans le *Dialogue* d'un Égyptien* avec son âme* : « Ceux [...] pour qui on a construit les pyramides avec leurs chambres [...], qui sont devenus des dieux [...], vides sont leurs tables d'offrandes [...]. » Cette haine fanatique contre le pharaon s'est reportée sur toute la lignée des rois de l'Ancien Empire et c'est ce qui explique les sarcophages* des pyramides* brisés et vidés de leurs restes humains, et surtout les statues* des rois jetées au fond de puits ou cassées jusqu'à être réduites en minuscules morceaux. Si cette révolution ouvre l'époque d'anarchie de la première période* intermédiaire, si elle brise toutes les structures sociales de l'Ancien Empire, ses conséquences pour la vie morale du peuple égyptien sont sans doute incommensurables : le privilège de l'immortalité solaire, qui n'appartenait qu'au pharaon et à ceux que sa volonté royale avait élus, est donné désormais à tout Égyptien à quelque classe qu'il appartienne. Le renversement des institutions politiques fut un acte transitoire, mais la démocratisation des croyances funéraires fit sentir son effet dans toute la suite de l'histoire de l'Égypte.

rois-prêtres. Hérihor* ouvre cette petite dynastie de grands prêtres d'Amon* qui régna sur Thèbes* parallèlement à la dynastie tanite*. Piankhi succéda à son père Hérihor, sans prendre la titulature royale. Son fils Pinedjem épousa la fille de Psousennès, le souverain tanite, et lui succéda, régnant sur l'Égypte unifiée. Il laissa le pontificat d'Amon à ses fils. Le second de ceux-ci, Menkheperrê, régna un demi-siècle et ses fils lui succédèrent, Psousennès (différent du tanite) et Pinedjem II. C'est sous son règne que furent réunies dans une même cachette de la nécropole thébaine les momies de Thoutmôsis III*, Aménophis Ier*, Ramsès II* et Séthi Ier, afin de les protéger des pilleurs de tombes. Les rois-prêtres avaient instauré en Thébaïde une théocratie où Amon gouvernait par son oracle* ; la dynastie libyenne* de Sheshonq mit fin à cet État d'Amon.

Rosette (pierre de). C'est au cours de travaux de terrassement qu'un officier du génie de l'armée de Bonaparte trouva à Rosette, dans le Delta*, en 1799, un décret de Ptolémée* V datant de 196 av. J.-C., inscrit sur une stèle en grec, en démotique* et en hiéroglyphes*. C'est en étudiant ce texte bilingue, transporté par les Anglais au British Museum, que Champollion parvint à déchiffrer les hiéroglyphes*.

Rouge (mer).

Les Égyptiens donnaient à la mer Rouge le même nom qu'à la Méditerranée, *Ouadj-oirit*, « la Grande Verte » ; cependant à l'époque de Ramsès III, on la trouve désignée par le nom de mer Qodi. Longtemps, elle resta une mer mystérieuse, car les Égyptiens n'y naviguèrent que sporadiquement pour se rendre dans le pays de Pount*, ou seulement dans son extrémité nord pour aller dans les mines du Sinaï*. C'est sous le règne de Sahourê, deuxième roi de la Ve dynastie, que semblent avoir été organisées les premières expéditions en mer Rouge vers le Pount ; il n'existait cependant pas de port sur cette mer et ce sont les bateaux de Byblos *(kebenit)* qu'on utilisait pour entreprendre ces navigations* vers le Pount.

Ce n'est qu'au Moyen Empire, probablement lors d'une expédition du vizir* Amménémès*, sous le règne de Mentouhotep*, que fut fondé le port actuel de Qoçeyr, appelé sans doute Toua (ou Sâou) à cette époque, le futur Leukos Limen (le Port Blanc) des Grecs. On y accédait en principe depuis Coptos, par la vallée du ouadi Hammamat, mais il existe d'autres routes conduisant de la côte à la vallée du Nil, à travers le désert arabique.

La mer Rouge était bordée de terres étranges. Le Conte* du naufragé nous montre un long vaisseau qui part vers les mines* de Pharaon — sans doute les mines du Sinaï — et qui est englouti dans une tempête ; seul échappe le conteur, qui fut rejeté dans l'île du Ka* (c'est-à-dire de l'âme), où règne un bon serpent géant, qui se dit aussi seigneur du Pount. Le roi-serpent lui prédit qu'après quatre mois un navire égyptien viendra et l'emmènera, ce qui se réalise, et après deux mois de navigation, le naufragé rentre chez lui, chargé des présents de son hôte, qui ne sont autres que les produits du Pount ; cependant, avant qu'il ne le quitte, le serpent prédit au nau-

fragé qu'il ne verra jamais plus cette île qui devait disparaître dans les flots. C'est là une sorte d'île des Bienheureux qui nous rappelle que ces régions s'appellent le « To noutir », la Terre divine, la région orientale où demeurent les dieux. Le To noutir restera une région vague, située sur « les deux rives de la Grande Verte », qu'on associe en général au Pount ; le pluriel, les Terres divines, est aussi employé, et plus que le Pount on pourrait y voir les rives arabiques de la mer Rouge. Lors de son expédition dans le Pount, sous le règne de Mentouhotep, Henou rapporte qu'il ramena des tributs qu'il avait reçus dans les villages (le mot employé est *ideb*, qui signifie les berges d'une rivière, mais aussi les aires de culture) du To noutir ; ces lieux cultivés sont peut-être ceux que les inscriptions de Deir el-Bahari* nous font connaître sous le nom des « Échelles de l'Encens » *(Khétyou nyou Antiou*, dit le texte égyptien ; *Khéty* = escalier, et *ânti* est l'encens ou les aromates). « Les Échelles des Aromates sont une région du To noutir ; en vérité, c'est un lieu de délices », nous apprend l'inscription qui montre des déesses égyptiennes introduites dans ce pays où les Égyptiens chargent leurs vaisseaux des arbres à encens et de tous les merveilleux produits de cette terre ; il semble que ces Échelles de l'Encens correspondent aux futurs ports que visiteront les Grecs à l'époque ptolémaïque et qui s'étalent sur la côte des Somalis, à la sortie de la mer Rouge actuelle.

Par les inscriptions, nous connaissons encore une autre région en bordure de la mer Rouge que visitèrent les Égyptiens : c'est le pays d'Ilim, qui doit correspondre à une partie de l'Abyssinie et dans les habitants duquel Maspero a cru reconnaître, non sans raison, les ancêtres des Gallas. À l'époque ptolémaïque, les inscriptions mentionneront encore le To noutir et le Pount, et nous savons par les auteurs grecs qu'à cette époque la mer Rouge était une mer égyptienne où les ports s'étaient multipliés depuis Myos Hormos au nord jusqu'à Adulis, en passant par Bérénice.

Sacerdoce. Il ne faut pas imaginer le sacerdoce égyptien selon les normes qui sont devenues nôtres avec le christianisme. La fonction sacerdotale en Égypte n'est pas le fruit d'une vocation et elle n'a pas pour but de conduire le troupeau des fidèles dans la voie de Dieu. Le prêtre, en Égypte, ne prêche pas et n'est pas le censeur de la morale publique, il n'a même que faire des fidèles : il a sa raison d'être en soi et en fonction du dieu qu'il sert ; le prêtre est le « serviteur du dieu » *(hem neter)*, et il est là pour entretenir le dieu et sa maison *(het neter)* ; il doit tenir propre (pur) le temple et les attributs divins, toute souillure menaçant la puissance magique de la divinité ; il doit préserver des regards des impurs la statue enfermée dans l'obscurité du saint des saints, il doit surtout subvenir au service d'offrandes et accomplir le rituel du culte* divin, afin que le dieu et son temple* puissent assurer leur fonction qui est le maintien de l'équilibre universel, le renouvellement de la création, la permanence des phénomènes cosmiques (tels le lever et le coucher du soleil, le retour des saisons, la crue annuelle du Nil) par lesquels la vie subsiste et tout ne retourne pas au chaos primitif.

Ainsi, sous l'Ancien Empire*, le sacerdoce est une fonction qu'on assume pendant un certain temps, de même que diverses autres charges ou professions. Celles-ci possédant par ailleurs un caractère second religieux, le sacerdoce va de pair avec elles ; ainsi un artiste est-il en même temps prêtre* de Ptah*, un juge, prêtre de Maât*. Des fonctions sacerdotales étaient aussi tenues par des femmes, qui, en général, étaient alors destinées au service d'une déesse. À cette époque, c'est la fonction civile qui domine et on ne peut encore vraiment parler de l'existence d'un clergé* constitué. On assiste à l'inversion des valeurs au Moyen Empire*, où, si les prêtres exercent une profession ou une fonction dans l'État, le sacerdoce occupe la plus grande place dans leur existence. Cependant, les hautes charges du clergé continuent d'être tenues souvent par des laïcs ; ainsi, le grand prêtre du dieu du nome* est toujours le nomarque* en tant que représentant du pharaon* et les premiers prophètes* sont souvent de hauts fonctionnaires. Par ailleurs, les prêtres inférieurs, qui ne sont que pendant le quart de leur temps au service du dieu, retrouvent leur profession laïque pendant les trois autres quarts de leur vie. Si dans de nombreux cas le sacerdoce est héréditaire — un père a toujours tendance à vouloir voir son fils suivre ses traces et lui préparer la voie dans ce sens —, le grade dans le clergé n'est aucunement héréditaire et un grand prêtre ne peut léguer à son fils sa fonction ; en principe, le jeune prêtre doit monter tous les degrés de la hiérarchie. On peut aussi entrer dans le clergé par option en venant d'un tout autre milieu, et un fils de prêtre n'est pas voué forcément au sacerdoce. Il semble aussi que les hautes fonctions sacerdotales se soient achetées.

sacrifice. La majorité des offrandes dans le culte consistait en produits de consommation : boissons*, pains, gâteaux, légumes, et aussi fleurs, parfums*, huiles et onguents, utilisés dans les rites du culte. Cependant, les Égyptiens ont aussi pratiqué les sacrifices d'animaux. Sans doute, les viandes et les volailles qu'on consommait à la suite des offrandes provenaient-elles d'animaux qui avaient été tués selon un rite, mais on ne peut réellement voir là un sacrifice. Des sacrifices d'animaux avaient lieu lors des funérailles ; au cours de certaines fêtes le roi en personne (ou un substitut) sacrifiait un animal, en général une bête sauvage du désert. Selon Hermann Kees, ce sacrifice aurait une double explication : la première est cette croyance primitive, partagée par les Égyptiens, selon laquelle les animaux sauvages (et plus particulièrement le taureau, l'hippopotame et l'antilope) possèdent une vertu divine que l'homme s'approprie en mangeant leur chair après avoir sacrifié l'animal. Par ailleurs, le triomphe de doctrines osiriennes amena à voir dans les animaux du désert, domaine de Seth*, des incarnations du dieu, tandis que les oiseaux* des marais devenaient les partisans du dieu, ennemi d'Horus*. En sacrifiant un animal sauvage, on sacrifiait une partie de Seth, et cette conception remplaça l'ancienne conception de l'offrande (absorption d'une force surnaturelle). Ainsi, s'ils étaient consommés, les animaux domestiques n'étaient pas sacrifiés, ou ne l'étaient qu'exceptionnellement, par des gens trop pauvres pour acquérir une bête sauvage ; seuls furent parfois sacrifiés les porcs* et les ânes*, qui, à basse époque, furent identifiés à Seth.

sagesse. La littérature sapientiale apparaît dès l'Ancien Empire sous la forme d'*enseignements**, préceptes de caractères divers donnés par un père à son fils ou par un maître à son disciple. Vers la fin du Nouvel Empire ces enseignements, à côté du renouvellement de conseils de travail et d'honnêteté, révèlent des préoccupations spirituelles qui rappellent les livres sapientiaux de la Bible *(Proverbes, Ecclésiaste, l'Ecclésiastique, Sagesse de Salomon)*, dont ils sont souvent les sources d'inspiration.

La plus ancienne de ces *sagesses* est celle d'Aménémopé, fils de Kanakht, dont la rédaction remonte à l'époque libyenne, mais dont l'original date de la période ramesside. C'est l'enseignement d'un scribe à son fils, mais nous lui conservons l'appellation de « sagesse », suivant le titre adopté par l'éditeur du papyrus (H.O. Lange, *Das Weisheitsbuch des Amenemope*, Copenhague, 1925. Le papyrus le plus complet est celui du British Museum 10474). Sans doute, lorsque le sage dit que : « l'homme est argile et paille et Dieu est son constructeur », on peut songer à la création de Khnoum*, le potier divin ; mais son originalité apparaît lorsqu'il exalte l'humble qui se repose en Dieu et ne rend pas au violent le mal pour le mal ; puis il poursuit : « Un boisseau donné par Dieu vaut mieux que cinq mille boisseaux injustement acquis [...]. Ne cours pas après la richesse, car chacun a son moment fixé par le destin [...]. Ne dis pas "je suis sans péché", car nul n'est parfait devant Dieu, rien n'est sans défaut en regard de lui [...]. La langue de l'homme est la rame du bateau et Dieu est le pilote [...]. Heureux est celui qui parvient dans l'Amenti* s'il est sauf dans la main de Dieu [...]. »

De l'époque de la conquête d'Alexandre (deuxième moitié du IVe s. av. J.-C.) date ce qu'on peut appeler la « sagesse de Pétosiris* » ; ce sont des maximes inscrites sur la tombe de ce prêtre de Thot* à Hermopolis*. « L'Amenti est la demeure de qui est sans péché : heureux l'homme qui y arrive [...]. Là, pas de distinction entre le pauvre et le riche [...]. Celui dont le cœur est ferme sur la voie de Dieu, affermie est son existence sur la terre [...]. Elle est bonne, la route de celui qui est fidèle à Dieu [...]. Si je suis parvenu ici, à la ville d'éternité, c'est que j'ai fait le bien sur la terre, et que mon cœur s'est complu sur le chemin de Dieu, depuis mon enfance jusqu'à ce jour. Toute la nuit, l'esprit de Dieu était dans mon âme, et dès l'aube je faisais ce qu'il aimait, j'ai pratiqué la justice, j'ai détesté l'iniquité... »

Saïd, nom donné par les Arabes à la Haute-Égypte, qui s'étend de Memphis*, à la pointe du Delta*, jusqu'à Ouadi-Halfa, c'est-à-dire qu'il inclut une partie de la Basse Nubie*.

Cette région correspondait à ce que les Égyptiens appelaient Ta Shemaou (Haute-Égypte) et Ouaouat (Basse Nubie). D'Abou-Simbel* (près d'Ouadi-Halfa) à Memphis, le Nil a creusé dans les falaises de granit, de grès et de calcaire du désert libyque et arabique un long couloir qui s'étend sur près de 1 200 km, large en moyenne de 10 à 20 km et parfois de quelques centaines de mètres.

Dans ce climat sec (il y a d'exceptionnelles pluies d'orage en mars et avril), où souffle parfois le vent brûlant des déserts du Sud, le khamsin des Arabes (de mars à mai), qui par sa violence arrache les feuilles des arbres, mais où, le reste du temps « règne un été perpétuel », comme le remarquait déjà Hérodote*, fleurit dès la préhistoire une civilisation qui sera en contact avec les cultures du Nord dont elle subira la bénéfique influence.

Saïs, cité de la déesse Neith*, fondée dès l'époque prédynastique* et située dans la partie occidentale du Delta*.

Elle semble avoir joué un certain rôle sous le pharaon Aha*, mais elle ne prit vraiment de l'importance qu'à une époque tardive, lorsque Tefnakht*, originaire de Saïs, fonda la XXIVᵉ dynastie. Jusque-là, elle n'était qu'un chef-lieu de nome*. C'est cependant sous la XXVIᵉ dynastie que, devenue capitale de l'Égypte, elle parvint à son apogée.

Elle était alors réputée pour son industrie du lin, liée à sa déesse tutélaire et pour son temple de Neith. Son port fluvial était l'un des plus importants de l'Égypte avec celui de Memphis. De cette antique grandeur et des monuments que nous a décrits Hérodote* il ne reste plus qu'un vaste champ de monticules parsemés de restes architecturaux.

On peut cependant suivre les ruines importantes d'une enceinte de 440 x 558 m tandis que le péribole du temple de Neith a été repéré sur une esplanade à l'ouest du site. On a pu le suivre sur une longueur de 200 m. L'emplacement du lac sacré mentionné par Hérodote a été identifié dans une cuvette asséchée, au nord du site.

saïte (époque), nom donné à la période illustrée par la XXVIᵉ dynastie qui fit de Saïs* la capitale de l'Égypte.

De 663 à 525 av. J.-C., des princes originaires de Saïs, Psammétique Iᵉʳ*, Néchao*, Psammétique II, Apriès* et Amasis*, vont rendre à l'Égypte son unité et sa prospérité. À côté d'une politique originale, où les relations avec les Grecs* seront une des bases de la puissance (grâce aux mercenaires) et de la richesse (par le commerce) du pays, les Égyptiens de l'époque saïte montreront un souci d'archaïsme, signe de leur décadence. Dans la religion*, dans l'art, dans l'écriture* même, on imitera les formes de l'Ancien Empire. Cette recherche de simplicité affectée mènera souvent à la froideur, cependant que certaines œuvres ne manquent ni d'élégance ni de charme. Des grands sanctuaires élevés dans le Delta* aux antiques divinités nationales Ptah* et Neith*, il ne nous reste plus rien. La statuaire comme les bas-reliefs ne sont souvent que des copies d'œuvres de l'Ancien Empire, où le polissage et la recherche du détail conduisent à un art figé. Malgré ses défauts cette période, où la civilisation indigène de l'Égypte donne son dernier éclat, ne manque ni de grandeur ni d'un raffinement et d'un charme mélancoliques.

Saqqara, situé à l'ouest de Memphis* et au sud de Gizeh, lieu où se trouve une des plus vieilles nécropoles* royales de l'époque historique, avec Abydos*.

On y a trouvé, en effet, une tombe de grande dimension, où des objets au nom de Aha*, premier roi de la Iʳᵉ dynastie, ont porté certains à conclure que c'était là sa tombe et que les tombes royales d'Abydos des souverains de cette même dynastie n'étaient que des cénotaphes*. À cette époque Saqqara semble cependant être surtout la nécropole des hauts fonctionnaires, dont les tombes les plus intéressantes sont celles d'Hémaka, vizir d'Oudimou, roi de la Iʳᵉ dynastie, et de Nebetka qui vivait sous Adjib, successeur d'Oudimou. Le mastaba* de Nebetka reçut dans sa conception originelle une suite de degrés qui furent masqués plus tard ; c'est là une sorte de préfiguration du monument le plus intéressant de Saqqara, la pyramide à degrés qu'Imhotep* éleva pour Djeser*. Celle-ci est le résultat de six remaniements successifs : l'architecte éleva d'abord un mastaba* sur plan carré, le seul que l'on connaisse ; ce mastaba fut ensuite agrandi ; un troisième projet de modification fut abandonné, et c'est du quatrième projet que partit la conception d'un monument à degrés qui atteignit six gradins après un agrandissement exécuté à la suite d'un cinquième projet ; un sixième projet modifia le revêtement de la pyramide, celle-ci mesurait alors 109, 02 sur 121 m de côtés, avec une hauteur d'environ 60 m, réduite maintenant à 58, 63 m. Le puits funéraire est creusé à partir du centre du mastaba primitif et on a retrouvé dans le caveau des restes humains qui sont sans nul doute ceux du roi ; les appartements funéraires, voisins du caveau, ont les parois somptueusement ornées en partie de plaquettes bleues, ce qui leur a fait donner le nom de « chambres bleues ».

À la fin du Moyen Empire*, deux rois de la XIII° dynastie se firent élever deux pyramides à Saqqara, dont une est anonyme et l'autre appartient au roi Khendjer. Au Nouvel Empire, Horemheb*, avant qu'il eût accédé au trône, se fit construire une tombe à Saqqara, qui était restée une nécropole de particuliers. C'est d'une tombe du Nouvel Empire* que provient la table chronologique dite « de Saqqara ». On y trouve une liste des rois d'Égypte depuis Miébis, septième roi de la I°° dynastie selon Manéthon*, jusqu'à Ramsès II ; sur 58 noms que devait conserver la table, il en subsiste 47, et les souverains des XI° et XII° dynasties sont cités à rebours.

Le nom moderne de Saqqara lui vient de l'antique dieu protecteur de la nécropole, Sokaris*.

sarcophage. Dès la fin du prédynastique* apparaissent les premiers sarcophages en terre cuite ou en planches de bois, qui succèdent aux cercueils en vannerie, eux-mêmes remplaçant les nattes ou les peaux de bêtes dans lesquelles on enveloppait les morts au prédynastique ancien. Pendant toute la période historique, les pauvres continuèrent d'utiliser ces sarcophages bon marché, remplacés parfois par une simple jarre, qui protégeaient cependant leur corps, sommairement momifié. Le sarcophage occupe, en effet, la place la plus importante dans la sépulture égyptienne ; il en est le centre, il est la véritable demeure du défunt, et le sens mystique que les Égyptiens lui attribuaient se révèle dans le nom qu'ils lui donnaient, « seigneur de vie » *(nebankh)*.

La période thinite* a rendu quelques sarcophages en bois, mais la plupart étaient en terre cuite. Ce n'est que dans les grandes sépultures de l'Ancien Empire qu'apparaissent les sarcophages de pierre, granit ou calcaire. Ce sont de grandes cuves aux parois nues et bien polies, de forme rectangulaire, aux arêtes vives, fermées par un couvercle plat. Cependant, le sarcophage de Mykérinos* offre un travail de décoration certainement d'une époque plus récente.

La démocratisation des usages funéraires pendant la première période intermédiaire amène la multiplication des cercueils en bois. Ils sont ornés de colonnes multicolores, qui représenteraient des façades de palais ou de maisons entourées de textes funéraires hiéroglyphiques où l'on a trouvé les éléments des *Textes des Sarcophages* ; c'est là le cercueil type du Moyen Empire, cependant que les pharaons se font encore tailler des sarcophages en granit, tel celui de Sésostris III* trouvé à Dahchour*. Au Nouvel Empire, la décoration des sarcophages perd son caractère architectural pour trouver une grande liberté dans les motifs géométriques qui encadrent de véritables tableaux. C'est à cette époque que se développent les cercueils anthropoïdes richement décorés et ornés de vignettes du *Livre des morts*. Ces cercueils s'emboîtent les uns dans les autres et, pour les souverains, sont finalement déposés dans un immense sarcophage de pierre. À basse époque, et surtout pendant la période saïte*, les sarcophages anthropoïdes en granit ou en basalte, en général décorés d'une abondance de figures et d'inscriptions empruntées aux anciens textes funéraires, deviennent communs chez les grands personnages ; le couvercle arrondi aux formes de la momie* est souvent sculpté de manière à représenter le visage de son propriétaire et même son corps. La décadence qui suit voit les sarcophages se simplifier, se réduisant parfois à un assemblage de papyri* collés revêtus de couleurs vives, où le masque des époques antérieures est remplacé par un portrait en plâtre du défunt, ou, à l'époque romaine, par un portrait peint sur une tablette et posé à hauteur du visage (peintures du Fayoum).

sarcophages (Textes des). On donne ce nom aux textes écrits en hiéroglyphes cursifs dans les sarcophages du Moyen Empire*, mais dont les plus anciens remontent à la première période* intermédiaire. C'est un recueil de textes magiques pour aider le mort à éviter la faim et la soif, le préserver des dangers de l'au-delà*, lui permettre de revêtir les formes qui lui conviennent et enfin de retrouver sa vie passée et ses familiers. On y constate l'usurpation des anciennes formules des *Textes des Pyramides** réservées au pharaon*, conséquence de la révolution* de la fin de l'Ancien Empire, auxquelles viennent s'ajouter de nouvelles formules. Toujours dominée par le dieu Rê*, la conception de la destinée* solaire du roi, démocratisée, se teinte de plus en plus d'éléments osiriens, et on peut voir dans ces textes la première forme du *Livre des morts**. Ces formulaires furent repris à l'époque saïte*, où dominait le goût de l'archaïsme.

satires des métiers. Afin de faire ressortir à leurs élèves les avantages de leur profession, les maîtres scribes* se plaisaient à dépeindre les métiers sous les plus sombres couleurs. Khéti, au Moyen Empire, fut le premier à inaugurer ce genre d'enseignement, qui eut le plus grand succès au Nouvel Empire. De nombreux papyrus (Anastasi I, III, V, VII ; Sallier II) nous ont conservé des satires où sont passés en revue tous les métiers, pour en montrer les inconvénients, tandis que la profession de scribe est exaltée. Ainsi voit-on défiler le paysan et le laboureur, l'ouvrier en métaux, le sculpteur, le barbier, le tisserand... Le batelier « travaille plus que ses bras ne le peuvent et les moustiques l'assassinent » ; le courrier « lègue ses biens avant de partir à l'étranger, par crainte des lions asiatiques » ; le cordonnier est un perpétuel mendiant et « mange le cuir » ; le blanchisseur lave le linge sur les bords du Nil « tout près des crocodiles », tandis que c'est au milieu d'eux qu'évolue le pêcheur. Quant au sort du soldat, c'est sans doute le pire : enfermé tout enfant dans une caserne, il est roué de coups en Syrie, il marche dans la montagne, chargé comme un âne, et il boit l'eau croupie ; il affronte l'ennemi, qui le terrifie, et quand il rentre chez lui il est rongé comme un bois véreux et on doit le ramener sur un âne, tandis qu'on vole ses habits et que son serviteur s'enfuit.

Satis (en égypt. Satet), déesse des Cataractes, associée à Khnoum* et Anoukis*.

Elle régnait sur Éléphantine*. Elle est représentée portant sur la tête la couronne* blanche avec deux cornes d'antilope.

scarabée. Ce coléoptère *(Scarabeus sacer)*, fort commun en Égypte, connut une fortune exceptionnelle. En réalité, on ne sait exactement pourquoi cet insecte est devenu le symbole du « devenir » et de l'« être » ; le nom du scarabée, *kheprer*, est très proche du mot *kheper*, qui signifie « devenir », et peut-être est-ce l'assonance des deux mots qui a fait choisir le scarabée comme déterminatif du verbe « devenir » dans l'expression hiéroglyphique. Des scarabées servant d'amulettes* et une boîte scaraboïde trouvés à Tarkhan et à Abydos* révèlent que dès l'aurore de la période thinite* l'insecte avait revêtu son caractère symbolique et sacré.

Il semble que ce soit à la spéculation théologique des prêtres d'Héliopolis* qu'on doive la conception du dieu Khépri, engendré par lui-même et assimilé à Rê* ; il est le soleil à son coucher, ou mieux, à son lever (il apparaît encore sous ces deux formes dans les *Textes des Pyramides**), mais il ne représentera finalement plus que le soleil levant.

sceptre. Les insignes de la royauté et de la puissance divine, auxquels on peut donner le nom de « sceptre », étaient nombreux.

Les dieux s'appuient sur le *ouas*, bâton terminé vers le bas par une petite fourche et vers le haut par une tête de lévrier stylisée qui évoque l'animal de Seth* ; ce sceptre était l'enseigne du nome de Thèbes* qui portait le nom de Ouaset, « la ville du sceptre ». Le sceptre magique des déesses était la tige de papyrus* pareille à la colonne papyriforme ; son nom, *ouadj*, signifie la « verdeur » et symbolise la jeunesse éternelle.

Dans les représentations officielles, le roi est montré serrant contre sa poitrine la crosse, sceptre *heka*, et le flagellum, *nekhekh* (ou *nekhkhout*) ; ce sont les symboles d'Osiris*, que ce dieu a empruntés à la divinité primitive de Busiris* Andjty ; ce dernier, le « protecteur », est représenté dans les emblèmes primitifs du nome comme un berger tenant la houlette (futur sceptre, *heka*) et le fouet (ou flagellum, *nekhekh*) ; le symbolisme est ici apparent : le roi est le « pasteur » de son peuple, qu'il conduit avec la houlette et protège avec le flagellum (la racine de *nekhekh* est *nekh*, qui a le sens de défendre, protéger).

Le roi dispose de quelques autres attributs de sa puissance ; ce sont : le sceptre *kherp*, sans doute primitivement une massue à tête cylindrique qui apparaît comme arme des combattants du couteau du Gebel el-Arak* à la fin du prédynastique* ; la massue à tête de poire (piriforme), déjà arme d'apparat à l'époque du roi-scorpion* et de Narmer*, mais que Toutankhamon* tient encore dans sa main ; enfin, au Nouvel Empire, on voit Amon* remettre au roi, en gage de victoire, le *khepesh*, glaive recourbé, sans doute imité du harpé porté par les rois asiatiques.

science. Si on entend par science une étude objective des phénomènes et de la nature dans laquelle nous vivons, recherche analytique dont on peut tirer des conclusions d'ordre rationnel et dégager des lois de caractère constant et universel, les Égyptiens ont tout ignoré de la science. Par ailleurs, la « science mystérieuse des pharaons » n'existe que dans l'imagination d'amateurs de soucoupes volantes et de merveilleux archéologique. En fait de science, les Égyptiens n'ont eu que des connaissances empiriques de caractère exclusivement utilitaire ; mais une civilisation n'en est pas moins admirable parce qu'elle n'est pas scientifique, ce qui est le cas de la plupart des civilisations antiques. Pour les détails → **astrologie, astronomie, calendrier, chimie, géographie, mathématiques, médecine.**

scribe. Le scribe était le grand privilégié de la civilisation égyptienne. Sans doute l'enfant* devait passer dans les écoles* et apprendre à tracer les élégants signes hiéroglyphiques et hiératiques ; mais après un difficile apprentissage, qui ne se passait pas sans coups de bâton, le jeune scribe entrait dans l'administration*, et il pouvait espérer parvenir aux plus hautes fonctions s'il savait révéler le zèle et les capacités exigés de lui. « Vois, il n'y a pas d'état où l'on ne soit dominé, excepté celui du scribe qui lui-même commande » ; toutes les recommandations s'accordent à vanter la position du scribe ; il est « au-dessus de tout travail et devient un sage » ; « son écritoire et son rouleau (de papyrus) lui donnent considération et prospérité » ; « il va siéger dans les Conseils (de fonctionnaires*) » ; c'est lui qui, lorsqu'il a monté les échelons de la hiérarchie, est choisi pour aller en ambassade ou pour assumer les plus hautes charges, dont celle de vizir*. Ainsi, par la culture intellectuelle, tout Égyptien pouvait espérer sortir de son obscurité pour parvenir à la tête de l'État. Ces privilèges étaient si notoires que, sous l'Ancien Empire*, la carrière de scribe n'était, en principe, réservée qu'aux gens de la famille royale et aux familles des courtisans ; ce n'est qu'an Nouvel Empire* que la carrière de scribe fut ouverte à tout Égyptien. Il ne faut pas oublier, par ailleurs, que, si les scribes furent les fonctionnaires de la civilisation égyptienne, ils en furent en même temps les hommes de lettres, et c'est à eux que nous devons tous les textes littéraires qui nous sont parvenus.

sculpture. Le monde de la sculpture égyptienne est immense, depuis les statuettes d'animaux*, les modèles* et les oushebti* jusqu'aux sphinx* et aux statues colossales, dont le colosse de Memnon* est parmi les plus célèbres. Les matériaux utilisés sont tout aussi variés : bois, terre cuite, pierres diverses (albâtre, schiste, hématite, serpentine, granit, grès et surtout calcaire), ivoire, faïence (terre émaillée), cuivre, bronze, or, argent...

L'époque thinite* est riche en sujets d'animaux et en petites figurines, mais déjà apparaît la grande statuaire qui esquisse les attitudes qui resteront classiques pendant toute la durée de la sculpture égyptienne.

Dans son ensemble, la sculpture égyptienne est un art utilitaire, de caractère religieux et funéraire. On place dans les tombes la statue* funéraire du mort, qui, comme les statues des dieux, subit le rite de l'ouverture* de la bouche pour acquérir son caractère de support de la vie. À côté des représentations du mort, un monde de personnages modelés (oushebti, modèles) s'anime au service du défunt. De même, dans les sanctuaires, un ou plusieurs dieux ont leur effigie, mais les cours accessibles au public abritent les statues de rois et de privilégiés.

Devant imiter la vie pour des raisons magiques, la grande statuaire égyptienne est remarquable, dans ses grandes époques, pour son réalisme, ou plus précisément pour son sens de la réalité et de la vie. Dès l'Ancien Empire, les attitudes des personnages sont fixées dans leur ensemble ; le défunt est debout, dans l'attitude de la marche, la jambe gauche en avant ; assis, les jambes serrées, les mains posées sur les cuisses ; accroupi, dans la position classique du scribe* ; représenté avec son épouse, assis ou debout, leurs enfants hauts comme leurs mollets, le défunt et les siens constituent le groupe familial ; dans les pseudo-groupes, on représente le mort à des périodes différentes de sa vie terrestre. Les statues de l'Ancien Empire sont caractérisées pour les statues par une majesté et une grandeur où l'idéalisation s'unit au sens du réel (Chéphren*, Pépi, Didoufri*), pour les particuliers par une force d'expression, une vigueur qui pulvérisent tous les lieux communs sur le « conventionnel » de la statuaire égyptienne (tête de Salt, cheik el-Beled, etc.).

Le Moyen Empire* voit se former deux courants distincts. Des ateliers memphites qui poursuivent la tradition ancienne, mais avec une certaine stylisation et un adoucissement qui tend vers la mièvrerie, sortent des œuvres comme les statues du roi Hor, de Sésostris Ier (Lisht), d'Amménémès III* (Hawara) ; les artistes thébains révèlent une inspiration plus rude et archaïque (Mentouhotep* de Deir el-Bahari*) ou profondément réaliste (Sésostris III*). À cette époque apparaît la statue-cube (ou statue bloc), tête sortant d'un bloc représentant vaguement les formes d'un personnage assis, les

genoux repliés, qui se développe au Nouvel Empire*.

Le début du Nouvel Empire donne des œuvres souriantes, d'un idéalisme un peu mou, qui tend vers une spiritualisation et un réalisme qui s'accentuent sous Aménophis III* pour s'épanouir à l'époque amarnienne, où l'élégant naturalisme du début de la période tombera souvent dans un réalisme caricatural. Cette veine où domine une grâce rarement mièvre se poursuit dans les œuvres contemporaines de Toutankhamon* et de Horemheb*, avant que l'avènement des Ramessides* ne laisse trop triompher un goût du colossal, qui n'est qu'une fausse grandeur où la platitude stéréotypée des formes est générale, à quelques exceptions près dans certaines représentations de Ramsès II* et de particuliers. Les dieux sont alors plus souvent représentés, mais ils possèdent toujours le visage du roi régnant. Aux époques suivantes, on observe une étrange tendance à remonter dans le temps pour y chercher des modèles. L'époque libyenne* est un prolongement de la statuaire ramesside ; les artistes de l'époque nubienne* puisent leur inspiration dans les œuvres du Moyen Empire, et c'est l'Ancien Empire qui reste le modèle constant de l'époque saïte*, où domine un souci de perfection et de dépouillement dont la contrepartie est généralement la froideur. Il ressort que, comme dans les autres arts, si la sculpture a connu des normes constantes — mais les canons ont varié selon les époques et les écoles — dans le cadre qui lui fut imposé par les conventions sociales et religieuses, elle a connu toutes les audaces et toutes les formes d'expression qu'un même peuple peut donner à un même art à travers l'étendue de son histoire.

Sebek, dieu-crocodile, parfois représenté sous la forme d'un homme à tête de crocodile, originaire du Fayoum* et de Kom-Ombo*, en Haute-Égypte, où il était l'époux d'Hathor*.

Son culte se répandit à travers l'Égypte et il prit rang de grand dieu avec le syncrétisme* solaire qui en fit Sebek-Rê. À Saïs*, il était fils de Neith*.

Sebennytos, ville du Delta*, capitale du XIIe nome* de Basse-Égypte, appelée par les Égyptiens *Djebat Nouter* (autel ou sanctuaire du dieu).

On y adorait Onouris* et tout près se trouvait l'Iseum*, sanctuaire primitif d'Isis*. Sebennytos ne joua qu'un rôle secondaire dans l'histoire de l'Égypte jusqu'au moment où l'un de ses princes, issu de la féodalité de basse époque, Nectanébo (de son nom égyptien Nakht-Harehbet), réunit l'Égypte sous sa domination, au détriment de Néphéritès II, dernier roi de la XXIXᵉ dynastie de Mendès*. Nectanébo (370-360 av. J.-C.) s'impose ainsi comme le fondateur de la XXXᵉ dynastie « sébennytique ». Il évita, grâce à la crue, une invasion perse et consacra son règne à favoriser le clergé de Neith*, à Saïs*, qui l'avait aidé à accéder au pouvoir, et à entreprendre des constructions à Bubastis*, Memphis*, Abydos*, Coptos*, Karnak*, Edfou* et Philæ*. Il mit aussi en chantier un nouveau temple en remplacement de l'ancien sanctuaire d'Isis à l'Iseum.

En 306, il associa au trône son fils Téos. À la mort de son père, celui-ci entreprit de reconquérir la Palestine sur les Perses, laissant son frère comme régent. Il avançait victorieusement en Asie lorsque son frère le trahit et rappela son propre fils, qui servait sous Téos, et qui ramena avec lui les mercenaires grecs ; abandonné de tous, Téos s'enfuit auprès du roi des Perses après un règne de deux ans. Nectanébo II (359-341), fils du régent, écrasa une rébellion en Égypte et se consacra à poursuivre l'œuvre architecturale de son grand-père. Le roi de Perse Ochos marcha contre lui avec une puissante armée et il se réfugia en Haute-Égypte (343), où il régna encore deux ans ; on ne sait quelle fut sa fin.

Sed (fête), ou *Hebsed*, fête du Jubilé, en principe célébrée après les trente ans de règne du pharaon*.

Les rites de la fête Sed qu'on connaît à travers des monuments figurés sont difficiles à interpréter et tout ce qu'on en peut déduire reste dans le domaine de l'hypothèse. Le caractère magique de la fête par laquelle on rendait au roi vieillissant sa vigueur paraît incontestable. Selon Moret, le Hebsed « renouvelle au bénéfice du roi d'Égypte le Mystère de la renaissance, lui procure périodiquement une vie renouve-

lée ». Il est possible que ces rites aient été imaginés pour remplacer le sacrifice du roi vieillissant, attesté encore à des périodes historiques ; cette fête serait alors pour le roi d'Égypte ce que les Sacées étaient, sous une autre forme, pour les rois de Babylone. Selon Moret, la fête comprenait trois cérémonies différentes. D'abord un renouvellement de l'intronisation*, mais le roi porte alors un manteau qui enveloppe son corps ; par là on renouvelait la puissance royale que lui conférait magiquement le rite d'intronisation ; par ailleurs, il se renouvelait physiquement, acquérait « des années par millions ».

Dans le second épisode apparaissent la reine et les enfants royaux ; peut-être symbolise-t-elle l'hérédité ancienne de la couronne, celle-ci étant transmise par les femmes, et les enfants l'hérédité future. Le troisième épisode serait l'identification du roi avec Osiris* au cours de l'érection par le roi, assisté des grands de sa cour, du pilier Djed*, le matin de la fête. Cette vue a été cependant critiquée. Signalons que l'érection des obélisques*, exécutée au début du règne, aurait un sens identique. Pour ces fêtes, on édifiait des pavillons, appelés « maisons des millions d'années », où l'on voit représenté le roi assis, coiffé de la couronne* blanche d'une part et de la couronne rouge d'autre part. Enfin, si on accepte l'interprétation de Moret, qui voit, dans les scènes de la palette de Narmer* et de sa tête de massue, des représentations de la fête Sed, celle-ci remonterait au moins au tout début de l'époque thinite*.

Sekhmet, « la Puissante », déesse lionne de Réhésou (nome* létopolite en Basse-Égypte), intégrée dans la triade memphite comme épouse de Ptah* et mère du dieu-lotus Néfertoum*.

Divinité guerrière, elle est représentée comme une femme à tête de lionne couronnée du disque solaire. Celui-ci rappelle que, comme Hathor*, elle est l'œil de Rê, destructrice des millions d'hommes et responsable des épidémies qui s'abattent sur l'Égypte. Afin de se rendre propice une si dangereuse déesse, on avait créé un « rite d'apaiser Sekhmet », et les prêtres* de cette divinité formèrent une corporation de guérisseurs qui luttaient contre les maladies par des procédés magiques.

Selkis, forme grecque de l'égyptien Selket, déesse-scorpion représentée sous l'aspect d'un scorpion à tête de femme ou comme une femme portant son animal symbolique sur la tête.

On ignore le lieu d'origine de son culte ; certaines traditions en font l'épouse d'Horus* ou encore la mère d'Harakhtès. Avec Isis*, Nephthys* et Neith*, elle était protectrice des viscères. Elle possédait, par ailleurs, des pouvoirs guérisseurs exercés par l'intermédiaire de sorciers « charmeurs de Selkis ».

Senmout, architecte* de la reine Hatshepsout*, constructeur de Deir El-Bahari*.

On ne sait que peu de chose de lui, mais on connaît son visage grâce à une statue cube le représentant. On a aussi retrouvé sa tombe dans la nécropole thébaine.

Sénousret → Sésostris.

Sentences de Néferrehou. Ce

texte, conservé dans un seul papyrus de l'Ermitage à Saint-Pétersbourg (découvert par Golénischeff en 1876, il contient aussi les *Enseignements pour Mérikare**) date de la XVIIIe dynastie, mais sa composition remonte sans doute du début de la XIIe dynastie. Néferehou (dont le nom est aussi lu Néferti), prêtre de la déesse Bastis*, est conduit auprès du roi Snéfrou*, fondateur de la IVe dynastie, pour lui conter une histoire distrayante. Ce sage brosse alors un tableau des désastres de l'Égypte qui mettent fin à l'Ancien Empire* : « Le pays va à la dérive ; nul ne s'intéresse plus à lui, nul n'en parle plus, nul ne se lamente sur lui [...]. Le soleil se voile et cesse de briller [...]. Les bêtes du désert se désaltèrent au fleuve d'Égypte [...]. La haine règne parmi les gens des villes [...]. Vois, ce pays est dans le deuil et la détresse [...]. » Ce long préambule est fait pour amener la prophétie de la venue sur le trône d'un certain Améni, diminutif du nom d'Amménémès Ier qui rétablira l'ordre et la justice : « Un roi surgira du Sud, nommé Améni [...], il unira sur sa tête la couronne blanche et la couronne

rouge [...], réjouissez-vous, ô hommes qui vivez en son temps [...], le droit retrouvera sa place et l'injustice sera chassée. Grande joie pour eux qui verront cela et qui serviront ce roi ! »

sépulture. Au néolithique*, la sépulture consiste en un simple trou ovale ou rectangulaire dans lequel on disposait le mort, enveloppé parfois dans une peau ou une natte ; à El-Omari*, l'emplacement des tombes était marqué par un tas de pierres. Au prédynastique*, on commença parfois par essayer de protéger le mort par un léger bâti de roseaux (badarien*), puis au nagadien* on commença par une maçonnerie de terre, qui, à la fin de la période prédynastique, amena l'apparition de la brique et de la voûte. Les sépultures de l'époque thinite* sont connues surtout par la nécropole royale d'Abydos*, dont plusieurs tombes royales sont des cénotaphes*, et par la nécropole de Saqqara*. Les tombes en brique possèdent souvent plusieurs pièces et des niches, et les toits sont souvent voûtés ; les briques sont parfois couvertes d'un revêtement de bois et la toiture voûtée peut être aussi remplacée par un toit de bois. Les superstructures étaient constituées par un cailloutis revêtu de limon, de gypse ou de brique. C'est sur cette superstructure qu'avaient lieu le culte funéraire et le service d'offrandes*. La pierre apparaît dans un sol de granit de la tombe d'Oudimou (Ire dynastie) ; ce n'est cependant qu'avec Khasékhemoui, dernier roi thinite*, qu'on trouve une tombe entièrement revêtue de calcaire. Les tombes des courtisans et des gens de la famille royale étaient disposées autour de celles des souverains.

À l'aube de l'Ancien Empire*, les nécropoles de Bet-Khallaf et de Réqaqnah, voisine d'Abydos, révèlent le passage de la superstructure des tombes thinites au mastaba* dans des massifs de briques oblongs. Djeser*, premier roi de la IIIe dynastie, s'était fait construire une tombe de ce type, avant de se faire élever par Imhotep* un mastaba en pierre taillée à Saqqara*, qui, par accumulation de mastabas en retrait, va donner la pyramide* à degrés. À Saqqara et surtout à Gizeh* les pyramides royales, entourées de mastabas alignés formant des ruelles, constituent de véritables nécropoles*. Jusqu'au Moyen Empire va dominer, chez les grands, cette conception de la pyramide et du mastaba, mais déjà apparaissent les premiers hypogées*.

Ce n'est qu'au Nouvel Empire que les rois adopteront l'hypogée pour leurs propres sépultures, qui furent établies dans les vallées des Rois et des Reines. Le type de l'hypogée domine alors dans la sépulture civile. À basse époque, on ne fait plus que suivre la tradition ancienne et l'on use du mode de sépulture dominant dans la région habitée.

sérapéum, nom donné aux temples de Sérapis* à l'époque ptolémaïque, dont le plus remarquable était le sérapéum d'Alexandrie*.

On donne le nom de sérapéum de Memphis* à la nécropole* que Mariette découvrit, en 1850, entre Abousir* et Saqqara*, où l'on ensevelissait le dieu-taureau Apis*. C'est un ensemble de souterrains qui furent utilisés à partir du règne d'Aménophis III* ; chaque Apis possédait alors son tombeau surmonté d'une chapelle funéraire, mais sous Ramsès II* on dut les placer dans des sépultures communes ; sur les parois extérieures des niches, qu'on murait, on plaçait des stèles commémoratives. Les sarcophages des momies des taureaux, primitivement en bois, furent ensuite taillés dans le granit ou le basalte, dont on a retrouvé 24 exemplaires. Toujours utilisé comme nécropole sous les Lagides*, on y installa alors un personnel de reclus* volontaires et un « asklépieion » où venaient les malades dans l'espoir d'être guéris par l'intervention divine.

Sérapis. Après sa mort, le taureau divin Apis* était assimilé à Osiris*, dieu funéraire et lunaire, et adoré sous la forme d'Osiris-Apis. Cette divinité hybride aurait été assimilée à un Sérapis, dieu de Sinope sur la mer Noire, qui, étant apparu en songe à Ptolémée II, lui demanda de ramener sa statue en Égypte. Sérapis, qui syncrétisait quelques éléments des attributs d'Osiris avec les caractéristiques de diverses divinités helléniques (Zeus, Dionysos, Asklépios), devint le dieu d'État sous les La-

gides*, qui pensaient ainsi complaire à leurs sujets grecs et égyptiens. Des temples furent consacrés à Sérapis à travers toute l'Égypte, et surtout à Memphis* et à Alexandrie*, où le sérapéum* était un des monuments les plus remarquables, avant que son culte ne s'étendît à travers l'Empire romain après l'annexion de l'Égypte.

serdab mot arabe, « couloir »). C'est le nom donné à la salle murée aménagée du côté sud du mastaba* pour recevoir la ou les statues funéraires. Il communiquait avec la salle d'offrandes par un soupirail, à travers lequel le ka* dans la statue pouvait voir les cérémonies des offrandes* et respirer l'odeur des fumigations.

serviteurs d'Horus, en égyptien Shemsou Hor, nom donné aux souverains mythiques qui succédèrent à Horus* sur le trône de Basse-Égypte.

Ce sont eux qui menèrent la lutte contre les partisans de Seth* jusqu'à l'unification de l'Égypte. Manéthon*, qui inclut parmi les serviteurs d'Horus les dynasties qui succèdent aux premières dynasties divines, fait durer leur règne 11 000 ans. Il semble, cependant, que ce nom ait été celui des rois prédynastiques qui constituent le lien de légitimité entre les rois des premières dynasties historiques et Horus et Osiris*.

Sésostris, (en égypt. Sénousret, l'« homme de la déesse Ousret »), nom porté par trois rois de la XIIᵉ dynastie. **Sésostris Iᵉʳ** (1971-1936/1928 av. J.-C.), fils d'Amménémès Iᵉʳ, qui l'associa au trône. Son père mourut alors qu'il guerroyait en Libye ; il rentra précipitamment en Égypte, où couvait la révolte, et, une fois les affaires intérieures réglées, il entreprit la conquête de la Nubie* jusqu'à la IIIᵉ cataracte, où la forteresse de Kerma, sous le commandement d'Hapidjefe, formait la frontière de l'Empire égyptien. En Asie*, l'influence égyptienne prit une ampleur nouvelle, et mines* et carrières* furent largement exploitées, participant à la renaissance artistique de cette époque. Sésostris fit bâtir sa pyramide* à Licht. Il associa à son trône son fils Amménémès II*, trois ans avant sa mort.

Sésostris II (1897-1878 av. J.-C.). Son règne est peu connu, mais l'Égypte continua d'être prospère et influente. Il fit élever sa pyramide à Kahoun, à l'entrée du Fayoum*.

Sésostris III (1878-1843 av. J.-C.). Souverain énergique, il semble qu'il ait dû intervenir militairement à plusieurs reprises. En Nubie, où les révoltes et les infiltrations étaient incessantes, il établit solidement la frontière égyptienne à Semneh, à la hauteur de la IIᵉ cataracte, et installa en Basse Nubie un réseau de forteresses qui protégea la région et lui valut d'être considéré par les habitants comme une divinité tutélaire. Au nord, il conduisit une guerre qui le mena en Canaan*, la première véritable guerre faite en Asie par un roi égyptien. À l'intérieur, il brisa définitivement l'ancienne noblesse de nomes*, qui avait conservé ses anciens privilèges. Il se fit inhumer dans une pyramide de briques à Dahchour*, avec sa famille ; ces tombes, en partie inviolées, ont rendu des trésors en bijoux qui sont une des gloires du musée du Caire.

Seth. Il semble que le sanctuaire d'où est sorti ce dieu soit Ombos*, dans le Vᵉ nome* de Haute-Égypte. Seth apparaît comme la divinité du Sud, pour autant que cette région de l'Égypte ait été unifiée au prédynastique* en une « confédération séthienne » avant l'unification sous l'égide d'Horus* à la fin de cette même période. Sur les enseignes thinites*, Seth apparaît sous la forme d'un animal non identifié, sans doute imaginaire, qui tient du lévrier, de l'oryx et de l'âne ; c'est généralement sous cet aspect ou sous la forme d'un homme ayant la tête de cet étrange quadrupède que Seth sera toujours représenté. Seth apparaît comme l'adversaire éternel d'Osiris*, dont il est le frère dans les cosmogonies* et l'Ennéade* héliopolitaine.

On a cherché plusieurs explications dans cet antagonisme. On a pensé y trouver une raison historique : Seth, étant dieu du Sud, fut persécuté lors de la chute de cette confédération sous les coups des adorateurs d'Horus* et d'Osiris venus du Delta* ; ensuite, les gens du Sud s'étant révoltés et ayant causé la fin du premier royaume unifié de la vallée du Nil, les Horiens attri-

buèrent à Seth la mort d'Osiris, symbole de cet État.

Ce caractère de dieu de la Haute-Égypte est marqué par les *Textes des pyramides*, qui l'appellent « Seth qui réside à Noubit (Ombos), seigneur de la Haute-Égypte ». Ces textes le montrent, par ailleurs, sous l'aspect d'un dieu violent, maître de l'orage *(nesheni)*, des sombres nuages orageux *(qeri,* mot que certains traduisent par « vent funeste »), du tonnerre *(nhemhem),* qui est considéré comme le rugissement du ciel. Par cet aspect, il apparaît comme l'ennemi de la lumière ; par l'orage, les nuages, la grêle, il attaque le ciel et le soleil (Rê* et Osiris-Horus). Les éclipses ne sont autre chose que Seth qui arrache l'œil droit (le Soleil) ou l'œil gauche (La lune) d'Horus ; ainsi s'expliquerait l'épisode de l'arrachage de l'œil d'Horus par Seth lors de leur combat. Dans cette même lutte, Horus émascule Seth, qui se révèle alors sous son aspect stérile, le dieu rouge du désert*. Dieu du désert, vent desséchant du désert, Seth apparaît d'autant plus l'ennemi d'Osiris, devenu eau fécondante et maître de la végétation.

Il eut cependant ses heures de gloire. À l'époque thinite*, le roi s'identifie encore parfois à Seth autant qu'à Horus et on vit avec Péribsen une réaction séthienne. La reine, aux hautes époques », est souvent « celle qui voit Horus et Seth ». Suivant son caractère de dieu de l'Orage, les Hyksos* l'identifièrent à Baal et à Téshoup, et en firent le dieu d'Avaris*. C'est cependant bien avant cette époque que Seth s'établit dans le Delta ; dès le début de l'Ancien Empire*, on le trouve installé à Sethroé, dans une région peu éloignée d'Avaris. Il restera le dieu de Tanis*, et les souverains de la XIXᵉ dynastie porteront son nom et le remettront en honneur. Ce n'est qu'à basse époque que la figure de Seth tournera au noir et qu'il deviendra le seigneur du mal, le démon face au sauveur Osiris.

Sethi, nom porté par deux rois de la XIXᵉ dynastie.

Le second, qui régna six ans à la fin de la dynastie, est très peu connu et on ne sait s'il est rattaché aux Ramessides. Il semble qu'il ait épousé Taousret qui, elle, était liée à la dynastie ramesside. Sethi Iᵉʳ (1318-

1304 av. J.-C.) était fils de Ramsès Iᵉʳ et père de Ramsès II*, qu'il associa à son trône. Lorsqu'il parvint au pouvoir, il se trouva devant une révolte en Asie, qu'il brisa en plusieurs campagnes, au cours desquelles il se heurta aux Hittites* devant Kadesh*. Entre-temps, il repoussa les Libyens, qui avaient tenté d'envahir l'Égypte. De son règne, il reste son remarquable temple à Abydos*, son temple funéraire de Gourna et des traces de travaux à Karnak* et Héliopolis*.

shaouabtis → oushebti.

Sheshonq → libyennes (dynasties).

Seshat, déesse de l'écriture.

Elle était représentée sous l'aspect d'une femme vêtue d'une peau de panthère, tenant un stylet et une tige de papyrus. À sa perruque était fixée une tige supportant une étoile. Son nom apparaît dès l'époque thinite où elle assiste le pharaon au cours de certaines cérémonies.

Shou, divinité cosmique, originaire de Léontopolis.

Personnification de l'atmosphère, il est représenté comme un homme debout, les bras levés, soutenant Nout*, la vache céleste, ses pieds reposant sur la terre Geb*. Il était l'époux de Tefnout*. → cosmogonie, Ennéade.

Siamon → tanite (dynastie).

Sinaï, péninsule triangulaire, à l'est de l'Égypte, formant un glacis désertique qui a isolé la vallée du Nil de ses voisins asiatiques.

Ces déserts furent toujours le domaine des Bédouins* et c'est chez eux que trouvèrent refuge aussi bien Sinouhé* que Moïse. Le long de la zone littorale, une route conduisait vers Gaza, porte de l'Asie, mais les Égyptiens tournèrent aussi leur regard vers le sud de la péninsule, riche zone minière. On y exploitait le cuivre, la turquoise et la malachite. Les deux centres étaient les actuels ouadi Maghara et Sérabit el-Khadem (Montagne du Serviteur). Sous l'Ancien et le Moyen Empire*, les rois envoyaient des expéditions armées pour ex-

ploiter ces mines*, sans cesse menacées par les Bédouins. Au Nouvel Empire*, l'exploitation fut plus régulière mais elle semble avoir cessé à la fin de cette époque, sans doute à cause de l'épuisement des filons. Hathor*, dame du pays de la malachite (mafaket), était la déesse des Mines, et Amménémès III* lui dédia un petit sanctuaire, agrandi par les rois de la XVIIIᵉ dynastie, au Sérabi el-Khadem. On a retrouvé autour de ce sanctuaire les stèles commémoratives des hauts fonctionnaires ayant dirigé les expéditions dans ces mines. Dans l'ouadi Maghara, on a retrouvé non seulement les galeries, mais aussi, sur une colline dominant la vallée, les maisons de pierre des ouvriers et le petit fortin qui les défendait contre les incursions des Bédouins, dont les inscriptions sur les rochers voisins rappellent les victoires que les rois ont remportées sur ces nomades, agressifs par pauvreté.

singe. Les Égyptiens ont plus particulièrement connu deux espèces de singes : le cercopithèque, qu'on trouve représenté surtout au Nouvel Empire, et le babouin, ou cynocéphale, qu'on trouve dès l'époque thinite*. Le singe n'était pas originaire d'Égypte, et c'est de Nubie* et du Pount* que les Égyptiens le faisaient venir, cet animal étant toujours nommé parmi les tributs exigés des Nubiens. Avec le chien, c'était l'animal familier pour lequel les Égyptiens avaient le plus d'affection et d'indulgence. On le trouve sur la chaise du maître, sous le siège de la maîtresse, sur les arbres des jardins où il se gave de dattes ou de figues... Il accompagne même le maître lorsqu'il va inspecter ses domaines, et lorsqu'il meurt il arrive qu'il soit momifié et placé dans la tombe de son maître, où il continuera de le réjouir de ses facéties dans l'au-delà.

Divinisé, le babouin sera l'animal de Thot*, et à Babylone d'Égypte, fondée à basse époque (aujourd'hui Le Caire), le babouin était l'image du soleil. L'habitude qu'ont encore les cynocéphales de pousser de grands cris avant l'aube les a fait désigner pour saluer le soleil lors de son lever après l'avoir aidé à paraître par la vertu de leurs appels : c'est ainsi que, comme on le voit par exemple à Abou-Simbel*, les sculpteurs représentèrent des babouins alignés face au soleil. Dans le domaine des morts, on voit le babouin assis sur la balance où est pesée l'âme, et c'est sous la forme du babouin que sont représentés les esprits-pêcheurs.

Sinhoué (Conte de). Sinhoué, noble Égyptien ayant surpris un secret d'État à la mort d'Amménémès Ier*, s'enfuit en Asie* dans la crainte de la colère de Sésostris. Accueilli par un chef bédouin*, il épouse la fille de ce dernier et reçoit de grands biens jusqu'à ce que Sésostris le rappelle à sa cour. Il semble que ce conte, qui date de la XIIe dynastie, possède un fonds historique. À nos yeux, son intérêt réside dans la description de la vie des Bédouins qui nomadisaient dans le sud de Canaan* et dans le Sinaï*, et dont les mœurs semblent avoir peu changé jusqu'à une époque récente. À la tête des Bédouins du prince de Tonou, Sinouhé effectue des razzias vers les pays voisins, enlevant les bestiaux et les gens au bord des puits. Il acquiert ainsi une telle réputation qu'un « fort de Tonou » vient de défier et, relevant le défi, notre héros passe la nuit à fourbir ses armes avant d'affronter son adversaire, qu'il tue avec ses flèches et une hache. Ce conte eut le plus grand succès et il nous est connu par plusieurs papyri* et des fragments conservés sur des ostraca*.

Smendes → tanite (dynastie).

Snéfrou, fondateur de la IVe dynastie (v. 2613-2589 av. J.-C.), succéda sans heurt au dernier roi de la IIIe dynastie, Hou (ou Houni), que certains historiens tiennent pour son père.

Le règne de Snéfrou fut brillant et ce roi inaugura la politique de construction grandiose propre aux souverains de cette dynastie. Ainsi commença-t-il par faire élever trois pyramides*, deux à Dahchour* et une à Meidoum*, mais nous savons par les annales* de Palerme qu'il érigea temples, forteresses, palais. Cette fièvre de construction le contraignit à aller chercher du bois à l'étranger, et il organisa une importante expédition maritime vers la Phénicie pour en ramener du bois de cèdre et du bois de « merou », un conifère qu'on n'a pu exacte-

ment identifier. Roi guerrier, il effectua des expéditions militaires sur toutes ses frontières : en Nubie*, d'où il ramena 7 000 prisonniers ; en Libye*, où il préleva un immense butin ; au Sinaï*, où il fit plusieurs expéditions contre les Bédouins*, dont le souvenir nous a été conservé par trois graffiti du ouadi Maghara. La postérité nous le dépeint comme un roi bon et libéral qui interpellait familièrement les gens en leur disant : « Mon ami ! » Son fils Chéops* lui succéda.

Sokaris, dieu primitif de la nécropole memphite, dont le nom a subsisté jusqu'à notre époque dans la nécropole de Saqqara* et qui aurait d'abord porté le nom de Henou.

Divinité des artisans et des morts, il a été identifié à Ptah* et à Osiris* qui a revêtu certains de ses attributs. Il tenait un rôle important dans les rites relatifs au Djed*. Il était représenté soit sous forme d'un faucon, soit sous celle d'un homme enveloppé d'un suaire, comme Osiris, portant une tête de faucon. Il avait un doublet féminin (parèdre), Sokaret, qui apparaît dans quelques rituels funéraires.

spéos, nom grec donné aux temples rupestres égyptiens.

Alors que les tombes (→ hypogée) rupestres apparaissent tôt dans le Delta* et se trouvent en grand nombre creusées dans la falaise libyque, les temples sont plus rares, du fait de la difficulté technique de creuser largement la falaise. L'Égypte offre cependant quelques petites chapelles rupestres : de Pakhet*, au sud de Béni-Hassan*, dédiée par Hatshepsout* et plus connue sous le nom de Spéos Artémidos ; d'Hathor*, à El-Siririya, dédiée par Mineptah*, de Min*, à El-Salamouni, dédiée par Ay (fin XVIIIe dynastie). Signalons encore quelques spéos du Gebel Silsileh du début de la XIXe dynastie. La Nubie* est plus riche en temples rupestres, qui sont d'ailleurs de plus grande taille ; le plus célèbre est le temple de Ramsès II*, à Abou-Simbel*. Dans ces temples, la salle hypostyle* et le saint des saints sont entièrement creusés dans la roche, et les piliers*, osiriaques ou hathoriens, sont sculptés dans la masse rocheuse.

sphinx, nom grec venant de l'égyptien *shespankh*, « statue vivante », par lequel on désignait plus particulièrement des lions à tête humaine.

Le lion, symbole de la puissance souveraine, gardien des portes orientale et occidentale du monde souterrain, était le gardien des lieux de culte ; le clergé d'Héliopolis* lui donna une tête humaine, celle d'Atoum*, et ainsi naquit le sphinx, dont celui de Gizeh*, exécuté sur l'ordre de Chéphren*, est le plus ancien et le plus gigantesque. Un tertre naturel de calcaire fut taillé pour devenir le noyau de la sculpture monumentale qui revêtit la tête du pharaon et devint le gardien de la nécropole* royale et de la porte occidentale, par où partent le soleil et les morts. D'autres sphinx de plus petite taille furent sculptés devant l'entrée du temple funéraire du même pharaon. Les représentations de sphinx, où la tête humaine d'Atoum était celle du roi qui s'identifiait au dieu, se multiplièrent au Moyen Empire* pour garder les temples funéraires des rois, sculptés souvent dans le grès rose. Ceux-ci furent réutilisés surtout par les Hyksos*.

Au nouvel Empire, la paire de sphinx qui gardait l'entrée du temple fut multipliée en une véritable allée, bordée de sphinx au visage du souverain régnant, qui conduisait à l'entrée du sanctuaire. Le désir d'assimiler le sphinx à la divinité du sanctuaire qu'il protégeait fit qu'on modifia ces monstres androcéphales en les couronnant du pschent*, en leur donnant une tête de faucon ou une tête de bélier, comme à Karnak*, où le bélier est consacré à Amon* ; dans ce dernier cas, le sphinx se transforme en un bélier, qui se multiplie le long des avenues menant au temple d'Amon.

statue funéraire. Portrait du mort, souvent d'un réalisme admirable et marquée de son nom, la statue funéraire, appelée aussi « statue de ka* », était placée au fond de la tombe*, habitation éternelle du ka, qui, au même titre que la momie*, restait le support vivant de l'âme* du défunt, après avoir subi le rite de l'ouverture* de la bouche. Si les modes, les conceptions, les canons ont varié depuis l'Ancien Empire*, les attitudes restent fixées ; le mort est représenté debout, jambes serrées et bras contre les hanches, dans l'attitude de la marche, assis sur un siège ou sur le sol, les jambes croisées (type scribe accroupi). Le défunt apparaît aussi avec sa famille, sa femme à sa gauche, assis ou debout, les enfants, hauts comme leurs jambes, debout autour d'eux. Des statues du défunt étaient aussi placées parfois en façade, de part et d'autre de la stèle*, ou encore dans la niche de la stèle fausse porte ; enfin, dans les salles principales, le mort était parfois représenté dans une niche en hauteur d'où partait un escalier, comme s'il s'apprêtait à descendre dans la salle pour participer au festin préparé en son honneur. Ces statues étaient, en général, en pierre ou en bois.

stèle, dalle monolithique, couverte d'inscriptions en général hiéroglyphiques, accompagnée souvent de dessins coloriés ou sculptées en relief.

Les stèles peuvent être réparties en trois catégories. Les plus courantes sont les stèles funéraires ; placées dans les chapelles des tombes, elles sont souvent ornées de deux yeux, par lesquels le mort apercevait la lumière du jour. Dans cette catégorie on doit ranger les stèles fausses portes placées dans les mastabas*, porte magique par où le défunt entrait dans la salle du banquet accessible aux vivants, qui y apportaient leurs offrandes* funéraires. Les stèles commémoratives peuvent être rattachées aux stèles funéraires. Ce sont elles qui portent les autobiographies* du défunt, ses titres et les grandes actions qu'il a accomplies, les formules d'offrandes funéraires ; ces stèles s'accumulaient à Abydos*, où, ne pouvant avoir son tombeau auprès de celui d'Osiris*, chacun voulait y posséder son cénotaphe*, remplacé ici par une stèle où l'on voit le défunt entouré des membres de sa famille.

Les stèles royales étaient de plusieurs sortes. Il y avait des secrets, des chartes* d'immunité, des textes qui vantaient une victoire ou quelque faste du règne ; on les plaçait dans des lieux publics, cours de temple* ou de forteresse, par exemple. D'autres stèles étaient disposées aux confins d'un nome ou aux frontières territoriales d'une cité nouvelle ; par elles, le roi mentionnait sa fondation ou établissait les limites nouvelles d'un nome. Les fouilles archéologiques ont rendu une quantité impressionnante de toutes ces sortes de stèles.

Strabon, géographe grec (Amasias, Pont [Asie Mineure] v. 60 av. J.-C. - v.25 de notre ère).

Issu d'une riche famille grecque, Strabon reçut une éducation libérale, étudia à Rome et à Alexandrie où il eut quelques-uns des maîtres les plus éminents de son temps. Il fut un grand lecteur et aussi un grand voyageur. Il parcourut en détail l'Asie Mineure, la Grèce, l'Italie, la Syrie et l'Égypte où on le trouve vers l'an 20 avant notre ère, soit une dizaine d'années après son annexion par Auguste à l'Empire. Il était l'ami du gouverneur de la province Aelius Gallus, ce qui lui facilita son voyage jusqu'en Nubie. Il écrivit des *Études historiques* dont il ne nous reste que de très maigres fragments et surtout une *Géographie* où il décrit le monde connu à son époque, nous donnant non seulement de précieux renseignements sur la géographie et la topographie des pays et des villes, mais aussi des éléments sur la religion, les cultes, les mœurs des peuples, des anecdotes historiques, qui font de son ouvrage un tableau du monde à l'époque d'Auguste et de son premier successeur, Tibère. Sa description de l'Égypte, prise sur le vif, nous est un très précieux témoignage.

syncrétisme. Parallèlement à l'unification politique de l'Égypte, on assiste à une unification des dieux des différentes cités, bien que cette unification ne fût guère qu'une tendance qui ne parvint jamais à un complet achèvement. Un dieu ne se substitue cependant pas à un autre, mais les deux divinités se superposent et unissent leurs caractères distincts en une seule personnalité. L'exemple le plus significatif est celui d'Osiris*, dont on ignore la forme originelle, qui assimile Andjty, divinité de Busiris*, au point que le nom de ce dernier dieu disparaît, mais ses attributs restent typiques d'Osiris ; il assimile de la même manière Khentamentiou, dieu de la nécropole d'Abydos*, et prend le caractère funéraire de celui-ci. Un dieu à la personnalité peu affirmée, comme Rê*, revêt les formules les plus diverses en s'unissant aux autres grands dieux de l'Égypte, tels Amon* et Khnoum*, mais là, l'union des deux divinités reste sensible par la conservation de leurs noms accolés. Cette tendance va s'accentuant à mesure qu'évolue l'idée de dieu ; vers la fin de l'histoire de la religion égyptienne, on assiste à une assimilation presque systématique des divinités entre elles, au point que les divers dieux apparaissent de plus en plus comme une manifestation différente d'une force unique de caractère universel.

On peut, néanmoins, se demander si cette conception de caractère panthéistique (voire monothéiste) n'est pas plus ancienne ; on pénètre sans doute dans le domaine de l'hypothèse quand on cherche à connaître la notion réelle que les Égyptiens des époques reculées pouvaient avoir de la divinité ; il est pourtant remarquable que, dès l'époque ramesside*, on était parvenu à une conception de l'unité du dieu, témoin un hymne d'un papyrus de Leyde : « Tous les dieux sont trois : Amon, Rê et Ptah*, les sans-pareils.

Amon est la nature cachée (*imen* = caché) [de cette trinité], Rê est la tête, Ptah est le corps...Vie et mort en dépendent pour tout ce qui est. (Rien n'existe hors) Amon, Rê, Ptah, qui forment un total de trois » (littéralement « totalisés en trois ») ; en cela Gardiner voit justement une trinité possédant une volonté commune, dans laquelle Rê est la tête pensante, Ptah le corps tangible, Amon l'intelligence invisible, à la loi de laquelle tout est soumis.

Table d'offrandes. Aux époques préhistoriques, on se contentait de déposer auprès du mort le mobilier funéraire. C'est sous l'Ancien Empire* qu'apparaissent les tables d'offrandes. On en trouve alors de deux types : le disque d'offrandes, imitation du guéridon rond servant de table aux gens aisés, disque de pierre sur lequel est sculptée la représentation des ustensiles utilisés pour les repas, ou simplement une inscription ; la table d'offrandes de forme rectangulaire, sculptée aussi sur le plat, afin de représenter les accessoires du banquet du mort. Elle était placée devant la stèle fausse porte, de sorte que, en arrivant par cette porte, l'âme* du mort trouvait son repas tout servi. Ces tables sont souvent représentées sur les parois des tombes, chargées de nourriture, le défunt assis devant, s'apprêtant à entamer son copieux repas. Pour les tombes royales, les tables d'offrandes, qui prenaient un aspect d'autel, étaient placées dans la cour du temple funéraire.

Taharqa → Assyriens et nubienne (dynastie).

Takelot → libyennes (dynasties).

Tanis. C'est sur le site de Sân el-Hagar, près du lac Menzalèh, qu'ont été retrouvées et fouillées les ruines de Tanis, forme hellénisée de Djanet. On connaît mal l'origine de la cité, mais elle doit remonter assez haut, car sur les pierres réutilisées du grand temple Pierre Montet a retrouvé des traces des rois de l'Ancien Empire*. La période hyksos* est représentée à Tanis au point que Montet a pu reprendre l'identification des premiers égyptologues, qui voyaient dans Tanis la capitale des Hyksos, Avaris*. Ramsès II* rendit tout son lustre à la cité délaissée, la ceignit d'une puissante muraille, et y laissa, selon son habitude, un grand nombre de constructions et surtout de statues.

Tanis, dont était originaire le fondateur de la XXIᵉ dynastie, Smendès, fut érigée par ce dernier au rang de capitale et le resta pendant toute la dynastie. Sous les dynasties suivantes, la ville conserva en partie son rang, bien que Bubastis* soit devenue résidence royale. Au cours de ses fouilles, Montet a eu le bonheur de retrouver plusieurs tombes inviolées, dont celles de quatre rois des XXIᵉ et XXIIᵉ dynasties, Psousennès*, Aménémapit, Osorkon II et Sheshonq III : beaux sarcophages de pierre imbriqués les uns dans les autres, sarcophages d'argent, masques d'or, bijoux, mobilier funéraire. Sans doute ce trésor est-il moins éblouissant que celui de Toutankhamon* (l'Égypte était alors incomparablement moins riche), mais il est réjouissant de constater, d'une part, que les pilleurs d'antiquités, anciens et modernes, ont parfois laissé échapper quelques trésors, et, d'autre part, que les archéologues qui ont le malheur de découvrir exceptionnellement une tombe non violée ne sont pas irrémédiablement poursuivis par la « malédiction du pharaon », qui a décimé les inventeurs de la tombe de Toutankhamon, comme chacun le sait.

tanite (dynastie). Érigée au rang de résidence royale par les premiers Ramessides, Tanis* devint capitale avec la XXIe dynastie, originaire de cette cité. On ne sait rien de la naissance du fondateur de cette obscure dynastie. Smendès (1085-1054 av. J.-C. env.), qui régna effectivement sur la Basse-Égypte et nominalement sur la Haute-Égypte, gouvernée en fait par Hérihor* et les rois-prêtres*. Il eut pour successeur ce Psousennès devenu célèbre depuis que sa tombe, inviolée, a été retrouvée à Tanis, avec les trésors qui accompagnaient sa momie, enfermée dans des sarcophages d'argent. Pinedjem, déjà premier prophète d'Amon à Thèbes, lui succéda, ayant épousé sa fille. Pinedjem abandonna à ses fils le gouvernement de Thèbes*, pour venir s'installer à Tanis ; il régna pendant seize ans encore, mais son règne est tout aussi obscur que celui de son prédécesseur, qui conserva le trône durant quarante-six (ou quarante et un) ans. Aménémapit, dont la tombe a aussi été retrouvée, succéda à Pinedjem, mais on ne sait même pas quel était leur lien de parenté. La dynastie s'éteignit avec les règnes de Siamon et de Psousennès. Sheshonq* leur succéda.

Tanoutamon → nubienne (dynastie).

tasien. Le nom de cette culture du Néolithique* vient du site de Deir Tasa, près de Mostagedda et de Badari, en bordure du désert Arabique. La station est connue particulièrement par les sépultures, les habitats n'ayant laissé que des traces de terre noire où l'on a retrouvé pourtant des foyers et un mobilier en pierre.

Tefnakht → Bocchoris.

Tefnout. Dans l'Ennéade* héliopolitaine, elle apparaît comme l'épouse de Shou* et représente l'humidité ; avec son époux, elle formait un couple revêtant la forme d'un lion et d'une lionne qu'on adorait à Menset (Léontopolis). Elle était aussi adorée à Oxyrhynchos sous la forme d'une femme à tête de lionne. C'est Tefnout qui fut le plus couramment identifiée à la « déesse lointaine » ; selon cette légende, une déesse-lionne fille du Soleil terrorisait le désert de Nubie*, où elle s'était retirée après une dispute avec Rê* ; ce dernier envoya auprès d'elle un singe (→ **Onouris**) pour l'apaiser par un grand discours et l'inviter à revenir auprès de lui, car il voulait l'utiliser contre ses ennemis ; elle suivit le singe, et près de Philæ*, elle « refroidit son ardeur » dans les eaux de l'Abaton, île où se trouvait une des tombes d'Osiris. Sous la forme d'une chatte, la déesse fut célébrée à travers toute l'Égypte, qu'elle parcourut alors. Cette déesse lointaine est aussi assimilée à Hathor*, Sekhmet* ou Bastet*.

temple divin. On ne connaît les sanctuaires de l'époque prédynastique* que par des représentations figurées lorsque s'est conservée la tradition de ces lieux de culte. Les représentations hiéroglyphiques nous révèlent l'existence de deux sanctuaires différents pour le Nord et le Sud. Au Nord, le *per nou* (« maison d'eau »), ou *per neser* (« maison de flamme »), est le sanctuaire de Neith* à Bouto* ; il est représenté comme une haute construction de brique, couronnée d'un toit en coupole, et ce dessin apparaît ultérieurement comme déterminatif dans les mots signifiant « sanctuaire » *(itéret)* ou « châsse » *(khem)*. Au Sud, le sanctuaire de Haute-Égypte *(itéret shema)* est appelé *per our* (« grande maison ») et il apparaît comme une hutte constituée par une charpente de bois couverte de nattes ; c'est le temple de Seth* à Hiérakonpolis*. On trouve une autre représentation de ces sanctuaires archaïques de tribus encore à demi nomades (comme il apparaît pour le temple léger de Seth*) dans la tente (ou baraque) d'Anubis*, le *zeh neter*, dont la forme primitive est nettement une tente, pourvue parfois d'un pilier central ; c'est là qu'Anubis procédait aux embaumements et qu'Osiris* a été purifié par le dieu de la momification*. La disposition intérieure de ces édifices était fort simple, bien qu'on ne puisse la connaître avec certitude.

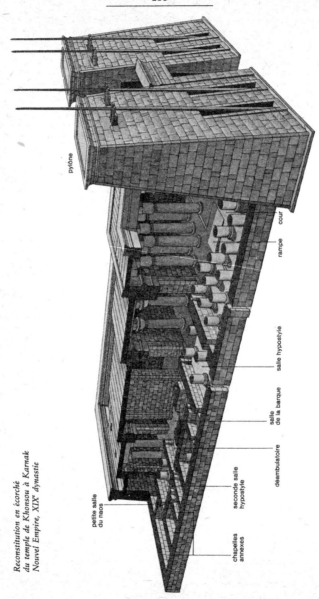

*Reconstitution en écorché
du temple de Khonsou à Karnak
Nouvel Empire, XIXᵉ dynastie*

pylône

cour

rampe

salle hypostyle

salle
de la barque

déambulatoire

petite salle
du naos

seconde salle
hypostyle

chapelles
annexes

Ce genre de sanctuaire était encore utilisé à l'époque thinite*, avec seulement quelques modifications dans les matériaux de construction. On ne connaît pas mieux les temples de l'Ancien Empire*, le seul temple qui ne soit pas funéraire et qui nous ait été conservé étant le temple solaire* de Niouserrê. Le seul sanctuaire qui paraît dater de la première période intermédiaire que nous connaissions est un curieux bâtiment rectangulaire, où l'on accède peut-être par un pylône* (qui serait le plus ancien monument de ce type); de la cour rectangulaire partent deux galeries souterraines. Selon les fouilleurs, on aurait là un sanctuaire primitif d'Osiris, bien qu'il ait été trouvé sous le temple de Montou*, à Médamoud*, élevé au Moyen Empire*. Cette dernière période a donné un grand nombre de fragments de temples, mais leur structure ne peut nous être vraiment connue que par un seul sanctuaire, dégagé à Médinet-Madi, dans le Fayoum* : ce petit temple, construit par Amménémès III* et Amménémès IV*, était consacré à Sebek et à Renenoutet*, protectrice des moissons : sa structure (salle hypostyle* et vestibule, où s'ouvrent trois saints des saints, ou sanctuaires) préfigure la structure classique des temples du Nouvel Empire. Signalons cependant la chapelle, ou plutôt le kiosque de fête Sed*, de Sésostris Ier*, à Karnak*, qui est reconstituée d'après les éléments retrouvés dans le troisième pylône.

La structure des temples du Nouvel Empire*, qui répond à un impératif religieux, reste toujours la même et on la retrouve dans les temples de toutes les périodes ultérieures. Du pylône, on pénètre dans une vaste cour, entourée de portiques et parfois pourvue d'un autel et de statues. Cette cour ensoleillée est accessible à tout le monde; c'était là que, les jours de fête, se massait la foule, en attendant le cortège du dieu. On pénétrait de là dans la salle hypostyle*, vestibule réservé à ceux qui étaient purs; enfin, les appartements du dieu ou des dieux formaient l'adyton (en égyptien *khem sekhem*, le « lieu qu'on ne doit pas connaître »), la partie secrète, où ne pénétraient que le roi et les prêtres; on y trouvait une salle de la barque (lorsqu'il s'agissait d'un dieu de caractère solaire) et le saint des saints, où était placé le naos*, véritable demeure du dieu ou de ses symboles. Parfois, le dieu principal partageait ce domaine avec d'autres dieux, en général ceux qui constituaient avec lui une triade*.

Les temples étaient toujours construits sur plan incliné, de manière à s'élever à mesure qu'on approchait du saint des saints; cette marche ascendante était accentuée par le passage de l'éclatante lumière de la cour à l'obscurité de l'adyton, en passant par la pénombre de l'hypostyle. En effet, toute une dogmatique dirige la conception du temple. Celui-ci, construit en pierre, noble matériau indestructible, est l'image du monde. Son sol, c'est la terre, et plus précisément le pays de Kémi ; les colonnes florales sont le symbole de la végétation de la terre féconde qui s'élève vers le ciel ; le plafond de l'hypostyle, c'est le ciel ; aussi est-il peint en bleu, semé d'étoiles d'or, et on y voit naviguer les dieux dans la barque solaire, à travers les 36 parties du ciel, tandis que plane le disque ailé du soleil. Les décorations murales représentent les grands mythes de la création, de la renaissance de la végétation, ou encore on voit le roi agissant parmi les dieux. C'est ce monde que parcourt le soleil dans le jour; partie de l'adyton, antre obscur à l'orient, d'où jaillit le dieu à son lever, il apporte le petit jour dans la demi-obscurité de l'hypostyle, et enfin à midi il plane au-dessus des pylônes, qui sont les colonnes qui le supportent au ciel, avant de refaire le chemin en sens inverse, pour revenir se coucher dans l'adyton.

Enfin, demeure du dieu, le temple le protège contre les atteintes de forces nuisibles, et les prêtres sont là pour sustenter le dieu et le soutenir dans sa raison d'être, c'est-à-dire maintenir la création et la « renouveler » chaque jour.

Ainsi peuvent s'ajouter des éléments au temple : un dromos, allée de sphinx*, qui reliait le pylône au Nil, où un débarcadère était aménagé pour les voyages du dieu sur le fleuve (→ procession); des obélisques*, un lac* sacré ou, à basse époque, un mammisi* ; les pylônes, les cours, les hypostyles, les salles pouvaient aussi se multiplier, mais la structure fondamentale ne peut changer. Ajoutons que, dans l'enceinte qui s'ouvrait sur l'extérieur par un propylon, on trouvait à côté du temple de nombreux bâtiments annexes, demeures des prêtres, greniers, magasins, maison* de vie.

Les temples qui subsistent, encore en état plus ou moins satisfaisant de conservation, sont ceux de Louqsor*, Karnak*, et Abydos* pour le Nouvel Empire, et, pour la Basse Époque et surtout la période gréco-romaine, ceux de Dendérah*, Edfou*, El-Kab*, Esneh*, Kom Ombo*, Philæ*.

temple funéraire. Le mastaba* était pourvu d'une chapelle intégrée dans le corps du monument dans laquelle on apportait les offrandes au mort. La conception de la pyramide*, monument massif et fermé, exigea tout un ensemble d'édifices qui lui étaient joints, parmi lesquels la chapelle funéraire, détachée de la tombe, devint le temple funéraire. La présence de celui-ci est cependant liée à la conception de la destinée* solaire du roi, qui faisait de lui un être divin. Le temple funéraire n'est pas seulement la chapelle d'offrande d'un mort banal qui ne peut survivre sans ce service d'offrandes, c'est aussi le sanctuaire d'un dieu. C'est pourquoi, dans sa structure, le temple funéraire ne se distingue nullement des autres temples divins. Voisin de la pyramide tant que les pharaons utilisèrent ce type de tombe, le temple funéraire fut élevé en bordure du plateau libyque lorsque les pharaons du Nouvel Empire se firent inhumer dans les hypogées* de la vallée des Rois. La plupart des temples funéraires joints aux pyramides ont disparu et, quand il en subsiste des ruines, elles sont à peine discernables. Les seuls temples de ce type assez bien conservés sont ceux de la nécropole thébaine : temple de Séthi Iᵉʳ* (Kasr el-Roubaïk), dont subsistent des éléments des deux pylônes* et des parties importantes du naos*, temple d'Hapshesout* à Deir el-Bahari*, Ramesséum* et temple de Médinet Habou*.

temple solaire. Les six premiers rois de la Vᵉ dynastie firent élever des temples en l'honneur de leur dieu solaire triomphant, Rê*. Les annales* de la pierre de Palerme nous ont conservé leurs noms évocateurs ; le temple d'Ouserkaf s'appelait « Temps de Rê », celui de Sahourê « Campagne de Rê », celui de Kakai « Place du

cœur de Rê », celui de Néferefrê « Repos de Rê », celui de Niouserrê « Gloire du cœur de Rê », celui de Menkaouhor « Horizon de Rê ». Ces temples s'élevaient au sud de Gizeh*, dans la région d'Abousir*, et les fouilles allemandes ont restitué celui de Niouserrê. Ce temple est d'autant plus intéressant qu'il est le seul temple divin qui subsiste de l'Ancien Empire*. Sa structure est cependant très différente des temples communs : temple solaire, on ne trouve pas de saint des saints enfermant l'image du dieu, car Rê est dans le ciel et il jette ses rayons sur le revêtement d'or qui couronne l'obélisque* érigé sur une pyramide* tronquée ; ce monument est le cœur du temple, et devant se trouve l'autel*, au milieu de la vaste cour sur laquelle s'ouvrent le déambulatoire et les magasins appuyés contre l'enceinte nord. Au sud de l'enceinte est bâti le vaisseau de pierre dans lequel navigue le soleil.

Quoique d'un type fort différent, on peut rapprocher de ces sanctuaires les temples d'Aton*, qui, seuls avec ceux de Rê, ne possédaient pas de salles obscures où avaient lieu les sacrifices et les cérémonies.

Thèbes. On ne sait que peu de chose de la Thèbes primitive. Le nom d'Ouaset (la ville du sceptre Ouas) s'attache à tout le territoire de Thèbes ; mais, à l'origine, il désignait peut-être un petit bourg, la grande cité de Haute-Égypte s'étant constituée par l'union de plusieurs villages : Opet-Souet (Karnak*), Opet Sud (Louqsor*), Ouaset. Les autres noms de Thèbes, Het-Amon (le Château d'Amon), Nout-Amon (la Ville d'Amon), d'où est sans doute dérivé le nom biblique de Thèbes (No), rappellent le dieu de la Cité. La rive occidentale qui constitue la nécropole thébaine (→ **Deir el-Bahari, Deir el-Medineh, Medinet Habou, Memnon, Ramesséum, vallée des Rois**) était appelée Ouaset occidental. C'est là qu'on a le plus ancien témoignage de l'importance de Thèbes en tant que chef-lieu de nome*, dans cette nécropole de Drah-Aboul-Nagga, où ont été retrouvées quelques-unes des tombes de ses nomarques*, les Antef*. C'est d'eux que date la gloire de Thèbes, qui, après la réunification de l'Égypte par Mentouhotep*, devient la capitale du nouvel État (Moyen Empire).

C'est aux rois de la dynastie suivante, la XII*, qu'Amon* dut sa fortune de divinité de Thèbes et, par suite, de dieu d'État.

Redevenue capitale de nome à l'époque hyksos*, c'est de nouveau les princes de Thèbes qui refont l'unité de l'Égypte, avec Ahmôsis*, et le prestige de la cité ne fait que s'accroître pendant toute la durée de la XVIIIe dynastie. Si, pour des raisons stratégiques, les Ramessides* installent leurs résidences dans le Delta*, Thèbes reste la capitale d'Empire, qu'ils continuent d'embellir et d'enrichir. Son déclin commence après un millénaire de domination, lorsque les rois libyens succèdent aux souverains tanites*. Cela n'empêche pas la grande cité de conserver un immense prestige aux regards de toutes les nations voisines, jusqu'à ce que les Assyriens la saccagent par deux fois, au VIIe s. av. J.-C. Elle se relèvera encore, pour mourir doucement au milieu de ses splendeurs passées, dont ses monuments nous sont encore les témoins. Mais de ce qui fut la ville elle-même, il ne subsiste plus rien, que ses deux grands temples de Karnak et de Louqsor.

théogonie → cosmogonie.

thinites (dynasties). La ville de This (ou Thinis, égypt. Téni) était située en Haute-Égypte, sur la rive droite du Nil, face à Abydos*, qui était sa nécropole*. Le site n'a pas encore été retrouvé, mais, selon Manéthon*, c'est de cette cité que serait originaire Ménès*, qui unifia l'Égypte, d'où le nom de période thinite (ou dynasties thinites) qu'il donne aux deux premières dynasties qui préparent l'avènement glorieux de l'Ancien Empire*. Il semble, en réalité, que ces rois aient été originaires d'Hiérakonpolis* et qu'ils aient transporté leur capitale dans une région moins excentrique après l'unification de la vallée du Nil.

C'est dans la nécropole d'Abydos qu'on a retrouvé les tombes de ces premiers rois, de leurs courtisans et leur famille ; cependant, il semble que la région de Memphis* ait été considérée dès la Ire dynastie comme résidence royale ; le Mur Blanc d'où naîtra Memphis* remonte sans doute à Ménès, et les trois premiers rois de la IIe dynastie se firent déjà ensevelir à Saqqara*, sans doute près de leur résidence, où on a aussi trouvé

une sépulture qui est peut-être bien celle d'Aha*. On s'accorde, en général, pour étendre cette période entre 3100 et 2686 av. J.-C.

Le premier roi connu est Aha, qui a peut-être établi à This la capitale de l'Égypte unifiée ; son successeur fut Djer, à qui la tradition attribua des traités d'anatomie. Le « roi-serpent », Ouadji, lui succéda et on a la preuve que, dès son époque, les Égyptiens exploitèrent les mines* du désert arabique. Sous le règne d'Oudimou, la titulature* royale s'augmente d'un troisième titre et la fête Sed* est attestée pour la première fois. La tombe de son ministre Hémaka, trouvée à Saqqara et en partie violée, est d'une grande richesse. Son fils Adjib lui succède et on ne sait pourquoi, mais sans doute parce qu'il fut un usurpateur, Semerkhet, qui régna après lui, effaça son nom. Ka, qui clôt cette dynastie, lui infligea la même humiliation, et il paraît de ce fait représenter la légitimité.

Les trois premiers rois de la IIe dynastie sont connus par leurs tombes de Saqqara et leurs deux successeurs par les listes royales et quelques vases à leurs noms. Ce sont : Hotepsékhemoui, Rêneb (ou Nebrê), Nétérimou, Peribsen, Khasékhem et Khasékhemoui. Sous le règne de Nétérimou, la course des Apis* est mentionnée pour la première fois et les recensements sont ordonnés tous les deux ans. Péribsen, qui leur succède, est intéressant par sa révolution religieuse ; le nom d'Horus* est remplacé par le nom de Seth* — l'animal séthien remplace le faucon sur le serekh (→ **cartouche**) — et le roi se dit « fils de Seth ». Son second successeur Khasékhemoui, dont le nom signifie « les deux puissants apparaissent », revient à l'orthodoxie en conciliant les deux cultes. Il fut le père de Djeser*, qui inaugure la IIIe dynastie et l'Ancien Empire.

On découvre dès cette époque la préfiguration des structures sociales de l'Ancien Empire. Le roi, incarnation d'Horus*, possède son caractère divin ; il a une cour* et règne avec l'aide de nombreux fonctionnaires. La double administration du Delta* et de la Haute-Égypte, qui subsistera à l'Ancien Empire, est encore plus marquée, mais le roi est capable de mener de front la direction de l'administration* sans l'aide du vizir*. Les nomarques* apparaissent en tant que « ceux qui creusent les canaux » *(adj-mer)*, et les conseils d'anciens subsistent sous la forme de la Djedjet (→ **fonctionnaires** [conseils des]). Dans l'architecture* on utilise la brique et les tombes ne sont encore que des mastabas* primitifs. Les bas-reliefs donnent déjà quelques chefs-d'œuvre dans certaines stèles* et c'est de la IIᵉ dynastie que datent les plus anciennes statues royales. Les arts mineurs révèlent déjà une grande maîtrise de l'artisan et la poterie en pierre parvient à un haut point de perfection. Par ailleurs, l'écriture* hiéroglyphique termine de se former, pour atteindre sa forme définitive à la fin de cette période de formation, riche en nouveautés et pleine de promesses que tiendra avec éclat l'Ancien Empire, qui verra le parfait achèvement de tout ce que contenait en germe l'époque thinite.

Thot, seigneur de la Lune, représenté sous la forme d'un ibis ou d'un homme à tête d'ibis.

On ne connaît pas son origine ; cependant, de très bonne heure, il devient dieu d'Hermopolis* (et d'Hermopolis Parva, dans le Delta) ; c'est là qu'il joua un rôle dans l'Ogdoade* de cette cité, tandis qu'il revêtait l'aspect d'un babouin qu'il trouva déjà installé dans cette place ; par ailleurs, c'est aussi dans ce sanctuaire qu'il devint l'époux de Shesat*, déesse de l'Écriture. Il joua son rôle dans la légende osirienne, intervenant dans les combats pour soigner les blessés, rendant à Horus* son œil et à Seth* ses testicules. Selon les *Textes des Pyramides*, c'est à Hermopolis que la guerre entre les deux dieux trouva sa solution juridique par le partage des deux terres, sous la présidence de Thot, dieu de l'Écriture et patron des scribes*, mais aussi dieu du Comput du temps. Gardien du calendrier*, Thot est le scribe divin qui, avant d'être le secrétaire des dieux, et le scribe qui, aux enfers, tient le compte des péchés des défunts, fut le scribe sacré du royaume terrestre d'Osiris. Maître de l'écriture et, par conséquent, de la parole et de la pensée, la spéculation théologique en a fait la langue de Ptah* et le cœur de Rê*. Ces pouvoirs en firent un redoutable magicien et le patron des magiciens ; c'est sous cet aspect que, as-

similé par les Grecs à Hermès, il fut identifié à l'Hermès Trismégiste de la spéculation alexandrine.

Thouéris, forme hellénisée de l'Égyptienne Tawret, déesse protectrice de la parturiente.

Elle se manifestait sous la forme d'un hippopotame, raison pour laquelle on en a fait une concubine de Seth*. Son aspect protecteur la faisait apprécier des Égyptiens qui utilisaient des charmes épousant sa forme.

Thoutmès → Thoutmôsis.

Thoutmôsis, forme grecque de Thoutmès, nom porté par quatre rois de la XVIIIᵉ dynastie.

Thoutmôsis Iᵉʳ (1525-1512 av. J.-C.). Sans doute fils illégitime d'Aménophis Iᵉʳ*, il épousa sa demi-sœur Ahmôsis, seule héritière de pur sang royal. Il commença par entreprendre une campagne en Nubie*, par laquelle il poussa jusqu'à Tombos, en amont de la IIIᵉ cataracte, la frontière de l'Empire égyptien, où il éleva une forteresse. En Asie*, il porta ses armes dans le Réténou (Syrie) et le Naharina voisin de l'Assyrie, et érigea une stèle* frontière sur l'Euphrate. Il passa le restant de son règne à l'organisation intérieure de l'Égypte et, le premier, se fit creuser une tombe dans la vallée* des Rois.

Thoutmôsis II (1512-1504). Fils et successeur du précédent ; à son avènement, une révolte éclata en Nubie*, qu'il écrasa, puis il dut recommencer l'expédition de son père en Asie*. Il avait épousé sa demi-sœur Hatshepsout*, toujours afin de légitimer son accession au trône, et la fin de son règne semble avoir été occupée par ses démêlés avec son ambitieuse épouse.

Thoutmôsis III (1504-1450). C'est sans doute un des plus grands rois égyptiens et l'un des plus grands conquérants de l'Antiquité ; cependant, son règne commença bien peu glorieusement, et il dut attendre vingt ans le moment de la mort d'Hatshepsout* pour monter sur un trône dont il avait été, en fait, écarté. Le règne pacifique de la reine avait laissé se dégrader l'Empire égyptien. Thoutmôsis réagit avec une vigueur inattendue. En dix-sept campagnes réparties sur vingt années (1484-1464), il rétablit l'empire égyptien en Asie, brisant les coalitions dirigées par le prince de Kadesh* et le roi du Mitanni*, portant à l'Euphrate les frontières de l'Égypte et faisant respecter le nom du pharaon de tous ses voisins. Ces campagnes nous sont connues par des stèles et les annales* de Karnak*. Vers le sud, en Nubie*, il étendit le domaine égyptien jusqu'à Napata*. Sous son règne, les richesses affluent dans la vallée du Nil sous forme de tribut* apporté par toutes les nations, tandis que ses ministres, dont le plus célèbre est sans doute son vizir* Rekhmirê*, dirigent sagement les affaires intérieures du royaume.

Thoutmôsis IV (1425-1405). Fils d'Aménophis II*, auquel il succéda, son règne fut relativement pacifique. En l'an VIII de son règne, il dut envoyer une expédition en Nubie* pour affirmer la présence égyptienne. En Asie*, il fit une tournée d'inspection ; de ce côté, son action est marquée par son alliance avec le Mitanni*, alliance scellée par son mariage avec la fille de ce souverain ; celle-ci, Moutemouïa, fut la mère d'Aménophis III.

titulature. Lorsque fut réalisée l'unité de l'Égypte, le roi porta deux noms : le nom d'Horus* et le nom de Nebty.

Incarnation vivante d'Horus, le pharaon règne sous le nom d'Horus ; son nom, inscrit dans le serekh (→ **cartouche**), est surmonté par Horus et souvent supporté par les deux bras du ka*, symbole du génie de sa race et de sa lignée d'ancêtres, dans lesquels s'est incarné Horus. Le nom du pharaon commence toujours par « l'Horus un tel ».

Le nom de Nebty (le mot signifie « les deux maîtresses ») est celui par lequel le roi s'identifie aux deux déesses du Nord et du Sud, Nekhbet*, déesse-vautour d'El-Kab*, et Ouadjet*, déesse de Bouto* ; elles sont les deux dames des couronnes* (la blanche et la rouge), et le roi « nebty » devient la double couronne incarnée. Ce nom commence par « les deux déesses... » (traduit par certains par « seigneur de la double couronne »).

Oudimou, quatrième ou cinquième roi de la Iʳᵉ dynastie, ajouta à ces deux noms un troisième titre, celui de *nesoutbiti*. Nesout signifie « celui (qui appartient) au roseau » (ou jonc, le sens de *sout* étant discuté) ; c'était le nom du roi du Sud, sans doute d'Hiérakonpolis*. Biti (ou bit) est l'abeille de Bouto*, symbole de la royauté du Delta*. Le titre de Nesout-biti est celui du « roi du haut et bas pays », ainsi que la titulature grecque des Ptolémées* traduit ce nom.

Le nom d'Horus d'or *(Noubti)* apparaît sous sa forme primitive sous le règne de Djeser* ; le nom du roi est suivi du disque solaire de Rê* sur le signe de Seth* d'Ombos (noubti) ; certains égyptologues pensent qu'il faut voir là le symbole du triomphe de Rê-Horus sur Seth. Il ressort cependant que, dès le début du Moyen Empire*, on a donné au mot le sens d'Horus d'or, Horus ayant remplacé le disque solaire avec lequel il a fusionné, et se tenant sur le signe qui signifie l'or *(noub)* ; ce nom commencera alors par le mot « Horus d'or », sur lequel on pourra broder comme le fera Hatshepsout*, qui se fera appeler « Horus femelle d'or fin ».

Enfin, le troisième roi de la Vᵉ dynastie, Kakaï, prit, le jour de son intronisation*, le nom solaire de Néferirkarê, montrant son allégeance à Rê héliopolitain.

À partir de la IXᵉ dynastie, sous Khéti, la titulature se trouva à peu près régularisée et elle nous apparaît définitivement constituée au Moyen Empire*. L'ordre de succession des noms a été modifié. On a ainsi : 1° le nom d'Horus ; 2° le nom de Nebty ; 3° le nom d'Horus d'or ; 4° le nom de Nesout-biti ; dans celui-ci, qui devient le prénom et est entouré d'un cartouche, entre toujours le nom de Rê ; c'est le nom que le roi prend lorsqu'il monte sur le trône ; 5° le nom que le prince reçoit à sa naissance*, introduit par « fils de Rê » et encerclé par le second cartouche. Voici, par exemple, la titulature complète de Thoutmôsis III : 1° Horus, Taureau puissant levé dans Thèbes ; 2° les deux déesses rendant la royauté durable, pareille à Rê dans le ciel ; 3° Horus d'or, puissant par la valeur, saint par les diadèmes ; 4° roi du haut et du bas pays, Menkheperrê (dans un cartouche), « la forme de Rê est stable » ; 5° fils de Rê, Thoutmès néfer Khéperou (dans un second cartouche), « Thot l'a enfanté beau de forme » ; et le nom se termine par « aimé d'Hathor, dame de la Turquoise ».

Tôd, appelée Tuphium par les Grecs, Djerti par les Égyptiens, région qui marque l'une des limites du territoire de Thèbes*.

C'était le fief du dieu Montou* et, à partir du Moyen Empire*, les pharaons lui ont construit un temple dont il ne reste rien. En revanche, il subsiste quelques éléments du reliquaire bâti par Thoutmôsis III* afin d'abriter la barque du dieu. Ptolémée VIII fit construire un temple et un kiosque fut élevé à proximité à l'époque romaine. Il reste aussi le lac sacré pourvu de quatre escaliers.

Dans quatre coffres de bronze, portant le cartouche d'Amménémès II, et enfouis dans les fondations du temple de Montou, on a trouvé des bijoux, des lingots d'or et d'argent, une coupe d'or, 150 coupes d'argent, d'autres objets précieux encore. Ces pièces, dont une partie est d'origine crétoise et l'autre babylonienne, sont un tribut* ou un cadeau d'un roi phénicien*, qui révèle les rapports de l'Égypte avec cette région, et, par son intermédiaire, sa connaissance de pays plus lointains.

toilette. La toilette occupait une grande importance chez ce peuple épris de propreté. Les Égyptiens se lavaient le matin et souvent avant les repas. Les gens aisés possédaient une salle de bains, les autres se contentaient d'une cuvette et d'un broc ; comme dégraissant, on utilisait le natron et une pâte à base de cendre ou d'argile. On se rinçait la bouche avec une eau additionnée d'un certain sel. Chaque matin, les hommes passaient, en outre, entre les mains du barbier et les femmes* entre celles du coiffeur, qui était un domestique de la maison, à moins qu'elles ne s'occupassent elles-mêmes du soin de leur coiffure. Les hommes autant que les femmes s'épilaient et passaient aussi entre les mains des manucures et des pédicures.

Après les soins de l'hygiène venaient ceux de la parure, et, si le vêtement*, toujours blanc et propre, était simplifié, bijoux*, parfums*, cosmétiques* et fards étaient largement utilisés. Les ustensiles de toilette sont variés : miroirs de métal poli au manche imitant souvent une plante, rasoirs de cuivre ou de bronze rangés dans une trousse, styles enfermés dans des étuis précieux, palettes*, boîtes à fards aux formes les plus diverses, pots à « kôhl », vases à parfums, et surtout les cuillers à fards, dont les manches, représentant souvent des baigneuses, sont alors des petits chefs-d'œuvre de grâce et d'élégance.

toitures. Dans les demeures des particuliers les toits sont toujours en terrasse ; on y accédait par un escalier extérieur ou par une échelle et on y installait parfois des silos à blé. Souvent on enfermait la terrasse dans un treillis pour protéger des regards des gens du dehors les habitants qui allaient passer sur les terrasses les nuits d'été. Dans une tombe* de Haute Époque on a trouvé des pièces de jeu représentant des maisons couvertes de toits à double pente, mais on ne peut voir là qu'une importation étrangère. Les temples étaient aussi couverts de dalles de pierre formant des terrasses ou l'on accédait par des escaliers intérieurs. Disposées sur des niveaux différents, ces terrasses étaient bordées de parapets.

La voûte apparaît dès la IIe dynastie dans les tombes royales de Péribsen et de Khasékhemoui, sous forme de voûte à encorbellement en brique ; le système consiste à disposer chaque nouveau lit de brique en surplomb sur le lit précédent jusqu'à ce que les parois, au départ parallèles, se rejoignent, formant une voûte en escalier. Ce système fût abandonné au début de l'Ancien Empire* lorsqu'il était utilisé avec la brique, mais on le retrouve en pierre dans la grande galerie de la pyramide de Chéops.

Au Nouvel Empire*, les pierres en escalier de l'encorbellement sont polies à l'intérieur de manière à former une voûte unie, à plein cintre (c'est-à-dire formant un arc de cercle parfait) ou surbaissé (l'arc de cercle est alors écrasé). La voûte à voussoirs, constituée par les briques posées de champs en rayonnant par rapport au centre de la voûte, se trouve dès l'Ancien Empire et fût utilisée de tout temps ; elle se construisait sur un bâti de bois et les vides des angles formés par les briques ainsi alignées en arc de cercle étaient comblés par un cailloutis, du mortier ou des tessons de poterie. Les voûtes à tranches obliques s'appuient sur un mur surélevé par rapport aux deux murs parallèles d'un édifice ; la voûte ainsi appuyée sur ces deux murs et sur le mur perpendiculaire surélevé forme des lits obliques. Ces voûtes, selon la charge qu'elles ont à porter peuvent être doublées ou même triplées.

Au Moyen Empire on trouve couramment des coupoles en four, c'est-à-dire des voûtes à encorbellement élevées sur des salles circulaires ; ce système se trouve dans les chambres des petites pyramides. On connaît aussi un exemple de coupole sur pendentif, c'est-à-dire de coupole à encorbellement élevée sur une salle de plan carré où on arrondit les angles par des lits de briques formant des pendentifs. La pierre permit aussi d'utiliser la voûte à arc-boutant, constituée par deux dalles posées en arc-boutant qui permettaient la couverture d'étroites galeries. À l'époque saïte* apparaît aussi dans de petites constructions la voûte à claveaux qui n'est qu'une adaptation en pierre de la voûte à voussoirs.

tombe. Les croyances funéraires des Égyptiens ont structuré les tombes d'une manière toujours identique, même lorsqu'elles ont varié dans leurs conceptions architecturales. L'essentiel se réduit à deux éléments fondamentaux : une salle d'offrandes ouverte et le caveau où repose la momie*. Dans les tombes de type ancien, mastaba* ou pyramide*, le caveau est situé au fond d'un puits funéraire ; dans les hypogées*, il est placé soit dans un puits, soit dans une salle éloignée de l'entrée. La salle d'offrandes est une chapelle funéraire disposée à l'entrée de la tombe ou au-dessus du caveau, mais chez les pharaons elle devient un véritable temple funéraire. Les éléments mobiliers essentiels restent toujours les mêmes : le sarcophage*, où gît la momie*, sous l'Ancien Empire placée sur le côté, la tête reposant sur un chevet ; les oushebti*, qui serviront le défunt dans l'au-delà* ; la table* d'offrandes, où s'accumulent les offrandes* funéraires ; les vases canopes* ; la statue* funéraire du mort ; enfin l'arsenal de formules tirées des livres* funéraires et d'amulettes* qui protégeront le mort dans ses pérégrinations, sans oublier le mobilier qui lui a servi pendant sa vie sur terre et les représentations peintes sur les murs, grâce auxquelles le défunt trouvera sa nourriture et tout ce qui fait le charme de la vie terrestre.

Toutankhamon, pharaon, qui monta sur le trône à neuf ans et régna une dizaine d'années (1361-1352 av. J.-C. env.) à la mort d'Akhnaton*.

Il rendit, peut-être malgré lui, l'Égypte à l'orthodoxie amonienne, et serait resté bien obscur si, en 1922, Howard Carter n'avait retrouvé sa tombe, hâtivement préparée, dans la vallée des Rois. C'est la seule tombe royale restée inviolée dans cette nécropole, et ses sarcophages*, où l'or est largement employé, ses bijoux, son mobilier funéraire restent une des merveilles de l'art égyptien et l'une des grandes attractions touristiques du Musée du Caire, comme son nom lui-même et les circonstances de la découverte de sa tombe restent les attractions égyptologiques les plus exploitées auprès du grand public. Il suffit de voir les files interminables de touristes qui se pressent pour visiter sa tombe de bien petite taille.

On ignore, en réalité, les liens de parenté entre Toutankhamon et son prédécesseur Akhnaton. Il semble, cependant, qu'il était son demi-frère, fils lui-même d'Aménophis III*. Vers la fin du règne d'Akhnaton (il portait alors le nom atonien de Toutankhaton), il épousa la troisième fille d'Akhnaton et de Néfertiti*, Ankhsenpaaton (devenue par la suite Ankhsenamon). Il est représenté en compagnie de sa jeune épouse sur le dossier de son siège et sur les portes et les côtés (feuilles d'or sculptées en relief) du naos de son trésor, dans des scènes charmantes et intimes, tirant à l'arc, recevant d'elle onguents, bijoux, parfums... Il régna neuf ans et mourut en pleine jeunesse, vers l'âge de dix-huit ans. Dans sa tombe on voit Ay, qui lui succéda sur le trône, pratiquer sur sa momie* les actes rituels de l'ouverture* de la bouche.

traité. Un heureux hasard nous a conservé les termes d'un traité d'alliance passé entre les Égyptiens et les Hittites*, et il est remarquable qu'on ait trouvé une rédaction du traité, du côté hittite, dans les archives de Boghazköy, leur capitale, et une autre rédaction du traité, du côté égyptien, sur les murs du temple de Karnak*. À la suite de la bataille de Kadesh*, malgré de nouvelles opérations militaires, Égyptiens et Hittites sentirent l'impossibilité de se vaincre mutuellement; par ailleurs, la montée de l'Assyrie inclina les anciens ennemis à conclure un traité d'alliance; il fut passé entre Ramsès II* et le nouveau roi hittite Hattousil III, l'an XXI du règne de Ramsès (1283 av. J.-C.). Le traité comprend dix-neuf titres; les clauses en sont une alliance défensive, une action commune contre les sujets révoltés, l'extradition des fugitifs des deux nations accompagnée d'une clause amnistiant les personnes extradées et rendues à leur souverain respectif, enfin une clause comminatoire contre celui qui n'observerait pas le traité. Cette dernière clause n'eut jamais besoin d'être invoquée, car les Hittites et les Égyptiens ne se firent plus la guerre.

Trésor. Chaque nome* avait sa trésorerie alimentée par les impôts et les divers revenus de la province, et au-dessus se trouvait la trésorerie centrale. Sous l'Ancien Empire*, l'administration du Trésor est sous l'autorité du directeur de la Haute-Égypte, qui possède ses bureaux, dirigés par le directeur du Trésor et les scribes* du Trésor; le siège se trouve dans la capitale royale et cette administration a, en outre, la garde des vêtements et des bijoux du roi. Les deux trésoriers du dieu sont chargés de recueillir les produits des ateliers royaux et ceux qui proviennent du Pount* ou des mines* et des carrières* royales; c'est eux qui dirigent les expéditions militaires qui vont chercher ces produits. Au Nouvel Empire, les finances* sont entre les mains du directeur du Sceau *(imra sedjaout)*. Son ministère contrôle la rentrée des impôts* et les paiements, et, par ailleurs, il administre les finances du palais royal; en réalité, toutes les finances de l'Égypte sont sous son contrôle, mais il reste soumis au vizir*, auquel il rend compte chaque matin de l'état du Trésor.

Le Trésor royal était administré directement par le grand intendant de la Maison du roi. Ce trésor était immense, et non seulement il servait à l'entretien de la cour, mais le roi en disposait pour les cadeaux qu'il désirait faire. La coutume voulait qu'au jour de l'an le roi distribuât aux cour-

tisans et aux fonctionnaires qu'il voulait récompenser des cadeaux que le grand intendant était chargé de préparer; certaines listes de ces cadeaux figurées sur les parois de tombes nous révèlent la munificence royale; ce sont des chars couverts de plaques d'or et d'argent, des statues en ivoire et en bois, des colliers, des œuvres d'art, des armes et des fouets par centaines.

tribunaux. Durant l'Ancien Empire*, la justice était rendue en Haute-Égypte par six tribunaux appelés « grandes maisons », et où siégeaient les grands des Dix de la Haute-Égypte, chaque grand étant attaché à un tribunal; seuls le directeur de la Haute-Égypte et le vizir*, grand juge du royaume, pouvaient siéger dans n'importe lequel de ces tribunaux. Ces collèges permanents, où officiaient des juges de métier, sont remplacés à l'époque thébaine par des assemblées de fonctionnaires, *qenbet*, dont les membres sont renouvelés pour les diverses affaires. On a des exemples de tribunaux où, sur dix membres, neuf font partie du clergé* — il est vrai qu'il s'agissait d'une donation de terre à un temple —, tandis que la composition du tribunal qui juge une affaire de violation* de tombes sous Ramsès IX est plus éclectique; on y trouve le vizir, deux prêtres*, deux fonctionnaires de la cour, le prince de la ville (de Thèbes*), un lieutenant de police, le flabellifère des rameurs (?).

À côté de ces hautes cours, il y avait des juridictions locales : tribunaux de temples, conseils locaux de notables *(sarou)* « préposés aux querelles » dans les villages; ces assemblées devaient régler les litiges entre particuliers, les contestations des contribuables contre les abus du fisc, les conflits entre gens tributaires des domaines des temples.

Les tribunaux siégeaient en général aux portes des palais* ou des temples, ou dans les avant-cours des sanctuaires. → **fonctionnaires** [conseil de], **justice, procès.**

tribut. Le tribut a été une source de revenus pour le trésor* royal. Aux hautes époques, où l'esprit de conquête n'était pas développé et où l'Égypte se contentait de guerroyer pour sa sauvegarde sans soumettre de peuples étrangers, le tribut était en quelque sorte le fruit des razzias, but final de la guerre ; ainsi, au retour d'une campagne en Libye*, Snéfrou* ramène 11 000 captifs et 13 100 têtes de bétail. Ouni, dans son autobiographie*, nous donne aussi une liste du butin qu'il ramena d'une guerre contre les Bédouins*.

Le butin restera toujours un des fruits immédiats de la guerre, mais les rois du Nouvel Empire* sauront mieux exploiter leurs conquêtes par l'établissement du tribut. Il est possible qu'au Moyen Empire* les objets précieux trouvés dans le trésor de Tôd*, appartenant à Amménémès II*, représentent un butin de sujets phéniciens* ; mais ce n'est qu'au Nouvel Empire qu'on trouve le tribut organisé de manière à représenter un revenu fixe. Les peuples soumis, Asiatiques, Nubiens, étaient astreints à payer un tribut annuel en espèces, dont le montant était fixé à l'avance. Au temps de Thoutmès III*, on voit affluer ces tributs asiatiques : objets délicats en ivoire, en bois précieux ou en métal, chariots chargés d'or, d'électrum et de bronze, plantes, animaux d'Asie, vins enfermés dans des vases aux formes gracieuses, bijoux et pierres précieuses, chevaux pour les haras du pharaon...

Ces objets sont acheminés par caravanes ou sont déchargés des flancs des lourds vaisseaux phéniciens, avant d'être apportés par le Nil jusqu'à la demeure du vizir* chargé de la réception du tribut annuel, tandis que le gouverneur des marches nubiennes, le « Fils royal de Koush », est chargé de recevoir le tribut de Nubie. Ainsi voit-on sur les tombes des grands vizirs de la XVIIIᵉ dynastie, Senmout, Ouseramon, Rekhmirê*, Menkheperrêseneb, les porteurs de tributs, Syriens, Phéniciens, Crétois, Égéens*, Hittites* et gens du Pount*,

défiler avec leurs traits et leurs vêtements caractéristiques, portant les offrandes de leurs maîtres.

En réalité, parmi ces tributaires, on trouve des ambassadeurs qui apportent des dons d'amitié d'un caractère simplement diplomatique ; ainsi les Hittites et les Mitanniens apportent leurs cadeaux d'alliance sans avoir jamais été soumis ; si les Crétois et les Égéens font des offrandes, c'est pour obtenir du pharaon des faveurs qui leur ouvriront des marchés commerciaux dans l'Empire égyptien ; enfin, le tribut du Pount* ne provient jamais que de pacifiques échanges commerciaux. Cependant, le pharaon se plaisait à inscrire ces dons parmi les tributs, afin de donner une idée plus formidable de sa puissance.

Turin (papyrus royal de). Ce manuscrit, conservé au Musée de Turin, était le plus complet et le moins douteux de toutes les listes royales que nous possédons. Malheureusement, pendant le transport, il fut réduit en menus morceaux, dont environ 300 restent encore utilisables. Il donnait la liste des rois d'Égypte depuis l'époque mythique où les dieux régnaient sur la terre jusqu'à Ramsès II*. À côté des rois, le manuscrit donne en années, en mois et en jours la durée de chaque règne ; les souverains sont groupés par périodes historiques (mais non par dynasties, comme chez Manéthon*), et le total des années de règne est alors inscrit à l'encre rouge. Ainsi, pour la période allant de Ménès* à la fin de la VIIIᵉ dynastie, qui représente réellement la fin des dynasties memphites, le papyrus donne 53 rois, qui ont régné au total neuf cent cinquante-cinq ans. Cette liste diverge souvent de la liste de Manéthon et des autres sources égyptiennes.

Uræus. Horapollon, Égyptien hellénisé de la fin de l'époque romaine et qui a laissé un ouvrage sur les hiéroglyphes*, nous apprend que les Égyptiens appellent *ouraion* l'aspic que les Grecs nomment basilic, et que son image en or est placée sur la tête des dieux. Ouraion est la transcription grecque de l'égyptien *ouaret*, d'où nous est venue la forme latine d'uræus ; il désignait le cobra, hypostase de la déesse de Bouto*, Outo.

Selon une légende, Rê* ayant perdu son œil, il le remplaça, et, lorsque Shou* et son épouse Tefnout* lui ramenèrent son œil égaré, ce dernier en eut un tel chagrin que Rê, en guise de consolation, le transforma en uræus et le plaça sur son front ; symbole de la puissance du dieu, il le protégeait aussi contre ses ennemis. Ce symbolisme trouve son origine dans une analogie entre la « brûlure » de la morsure du serpent et la chaleur solaire de l'œil de Rê. Disposé sur la coiffure du pharaon, l'uræus exerçait en sa faveur la même protection qu'il accordait à Rê, tout en symbolisant la puissance royale.

Vallée des Rois. Face à Thèbes*, sur la rive gauche du Nil, deux ouadis creusent dans la montagne libyque deux vallées rocailleuses et desséchées, où les rois du Nouvel Empire* installèrent leur nécropole* dynastique. Aménophis III* et Ay firent creuser leurs hypogées* dans l'ouadi occidental (l'actuelle vallée des Singes), tandis que les autres pharaons perçaient de leurs tombes les flancs de l'ouadi oriental (les Portes des rois, Biban el-Moulouk, actuelles). Le plus ancien hypogée est celui de Thoutmôsis Ier, découvert en 1899. Presque tous les autres pharaons du Nouvel Empire y sont représentés, jusqu'à Ramsès* XI, dernier roi de la XXe dynastie. On a dégagé actuellement 61 tombes, quelques-unes d'entre elles appartiennent à des proches du roi.

On pénètre dans la vallée par un défilé très étroit, qui était défendu par des fortins, tandis que d'autres sentiers qui y donnaient accès par ailleurs étaient aussi surveillés par des postes de police. Toutes ces précautions n'ont cependant pas empêché que presque toutes les tombes n'aient été pillées, celle de Toutankhamon* exceptée. Au sud de la vallée des Rois, les reines du Nouvel Empire et les enfants royaux morts en bas âge ont été inhumés dans des hypogées creusés dans un autre vallon désertique, appelé vallée des Reines (Biban es-Soultanat ou Biban el-Harim, « Portes des reines ou Portes des femmes »). Les tombes appartiennent pour la plupart aux XIXe ou XXe dynasties, les plus remarquables étant celle de Néfertari, femme de Ramsès II, et celle de la reine Titi (de la XXe dynastie).

vase. Les vases apparaissent au néolithique* sous forme d'une poterie grossière, mais, si la terre cuite resta un des matériaux les plus courants pour la fabrication de la vaisselle, les Égyptiens surent tailler ou creuser des vases dans les matières les plus diverses. Au nagadien*, un site comme Abousir el-Meleq* a donné des vases en os, en ivoire, en corne, en cuivre, en pierre dure, et naturellement en terre. Le nagadien et l'époque thinite* sont les périodes où la perfection est atteinte dans la technique du creusage et du polissage des vases dans les pierres les plus dures : calcaire et albâtre — les plus couramment utilisés —, granit rouge ou blanc et noir, diorite, marbres, porphyre, serpentine, schiste, stéatite, brèche, basalte.

Dès l'Ancien Empire*, on abandonnera peu à peu le travail de la pierre pour la fabrication des vases, seul l'albâtre continuant à être assez couramment utilisé. En revanche, les récipients en faïence* (ou terre émaillée) et en cuivre se multiplient, et on trouve couramment dans les tombes de basse époque des situles (vases oblongs pourvus d'une grande anse) en bronze. Les formes des vases sont variées et en général régies par leur destination : coupes à petit pied, plats, cruches à bière à anse, bois à larges lèvres, longs pots à lait, jarres à vin oblongues, silos à grains pansus, pots à huile cylindriques, tubes et pots à fards, enfin vases métalliques utilisés dans les temples, longues et élégantes aiguières, pots arrondis pour les libations de vin et d'eau, cylindres évasés où l'on brûlait l'encens et les parfums.

véhicule. Le véhicule essentiel de l'Égypte, c'est le bateau*, qui parcourt tout le pays, le long du Nil, de ses bras et des canaux. Les véhicules qui utilisaient les routes, qui n'étaient jamais que des pistes, souvent tracées sur de hauts remblais pour éviter l'inondation, étaient, sous l'Ancien Empire, le char et la chaise. Le lourd char à roues pleines, tiré par un attelage de bœufs, servait au transport des dieux et des morts. Les rois et les nobles étaient portés dans des chaises élevées sur les épaules de nombreux porteurs ; un attelage de deux ânes pouvait aussi porter une chaise. Excepté lors de certaines cérémonies où le roi était monté sur un palanquin élevé par de nombreux serviteurs, ce moyen de transport fut abandonné au Nouvel Empire et remplacé par le char* à roues à rayons et tiré par deux chevaux. Les blocs de pierre extraits des carrières étaient enlevés sur des traîneaux de bois.

verre. Les Égyptiens n'ont connu ni le verre soufflé ni le verre coulé. À l'aide de quartz et de cendres ou de natron, ils obtenaient une sorte de pâte (appelée à tort « pâte de verre ») dont ils faisaient des fils qui servaient à envelopper un noyau de terre cuite ; ces fils se soudaient entre eux par une cuisson prolongée et la surface unie ainsi obtenue était décorée d'autres fils de verre. Cette pâte de verre était colorée et l'on obtenait ainsi des objets multicolores, qui souvent imitaient les pierres semi-précieuses qu'appréciaient le plus les Égyptiens, le lapis et la malachite. Ces objets, à partir du Nouvel Empire, sont des plus divers : figurines d'animaux, têtes, petits personnages, vases. Si, dès l'époque primitive, les Égyptiens ont parfois fabriqué des perles en verre et si, au Moyen Empire, on trouve des créations moins frustes, comme des bâtonnets, ce n'est qu'au Nouvel Empire que les objets de verre se rencontrent communément.

vêtement. Les Égyptiens étaient très peu habillés, ne serait-ce qu'à cause de la douceur du climat sous lequel ils vivaient. Le costume des femmes a très peu varié jusqu'au Nouvel Empire*, consistant en une longue robe collante de toile, s'arrêtant sous la poitrine et maintenue sur les épaules par deux larges bretelles. Cette robe est généralement de lin uni blanc, mais on en trouve aussi de couleur verte, jaune ou rouge. À partir de la XVIIe dynastie, on porte cette robe collante en ajoutant une sorte de vêtement ample au-dessus, ou encore une longue chemise à manches transparentes, recouverte d'un manteau plissé et brodé. Des bijoux, des colliers surtout, complètent l'habillement. Le costume masculin, plus réduit encore à l'origine, puisqu'il ne consistait qu'en un étui pénien, subira de très grandes modifications au cours des temps, allant du simple pagne étroit et court de l'Ancien Empire* — tenue qui, avec des bijoux, était celle de l'homme élégant comme du travailleur — jusqu'au pagne très long, ou double (un transparent en couvrant un plus épais), drapé, bouffant, plissé, accompagné d'une chemise ou d'un court manteau. À l'origine, le pagne était sans doute fait de fibres de palmier ou de roseaux. La peau de léopard est encore portée sous l'Ancien Empire par les hommes, et parfois par les femmes, dans certaines circonstances, et reste l'une des caractéristiques du costume sacerdotal.

Les paysans* des marais et les hommes qui pratiquent des métiers qui exigent beaucoup de mouvements se contentent d'une ceinture autour des hanches, d'où pendent des lanières de fibres ou de cuir ; parfois même, ils travaillent nus. Les enfants restent aussi dévêtus jusqu'à l'adolescence. Certains costumes sont très particuliers, tel celui du vizir* : longue robe collante descendant jusqu'aux pieds et fermée dans le dos par un cordon. Le roi porte aussi des tenues très précises dans certaines cérémonies, et des attributs qui le caractérisent : queue d'animal attachée au pagne royal, par exemple. Prêtres* et militaires portent aussi un vêtement qui les définit. Le vêtement masculin est toujours blanc.

Seul le lin, dont l'habileté des tisserands parvenait à former les étoffes les plus fines, était utilisé par les Égyptiens. Le coton, qui est une des grandes richesses de l'Égypte actuelle, ne commença à être réellement utilisé qu'à l'époque copte. Il en est de même pour la laine, sur laquelle pesait une interdiction d'origine religieuse.

ville. La fertile vallée du Nil était couverte de villes et de villages, dont certains trouvaient leur origine dans les alignements des huttes primitives comme ceux du mérimdien*. Nombreux étaient les villages de paysans, agglomérations de maisons faites avec les limons du Nil, élevées à l'abri de l'inondation le long du fleuve ou sur les buttes sèches du Delta. À côté de cela, l'Égypte comptait une centaine de villes, capitales plus ou moins abandonnées par les souverains, chefs-lieux de nomes*, cités saintes, places fortes protégeant une frontière, villes coloniales en Nubie*, sans oublier les villages destinés à loger les ouvriers travaillant à la construction des pyramides ou creusant les tombes de la vallée* des Rois. Ces villages d'ouvriers, créations artificielles de quelque roi, offrent des rues droites qui se coupent à angles droits et forment des îlots réguliers composés de maisons construites sur des plans presque identiques ; les fouilles ont révélé un de ces villages d'ouvriers typiques à Deir el-Medineh*, où étaient logés ouvriers et artisans qui travaillaient au creusement et à la décoration des tombes de la vallée des Rois. A ce type de villes à plan orthogonal appartiennent aussi Kahoun et Amarna*.

Kahoun, située près de l'actuelle Il-haoun, à l'entrée du Fayoum*, fut fondée par Sésostris II*, qui l'appela Hetep Sénousret (« Sésostris est satisfait ») et en fit sa capitale. Les rues se coupaient en angles droits formant des îlots réguliers, et comprenant des maisons de tailles variables. Le quartier ouest, séparé des autres parties par un mur, renfermait des maisons contiguës comportant de quatre à dix pièces. C'étaient certainement les logements des ouvriers de la pyramide et de la nécropole. Il était dominé, hors de l'enceinte et à l'est, par une sorte d'acropole où se trouvait peut-être le palais du pharaon. A l'est de celle-ci se déployait un autre vaste quartier comportant des demeures de grande taille pouvant mesurer jusqu'à 60 × 40 m et comporter jusqu'à 80 pièces. Ce devaient être les logements des hauts fonctionnaires et des prêtres. Tell el-Amarna possède aussi son village d'ouvriers, mais dans les quartiers des nobles les rues atteignent jusqu'à 60 m de largeur.

Mais ces cités sont des exceptions et on peut imaginer les villes égyptiennes comme toutes les cités d'Orient, avec leurs masures qui s'écrasent dans les quartiers pauvres et envahissent les quartiers résidentiels, au point qu'aux époques de troubles on va jusqu'à se bâtir des maisons de terre dans les cours des temples et les jardins des palais ; leurs rues tortueuses et poussiéreuses, où l'on trébuche dans les ordures que se disputent les chiens errants et les cochons ; leurs marchés bruyants, les échoppes obscures des artisans, les cabarets où les hommes viennent boire la bière et le vin, les femmes qui vont avec leurs cruches puiser l'eau dans les puits ou sur le bord du Nil... et en retrait les grandes demeures des riches perdues au fond des jardins, les palais des gouverneurs ou des souverains et surtout les temples, dont les architectures de pierre dominent les demeures des mortels, comme les palais des grands dominent les habitations du petit peuple. Car, finalement, les villes de la vallée du Nil restent peu connues. Les fouilles ont généralement porté sur certains points, et en particulier les monuments, de sorte que l'habitat proprement dit reste à explorer. On a pu ainsi prendre connaissance de parties de quartiers dans des villes comme Memphis*, Naucratis*, Pi-Ramsès*, Mendès*... mais les tessons de poterie datent des restes d'habitat généralement des époques grecque et romaine. Ce ne sont aussi que ces périodes qui sont représentées dans les fouilles d'Hermopolis* où a été dégagé le quartier de l'agora, ou Antinoé, ville de Moyenne-Égypte entièrement d'époque romaine, puisqu'elle a été édifiée sur l'ordre de l'empereur Hadrien, à l'endroit où s'était noyé son favori, Antinoüs...

violation de tombes. Les biens qu'on ensevelissait avec le mort ont, dès l'origine, attiré la cupidité des vivants et, dès l'époque prédynastique*, on trouve des tombes ainsi violées. Afin de se protéger des voleurs, les rois de l'Ancien Empire*, qui ensevelissaient leurs trésors au fond des pyramides, fermaient les chambres funéraires à l'aide de formidables blocs de granit : aucune de ces précautions n'a pu défendre de l'avidité des voleurs les trésors qui y étaient enfouis, et toutes les tombes royales, sans exception, ont été violées. Au Nouvel Empire*, on pensait pouvoir mieux surveiller les sépultures en les réunissant dans la vallée* des Rois, mais cette précaution se révéla tout aussi vaine ; et si Toutankhamon*, malgré son obscurité, est si célèbre parmi le grand public, c'est parce qu'il est le seul roi de cette vallée dont on ait trouvé le mobilier funéraire au complet. Naturellement, c'est surtout pendant les périodes où le pouvoir royal s'affaiblissait que le pillage des tombes sévissait avec le plus de violence et, après la période anarchique créée par la faiblesse des derniers Ramsès*, le premier travail des rois-prêtres* fut de restaurer les nécropoles pillées et de réunir dans des cachettes les momies* royales dépouillées. Les voleurs étaient sans doute des gens de tous les milieux, spécialisés dans cette sorte de profession, mais c'est surtout parmi les ouvriers travaillant aux nécropoles* qu'il faut les chercher ; ces gens étaient rompus à la technique du forage et c'était eux les mieux placés pour pénétrer dans les tombes qu'ils avaient souvent eux-mêmes construites. Le conte de Rhampsinite qu'Hérodote a recueilli pour nous, et dans lequel on voit l'architecte d'une pyramide prévoir lui-même un passage secret pour piller à son aise les trésors du pharaon, est significatif. Mais les voleurs découverts ne terminaient pas aussi bien que le héros de notre conte. Lorsqu'ils étaient pris, on leur intentait un procès dans les règles, avec une cour dont on mentionne les membres avec leurs fonctions (le président était souvent le vizir ou le gouverneur de la ville). On a retrouvé des papyri où son consignés les rapports de témoins avec leurs noms, et, finalement, les confessions, des inculpés. Voici une de ces confessions consignée sur un papyrus (pap. Amherst) de la XXᵉ dynastie, à propos du viol de la tombe de Sékhemrê Sébekemsaf, roi de la XVIIᵉ dynastie et de son épouse Nubkhas.

« Nous y avons tous pénétré (ils étaient huit pillards), nous avons trouvé pareillement sa dépouille (il s'agit de la momie de la reine). Nous avons ouvert les couvercles des sarcophages dans lesquels ils gisaient. Nous avons trouvé la momie auguste du roi. Il y avait un grand nombre d'amulettes et d'ornements d'or sur sa poitrine. Sur son visage était un masque d'or. L'auguste momie de ce roi était toute recouverte d'or. Cette enveloppe était forgée avec de l'or et de l'argent, à l'intérieur et à l'extérieur, incrustée avec des pierres rares et splendides. Nous avons arraché l'or que nous avons trouvé sur l'auguste momie de ce dieu, et les amulettes et les ornements qui étaient sur sa poitrine, et nous avons laissé en place la gaine. Nous avons pareillement trouvé l'épouse royale et l'avons pareillement dépouillée de tout ce que nous avons trouvé sur elle. Nous avons mis le feu à leurs gaines. Nous avons dérobé le mobilier que nous avons trouvé avec eux, des vases d'or, d'argent et de bronze. Et l'or que nous avons trouvé sur ces deux dieux, sur leurs momies, et les amulettes, les ornements, nous les avons partagés, en huit parts. »

Les punitions des crimes pouvaient être la mort, l'ablation du nez et des oreilles, ou simplement la bastonnade.

Cependant, ni la crainte des pires châtiments ni celle des malédictions* des morts ne purent protéger de la rapacité destructrice des voleurs les fabuleux trésors qui reposaient dans le sol de l'Égypte, et dont le trésor du petit Toutankhamon n'est qu'un mince échantillon.

vizir. Ce n'est que sous Snéfrou* (IVᵉ dynastie) qu'apparaît le titre de vizir (égypt. *tjaty*), et il fut porté pour la première fois par Néfermaât. Cependant, la fonction elle-même remonte plus haut et elle fut tenue par Imhotep* sous Djeser*, bien qu'il ne soit nommé *tjaty* que dans des textes postérieurs.

Le vizir est le chef du fonctionnariat égyptien et de l'administration centrale ; volonté du roi, ses yeux et ses oreilles, ses attributions sont immenses. Ministre de l'Intérieur, il reçoit les rapports des nomarques*, contrôle la répartition des terres, l'administration des corps de métiers, dirige la police*, recrute l'armée*. Ses messagers *(oupout)* apportent ses ordres, font des enquêtes pour son compte, vont contrôler directement l'administration au fond des provinces. Ministre de la Justice, il préside la Cour suprême et divers conseils de fonctionnaires*. Maître des Finances*, le directeur du Sceau vient lui rendre compte chaque matin de la gestion du Trésor*, et c'est lui qui est chargé de recevoir le tribut*. Ses responsabilités sont immenses, son protocole est vaste et varié, et on exigeait pour ce poste suprême un scribe* qui soit « savant entre les savants ».

Sous l'Ancien Empire, le vizir était choisi parmi les fils ou les petits-fils du roi ; à l'époque thébaine, ce fut un fonctionnaire qui avait brillamment gravi la hiérarchie et s'était distingué par ses grandes qualités.

Au Nouvel Empire, il y eut parfois deux vizirs, un pour le Delta* et un pour la Haute-Égypte.

Par les nombreuses tombes de vizirs du Nouvel Empire, nous voyons combien ils étaient riches et influents, mais la journée du vizir, qui nous est donnée par les inscriptions de la tombe de Rekhmirê*, vizir de Thoutmôsis III*, journée qui commençait par une visite au souverain, au cours de laquelle le ministre s'informait de la santé de son maître avant de lui rendre compte de l'état des affaires du royaume, nous apprend combien sa charge était absorbante et difficile à remplir avec équité, celle-ci étant symbolisée par l'effigie de Maât*, que le vizir portait sur son long vêtement* caractéristique de son état.

Dans la même collection
Série Histoire

DICTIONNAIRE DE LA CIVILISATION GRECQUE
    par Guy Rachet

DICTIONNAIRE DE LA CIVILISATION ROMAINE
    par Jean-Claude Fredouille

DICTIONNAIRE DE LA MYTHOLOGIE GRECQUE ET ROMAINE
    par Joël Schmidt

DICTIONNAIRE DES NATIONALITÉS ET DES MINORITÉS EN U.R.S.S.
    par Roger Caratini

LES GRANDES DATES DE LA RUSSIE ET DE L'U.R.S.S.
    sous la direction de Francis Conte

LES GRANDES DATES DE L'HISTOIRE DE FRANCE
    par E. Bournazel, G. Vivien, M. Gournelle

HISTOIRE DE FRANCE (3 volumes)
    sous la direction de Georges Duby

HISTOIRE ÉCONOMIQUE DES MONDES
    par Rondo Cameron

LA GÉNÉALOGIE, HISTOIRE ET PRATIQUE
    sous la direction de J. Valynselle

LA SECONDE GUERRE MONDIALE
    (3 volumes)
    Textes présentés par Philippe Masson et Guillaume Prévost

Photocomposition Aubin - Poitiers
Dépôt légal Mai 1992 - N° série éditeur 16959
Imprimerie Hérissey — Évreux
N° d'imprimeur : 57841
Imprimé en France *(Printed in France)* — 720230 — Mai 1992